21世纪立体化高职高专规划教材·财经系列
全国职业教育技能型人才培养校企合作精品教材
“会计信息系统应用”北京市精品课程配套教材

会计信息系统实训
——供应链篇

（用友 U8 V10.1）

梁毅炜　方　倩　宋建琦　主　编
吴奇峰　薛晓丽　孔祥威　周　城　副主编
刘　鹏　主　审

電子工業出版社
Publishing House of Electronics Industry
北京·BEIJING

内 容 简 介

本书以2016年执行的《企业会计准则》为依据，参照2013年发布的《企业会计信息化工作规范》，以用友U8 V10.1会计信息化教育专版为教学软件，以会计电算化典型工作岗位为学习情境，以真实企业案例为操作背景，以企业实际会计仿真业务为操作流程，阐述了会计信息化基础知识、岗位分工、业务流程及基本操作技能。

本书共5个单元25个项目89个典型工作任务，内容涵盖了会计信息化供应链系统的核心内容。单元1为业务基础档案设置；单元2介绍购销存初始设置；单元3介绍销售与应收管理；单元4介绍采购与应付管理；单元5介绍库存与存货管理。

本书每个模块均配有详细的操作流程图，方便读者从企业实务和企业整体运营的高度和角度，快速、全面、系统地理解企业管理软件的作业流程，建立系统、完整、正确的操作框架和业务流程意识。

本书可以作为高职高专院校会计、审计等专业学生学习会计信息系统实训课程的教材，也可以作为管理、营销类专业学生学习和了解会计信息系统的参考用书。

图书在版编目（CIP）数据

会计信息系统实训. 供应链篇：用友U8 V10.1 / 梁毅炜，方倩，宋建琦主编. --北京：电子工业出版社，2017.7
ISBN 978-7-121-31492-6

Ⅰ. ①会… Ⅱ. ①梁…②方…③宋… Ⅲ. ①会计信息－财务管理系统－高等职业教育－教材②供应链管理－计算机管理系统－应用软件－高等职业教育－教材 Ⅳ. ①F232

中国版本图书馆CIP数据核字（2017）第098753号

策划编辑：贾瑞敏
责任编辑：贾瑞敏　　　　特约编辑：许振伍　孙明珍
印　　刷：涿州市京南印刷厂
装　　订：涿州市京南印刷厂
出版发行：电子工业出版社
　　　　　北京市海淀区万寿路173信箱　邮编100036
开　　本：787×1 092　1/16　印张：19.25　字数：543千字
版　　次：2017年7月第1版
印　　次：2017年7月第1次印刷
册　　数：3 000册　　定价：44.80元

凡所购买电子工业出版社图书有缺损问题，请向购买书店调换。若书店售缺，请与本社发行部联系，联系及邮购电话：(010)88254888，88258888。

质量投诉请发邮件至zlts@phei.com.cn，盗版侵权举报请发邮件至dbqq@phei.com.cn。

本书咨询联系方式：电话010-62017651；邮箱fservice@vip.163.com；QQ群427695338；微信DZFW18310186571。

前言

信息化是我国国民经济的重要支柱产业之一，党中央、国务院一直高度重视信息化工作。20 世纪 90 年代以来，相继启动了以金关、金卡和金税为代表的重大信息化应用工程；1997 年，召开了全国信息化工作会议；党的十五届五中全会把信息化提到了国家战略的高度；党的十六大进一步作出了以信息化带动工业化、以工业化促进信息化、走新型工业化道路的战略部署。

随着企业和经济的发展以及信息化和互联网技术的进步，我国会计电算化取得了飞速发展，财务软件在企业会计工作中的应用也日益普及和深入。另外，以 MRP 和 ERP 为代表的现代企业管理思想和信息系统在企业逐步推广，会计人员的职业环境和 10 年前相比发生了重大变革。在这种背景下，企业对会计人员的信息化应用能力的要求也越来越高，会计信息化的应用能力成为会计专业毕业生必须具备的核心专业技能之一，会计信息化课程的重要性也逐步增强。

1994 年 6 月，财政部印发了《会计电算化管理办法》《商品化会计核算软件评审规则》和《会计核算软件基本功能规范》，标志着会计电算化工作进入了法制化和规范化的管理轨道，进而推动了会计从业人员的会计电算化教育及取证工作。

为了适应目前的宏观政策、社会发展和会计实务的需要，我们以《企业会计准则》（2016 版）为会计处理规范，以《企业会计信息化工作规范》（财会〔2013〕20 号）、《会计档案管理办法》（财政部、国家档案局令第 79 号）等最新文件为基本工作规范，以用友 U8 V10.1（会计信息化教育专版）为实训软件编写了本书。

通过对企业及会计从业人员的调研和了解，我们发现，在实务中，会计信息化工作都是按岗位来分工和协作的，各岗位的操作人员分工明确，各司其职，岗位之间互相依赖、彼此控制，构成了一个相对完善而稳定的会计信息化内部控制体系。基于会计实务应用的现状，可以得出一个结论，会计信息系统的应用离不开岗位环境。因此，在会计电算化及财务软件应用课程的教学上，必须以典型会计岗位为操作情境，让学生领悟和掌握信息化环境下的岗位职责和操作流程，这要比简单地以软件的模块或功能为学习对象，学习软件运行程序或软件的菜单操作更具有针对性。

目前的会计电算化课程的普遍现状是，从软件固有的流程出发，以软件模块为单元，以软件菜单或命令为学习对象来组织教学。在教学过程中，只要求学生了解菜单的基本操作，而不注重培养学生从软件功能和流程出发，以软件为工具，解决复杂、变化的会计业务和作业程序的能力。因此学生学习后，脑子里往往只有功能和菜单的概念，无法有效建立起软件操作与实务岗位情境的联系，也不具备利用软件自主解决复杂、系统的会计任务的能力。本书力图从会计电算化实际岗位出发来诠释会计电算化工作，力求解决以往学生对岗位职责和应用流程模糊不清的现象，提高学生的岗位适应能力和解决具体工作问题的能力。当然，按岗位进行软件的学习只是以虚拟会计岗位作为软件操作的情境。在实务中，企业岗位的划分往往会因企业的规模、行业和业务的不同而有所差异。我们参照目前企业典型的会计岗位划分，考虑到企业内部控制的原理尽量与实务贴近，设置了若干财务和业务岗位。同时，我们将岗位操作分解为若干操作任务，采用任务驱动的方式进行教学，学生的学习将更具有针对性，也分解了教学难度，便于学生快速掌握相关操作，也方便教师根据任务组织教学。

通过本书将有针对性地学习到会计主管、总账会计、出纳、采购、销售、库存与存货等岗位的操作方法和规范。每个情境先分析和解释岗位职责和岗位工作流程，在每个工作任务中又将理论、实训与实际工作有机地结合起来，让学生在掌握操作的同时，也具备了一定的理论基础。

本书由北京财贸职业学院梁毅炜、浙江广厦建设职业技术学院方倩和山西国际商务职业学院宋建琦担任主编；由柳州科技师范学院吴奇峰，山西管理职业学院薛晓丽，河南工学院的孔祥威，中华人民共和国水利部小浪底水利枢纽管理中心资产财务处副处长、高级会计师周城担任副主编；由新道科技有限公司产品经理、中国注册会计师刘鹏担任主审。具体分工如下：梁毅炜编写单元 1、4；吴奇峰编写单元 2；宋建琦、孔祥威编写单元 3；方倩、薛晓丽编写单元 5；周城提供部分企业案例。梁毅炜设计、编写全书的企业案例资料，并负责统稿工作。全书的课件由吉曙光制作。

为方便教学，本书配有丰富的教学资源，包括用友 U8 V10.1 新道教育专版安装包，每个项目的初始账套、PPT、操作演示；同时，为了配合教学和考试的需要，我们组织开发了基于教材案例的信息化考试（实训）题库，并配套仿真实务单据。在教学过程中，学生可以利用考试系统进行评分和解析，详细了解操作的正确答案和解题步骤，能极大提高学习质量，同时又能降低教师在机房辅导的工作量。另外，教师也可以利用题库系统进行测验和考试，快速得出考试分数。题库分为包含初始化及日常业务的完整题库和只包含日常业务的题库，教师和学生可以根据教学需要选用。具体索取方法详见书后教学资源索取表。

由于编者水平所限以及财务软件的发展日新月异，书中观点及内容难免存在不足之处，敬请广大读者批评指正。

编　者

目 录

导论

学习目标

- 了解购销存系统整体架构。
- 了解全书的企业情境，包括企业背景、核算政策和会计制度。
- 熟悉购销存模块的业务处理整体流程。

1. 供应链系统概述

（1）供应链系统的功能模块及主要工作内容

会计信息系统是一个复杂而庞大的系统，目标是完成企业整个会计核算和会计管理。为了开发、实施和维护的便利及提高系统运行的效率，通常将会计信息系统划分为若干个子系统。各子系统完成某个相对独立的功能或工作任务。各个子系统相对独立，但又彼此联系，形成一个有机的整体。子系统也可以称为功能模块。

从功能结构来看，会计信息系统包括了财务和供应链两大模块。财务模块主要包括总账、薪资（又称薪资管理）、固定资产（又称固定资产管理）、报表（又称报表管理）等系统；供应链模块主要包括购、销、存等系统。本书所指的“供应链”主要涵盖了采购与付款业务、销售与收款业务、库存与存货业务。因此，供应链模块包括采购（又称采购管理）、应付（又称应付管理）、销售（又称销售管理）、应收（又称应收管理）、库存（又称库存管理）、存货（又称存货核算）等系统。

财务与供应链模块的划分如图 0.1 所示。

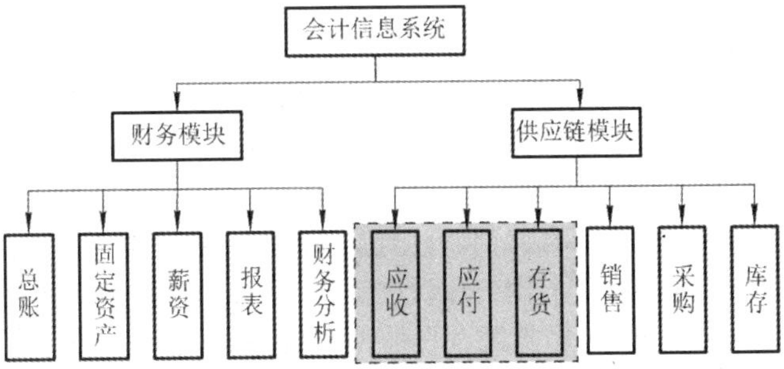

图 0.1 财务与供应链模块的划分

供应链系统的各个模块的主要功能如下。

① 采购系统。采购系统支持以采购订单为核心的业务模式，主要任务是处理采购订单、采购到货（入库）单和采购发票，并根据采购发票确认采购入库成本，以及进行采购付款的全过程管理。

采购系统与库存及应付系统联合使用可以追踪存货的入库信息，把握存货的畅滞情况，从而减少盲目采购，避免库存积压。同时，可以将采购结算成本自动记录到存货成本（原材料、库存商品）账中，便于财务部门及时掌握存货采购成本。

② 应付系统。应付系统通过发票、其他应付单、付款单等单据对企业的往来账款进行综合管理，及时、准确地提供供应商的往来账款余额资料，提供各种分析报表，帮助企业合理地进行资金的调配，提高资金的利用效率。

③ 销售系统。销售系统的主要任务是处理销售发货（出库）单和销售发票，并根据销售发货（出库）单等发货成本信息确认销售成本及根据销售发票进行销售收款的全过程管理。

销售系统同应收、库存系统联系紧密，与库存及应付系统联合使用可以追踪存货的出库信息、销售收款情况及销售成本的数据资料，及时了解企业的销售状况。

④ 应收系统。应收系统通过发票、其他应收单、收款单等单据的输入，对企业的往来账款进行综合管理，及时、准确地提供客户的往来账款余额资料，提供各种分析报表。例如，账龄分析、周转分析、欠款分析、坏账分析、回款情况分析等。通过各种分析报表，帮助企业合理地进行资金的调配，提高资金的利用效率。

⑤ 库存系统。库存系统的主要功能是管理库存商品，对存货进行入库及出库管理，并有效地进行库存控制，实时地进行库存账表查询及统计分析，满足采购入库、销售出库、产成品入库、材料出库、其他处入库等业务的需要。库存系统还提供了仓库货位管理、批次管理、保质期管理、不合格产品管理、现存量管理、条形码管理等功能。

库存系统同采购、销售和存货系统关系密切。库存系统接受采购和销售系统的出入库数量信息，并将其实时传递到存货系统，由存货系统进行存货的价值核算。

⑥ 存货系统。存货系统是从资金角度管理存货的出入库业务，核算企业的入库成本、出库成本、结余成本，反映和监督存货资金的占用情况，并生成存货相关凭证传递给总账。

供应链模块的各个子系统均存在错综复杂的数据联系：采购系统和应付系统协同完成采购及付款业务处理；销售系统和应收系统协同完成销售及收款业务处理；库存系统和存货系统协同完成存货的物流管理及成本核算业务。

其中，应收、应付和存货模块是财务模块同供应链模块进行数据沟通的桥梁，一方面负责收集采购、销售和库存等业务数据，另一方面将业务数据进行财务处理，并将核算结果传递给总账系统。因此，这几个模块是典型的财务业务一体化模块。

（2）供应链系统的应用模式

在企业会计信息系统应用实务中，不同性质和规模的企业往往会结合自己业务及核算规则的需要选用不同的功能模块。这会形成企业各种不同的应用模式。财务模块和供应链模块可以集成在一起应用，也可以分别独立应用，企业可以根据自身的业务特点、企业规模、管理的需求来选择不同的业务应用模式。选择的应用模式不同，系统流程也会有很大区别。为了让学习者能分别体验两种应用模式的联系和区别，并对其进行对比和分析，本教材采用两种模式分两个月运行的方式：第 1 个月独立运行财务模块，第 2 个月同时运行财务模块和供应链模块。两个月的业务前后衔接，背景一致，数据既有联系（9 月份业务期末余额自然过渡为 10 月份的期初余额），又能互相独立。在教学实践中，财务篇和供应链篇既可以连贯应用，也可以彼此独立使用。

财务和供应链两个模块的应用模式如表 0.1 所示。

表 0.1　财务和供应链模块的应用模式

模　式	月　份	总　账	报　表	固定资产	薪　资	采购/应付	销售/应收	库　存	存　货
财务	9 月份	●	●	●	●				
供应链	10 月份	●	●	●	●	●	●	●	●

财务模块的流程在《会计信息系统实训——财务篇（用友 U8 V10.1）》已经介绍过，本书介绍供应链模块的应用流程。

2. 购销存业务处理流程

企业使用的商品化会计软件中的购销存模块同其他模块一样，都需要进行初始化，通过初始化将企业的业务核算规则和初始数据装入系统，从而将一个通用化的软件转换成符合企业实际业务需要的专用软件。此外，购销存模块也会有自己的日常业务处理和期末处理。因此，购销存系统同财务系统一样，整体应用流程也分为初始设置、日常业务处理和期末处理。

（1）初始设置

使用购销存业务系统，首先要将其正确地安装并启用，然后才能进行会计软件的初始设置。软件初始设置也称初始化，是指将通用会计软件转换成专用会计软件，将手工会计规则和业务数据移植到计算机中的一系列准备工作，具体包括设置核算规则、设置基础档案和输入初始数据。

① 设置核算规则。核算规则通常是通过业务参数的设置来实现的。软件中的业务参数是反映企业会计核算和管理具体要求的控制开关，参数往往会决定软件的处理流程，甚至处理结果。由于不同的企业核算背景千差万别，业务流程也不尽相同，所以导致企业在使用软件的时候，对参数的需求也存在较大的差异。在会计信息系统的实施过程中，需要根据企业具体核算要求和实际业务特征对参数进行设置，以便让软件的功能更符合企业的应用环境。

在财务模块中，我们已经接触过很多参数的设置，如总账中的“支票控制”“序时控制”等，这些参数对日常业务处理的影响十分重大。在购销存系统中，由于业务流程和数据传递关系更加复杂，因此参数的设置也会更为复杂。设置购销存模块的参数不仅要考虑购销存本身的业务控制需要，还要注意购销存模块同财务模块之间的交叉控制。

业务参数的设置将决定会计软件的运行流程、业务模式和数据流向等，设定后一般不能随意更改。

② 设置基础档案。购销存模块初始化的重要任务之一就是建立业务基础档案，包括设置各种分类方法、会计科目体系和业务基础档案等。

如果启用购销存模块之前已经启用过财务相关模块，在构建财务系统时为财务核算和管理提供基础数据的财务相关档案，在购销存系统也可以共享使用。例如，部门档案既可以为薪资系统使用，也可以在购销存系统中使用，各类出入库单均可调用部门信息。在本教材中，财务模块中建立的部门档案、人员档案、客户档案、供应商档案、外币档案、银行账信息等均可在购销存模块中使用，无须重复设置。

除了财务档案之外，购销存模块会涉及购销存业务才需要的业务档案，在购销存模块初始化的时候，需要将其逐一增加到系统中以供相关业务发生时调用，如计量单位、存货档案、收发类别、仓库档案和产品结构等。

此外，如果由于购销存业务的核算要求，还需要对财务相关档案进行调整，那么还应对财务档案进行修改。这里最重要的就是对会计科目的修改，可能会涉及对科目的辅助核算进行调整和修改。

③ 输入期初数据。输入期初数据的目的是完成手工账同计算机账的衔接，使会计数据具有连续性。其主要工作包括输入期初余额及期初余额的校验。

- 输入期初余额。一般情况下，初次建账需要输入期初余额，之后按月由系统自动将月末的数据结转至下月期初。期初余额包含的内容很多，包括科目余额、存货期初余额、固定资产期初余额、采购与应付期初余额、销售与应收期初余额等。期初余额往往在不同模块中输入，各个模块期初余额的输入内容不尽相同。
- 期初余额的校验。总账系统的会计科目体系具有严密的完整性和系统性。它通过总账借贷平衡校验，总账与明细账、辅助账相符的校验，来进行期初会计数据的正确性验证。另外，不同模块所输入的期初余额如果存在数据勾稽关系，还需要在不同模块之间进行对账。

启用供应链模块之后，期初数据不仅包括财务模块的期初数据，如会计科目的期初余额，还包括供应链模块的期初数据，如存货、发票等期初数据。原则上，为了保证财务期初数据同供应链期初数据的一致性，在分别输入完财务和供应链的期初数据之后，必须对二者进行对账。另外，在供应链模块之间，也可能需要进行对账，如库存管理模块和存货核算模块，在库存的期初数据上就要求互相对账，并保持一致。

（2）日常业务处理

购销存系统的日常业务处理主要是对采购、销售、库存、收付款等业务的物流、资金流和信息流等信息进行核算与管理。

我们在《会计信息系统实训——财务篇（用友 U8 V10.1）》中介绍过总账、薪资、固定资产、报表等财务模块的应用流程，在整个会计信息系统中，总账系统是最核心和最基础的模块，主要负责记账凭证的管理，包括制单、审核、记账等功能，并负责向报表系统传递报表数据；其他所有模块都会直接或间接向总账系统传递记账凭证等财务数据，如固定资产系统会将本月固定资产增减变动、折旧等财务数据以记账凭证的形式传递给总账系统，由总账系统对其进行财务的集中处理和控制。供应链模块也不例外，供应链模块中的购、销、存、产等系统所产生的业务数据，归根到底都会生成财务信息并以记账凭证的形式传递给总账系统进行财务确认和记账处理，最终生成报表信息，如图 0.2 所示。

图 0.2　供应链模块与总账系统的联系

相对于财务系统而言，供应链系统涉及的单据更多，业务流程更为复杂，融合了资金流、物流和信息流，涉及的业务管控点也更为复杂。在详细了解具体流程之前，必须对模块之间的数据联系有大致的了解。集成了财务、供应链模块的会计信息系统数据联系如图 0.3 所示。

从图 0.3 可以看出，销售系统通过对销售订单的处理，一方面生成销售出库单，将销售出库的物流信息传递给库存系统；一方面生成销售发票，将应收款项的资金信息传递给应收系统进行收款管理。采购系统通过对采购订单的处理，一方面生成采购入库单，将采购入库的物流信息传递给库存系统；一方面生成采购发票，将应付款项的资金信息传递给应付系统进行付款管理。库存系统集中了所有的存货物流信息，并将出入库的物流信息传递给存货系统进行存货的出入库成本核算。所有的业务信息均以记账凭证的形式传递给总账系统，进行集中的审核和记账，最终形成财务报表和财务分析的数据。

在这种模式下，财务和业务数据高度集成，数出一门，保证了数据在不同部门的高度一致。同时，大部分的业务和财务数据自动生成，作业的自动化程度极高，大大地提高了业务和财务的处理效率，进而提高企业的管理水平和经营效益。

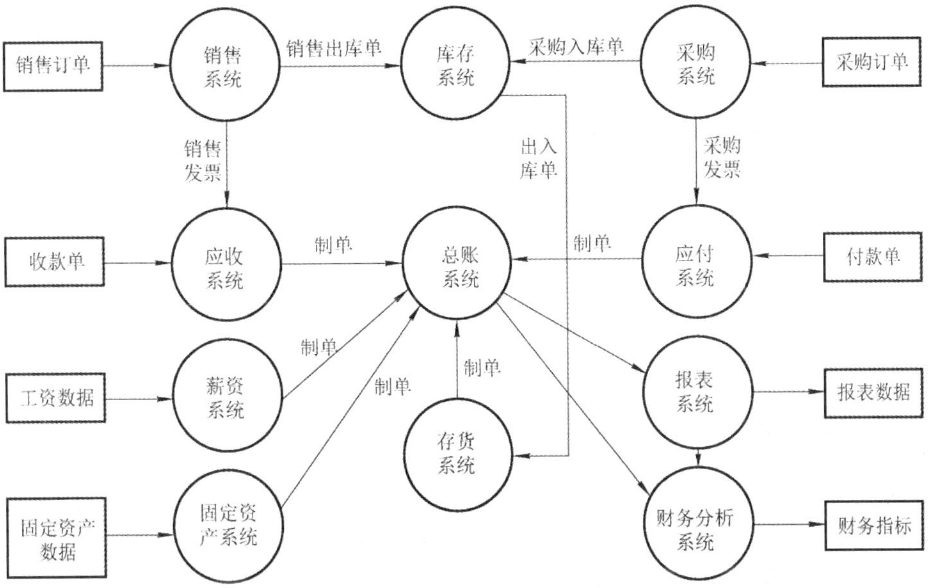

图 0.3　财务业务一体化核算模式

(3) 期末处理

期末处理是指会计期末进行的账账、账证、账实核对等处理期末事项的工作。例如，成本计算及各种转账业务等，最后进行结账。结账只能每月进行一次，不管是什么模块，结账后不能再处理本月的业务。

期末处理的一般工作流程是：对账→期末会计事项处理→结账。财务业务一体化应用环境下，应注意期末处理，尤其是结账的顺序。一般的规律是先对供应链模块进行结账，供应链模块结账没有问题之后，再对总账系统进行结账。

如果是年末结账，结账后还需要结转年度账。如果是新建账套，在账套建立的同时系统自动根据启用日期建立启用年度的年度账套。下一年度的开始，需要首先建立下一年度的年度账，其次进行年度结转，然后才能正常使用。每到年末，需要启用新年度账。启用新年度账后，需要将上年度中的相关模块的余额及其他信息结转到新年度账中。

(4) 购销存岗位任务处理整体流程

本书的业务处理主要基于工作任务和工作岗位来构建。在《会计信息系统实训——财务篇（用友 U8 V10.1）》中，设计了财务部比较典型的 3 个岗位：账套/会计主管、会计和出纳。在本书中，为购销存业务增加了采购、销售和库存 3 个业务主管岗位，并为财务部门的总账会计和出纳增加了购销存业务处理的财务权限。在岗位职责上体现了财务和业务的岗位分工及一定的内部牵制，本书将从典型岗位操作入手，通过一整套完整的企业业务资料对供应链系统各环节的工作任务进行系统训练。需要注意的是，在企业实务中，一个组织架构较为完善的企业，其岗位设置和内控体系往往会更加复杂。

《会计信息系统实训——财务篇（用友 U8 V10.1）》的岗位任务处理整体流程不再赘述，购销存模块的岗位任务处理流程如图 0.4 所示。

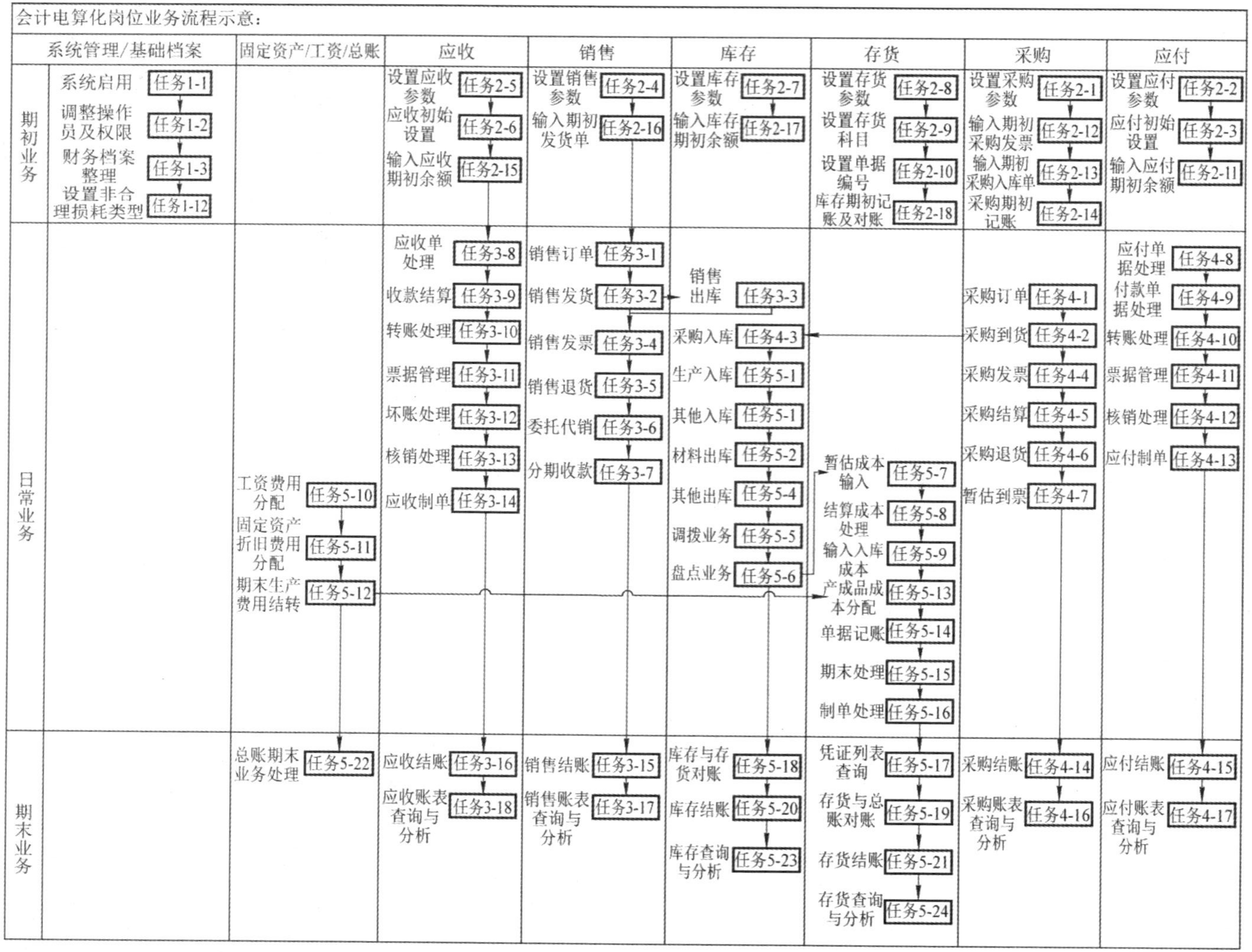

图 0.4 购销存模块岗位任务处理流程

3. 企业情境

本书的全部案例均以某一个模拟实体企业为背景。因此，了解企业背景是理解本书案例和完成业务操作的重要前提。

本企业情境主要包括 3 个方面：一是企业的基本情况，包括企业名称、性质、主要产品和工艺流程等，这些资料是理解业务和操作业务的背景信息；二是该企业执行和使用的会计政策及方法，包括执行的会计准则、主要的税率和存货的核算方法等，这些政策是进行会计核算的主要依据；三是软件处理的一些特殊要求，这些要求主要是保证会计处理结果的唯一性，如费用的分配率、暂估的方式和小数点保留位数等。

（1）企业基本情况

① 企业基本信息。北京市昌泰家具有限责任公司（简称昌泰公司）是专业从事家具设计、生产和销售的股份制企业，目前主要生产高档衣橱和时尚储物柜。公司位于北京市大兴区亦庄经济技术开发区隆昌街 12 号，占地面积 2 700 m^2，电话 010-89765543，电子邮箱 changtai@ct.com。

公司于 2009 年由北京市泰安有限公司、北京市东方实业公司和北京市胜利有限公司 3 家单位共同组建。3 家单位分别出资人民币 1 860 000 元、1 156 000 元、740 000 元，公司总注册资金 3 756 000 元。

该公司开户银行为中国工商银行宏达北路支行，账号 37564679；该公司为一般纳税人，纳税人登记号为 120019996543121。

② 产品及生产基本流程。公司主要产品为 A 型储物柜和 B 型衣橱。产品的主要原材料为成型板、封边条、储物柜配件和衣橱配件；周转材料包括包装箱和螺丝钉等。

生产基本流程为：从原材料仓库（简称原材料）领取成型板、封边条、产品配件，在截材车间进行截材，然后将其送到封边打孔车间进行封边打孔，再进入组装车间组装后包装好直接送入产成品仓库（简称产品库），如图 0.5 所示。

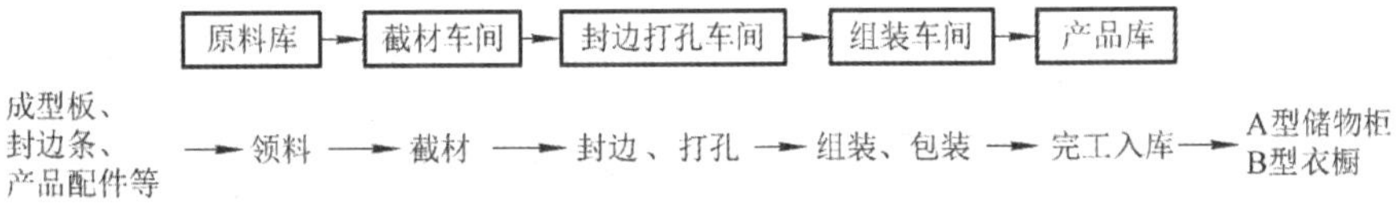

图 0.5　生产基本流程

③ 组织架构。按照有限责任公司的规定，公司的权力机构为股东会。公司建立董事会对股东会负责，董事长韩志明为公司的法定代表人。该公司设经理对董事会负责，总经理由董事长兼任。

公司建立了职能型组织结构，部门分为一办、四部、四车间，共 9 个部门，分别为总经理办公室、财务部、截材车间、封边打孔车间、组装车间、机修车间、采购部、销售部、仓管部。

企业各机构、部门的主要职责如下。

- 董事会。董事会负责召集股东会会议，并向股东会报告工作；执行股东会的决议；决定公司的经营计划和投资方案；制订公司的年度财务预算方案、决算方案；制订公司的利润分配方案和弥补亏损方案；制订公司增加或减少注册资本及发行公司债券的方案；制订公司合并、分立、解散或变更公司形式的方案；决定公司内部管理机构的设置；决定聘任或解聘公司经理及其报酬事项，并根据经理的提名决定聘任或解聘公司的副经理、财务负责人及其报酬事项；制定公司的基本管理制度；公司章程规定的其他职权。

- 总经理办公室。总经理办公室负责企业行政管理、日常事务、企业人力资源管理工作，包括绩效考核和薪酬管理、企业策划、安全保卫、后勤服务等工作。
- 财务部。公司设立财务部作为独立的职能部门，在各个部门中不设置会计机构或配备专职会计文员。财务部负责会计核算和会计监督工作。
- 截材车间。截材车间负责把主材成型板截割成A型储物柜和B型衣橱所需要的材料规格。
- 封边打孔车间。封边打孔车间负责将截割后的主材封边打孔。
- 组装车间。组装车间负责组装 A 型储物柜和 B 型衣橱。
- 机修车间。机修车间负责工具、设备维修工作。
- 采购部。采购部负责原材料的采购和材料库的管理工作。
- 销售部。销售部负责产品的销售和成品库的管理工作。
- 仓管部。仓管部负责存货的管理工作。

④ 岗位设置及人员分工。根据企业各部门的实际情况，设置相应的岗位。各职位设置及具体人员情况如表 0.2 所示。

表 0.2　岗位设置及人员分工

编码	姓　名	所属部门	人员类别	编　码	姓　名	所属部门	人员类别
101	韩志明	总经理办公室	管理人员	501	孟鑫	组装车间	管理人员
102	刘媛	总经理办公室	一般员工	502	刘伟	组装车间	生产人员
201	王宇	财务部	管理人员	503	马国强	组装车间	生产人员
202	刘霞	财务部	一般员工	504	秦明亮	组装车间	生产人员
203	李新	财务部	一般员工	601	孙浩	机修车间	管理人员
301	刘东	截材车间	管理人员	602	王杰	机修车间	生产人员
302	袁伟	截材车间	生产人员	603	刘爱梅	机修车间	生产人员
303	马可	截材车间	生产人员	604	周健	机修车间	生产人员
304	李平平	截材车间	生产人员	701	张宏伟	销售部	管理人员
401	张晓丽	封边打孔车间	管理人员	702	李平	销售部	营销人员
402	侯涛	封边打孔车间	生产人员	801	林波	采购部	管理人员
403	董丽娜	封边打孔车间	生产人员	802	周强	采购部	一般员工
404	宋晓	封边打孔车间	生产人员	901	高勇	仓管部	管理人员
				902	王泽勇	仓管部	一般员工

（2）企业执行和使用的会计政策及方法

① 企业执行《企业会计准则》（2014 年）。

② 企业经国家税务部门认定为增值税一般纳税人企业，增值税税率为 17%，运费按 11%作进项税额抵扣。

个人所得税按 7 级超额累进税率计算代扣代缴。工薪所得个人所得税的费用扣除标准是 3 500 元/月。

公司适用所得税税率为 25%。按月确认所得税费用和应交所得税，年中不确认所得税差异，年末按全年利润总额和适用所得税税率计算调整，完成所得税的汇算清缴。

③ 公司存货包括原材料、周转材料和库存商品。原材料和周转材料发出成本的计价方法采用先进先出法；产成品发出成本的计算采用全月一次加权平均法；存货采用实际成本法核算，周转材料采用一次摊销法。

④ 生产费用分配方法：直接材料、直接人工和制造费用按照当月产品完工数量进行分配。

⑤ 10 月份期初在产品数量为：A 型储物柜 20 个，B 型衣橱 10 个。产品成本核算采用品种法，原材料均一次投料，月末按约当产量比例法结转分配完工产品和在产品成本。加工费用发生比较均衡，月末在产品完工程度均为 50%。

⑥ 企业使用的暂估回冲方式为月底暂估，单到回冲。当月暂估采购业务要求使用“暂估应付账款”科目作为暂估科目。

⑦ 公司的短期借款按月计提利息，长期借款和应付债券每半年计提一次利息。

⑧ 期间损益采用账结法，每月月底结转期间损益，年底一次计提公益金和盈余公积，并结转利润分配。

（3）软件处理的特殊要求

① 购入存货不管是否即时入库均通过“在途物资”科目过渡，然后结转到“库存商品”科目。

② 销售与采购发票如果当天结算货款，均使用现结，不通过应收应付科目过渡。非当日结款，均需通过应收应付科目。

③ 会计核算中涉及的单位成本保留 2 位小数，费用分配率保留 2 位小数。

④ 公司于 2016 年 9 月 1 日开始实施会计信息系统。根据实施顾问的建议，在 2016 年 9 月开启总账、报表、固定资产和薪资等财务模块，10 月份开启采购、应付、销售、应收、库存和存货等供应链模块。

4. 财务基础档案

财务基础档案是企业在实施财务信息系统的时候建立的基础档案。财务基础档案在《会计信息系统实训——财务篇（用友 U8 V10.1）》已经设置到系统中，本案例直接导入期初账套，财务数据已经全部预置。财务部门协同业务部门整理出来 10 月份的总账科目及科目期初余额，具体内容如下。

（1）财务部操作员及其权限（见表 0.3）

表 0.3　操作员及其权限分工

编　码	姓　名	岗　位	权　限	工 作 职 责
001	王宇	账套主管	账套主管	系统初始化、审核销售订单、审核采购订单审核记账凭证、对账（含银行对账）、结账、编制会计报表、财务指标分析
002	刘霞	会计	① 公用目录设置 ② 总账：除“审核”“出纳签字”“出纳”和“恢复记账前状态”以外的所有权限 ③ 项目管理、固定资产、薪资管理的所有权限	审核发票、编制记账凭证、记账、固定资产核算、职工薪酬核算、存货核算、往来账款管理、复核收付款单
003	李新	出纳	① 公用目录设置 ② 总账：出纳；凭证下的“出纳签字”“现金流量凭证查询”及“查询凭证”；账表下的“现金流量表”	现收现付、填制收付款单、出纳签字、银行对账

说明：表中的权限指的是系统的权限分配，工作职责指的是操作时的具体职责。

（2）账套信息

账套号：223。

账套名称：北京市昌泰家具有限责任公司。

账套路径：默认。
启用会计期：2016 年 10 月。
单位名称：北京市昌泰家具有限责任公司。
单位简称：北京昌泰。
法人代表：韩志明。
单位地址：北京市大兴区亦庄经济技术开发区隆昌街 12 号。
邮政编码：100028。
电话：010-89765543。
电子邮件 changtai@ct.com。
银行账号：9558812107113464679。
税号：120019996543121。
本币代码：RMB（人民币）。
企业类型：工业。
行业性质：2007 年新会计制度科目。
账套主管：001 王宇。
按行业性质预置科目：选择“按行业性质预置科目”。
客户及供应商均分类，存货不分类，有外币核算。
编码方案：客户分类、供应商分类的编码方案为 2，科目编码 4-2-2-2-2，其余均为默认。
数据精度：默认。

注意：本案例采用新建账套的模式结转业务数据，故启用日期设置为 2016 年 10 月。

（3）部门档案（见表 0.4）

表 0.4　部门档案

部 门 编 码	部 门 名 称	部门负责人
1	总经理办公室	韩志明
2	财务部	王宇
3	截材车间	刘东
4	封边打孔车间	张晓丽
5	组装车间	孟鑫
6	机修车间	孙浩
7	销售部	张宏伟
8	采购部	林波
9	仓管部	高勇

（4）人员类别（见表 0.5）

表 0.5　人员类别

档 案 编 码	档 案 名 称
101	管理人员
102	一般员工
103	生产人员
104	营销人员

（5）职员档案（见表 0.6）

表 0.6　职员档案

编　码	姓　名	所 属 部 门	人 员 类 别
101	韩志明	总经理办公室	管理人员
102	刘媛	总经理办公室	一般员工
201	王宇	财务部	管理人员
202	刘霞	财务部	一般员工
203	李新	财务部	一般员工
301	刘东	截材车间	管理人员
302	袁伟	截材车间	生产人员
303	马可	截材车间	生产人员
304	李平平	截材车间	生产人员
401	张晓丽	封边打孔车间	管理人员
402	侯涛	封边打孔车间	生产人员
403	董丽娜	封边打孔车间	生产人员
404	宋晓	封边打孔车间	生产人员
501	孟鑫	组装车间	管理人员
502	刘伟	组装车间	生产人员
503	马国强	组装车间	生产人员
504	秦明亮	组装车间	生产人员
601	孙浩	机修车间	管理人员
602	王杰	机修车间	生产人员
603	刘爱梅	机修车间	生产人员
604	周健	机修车间	生产人员
701	张宏伟	销售部	管理人员
702	李平	销售部	营销人员
801	林波	采购部	管理人员
802	周强	采购部	一般员工
901	高勇	仓管部	管理人员
902	王泽勇	仓管部	一般员工

（6）地区分类（见表 0.7）

表 0.7　地区分类

分 类 编 码	分 类 名 称
01	华北地区
02	东北地区
03	华东地区

（7）客户分类（见表 0.8）

表 0.8　客户分类

客户分类编码	分类名称
01	批发
02	零售
03	代销

（8）客户档案（见表 0.9）

表 0.9　客户档案

客户编号	公司名称	客户简称	所属地区编码	所属分类	税　号	开户银行	账　号	地　址
01	北京市泰华家具有限责任公司	北京泰华	01	01	1001995114321	中国工商银行新华大街支行	7645289100671130	北京市大兴区亦庄开发区永兴路 33 号
02	上海市富康有限责任公司	上海富康	03	01	1001978116545	中国建设银行上海市中山路支行	6671000082990380	上海市黄浦区中山东一路 8 号
03	北京市星辰有限责任公司	北京星辰	01	02	1001789217854	中国银行北京市顺义区东兴支行	5189267800768430	北京市顺义区双河大街 3 号
04	北京市华顺有限责任公司	北京华顺	01	03	1001274379975	中国工商银行大望路分行	7634528910897650	北京市朝阳区西大望路甲 20 号

（9）供应商分类（见表 0.10）

表 0.10　供应商分类

供应商分类编码	供应商分类名称
01	主料供应商
02	辅料供应商
03	劳务供应商

（10）供应商档案（见表 0.11）

表 0.11　供应商档案

供应商编号	公司名称	公司简称	所属分类	所属地区编码	税　号	开户银行	账　号	地　址
01	北京嘉兴家具有限责任公司	北京嘉兴	01	01	440605763367651	中国工商银行北京市华苑分理处	2893410041053210	北京市大兴区亦庄开发区华苑路 88 号
02	哈尔滨正祥有限责任公司	哈尔滨正祥	02	02	106127961013033	中国工商银行哈尔滨市天河分理处	5532505362106780	哈尔滨市中山东一路 8 号
03	北京南通汽车有限责任公司	北京南通	03	01	108765970363112	中国建设银行北京市上地分理处	4632205006110620	北京市海淀区大学路 3 号

（11）外币设置（见表 0.12）

表 0.12　外币设置

币　符	币　名	汇率方式
$	美元	浮动汇率

（12）会计科目（见表 0.13）

表 0.13　会计科目

科目编码	科 目 名 称	辅助账类型	数　量	方　向	期初余额/元
1001	库存现金	日记		借	1 400.00
1002	银行存款			借	4 212 292.00
100201	人民币	日记/银行		借	4 023 892.00
100202	美元	日记/银行/外币	30000.00	借	188 400.00
1121	应收票据	客户/应收受控		借	2 468 700.00
1122	应收账款	客户/应收受控		借	2 913 300.00
1123	预付账款	供应商/应付受控		借	
1221	其他应收款	个人往来/刘媛		借	637.20
1231	坏账准备			贷	14 566.50
1402	在途物资			借	60000
1403	原材料	项目核算		借	426 700.00
1404	材料成本差异			借	
1405	库存商品	项目核算		借	899 743.80
1406	发出商品			借	294 628.00
1411	周转材料	项目核算		借	21 200.00
1601	固定资产			借	2 789 000.00
1602	累计折旧			贷	1 112 951.43
1604	在建工程			借	
1606	固定资产清理			借	
1901	待处理财产损溢			借	
190101	待处理流动资产损溢			借	
190102	待处理非流动资产损溢			借	
2001	短期借款	项目核算		贷	300 000.00
2201	应付票据	供应商/应付受控		贷	245 700.00
2202	应付账款			贷	100 200.00
220201	一般应付账款	供应商/应付受控		贷	70 200.00
220202	暂估应付账款			贷	30 000.00
2203	预收账款	客户/应收受控		贷	
2211	应付职工薪酬			贷	207 446.40
221101	工资			贷	93 541.90
221102	职工福利			贷	65 000.00
221103	社会保险费			贷	18 000.00
221104	住房公积金			贷	10 300.00
221105	工会经费			贷	8 002.00
221106	职工教育经费			贷	12 602.50
221107	非货币性福利			贷	
221108	辞退福利			贷	
221109	其他			贷	
2221	应交税费			贷	1 533 474.98
222101	应交增值税			贷	
22210101	进项税额			贷	

（续表）

科目编码	科 目 名 称	辅助账类型	数 量	方 向	期初余额/元
22210102	销项税额			贷	
22210103	进项税额转出			贷	
22210104	已交税金			贷	
22210105	出口退税			贷	
22210106	转出未交增值税			贷	
222102	未交增值税			贷	888 655.00
222103	应交所得税			贷	644 683.88
222104	应交个人所得税			贷	136.10
222105	应交城市维护建设税			贷	
222106	应交教育费附加			贷	
222107	地方教育费附加			贷	
2231	应付利息			贷	1 500.00
2241	其他应付款			贷	
224101	社会保险费			贷	
224102	住房公积金			贷	
2501	长期借款	项目核算/扩建借款		贷	500 000.00
4001	实收资本			贷	3 756 000.00
4002	资本公积			贷	2 600 000.00
400201	资本溢价			贷	2 600 000.00
4101	盈余公积			贷	420 000.00
410101	法定盈余公积			贷	240 000.00
410102	任意盈余公积			贷	180 000.00
4103	本年利润			贷	
4104	利润分配			贷	3 360 958.39
410401	提取法定盈余公积			贷	
410402	提取任意盈余公积			贷	
410403	应付现金股利或利润			贷	
410406	未分配利润			贷	3 360 958.39
5001	生产成本			借	65 196.70
500101	基本生产成本			借	65 196.70
50010101	直接材料			借	59 551.20
5001010101	A 型储物柜			借	36 625.00
5001010102	B 型衣橱				22 926.20
50010102	直接人工				2 685.10
5001010201	A 型储物柜				1 769.55
5001010202	B 型衣橱				915.55
50010103	制造费用				2 960.40
5001010301	A 型储物柜				1 951.30
5001010302	B 型衣橱				1 009.10
50010104	人工总额			借	
500102	辅助生产成本			借	
5101	制造费用	项目核算/部门核算		借	

（续表）

科目编码	科 目 名 称	辅助账类型	数 量	方 向	期初余额/元
6001	主营业务收入	项目核算		贷	
6401	主营业务成本	项目核算		借	
6402	其他业务成本			借	
6403	营业税金及附加			借	
6601	销售费用	项目核算		借	
6602	管理费用	项目核算/部门核算		借	

个人往来期初余额如表 0.14 所示。

表 0.14　个人往来期初余额

科 目	日 期	凭证号	个 人	摘 要	方 向	金 额
其他应收款	2016/09/30	转－11	刘媛	损失赔偿	借	637.20

要求：

① 指定“库存现金”为现金科目，“银行存款”为银行科目，“库存现金”“人民币”“美元”“其他货币资金”为现金流量科目。

② 10 月份的期初余额由 9 月份期末余额结转过来。

③ 由于供应链模块的运行需要，本月在财务模块的基础之上，根据购销存模块的需求对个别科目进行了修改。

④ 应收应付科目、原材料、库存商品、周转材料等科目的期初余额参见项目 2.3 的内容。

（13）凭证分类（见表 0.15）

表 0.15　凭证类别

凭证类别字	类 别 名 称	限 制 类 型	限 制 科 目
收	收款凭证	借方必有	1001,100201,100202
付	付款凭证	贷方必有	1001,100201,100202
转	转账凭证	凭证必无	1001,100201,100202

（14）项目档案

① 借款项目（见表 0.16 至表 0.18）

表 0.16　项目大类及项目结构

项目大类	项目结构					
	标 题	类 型	总长度	列示	汇 总	是否参照
借款项目	项目编号	文本	20	Y		Y
	项目名称	文本	60	Y		Y
	是否结算	逻辑	1	Y		Y
	所属分类码	文本	22	Y		Y
	借款日期	日期	10	Y		
	还款日期	日期	10	Y		
	借款月份	整数	9	Y		
	年利率	实数	16.4	Y		
	借款用途	文本	20	Y		

表 0.17　借款项目分类

分类编号	分类名称
1	短期借款项目
2	长期借款项目

表 0.18　借款项目

项目编号	项目名称	是否结算	所属分类码	借款日期	还款日期	借款月份	年利率	借款用途
01	经营借款	否	1	2015-12-08	2016-11-08	11	5%	经营周转
02	扩建借款	否	2	2016-08-10	2017-08-10	36	6%	规模扩建

② 费用项目

增加费用项目，属性为普通项目，如表 0.19 所示。

表 0.19　费用项目

核算科目	项目分类定义	项目目录
6601 销售费用	1 费用	01 工资及福利费
6602 管理费用		02 办公费
5101 制造费用		03 折旧费
		04 其他

③“现金流量”项目取数关系（见表 0.20）

表 0.20　取数关系

项目编号	项目名称	方向	取数方式	数据源	方向
01	销售商品、提供劳务收到的现金	流入	取凭证数	600101 A 型储物柜	贷
			取凭证数	600102 B 型衣橱	贷
			取凭证数	22210102 销项税额	贷
03	收到的其他与经营活动的现金	流入	取凭证数	1221 其他应收款	贷
04	购买商品、接受劳务支付的现金	流出	取凭证数	140301 成型板	借
			取凭证数	140302 封边条	借
			取凭证数	140303 储物柜配件	借
			取凭证数	140304 衣橱配件	借
			取凭证数	22210101 进项税额	借
05	支付给职工以及为职工支付的现金	流出	取凭证数	221101 工资	借
			取凭证数	221102 职工福利	借
			取凭证数	221103 社会保险费	借
			取凭证数	221104 住房公积金	借
			取凭证数	224101 社会保险费	借
			取凭证数	224102 住房公积金	借
10	处置固定资产、无形资产和其他长期资产所收回的现金净额	流入	取凭证数	1606 固定资产清理	贷
13	购建固定资产、无形资产和其他长期资产所支付的现金	流出	取凭证数	1601 固定资产	借
			取凭证数	1701 无形资产	借
16	支付的其他与投资活动有关的现金	流出	取凭证数	1606 固定资产清理	借
19	收到的其他与筹资活动有关的现金	流入	取凭证数	6301 营业外收入	贷
23	汇率变动对现金的影响	流入	取凭证数	6603 财务费用	借

（15）结算方式（见表 0.21）

表 0.21　结算方式

结算方式编码	结算方式名称	票据管理
1	现金	
2	支票	
201	现金支票	是
202	转账支票	是
3	银行汇票	
4	商业汇票	
401	银行承兑汇票	
402	商业承兑汇票	
5	电汇	
6	同城特约委托收款	
7	其他	

（16）总账选项（见表 0.22）

表 0.22　总账选项

选 项 卡	参 数 设 置
凭证	制单序时控制 支票控制 赤字控制：资金及往来科目；赤字控制方式：提示 可以使用应收款、应付款、存货受控科目 现金流量科目必录现金流量项目 凭证编号方式采用系统编号 现金流量参照科目：对方科目（自动显示）
账簿	账簿打印位数按软件的标准设定 明细账打印按年排页
凭证打印	打印凭证的制单、出纳、审核、记账等人员姓名
预算控制	超出预算允许保存
权限	出纳凭证必须经由出纳签字 不允许修改、作废他人填制的凭证 可查询他人凭证 明细账查询权限控制到科目
会计日历	会计日历为 1 月 1 日—12 月 31 日 数量小数位、单价小数位和本位币精度设置为 2 位
其他	外币核算采用浮动汇率 部门、个人、项目按编码方式排序

（17）固定资产选项

① 账套启用月份为“2016 年 10 月”；本账套计提折旧，主要折旧方法为“平均年限法（一）”，折旧分配周期为 1 个月，当“月初已计提月份=可使用月份-1”时将剩余折旧全部提足（工作量法除外）。

② 资产类别编码为 2112，固定资产编码方式为按“类别编号+序号”进行“自动编码”，序号长度为 3。

③ 要求与总账系统进行对账，固定资产对账科目为“1601，固定资产”，累计折旧对账科

目为“1602，累计折旧”。

④ 要求在对账不平的情况下，不允许固定资产月末结账。

⑤ 固定资产默认入账科目为“1601，固定资产”，累计折旧默认入账科目为“1602，累计折旧”，减值准备默认入账科目为“1603，固定资产减值准备”，增值税进项税额默认入账科目为“22210101，进项税额”；要求月末结账前一定要完成制单登账业务。

（17）固定资产分类（见表 0.23）

表 0.23　固定资产类别

代码	名　称	使用年限	净残值率	计量单位	折 旧 方 法	卡片样式
01	生产用					含税卡片样式
011	房屋与建筑	30	5%	栋	平均年限法（一）	含税卡片样式
012	设备及工具	10	3%	台	平均年限法（一）	含税卡片样式
02	非生产用					含税卡片样式
021	房屋与建筑	30	5%	栋	平均年限法（一）	含税卡片样式
022	设备及工具	5	3%	台	平均年限法（一）	含税卡片样式
023	运输工具	10	3%	辆	工作量法	含税卡片样式

（18）部门对应折旧科目（见表 0.24）

表 0.24　部门对应折旧科目

部 门 编 号	部　门	折 旧 科 目
01	总经理办公室	6602
02	财务部	6602
03	截材车间	5101
04	封边打孔车间	5101
05	组装车间	5101
06	机修车间	500102
07	销售部	6601
08	采购部	6602
09	仓管部	6602

（19）固定资产增减方式（见表 0.25）

表 0.25　资产变动方式

增 减 方 式		对应入账科目
增加方式	直接购入	100201，人民币
	投资者投入	4001，实收资本
	捐赠	6301，营业外收入
	盘盈	190102，待处理非流动资产损溢
	在建工程转入	1604，在建工程
	融资租入	2701，长期应付款
减少方式	出售	1606，固定资产清理
	盘亏	190102，待处理非流动资产损溢
	投资转出	1606，固定资产清理
	捐赠转出	1606，固定资产清理
	报废	1606，固定资产清理
	毁损	1606，固定资产清理
	融资租出	1531，长期应收款

（20）固定资产期初卡片（见表0.26和表0.27）

表0.26　固定资产原始卡片（一）

资产编码	011001	012001	012002	012003
名　称	厂房	封边机	打孔机	推台锯
类　别	生产用——房屋与建筑	生产用——设备及工具	生产用——设备及工具	生产用——设备及工具
计量单位	栋	台	台	台
数　量	1	1	1	1
入账日期	2011.1.21	2011.2.11	2011.2.13	2011.2.11
使用状况	在用	在用	在用	在用
增加方式	在建工程转入	直接购入	直接购入	直接购入
部门名称	截材车间/封边打孔车间/组装车间	封边打孔车间	封边打孔车间	截材车间
对应折旧科目	5101	5101	5101	5101
原币金额/元	1 000 000.00	860 000.00	100 000.00	300 000.00
开始使用日期	2011.1.21	2011.2.11	2011.2.13	2011.2.11
使用年限	30年	10年	10年	10年
已计提月份	68	67	67	67
净残值率	5%	3%	3%	3%
总工作量				
当前工作量				
累计折旧/元	179 405.56	460 360.00	54 160.00	162 480.00
增值税/元		144 500.00	17 000.00	51 000.00
折旧方法	平均年限法（一）	平均年限法（一）	平均年限法（一）	平均年限法（一）

表0.27　固定资产原始卡片（二）

资产编码	021001	023001	022001
名　称	办公楼	汽车	戴尔笔记本电脑
类　别	非生产用——房屋及建筑物	非生产用——运输工具	非生产用——设备及工具
计量单位	栋	辆	台
数　量	1	1	1
入账日期	2011.1.13	2011.3.20	2016.09.27
使用状况	在用	在用	在用
增加方式	在建工程转入	直接购入	直接购入
部门名称	总经理办公室	财务部	总经理办公室
对应折旧科目	6602	6202	6602
原币金额/元	120 000.00	400 000.00	9 000.00
开始使用日期	2011.1.13	2011.3.20	2012.05.20
使用年限	30年	10年	5年
已计提月份	68	66	0
净残值率	5%	3%	3%
总工作量		300 000公里	
当前工作量		162 000公里	
累计折旧金额/元	21 528.67	235 017.00	
增值税/元		68 000.00	1 530.00
折旧方法	平均年限法（一）	工作量法	平均年限法（一）

说明：厂房为多部门使用；截材车间、封边打孔车间、组装车间使用比例分别为20%、30%、50%。

（21）工资参数（见表 0.28）

将“002 刘霞”指定为工资账套主管，设置工资参数。

表 0.28　工资参数

工资类别个数	单个
币别名称	人民币
是否核算计件工资	否
是否从工资中代扣个人所得税	是
是否进行扣零处理	是
扣零设置	扣零至角
启用日期	2016-10-01

（22）核算银行

北京市昌泰家具有限责任公司的工资发放银行为“中国工商银行宏达北路支行”，账号长度为 11 位，输入时自动带出账号长度为 8，银行编码为 05。

（23）人员档案及基本工资（见表 0.29）

表 0.29　人员档案及基本工资　　元

编码	姓　名	所 属 部 门	人 员 类 别	银行代发账号	基 本 工 资
101	韩志明	总经理办公室	管理人员	11022011001	4 000
102	刘媛	总经理办公室	一般员工	11022011002	3 000
201	王宇	财务部	管理人员	11022011003	3 500
202	刘霞	财务部	一般员工	11022011004	3 200
203	李新	财务部	一般员工	11022011005	3 000
301	刘东	截材车间	管理人员	11022011006	3 200
302	袁伟	截材车间	生产人员	11022011007	2 900
303	马可	截材车间	生产人员	11022011008	2 800
304	李平平	截材车间	生产人员	11022011009	2 800
401	张晓丽	封边打孔车间	管理人员	11022011010	3 500
402	侯涛	封边打孔车间	生产人员	11022011011	3 000
403	董丽娜	封边打孔车间	生产人员	11022011012	3 000
404	宋晓	封边打孔车间	生产人员	11022011013	3 000
501	孟鑫	组装车间	管理人员	11022011014	3 300
502	刘伟	组装车间	生产人员	11022011015	2 800
503	马国强	组装车间	生产人员	11022011016	2 800
504	秦明亮	组装车间	生产人员	11022011017	2 600
601	孙浩	机修车间	管理人员	11022011018	3 000
602	王杰	机修车间	生产人员	11022011019	2 700
603	刘爱梅	机修车间	生产人员	11022011020	2 600
604	周健	机修车间	生产人员	11022011021	2 500
701	张宏伟	销售部	管理人员	11022011022	3 500
702	李平	销售部	营销人员	11022011023	3 000
801	林波	采购部	管理人员	11022011024	3 200
802	周强	采购部	一般员工	11022011025	3 000
901	高勇	仓管部	管理人员	11022011026	3 000
902	王泽勇	仓管部	一般员工	11022011027	2 700

（24）工资项目（见表 0.30）

表 0.30　工资项目

项目名称	类型	长度	位数	属性
基本工资	数字	10	2	增项
岗位津贴	数字	10	2	增项
通信补贴	数字	10	2	增项
奖金	数字	10	2	增项
应发合计	数字	10	2	增项
日工资	数字	10	2	其他
事假天数	数字	4	0	其他
事假扣款	数字	10	2	减项
病假天数	数字	4	0	其他
病假扣款	数字	10	2	减项
缺勤扣款合计	数字	10	2	其他
应付工资	数字	10	2	其他
医疗保险	数字	10	2	减项
养老保险	数字	10	2	减项
住房公积金	数字	10	2	减项
社保及公积金扣款合计	数字	10	2	其他
扣款合计	数字	10	2	减项
税前工资	数字	10	2	其他
代扣税	数字	10	2	减项
实发合计	数字	10	2	增项
本月扣零	数字	8	2	其他
上月扣零	数字	8	2	其他
年终奖	数字	10	2	其他
年终奖代扣税	数字	10	2	其他
工资代扣税	数字	10	2	其他
扣税合计	数字	10	2	其他

（25）工资计算公式（见表 0.31）

表 0.31　工资计算公式

工资项目	工资项目设置依据
岗位津贴	管理人员每月发放岗位津贴 300 元，非管理人员岗位津贴 100 元
通信补贴	销售部管理人员 500 元，销售部营销人员 400 元，其他部门管理人员 300，其他人员 100
应发合计	基本工资+岗位津贴+通讯补贴+奖金
日工资	基本工资/22
事假扣款	日工资×事假天数
病假扣款	日工资×病假天数×0.8
缺勤扣款合计	事假扣款+病假扣款
应付工资	应发合计-缺勤扣款合计
医疗保险	应发合计×0.02
养老保险	应发合计×0.08
住房公积金	应发合计×0.12
社保及公积金扣款合计	医疗保险+养老保险+住房公积金
扣款合计	缺勤扣款合计+社保及公积金扣款合计+代扣税
税前工资	应付工资-社保及公积金扣款合计
实发合计	应发合计-扣款合计

单元 *1*

业务基础档案设置

学习目标

1. 职业知识

- 了解业务基础档案的重要性和作用。
- 了解业务基础档案的框架和主要项目。
- 理解计量单位、存货档案、仓库档案等基础档案的设置原理。

2. 职业能力

- 能根据企业实际情况进行计量单位、存货档案、仓库档案等基础档案的设置。
- 熟悉软件对于基础设置方面的操作。

3. 职业素养

- 团队配合、分工协作。
- 细心、严谨。

项目 *1.1*　业务基础档案总体介绍

1.1.1　系统介绍及概念

同总账、固定资产、薪资等财务系统一样，采购、销售和库存等业务系统的日常运行也必须建立在完整、系统的基础档案基础之上。这些基础档案是购销存模块共享的，也可以称为业务公共基础数据。这些公共基础数据是财务及供应链系统运行的基础信息载体，会随时被日常业务引用。在启用新账套时，应根据企业的实际情况，综合考虑日常业务的需要和系统设置的要求，事先做好公共基础数据的准备工作，为日常业务的顺利开展奠定坚实的基础。

购销存模块的公共基础数据定义是购销存系统初始化最重要的内容，主要包括组织机构设置、往来单位设置、财务信息设置、收付结算设置、会计科目设置、计量单位设置、存货设置、仓库设置和收发类别设置等。

如果前期已经启用并运行过财务系统，财务系统设置过的组织机构、往来单位、收付结算等基础档案，供应链系统的各模块仍然可以共享使用，无须重复设置。对于供应链系统运行所需要的基础档案，如计量单位、存货、仓库等，需要在系统中设置。在启用购销存模块之后，还会涉及对某些基础档案的调整，如项目档案和会计科目等，需要按照财务业务一体化运行模式下对数据传递的要求进行基础档案的修改和调整。

1.1.2　工作岗位及任务流程

签订基础档案的基础作用及对日常业务的重要影响，应由既熟悉软件应用流程又熟悉企业业务的人员，或者由业务人员和信息管理人员共同进行设置。在设置时，一般可以由账套主管来进行输入。购销存系统的基础档案设置的内容及与相关岗位的联系如图 1.1 所示。

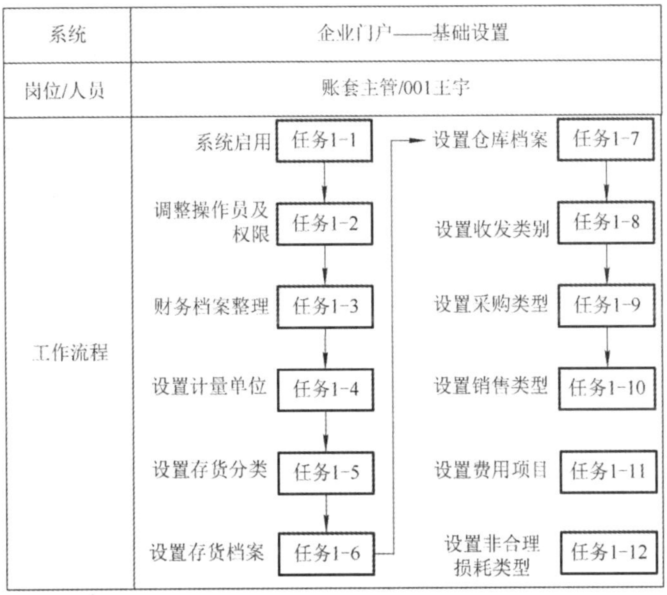

图 1.1　购销存系统基础档案设置与岗位任务

项目 1.2　财务档案整理

1.2.1　工作任务

任务 1-1　系统启用。

2016年10月1日，分别启用应收、应付、采购、销售、库存、存货模块。

任务 1-2　调整操作员及权限。

根据表 1.1增加操作人员并调整操作员权限。

表 1.1　操作人员及权限

编码	姓　名	工 作 职 责	部　门	角　色	权　限
001	王宇	审核、复核所有的业务单据		会计主管	
002	刘霞	编制记账凭证、记账、固定资产核算、职工薪酬核算、存货核算、往来账款管理	财务部	总账会计	增加应收、应付、存货模块的所有权限
003	李新	销售、采购现结，填制收付款单，收付款结算及核销	财务部	出纳	① 增加销售系统中“销售现结”和“销售弃结”、采购系统中“发票——采购发票现付”和“发票——取消现付”权限 ② 增加应收、应付权限
004	张宏伟	输入销售订单、编制发货单、输入销售发票	销售部	销售主管	销售所有权限
005	林波	输入采购订单、编制到货单、输入采购发票、采购结算	采购部	采购主管	采购所有权限
006	高勇	编制出库单和入库单、盘点业务处理	仓管部	仓库主管	库存所有权限

任务 1–3　财务档案整理。

1．设置付款条件（见表 1.2）

表 1.2　付款条件

付款条件编码	付款条件名称	信用天数	优惠天数 1	优惠率 1	优惠天数 2	优惠率 2
01	2/10,1/20,n/30	30	10	2	20	1

2．设置开户银行（见表 1.3）

表 1.3　开户银行

银行编码	开 户 银 行	所属银行编码	银 行 账 号
01	中国工商银行宏达北路支行	01	955881210711
02	中国农业银行北京分行上地支行	04	456351260067

3．调整财务基础档案

1）将“应收票据”“应收账款”“预收账款”调整为客户往来核算，受控系统为应收系统；将“应付票据”“应付账款”“预付账款”调整为供应商往来核算，受控系统为应付系统。

2）新增“存货核算”项目大类，使用存货目录定义项目。

核算科目包括：1403 原材料；1405 库存商品；1411 周转材料；6001 主营业务收入；6401 主营业务成本。

1.2.2　理论学习

1. 系统启用

会计信息系统分模块的设计思想，有利于企业按模块分次启用，从而降低系统实施和运行的难度。本案例中的企业就遵循这一思想，9 月份运行财务模块，形成一定的运行及维护经验以后，于 10 月份启用供应链相关模块。因此，10 月份该企业只需要启用采购、销售、库存、存货、应收、应付等购销存模块就可以了。启用系统时要注意，为了保证启用月份数据的完整，启用日期应选择为月初，即某月的 1 日，原则上不允许选择月中或月末。

2. 操作员及权限调整

购销存系统涉及的部门和岗位较多，涉及的业务流程也较为复杂，财务和业务处理彼此交融，互相控制，呈现“你中有我，我中有你”的格局，控制环境相对财务模块而言也更为复杂，因此在设置操作员及权限的时候，对于岗位牵制和人员分工的内部控制设计需要考虑得更为细致。启用购销存系统以后，应该根据新的内部控制环境和业务流程的需要，增加购销存系统的操作员，并为其指定相应的权限。另外，由于财务和供应链系统的集成处理，所以还需要对财务岗位的操作员的权限进行调整，以满足购销存业务的核算需要。

在本案例中，增加采购业务操作员负责采购业务处理，销售业务操作员负责销售业务处理，库存管理操作员负责库存业务处理；原总账会计增加存货核算权限，原出纳员增加收付款业务处理和发票现结的权限。通过这种分工，能在一定程度上满足企业部门和岗位之间内部牵制的需要。要注意的是，在组织架构比较完善的企业中，岗位及权限的分工可能会更为细致和合理。

3. 调整财务档案

启用购销存模块后，原有的财务档案可能无法满足购销存业务的需要，必须按照购销存业务的需要增加相应的财务档案。另外，还需要按照新的业务核算模式，对部分原有的财务档案进行调整。

（1）付款条件设置

付款条件是现金折扣（也可以称为销售折扣）的表示方式，是为了敦促客户尽早付清货款而提供的一种价格优惠。对于销售企业来说，现金折扣能缩短收款周期，加速现金回笼，减少坏账损失，但是会减少货款一定比例的现金流量。通常，账期越短的应付账款获得现金折扣的力度越大，而超过一定账期的应付账款会丧失获得现金折扣的机会。付款条件的表示方式为“2/10,1/20,n/30”，含义是如果付款单位 10 天内付款，将会享受到货款的 2%的现金折扣；20 天内付款，能享受到 1%的货款优惠；超过 20 天，将没有任何优惠；30 天以内必须付清货款。

在销售业务发生时，如果选择了某个付款条件，在付款日付款时系统会自动根据所设置的付款条件计算现金折扣。

（2）开户银行设置

开户银行用于设置本企业在收付结算中对应的各个开户银行的信息。系统支持多个开户行及账号的情况。在销售管理系统中，如果需要开具增值税专用发票，则必须设置开户银行信息，否则将不能开具增值税专用发票。

（3）财务档案调整

购销存系统实现了财务与业务的一体化处理。财务系统同供应链系统紧密关联，数据高度一致，为了保证业务数据同财务数据的衔接和及时传递，往往需要对部分财务档案提出新的要求，按照供应链模块的要求调整档案的设置。

在本案例中，财务档案的调整包括两个方面。一是将客户往来科目设置为应收系统受控，供应商往来科目设置为应付系统受控。设置应收应付系统受控后，往来科目的制单权限有可能由总账系统全部转移到应收应付系统去。一般情况下，总账系统将不再负责往来科目的制单，保证了制单入口的唯一，从而既能保证应收应付系统科目数据的完整，也能保证总账系统同应收应付系统对账的正确。选择受控与不受控的区别如表 1.4 所示。

表 1.4　往来科目受控与不受控对比

科　目	不 受 控		受　控	
	受控系统	制单系统	受控系统	制单系统
应收票据、应收账款、预收账款	无	总账	应收	应收
应付票据、应付账款、预付账款	无	总账	应付	应付

二是取消原材料、库存商品、周转材料等原来通过明细科目和数量核算反映存货品种的明细账，将这几个科目的一级科目设置为存货项目核算。

通过存货项目核算能建立会计科目同存货档案的联动关系，财务部门和仓储部门将共享存货档案信息。这样做，既能保持科目体系的简洁和稳定，又能提高数据传递的效率，同时还能保证财务部门与业务部门之间存货数据的一致性。存货类会计科目在进行明细核算的时候，不再需要调整会计科目体系，只需要由仓储部门调整存货档案即可，大大提高了存货业务的核算和管理的效率。

存货类科目调整前后的对比如表 1.5 所示。

表 1.5　存货科目调整对比

调 整 前		调 整 后	
一 级 科 目	明 细 科 目	一 级 科 目	存 货 档 案
原材料	成型板（数量核算）	原材料（存货项目核算）	成型板
	封边条（数量核算）		封边条
	储物柜配件（数量核算）		储物柜配件
	衣橱配件（数量核算）		衣橱配件

从表 1.5 中可看出，原材料等科目设置为存货项目核算以后，明细科目就取消了。操作时需要注意，将存货类科目设置为存货项目核算需要事先设置存货档案。

1.2.3　工作过程

任务 1-1　系统启用。

1）以账套主管“001 王宇”的身份登录 U8 企业应用平台，在“基础设置”里选择“基本信息”|“系统启用”命令，打开“系统启用”对话框。

2）选中“应收款管理”复选框，打开“日历”对话框，如图 1.2 所示。

3）单击“确定”按钮，弹出“确实要启用当前系统吗？”提示框。单击“是”按钮，应收系统启用完成。

4）参照上述方法，依次启用应付、采购、销售、库存、存货等系统。

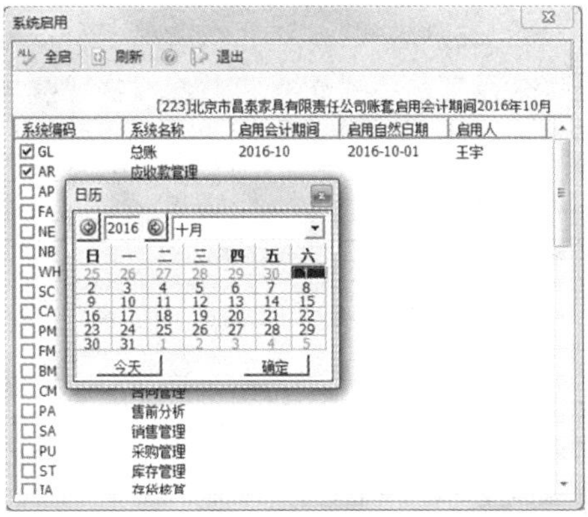

图 1.2　系统启用

任务 1-2　调整操作员及权限。

1）以 admin 的身份登录“系统管理”，选择“权限”|“用户”命令，增加操作员信息。增加完成后如图 1.3 所示。

2）选择“权限”|“权限”命令，根据权限要求对操作员进行权限设置，如图 1.4 所示。

图 1.3　用户管理

图 1.4　操作员权限修改

任务 1-3　财务档案调整。

1. 设置付款条件

1）以账套主管“001 王宇”的身份登录 U8 企业应用平台，在“基础设置”里选择“基础档案”|“收付结算”|“付款条件”命令，打开“付款条件”窗口。

2）单击“增加”按钮，按照案例信息输入付款条件编码、信用天数、优惠天数 1、优惠率 1、优惠天数 2、优惠率 2 等信息。然后单击“保存”按钮，系统自动生成付款条件名称。输入完毕后如图 1.5 所示。

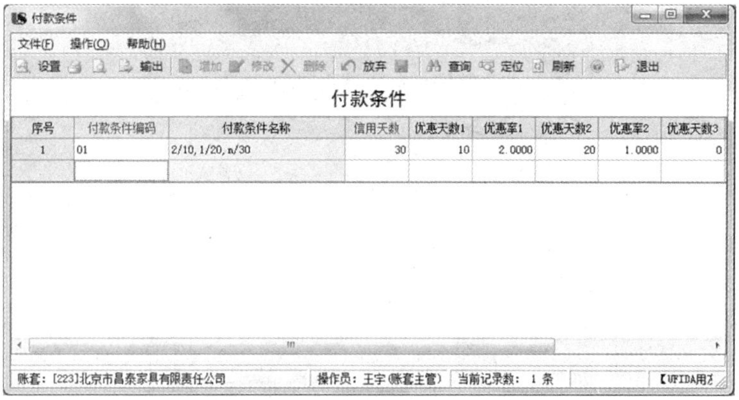

图 1.5　设置付款条件

解析：在处理收付款业务时要注意根据输入的付款条件判断是否有现金折扣的产生。

2．设置开户银行

1）以账套主管“001 王宇”的身份登录 U8 企业应用平台，在“基础设置”里选择“基础档案”|“收付结算”|“本单位开户银行”命令，打开“本单位开户银行”窗口。

2）单击“增加”按钮，打开“增加本单位开户银行”窗口。按照案例信息输入开户银行信息，输入完成后如图 1.6 所示。

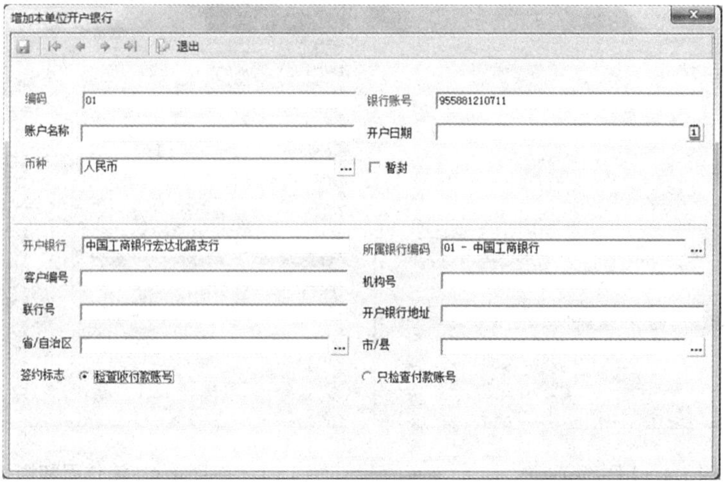

图 1.6　设置开户银行

3）单击“保存”按钮。参照上述方法，完成本单位开户银行设置。

3．调整财务基础档案

1）以账套主管“001 王宇”的身份登录 U8 企业应用平台，选择“会计科目”|“修改”命令，将会计科目“1403 原材料”“1405 库存商品”“1411 周转材料”“6001 主营业务收入”“6401 主营业务成本”设置为项目核算科目。

2）选择“基础档案”|“财务”|“项目目录”命令，打开“项目档案”窗口。

3）单击“增加”按钮，打开“项目大类定义_增加”对话框。选择项目大类“使用存货目录定义项目”，系统自动带出新项目大类名称“存货核算”，如图1.7所示。

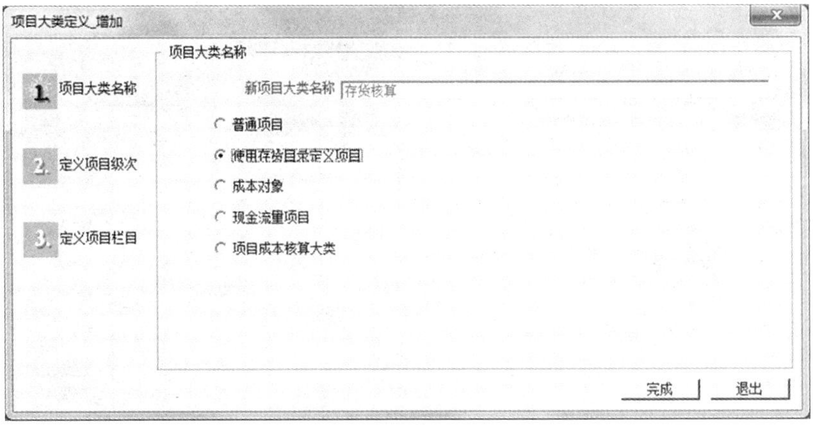

图1.7　项目大类定义——增加

4）单击“完成”按钮，弹出“预置完毕”提示框。单击“确定”按钮，再单击“退出”按钮，返回“项目档案”窗口。选择项目大类“存货核算”，然后单击»按钮，将待选科目选为已选科目，如图1.8所示。

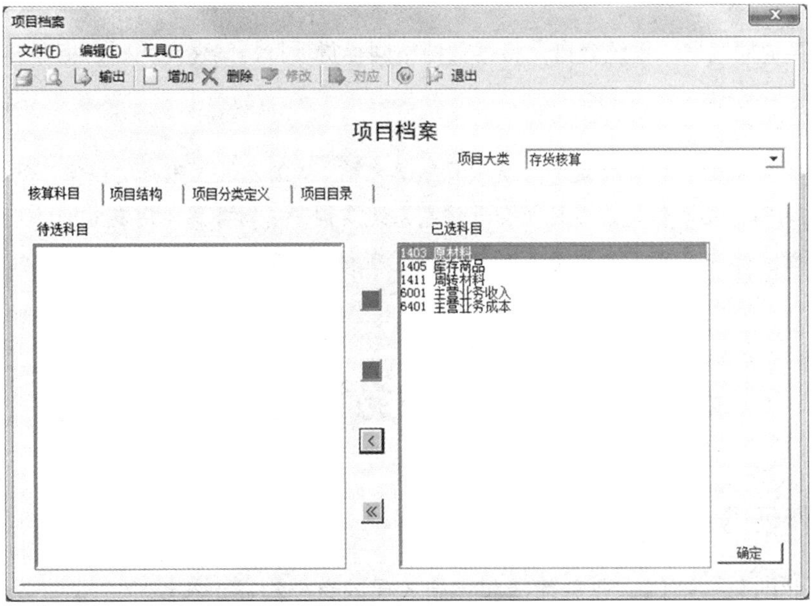

图1.8　项目档案

5）进入“项目目录”选项卡，系统已按照存货档案对存货核算项目进行了档案维护，如图1.9所示。

6）单击“退出”按钮，完成项目档案设置。

图 1.9 项目档案

解析：在本案例中，我们将往来科目设置为应收应付系统受控科目的操作结果已经预置在初始账套中，详细操作步骤参见《会计信息系统实训——财务篇（用友 U8 V10.1）》的相关内容，本书不再赘述。

输入完存货档案后，系统会自动将存货档案同存货项目档案建立关联，将存货档案作为项目档案的项目目录。

注意：

- 在将存货类会计科目指定为存货项目核算之前，必须先设置完存货档案，否则无法指定。
- 其他的财务档案信息请参见《会计信息系统实训——财务篇（用友 U8 V10.1）》，本书不再赘述。本书已将其他财务基础档案预置在初始账套中。

项目 1.3　业务档案设置

1.3.1　工作任务

经过企业的财务部门、业务部门和实施人员的充分沟通，在结合企业业务的实际需要和系统特点的前提下，企业整理出来的业务基础档案如下，要求以账套主管的身份整理并输入到系统中。

任务 1-4　设置计量单位。

1．设置计量单位组

根据表 1.6所示设置计量单位组。

表 1.6　计量单位组

计量单位组编码	计量单位组名称	计量单位组类别
01	无固定换算率	无换算率

2. 设置计量单位

根据表 1.7 所示设置计量单位。

表 1.7　计量单位

计量单位编号	计量单位名称	所属计量单位组
01	张	01 无固定换算率
02	盘	01 无固定换算率
03	个	01 无固定换算率
04	套	01 无固定换算率
05	盒	01 无固定换算率
06	次	01 无固定换算率

任务 1-5　设置存货分类。

根据表 1.8 所示设置存货分类。

表 1.8　存货分类

存货分类编码	分 类 名 称
01	原材料
02	周转材料
03	库存商品
04	劳务

任务 1-6　设置存货档案。

根据表 1.9 所示设置存货档案。

表 1.9　存货档案

存货编码	存货名称	存货分类	计量单位	税　率	属　性
101	成型板	01	张	17	外购、生产耗用
102	封边条	01	盘	17	外购、生产耗用
103	储物柜配件	01	套	17	外购、生产耗用
104	衣橱配件	01	套	17	外购、生产耗用
201	包装箱	02	个	17	外购、生产耗用
202	螺丝钉	02	盒	17	外购、生产耗用
301	A 型储物柜	03	个	17	自制、内销、外销
302	B 型衣橱	03	个	17	自制、内销、外销
401	运费	04	次	11	外购、应税劳务

任务 1-7　设置仓库档案。

根据表 1.10 所示设置仓库档案。

表 1.10　仓库档案

仓库编码	仓库名称	计价方式
1	原料库	移动平均法
2	周转材料库	移动平均法
3	成品库	全月平均法

任务 1-8　设置收发类别。

根据表 1.11 所示设置收发类别。

表 1.11　收发类别

收发类别编码	收发类别名称	收发类别标志
1	正常入库	收
11	采购入库	
12	产成品入库	
2	非正常入库	
21	盘盈入库	
22	其他入库	
6	正常出库	发
61	销售出库	
62	材料领用出库	
63	分期收款销售	
64	委托代销出库	
7	非正常出库	
71	盘亏出库	
72	其他出库	

任务 1-9　设置采购类型。

根据表 1.12 所示设置采购类型。

表 1.12　采购类型

采购类型编码	采购类型名称	入库类别
01	厂家供货	11（采购入库）
02	代销商供货	11（采购入库）

任务 1-10　设置销售类型。

根据表 1.13 所示设置销售类型。

表 1.13　销售类型

销售类型编码	销售类型名称	出库类别
01	普通销售	61（销售出库）
02	分期收款	63（分期收款出库）
03	委托代销	64（委托代销出库）

任务 1-11　设置费用项目。

1. 设置费用项目分类

根据表 1.14 所示设置费用项目分类。

表 1.14　费用项目分类

分类编码	分 类 名 称
1	代垫费用

2. 设置费用项目

根据表 1.15所示设置费用项目。

表 1.15　费用项目

费用项目编码	费用项目名称	费用项目分类名称
01	代垫运费	代垫费用

任务 1-12　设置非合理损耗类型。

根据表 1.16所示设置非合理损耗类型。

表 1.16　非合理损耗

非合理损耗类型编码	非合理损耗类型名称
01	非合理损耗

1.3.2　理论学习

业务基础档案是购销存系统运行的基础和环境，主要用来描述和记载业务的发生状况，没有这些基础档案，购销存业务将无法执行。

设置业务基础档案资料的时候，要考虑到企业购销存业务核算与管理的需要。基础资料要站在整个企业管理的高度综合全盘考虑，在软件的功能范围内结合企业的实际业务需要进行设置。

业务基础档案对购销存业务的核算与管理影响重大，是整个购销存业务的核算基础，而且相关的档案资料被日常业务引用后，往往不能轻易修改，因此设置时，需要慎重。

1. 计量单位

设置计量单位包括计量单位组和计量单位的设置。必须先增加计量单位组，再在计量单位组的下面增加计量单位。

计量单位组分无换算、浮动换算和固定换算 3 种类别。每个计量单位组中有一个主计量单位、多个辅助计量单位，可以设置主辅计量单位之间的换算率，如 1 吨＝1 000 千克，如果千克是主计量单位，则吨的换算率是 1 000。还可以设置采购、销售、库存和成本系统默认的计量单位。

计量单位设置包括名称、编码、所属计量单位组、对应条形码、换算率和主计量单位标志等。

2. 存货设置

存货是企业管理的重点对象，所有为了产品生产或销售，需要列入计划、控制库存、控制成本的一切不可缺少的物件都可以作为存货来管理，包括原材料、产成品、零件、组合件、半成品、包装材料等。在会计信息系统中，存货可以具有实物形态也可以是非实物形态，如劳务或费用也可以作为存货来管理。

(1) 存货分类

当企业存货较多时，可以对存货进行分类，以便对存货进行分类统计和汇总等分类管理。

存货分类用于设置存货分类编码、名称及所属经济分类。存货分类最多可分 8 级，编码总长不能超过 30 位，每级级长可自由定义。

例如，工业企业的存货分类可以分为 3 类：材料、产成品和应税劳务。企业可以在此基础上继续分类，如材料继续分类，可以按材料属性分为钢材类和木材类等；产成品继续分类，可以按照产成品属性分为紧固件、传动件和箱体等。

商业企业的存货分类的第 1 级一般可以分为两类，分别是商品和应税劳务。商品继续分类可以按商品属性分为日用百货、家用电器和五金工具等，也可以按仓库分类，如一仓库和二仓库等。

（2）存货档案

购销存系统中所有使用的存货都必须在存货基础档案中设定，然后才可以进行各种业务核算。存货的设置对整个购销存系统的运行相当关键，在实务中，存货设置的内容非常复杂，包含大量的资金及物流控制信息，如计量单位、存货属性、存货相关成本信息、存货供应商和提前期等。随同发货单或发票一起开具的应税劳务等也应设置在存货档案中。

存货档案的主要设置内容要求如下。

① 税率。必须输入，此税率为销售单据上该存货默认的销项税税率。默认为 17。

② 是否折扣。此项设置折让属性，如果选择“是”，则应在采购发票和销售发票中输入折扣额。该属性的存货在开发票时可以没有数量，只有金额，或者在蓝字发票中开成负数。

③ 是否受托代销。如果选择是，则该存货（已设置为外购属性）可以进行受托代销业务。

④ 存货属性。系统为存货设置的主要属性如下。

<1> 销售。具有该属性的存货可用于销售。发货单、发票、销售出库单等同销售有关的单据参照存货时，参照的都是具有销售属性的存货。开在发货单或发票上的应税劳务，也应设置为销售属性，否则开发货单或发票时无法参照。

<2> 外购。具有该属性的存货可用于采购。到货单、采购发票、采购入库单等同采购有关的单据参照存货时，参照的都是具有外购属性的存货。开在采购专用发票、普通发票、运费发票等票据上的采购费用，也应设置为外购属性，否则开具采购发票时无法参照。

<3> 生产耗用。具有该属性的存货可用于生产耗用，如生产产品耗用的原材料和辅助材料等；具有该属性的存货可用于材料的领用，材料出库单参照存货时，参照的都是具有生产耗用属性的存货。

<4> 委外。具有该属性的存货可用于委外加工，如工业企业委托委外商加工的委外商品。委外订单、委外产品入库、委外发票等同委外有关的单据参照存货时，参照的都是具有委外属性的存货。

<5> 自制。具有该属性的存货可由企业生产自制，如工业企业生产的产成品和半成品等存货。具有该属性的存货可用于产成品或半成品的入库，产成品入库单参照存货时，参照的都是具有自制属性的存货。

<6> 在制。暂时不用。

<7> 劳务费用。此项指开具在采购发票上的运费费用和包装费等采购费用，或者开具在销售发票或发货单上的应税劳务。

<8> 计价方式。每种存货只能选择一种计价方式，最多可输入 20 位数字或字符。

当行业类型为工业时，提供的计价方式包括计划价、全月平均、移动平均、先进先出、后进先出和个别计价；当行业类型为商业时，提供的计价方式包括售价、全月平均、移动平均、

先进先出、后进先出和个别计价。

<9> 最低售价。此项指存货销售时的最低销售单价。如果在销售管理系统中选择了进行最低售价控制，则存货在销售时，若销售单价低于此最低售价，则系统要求输入口令，只有口令输入正确，才能低于最低售价销售，否则不能低于最低售价销售。

<10> 最高进价。此项指进货时企业参考的最高进价，为采购进行进价控制。如果在采购管理系统中选择要进行最高进价控制，则在填制采购单据时，若最高进价高于此价，系统会要求输入口令，只有口令输入正确，才能高于最高进价采购，否则不允许采购。

3. 仓库档案

存货是在仓库中进行保管的。要对存货进行核算管理，首先需要对仓库进行管理。因此，仓库设置是使用购销存业务系统的重要准备工作之一。本系统中，仓库也是进行存货计价的依据。

本系统可以对操作员管理仓库权限进行控制，包括查询和输入权限。具体操作员仓库权限可以在“基础设置”|“数据权限”中进行设置。

在进行仓库设置时需要设置仓库的编码、名称、计价方式和仓库属性等。

系统提供 6 种计价方式，每个仓库必须选择一种计价方式。

仓库属性包括普通仓、现场仓和委外仓。现场仓针对入库倒冲业务；委外仓针对委外入库倒冲业务。普通仓适用于正常的材料、产品、商品的出入库和盘点的管理；现场仓用于生产过程的材料、半成品和成品的管理，实际是生产车间的虚拟仓库。一般情况下，指定为普通仓就可以。

4. 收发类别

收发类别，是为了对存货的出入库情况进行分类汇总统计而设置的，用于表示存货的出入库类型。可以根据企业的实际需要自由灵活地进行设置。系统规定的收发类别只有两种，即收和发。

5. 采购类型

在采购管理系统中填制采购入库单等单据时，会涉及“采购类型”项目的选择，因此，应正确地设置采购类型。采购类型可以根据企业的需要自行设定，在设置采购类型后，可以按采购类型进行统计分析等。采购类型不分级次，企业可以根据实际需要进行设立。例如，从国外购进，从国内购进，从省外购进，从本地购进；从生产厂家购进，从批发企业购进；为生产采购，为委托加工采购，为在建工程采购，等等。

6. 销售类型

在销售管理系统中填制销售订单及销售发货单等单据时，会涉及“销售类型”项目的选择，因此，应正确地设置销售类型。销售类型可以根据企业的需要自行设定，在设置销售类型后，可以按销售类型进行统计分析等。销售类型不分级次，企业可以根据实际需要来设立。

7. 费用项目

在处理销售业务中的代垫费用、销售支出费用时，应先设定这些费用项目。在设置费用项目之前，还需要对费用项目进行分类。费用项目分类是将同一类属性的费用归集成一类，以便对它们进行统计和分析。

8. 非合理损耗类型

在企业的采购业务中，由于运输和装卸等原因采购的货物会发生短缺毁损，所以应根据不同情况，作出相应的账务处理。属于定额内合理损耗的，应视同提高入库货物的单位成本，不另作账务处理。运输部门或供货单位造成的短缺毁损，属于定额外非合理损耗的，应根据不同情况分别进行账务处理。因此，企业应在此事先设置好本企业可能发生的非合理损耗类型及对应的入账科目，以便采购结算时根据具体的业务选择相应的非合理损耗类型，并由存货核算系统根据结算时记录的非合理损耗类型自动生成凭证。

1.3.3 工作过程

任务 1-4 设置计量单位。

1）选择“基础档案”|“存货”|“计量单位”命令，打开“计量单位——计量单位组”窗口。

2）单击“分组”按钮，打开“计量单位组”窗口。单击“增加”按钮，输入计量单位组信息，计量单位组类别选择“无换算率”。输入完成后如图 1.10 所示。

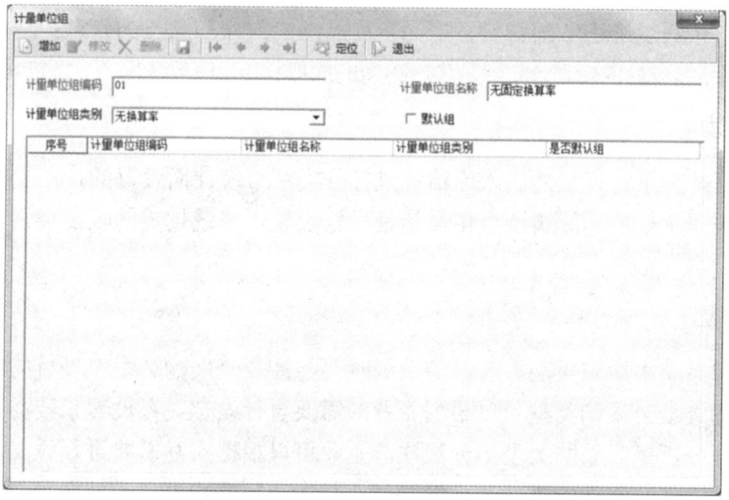

图 1.10　计量单位组

3）单击“保存”按钮，再单击“退出”按钮，返回“计量单位——（01）无固定换算率 <无换算率>”窗口。单击“单位”按钮，打开“计量单位”窗口。

4）单击“增加”按钮，按照案例信息输入计量单位信息。输入完成后如图 1.11 所示。

5）单击“退出”按钮，完成计量单位设置。

注意：

- 存货档案中每一存货只能选择一个计量单位组。
- 计量单位组保存后不可修改。
- 已经有数据的存货不允许修改其计量单位组。
- 已经使用过的计量单位组不能修改其已经存在的计量单位信息。

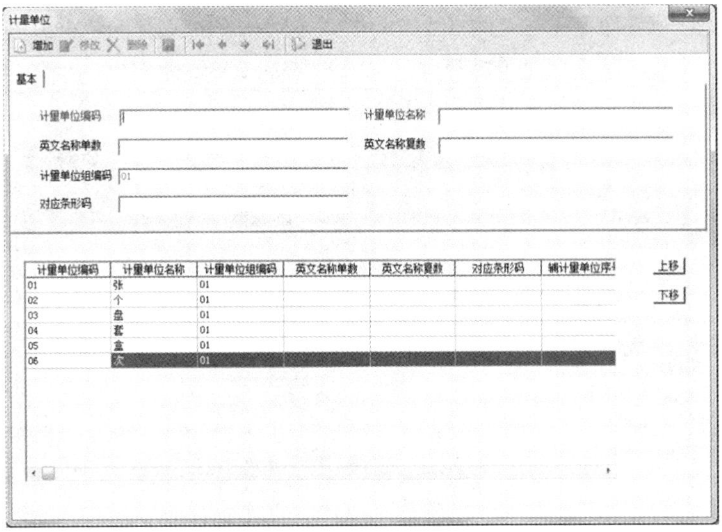

图 1.11　计量单位

任务 1-5　设置存货分类。

1）选择“基础档案”|“存货”|“存货分类”命令，打开“存货分类”窗口。

2）单击“增加”按钮，输入分类编码和分类名称，如图 1.12所示。

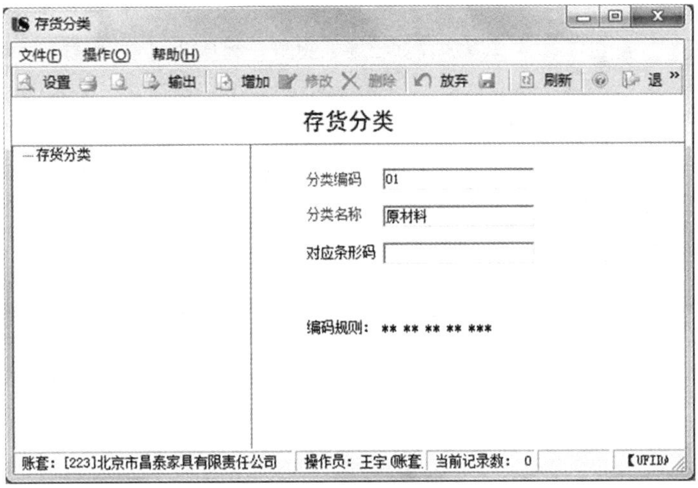

图 1.12　增加存货分类

3）单击“保存”按钮，对存货分类进行保存。

4）参照上述方法，继续输入其他分类信息。输入完成后如图 1.13所示。

注意：

- 只有在建立账套时设置“需要对存货分类”，才能在此设置存货分类，否则不能设置存货分类。
- 存货分类编码必须唯一，且必须符合编码规则。

- 由于运输费和装卸费等也是构成企业存货成本的一个组成部分，并且它们拥有不同于一般存货的税率，因此，为了能够正确反映和核算这些劳务费用，一般在存货分类中可以单独设置一类存货，如应税劳务或劳务费用。

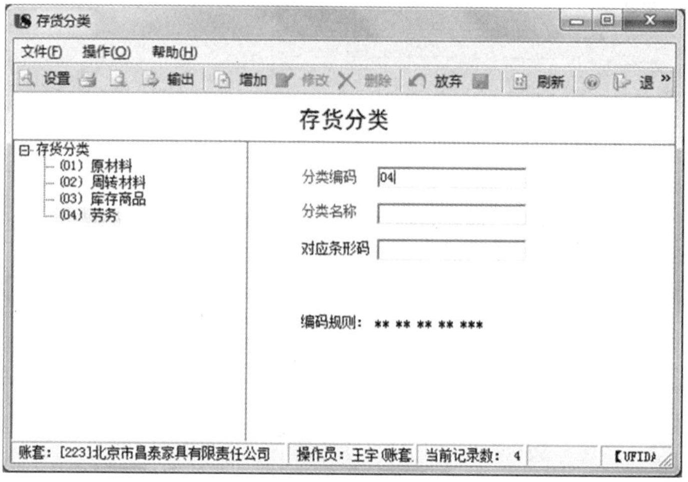

图 1.13　存货分类

任务 1-6　设置存货档案。

1）选择“基础档案”|“存货”|“存货档案”命令，打开“存货档案”窗口。

2）单击“增加”按钮，打开“增加存货档案”窗口。输入101存货信息，如图1.14所示。

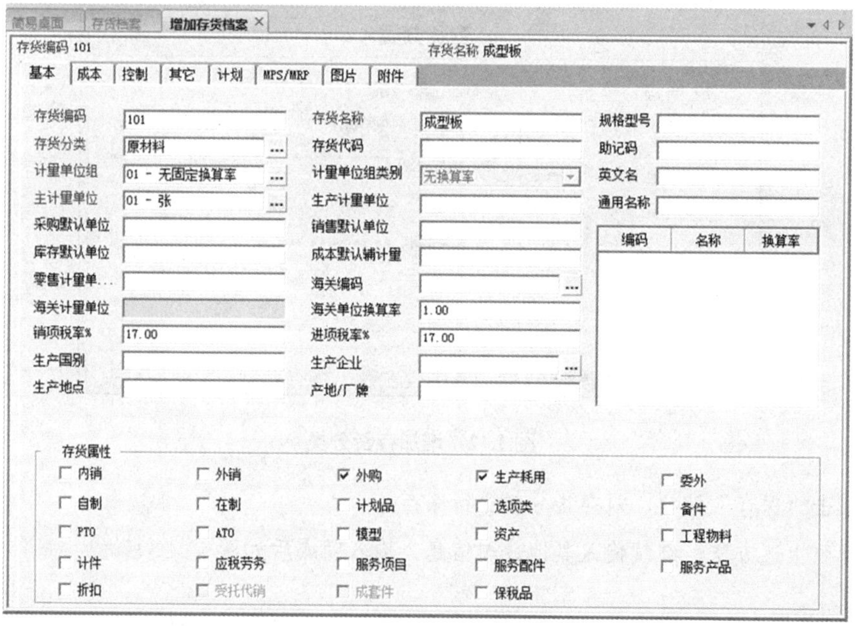

图 1.14　增加存货档案

3）单击“保存”按钮。参照上述方法，继续输入其他存货信息。输入完成如图1.15所示。

简易桌面 | 存货档案

☑ 打印序号(N)

存货档案

存货分类
- (01) 原材料
- (02) 周转材料
- (03) 库存商品
- (04) 劳务

序号	选择	存货编码	存货名称	规…	存…	A…	启用日期	计量单位组名称	主计量单位名称
1		101	成型板				2016/10/1	无固定换算率	张
2		102	封边条				2016/10/1	无固定换算率	盘
3		103	储物柜配件				2016/10/1	无固定换算率	套
4		104	衣橱配件				2016/10/1	无固定换算率	套
5		201	包装箱				2016/10/1	无固定换算率	个
6		202	螺丝钉				2016/10/1	无固定换算率	盒
7		301	A型储物柜				2016/10/1	无固定换算率	个
8		302	B型衣橱				2016/10/1	无固定换算率	个
9		401	运费				2016/10/1	无固定换算率	次

图 1.15　存货档案

任务 1-7　设置仓库档案。

1）选择“基础档案”|“业务”|“仓库档案”命令，打开“仓库档案”窗口。

2）单击“增加”按钮，打开“增加仓库档案”窗口。输入原料库档案信息，如图1.16所示。

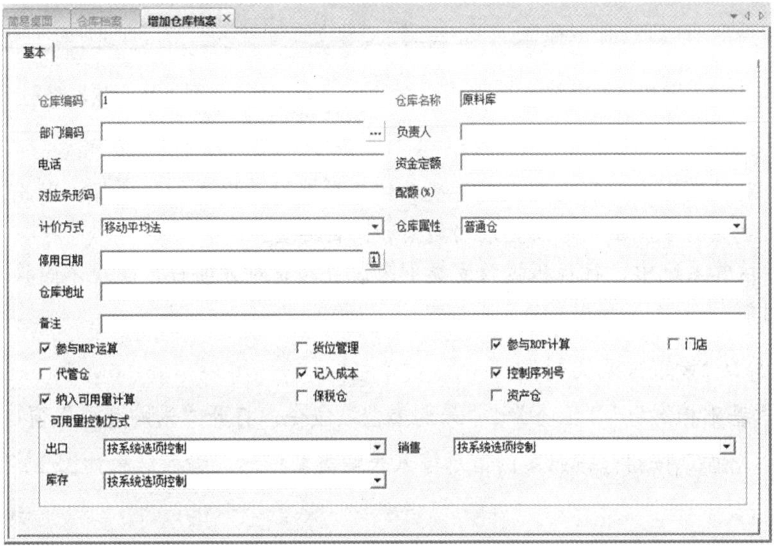

图 1.16　增加仓库档案

3）单击“保存”按钮，继续输入其他仓库档案。输入结果如图1.17所示。

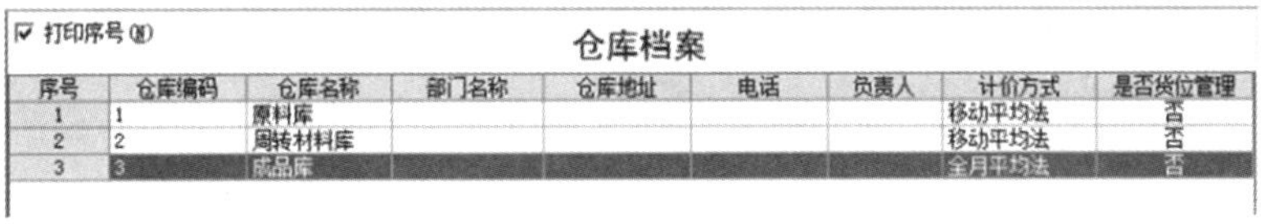
☑ 打印序号(N)

仓库档案

序号	仓库编码	仓库名称	部门名称	仓库地址	电话	负责人	计价方式	是否货位管理
1	1	原料库					移动平均法	否
2	2	周转材料库					移动平均法	否
3	3	成品库					全月平均法	否

图 1.17　仓库档案

注意：

如果仓库已经使用，如已经被入库单调用，则不可删除此仓库，且只可修改几项——负责人、电话、资金定额、仓库地址和备注。

任务 1-8 设置收发类别。

1）选择“基础档案”|“业务”|“收发类别”命令，打开“收发类别”窗口。

2）单击“增加”按钮，输入“1-正常入库”信息，选择收发标志为“收”，如图 1.18 所示。

3）单击“保存”按钮，继续输入其他收发类别信息。输入结果如图 1.19所示。

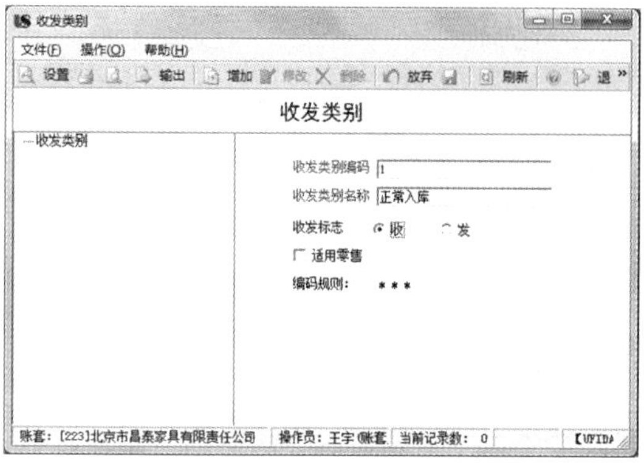

图 1.18 增加收发类别

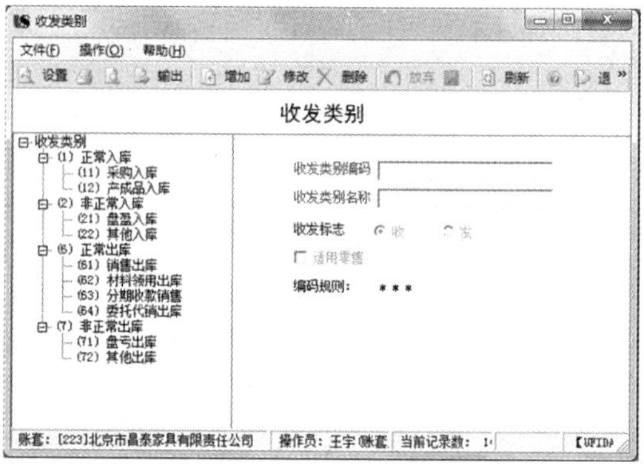

图 1.19 收发类别

注意：

- 收发类别的设置直接影响到采购类型和销售类型对收发类别的选择。因此，只有正确地设置收发类别才能正确地设置采购类型和销售类型。
- 在存货核算系统中，往往根据收发类别来设置存货对方科目，实现不同收发类别业务的自动制单。

任务 1-9 设置采购类型。

1）选择“基础档案”|“业务”|“采购类型”命令，打开“采购类型”窗口。

2）单击“增加”按钮，按照案例信息输入采购类型信息。输入结果如图 1.20所示。

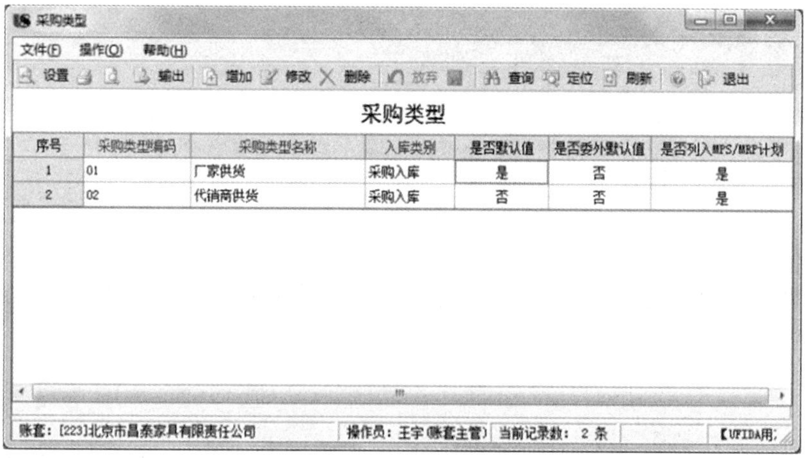

序号	采购类型编码	采购类型名称	入库类别	是否默认值	是否委外默认值	是否列入MPS/MRP计划
1	01	厂家供货	采购入库	是	否	是
2	02	代销商供货	采购入库	否	否	是

图 1.20 采购类型

注意：

- 采购类型编码只有 2位字长，可以是数字或英文字母。编码必须输入，不允许重复，并要注意编码字母的大小写。
- 是否默认值。此项设置某个采购类型为填制单据默认的采购类型。对于最常发生的采购类型，可以设置该采购类型为默认的采购类型。

任务 1-10　设置销售类型。

1）选择“基础档案”|“业务”|“销售类型”命令，打开“销售类型”窗口。

2）单击“增加”按钮，按照案例信息输入销售类型信息。输入完成如图 1.21所示。

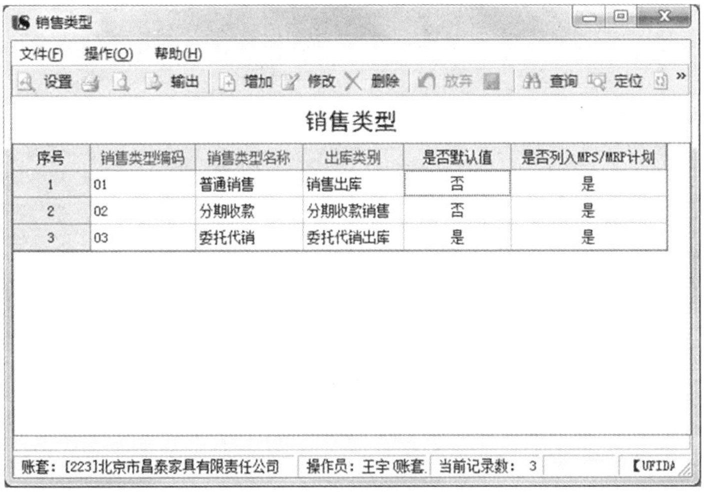

序号	销售类型编码	销售类型名称	出库类别	是否默认值	是否列入MPS/MRP计划
1	01	普通销售	销售出库	否	是
2	02	分期收款	分期收款销售	否	是
3	03	委托代销	委托代销出库	是	是

图 1.21　销售类型

注意：

- 输入销售类型所对应的出库类别，可以将销售业务数据传递到库存管理系统和存货核算系统时进行出库统计及财务制单处理。
- 出库类别是收发类别中的收发标志为发的那部分。收发标志为发的收发类别是不能作为出库类别的。
- 是否默认值。此项标识销售类型在单据输入或修改被调用时是否作为调用单据的销售类型的默认取值。

任务 1-11　设置费用项目。

1）选择“基础档案”|“业务”|“费用项目分类”命令，打开“费用项目分类”窗口。

2）单击“增加”按钮，输入费用项目分类信息，如图 1.22所示。

3）单击“保存”按钮，再单击“退出”按钮，完成费用项目分类信息设置。

4）选择“基础档案”|“业务”|“费用项目”命令，打开“费用项目档案-（1）代垫费用”窗口。单击“增加”按钮，输入费用项目信息，如图 1.23所示。

5）单击“保存”按钮，再单击“退出”按钮，完成费用项目设置。

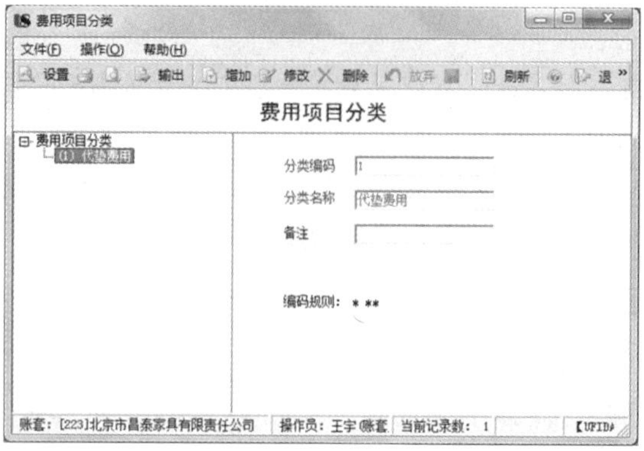

图 1.22　增加费用项目分类

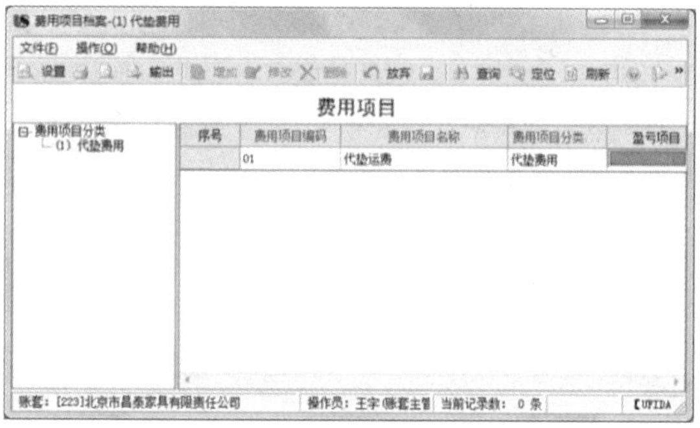

图 1.23　费用项目

任务 1-12　设置非合理损耗类型。

1）选择“基础档案”|“业务”|“非合理损耗类型”命令，打开“非合理损耗类型”窗口。

2）单击“增加”按钮，输入非合理损耗类型信息。输入完成后如图 1.24 所示。

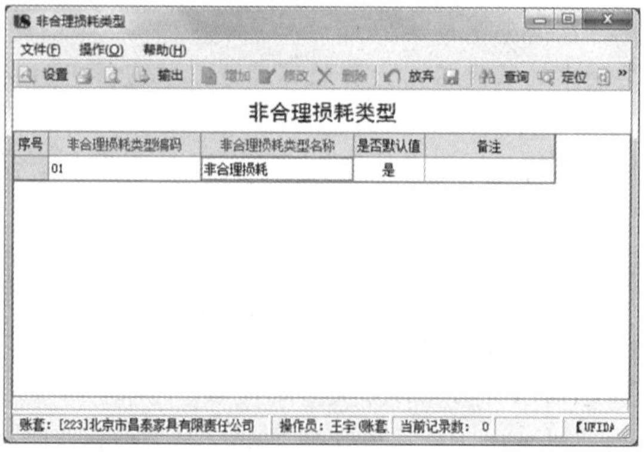

图 1.24　非合理损耗类型

3）单击“保存”按钮，完成非合理损耗类型设置。

注意：

“是否默认值”标识非合理损耗类型在结算时是否作为默认值。只能定义一个默认值。

单元2

购销存初始设置

学习目标

1．职业知识

- 了解购销存系统初始设置的重要性和作用。
- 了解购销存系统初始设置的框架和主要项目。
- 理解采购、应付、销售、应收、存货、库存模块初始设置的基本原理。

2．职业能力

- 能根据企业实际情况进行购销存系统初始设置。
- 熟悉软件对于购销存初始设置方面的操作。

3．职业素养

- 团队配合、分工协作。
- 细心、严谨。

项目2.1　购销存初始设置总体介绍

2.1.1　系统介绍及概念

购销存业务基础档案设置完之后，在各个业务模块中必须进行初始设置才能开始处理日常业务。购销存的初始设置包括两个方面——初始参数设置和期初数据输入，具体如图2.1所示。

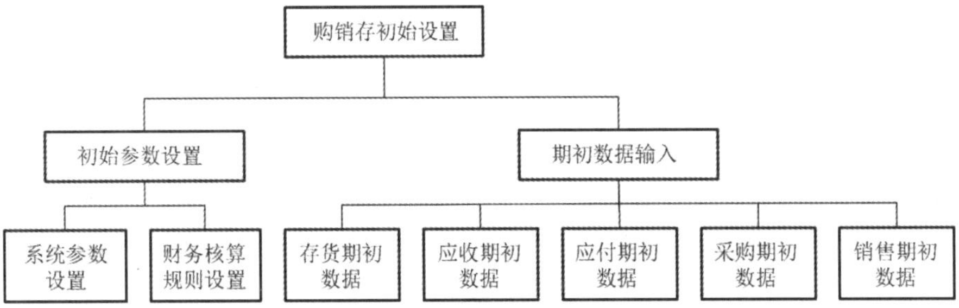

图2.1　购销存初始设置

1. 初始参数设置

初始参数设置包括两方面：一方面是系统参数的设置，另一方面是财务核算规则的设置。

系统参数也称系统选项，或者业务处理控制参数，是指在企业业务处理过程中所使用的各种控制参数。系统参数的设置将直接决定企业使用系统的业务流程、业务模式和数据流向。在进行选项设置之前，一定要详细了解选项开关对业务处理流程的影响，并结合企业的实际业务需要进行设置。由于有些选项在日常业务处理开始后不能随意更改，所以最好在业务处理开始前进行全盘考虑，尤其一些对其他系统有影响的选项设置更要考虑清楚。

另一方面，对于应收、应付、存货这几个需要生成会计凭证的财务业务一体化模块来说，还需要设置供应链系统自动生成财务数据的核算规则。这种核算规则主要体现为业务单据（如发票和入库单等）生成记账凭证时系统自动采纳会计科目的规则，实际上就是购销存系统的制单规则。只有正确设置了制单规则，才能在业务发生以后，由系统自动根据规则生成正确的记账凭证，保证财务核算的正确性，并提高财务核算的自动化水平。

2. 期初数据输入

购销存模块也同财务模块一样，在初次使用时，需要将手工整理出来的期初数据输入到系统中。购销存系统的期初数据与总账的期初数据不同，总账系统主要是科目的期初余额，而购销存系统主要是将截至启用日之前的待处理期初购销存业务单据输入到系统中，为日后的后继处理提供期初业务单据。购销存模块的各个模块均可以输入期初数据，由于财务数据必须要同业务数据保持高度一致，这就要求财务和业务模块的期初数据首先要核对一致。因此，在输入完期初数据之后，对于有数据钩稽关系的模块还必须进行对账，以保持模块之间的数据一致。

期初余额的对账关系包括库存模块和存货模块的存货期初余额必须同总账系统的存货科目的期初余额保持一致；应收系统的期初余额必须同总账系统的应收账款、预收账款、应收票据等客户往来受控科目的期初余额保持一致；应付系统的期初余额必须同总账系统的应付账款、预付账款、应付票据等供应商往来受控科目的期初余额保持一致，如图 2.2 所示。

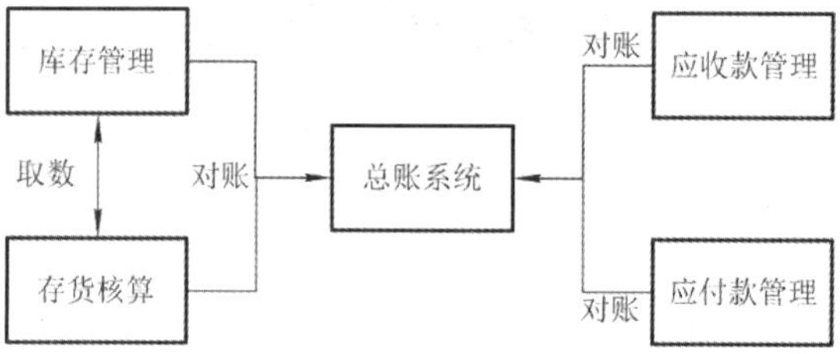

图 2.2　购销存各模块与总账系统的对账关系

2.1.2　工作岗位及任务流程

鉴于初始设置的基础作用及对日常业务处理的重要影响，因此应由既熟悉软件应用流程又熟悉企业业务的人员设置，或者由业务人员和信息管理人员共同进行设置。尤其是财务核算规则的设置，由于会直接影响到财务核算的结果，因此需要对企业的业务和会计核算非常熟悉才能进行正确的设置。在设置时，一般可以由账套主管来进行。

购销存系统初始设置的内容及其与相关岗位的联系如图 2.3 所示。

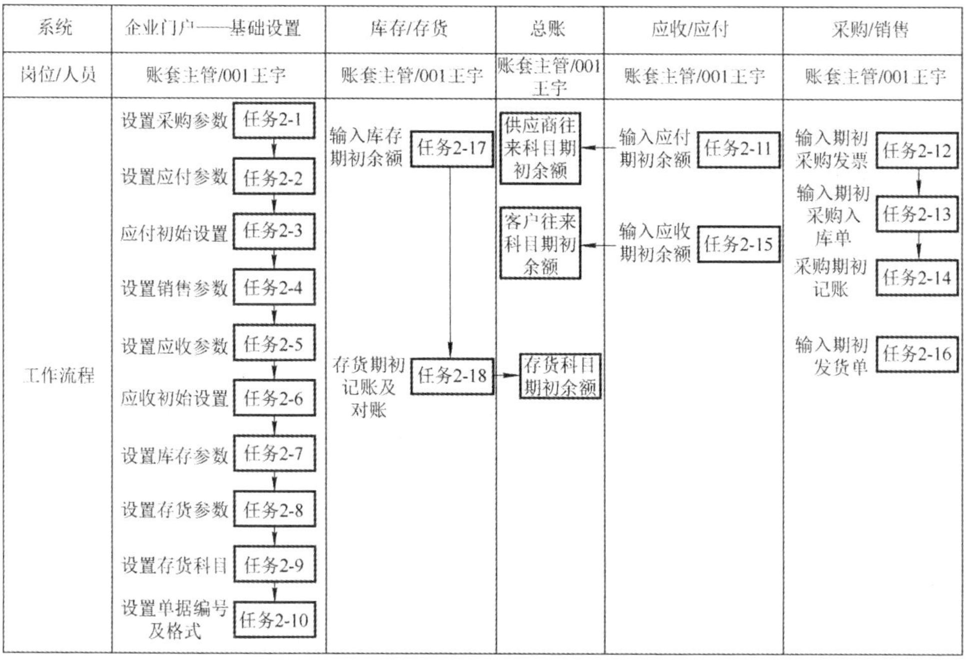

图 2.3　购销存系统的业务流程

项目 2.2　购销存初始设置

2.2.1　工作任务

企业根据自己的业务特点和核算要求，同软件实施人员一起总结出以下购销存系统的初始设置。

任务 2-1　设置采购参数。

设置采购系统参数如下：普通业务不是必有订单；允许超订单到货或入库；允许超计划订货；不允许超请购单订货；订单、到货单、发票单价输入方式为“手工录入”。其他参数采用系统默认值。

任务 2-2　设置应付参数。

除系统默认设置之外，还需设置如下参数。

① 常规。单据审核日期依据选择“单据日期”；选中“自动计算现金折扣”；选中“应付票据直接生成付款单”。

② 凭证。受控科目制单方式选择“明细到单据”；采购科目依据选择“按存货分类”；允许核销生成凭证、红票对冲生成凭证。

任务 2-3　应付初始设置。

1．应付系统科目设置

根据表 2.1 所示完成应付系统的科目设置。

表 2.1　应付系统科目设置

<table>
<tr><th>科目类别</th><th colspan="2">设置方式</th></tr>
<tr><td rowspan="10">基本科目设置</td><td colspan="2">应付科目：220201</td></tr>
<tr><td colspan="2">采购科目：1402</td></tr>
<tr><td colspan="2">税金科目：22210101</td></tr>
<tr><td colspan="2">预付科目：1123</td></tr>
<tr><td colspan="2">现金折扣科目：6603</td></tr>
<tr><td colspan="2">商业承兑科目：1121</td></tr>
<tr><td colspan="2">银行承兑科目：1121</td></tr>
<tr><td colspan="2">运费科目：6602</td></tr>
<tr><td colspan="2">票据利息科目：6603</td></tr>
<tr><td colspan="2">票据费用科目：6603</td></tr>
<tr><td rowspan="6">结算方式科目设置
（币种为人民币）</td><td>现金</td><td>1001 库存现金</td></tr>
<tr><td>现金支票</td><td>100201 银行存款——工行存款</td></tr>
<tr><td>转账支票</td><td>100201 银行存款——工行存款</td></tr>
<tr><td>银行汇票</td><td>1012 其他货币资金</td></tr>
<tr><td>电汇</td><td>100201 银行存款——工行存款</td></tr>
<tr><td>同城特约委托收款</td><td>100201 银行存款——工行存款</td></tr>
</table>

2．账期内账龄区间设置

根据表 2.2 所示完成账期内账龄区间设置。

表 2.2　账期内账龄区间设置

序　号	起止天数	总天数
01	0～30	30
02	31～60	60
03	61～90	90
04	91～120	120
05	121 以上	

3．逾期账龄区间设置

根据表 2.3 所示完成逾期账龄区间设置。

表 2.3　逾期账龄区间设置

序　号	起止天数	总天数
01	1～30	30
02	31～60	60
03	61～90	90
04	91～120	120
05	121 以上	

任务 2-4　设置销售参数。

报价不含税；启用委托代销业务；启用分期收款业务。其余选项默认。

任务 2-5　设置应收参数。

除系统默认设置之外，还需设置如下参数。

① 常规。单据审核日期依据“单据日期”；坏账处理方式选择“应收余额百分比法”；选中“自动计算现金折扣”。

② 凭证。受控科目制单方式为“明细到单据”；销售科目依据选择“按存货分类”；选中“核销生成凭证”“预收冲应收生成凭证”“红票对冲生成凭证”。

任务2-6 应收初始设置。

1. 应收系统科目设置

根据表2.4完成应收系统的科目设置。

表2.4 应收系统科目设置

<table>
<tr><th>科目类别</th><th colspan="2">设置方式</th></tr>
<tr><td rowspan="11">基本科目设置</td><td colspan="2">应收科目：1122</td></tr>
<tr><td colspan="2">销售收入科目：6001</td></tr>
<tr><td colspan="2">税金科目：22210102</td></tr>
<tr><td colspan="2">销售退回科目：6001</td></tr>
<tr><td colspan="2">预收科目：2203</td></tr>
<tr><td colspan="2">现金折扣科目：6603</td></tr>
<tr><td colspan="2">商业承兑科目：1121</td></tr>
<tr><td colspan="2">银行承兑科目：1121</td></tr>
<tr><td colspan="2">运费科目：6602</td></tr>
<tr><td colspan="2">票据利息科目：6603</td></tr>
<tr><td colspan="2">票据费用科目：6603</td></tr>
<tr><td rowspan="6">结算方式科目设置
（币种为人民币）</td><td>现金</td><td>1001 库存现金</td></tr>
<tr><td>现金支票</td><td>100201 银行存款——工行存款</td></tr>
<tr><td>转账支票</td><td>100201 银行存款——工行存款</td></tr>
<tr><td>银行汇票</td><td>1012 其他货币资金</td></tr>
<tr><td>电汇</td><td>100201 银行存款——工行存款</td></tr>
<tr><td>同城特约委托收款</td><td>100201 银行存款——工行存款</td></tr>
</table>

2. 坏账准备、账期内应收款账龄区间、逾期账龄区间设置

根据表2.5至表2.7所示完成坏账准备、账期内应收款账龄区间、逾期账龄区间设置。

表2.5 坏账准备设置

控制参数	参数设置
提取比例	0.5%
坏账准备期初余额	14 566.5
坏账准备科目	1231（坏账准备）
对方科目	6701（资产减值损失）

表2.6 账期内账龄区间设置

序号	起止天数	总天数
01	1～30	30
02	31～60	60
03	61～90	90
04	91～120	120
05	121以上	

表 2.7 逾期账龄区间设置

序 号	起 止 天 数	总 天 数
01	1～30	30
02	31～60	60
03	61～90	90
04	91～120	120
05	121 以上	

任务 2-7 设置库存参数。

设置参数为“库存生成销售出库单”，其余选项默认。

任务 2-8 设置存货参数。

存货系统参数设置：核算方式为“按仓库核算”；暂估方式为“单到回冲”；销售成本核算方式为“销售发票”；委托代销成本核算方式为“按发出商品核算”；进项税额转出科目为22210103。

任务 2-9 设置存货科目。

1．存货科目设置（见表 2.8）

表 2.8 存货科目设置

仓 库	存 货 科 目	分期收款发出商品科目名称	委托代销发出商品科目名称
原料库	1403	1406	1406
周转材料库	1411	1406	1406
成品库	1405	1406	1406

2．存货对方科目设置（见表 2.9）

表 2.9 存货对方科目设置

收发类别编码	收发类别名称	项 目	对方科目编码	对方科目名称	暂估科目编码	暂估科目名称
11	采购入库		1402	在途物资	220202	暂估应付款
12	产成品入库	301	5001010101	A 型储物柜		
12	产成品入库	302	5001010102	B 型衣橱		
61	销售出库		6401	主营业务成本		
62	材料领料出库	301	5001010101	A 型储物柜		
62	材料领料出库	302	5001010102	B 型衣橱		
63	分期收款出库		6401	主营业务成本		
64	委托代销出库		6401	主营业务成本		

任务 2-10 设置单据编号及格式。

1. 单据编号设置

设置销售专用发票、销售普通发票、销售订单、采购专用发票、采购普通发票、采购订单均采用完全手工编号。

2. 单据格式设置

为产品入库单的表体中增加“项目编码”“项目”“项目大类编码”“项目大类名称”几个表体项目。

2.2.2 理论学习

1. 设置采购参数

采购系统主要的采购参数如下。

（1）普通业务必有订单

选中后普通采购业务必须有订单，并根据订单流转到发票、到货单和入库单等下游单据。如果不选则可以不填制订单，即可直接填制发票、到货单或入库单。

（2）直运业务必有订单

选中后直运采购业务必须有订单。

（3）受托代销业务必有订单

选中后受托代销业务必须有订单。只有在建立账套时选择企业类型为商业或医药流通的账套，而且在“设置 | 采购选项 | 业务及权限控制 | 启用受托代销”设置有受托代销业务时，才能选择此选项。

（4）启用受托代销

只有在建立账套时选择企业类型为商业或医药流通的账套，该选项才可选。选中该选项，表示企业有受托代销业务，采购系统菜单中会出现有关受托代销的单据、受托代销结算、受托代销统计账表的菜单项。用户可以在采购管理系统中设置，也可以在库存系统中设置，在其中一个系统所做的设置，另一个系统中的选项也会同时改变。

（5）允许超订单到货及入库

如果选择不允许，则参照订单生成到货单、入库单时，不可超过订单的数量。否则，可以超过订单数量，但不能超过订单数量入库上限，即“订单数量×（1＋入库超额上限）”，入库上限在存货档案中设置。

2. 设置应付参数

应付系统主要的参数如下。

（1）应付款核销方式

应付款核销是指为所付出的款项指定对应的应付账款，表明应付账款已经核对并付清。核销会影响到应付款项的账龄，通过核销能为应付账龄进行科学分析提供依据。

应付款核销可以按单据或按产品两种方式。按单据核销是指系统将满足条件的未结算单据全部列出，由用户选择要结算的单据，根据所选择的单据进行核销；按产品核销是指系统将满足条件的未核销的发票、应收单按存货列出，选择要结算的存货，根据所选择的记录进行核销。

如果企业付款时没有指定具体支付的是哪个产品的款项，则可以采用按单据核销。对于单位价值较高的存货，企业可以采用按产品核销，即付款指定到具体存货上。选择不同的核销方式，将影响到账龄分析的精确性。一般而言，选择按单据核销或按产品核销能够进行更精确的账龄分析。

（2）单据审核日期依据

系统提供两种确认单据审核日期的依据，即单据日期和业务日期。

① 如果选择单据日期，则在单据处理功能中进行单据审核时，自动将单据的审核日期（即

入账日期）记为该单据的单据日期。

② 如果选择业务日期，则在单据处理功能中进行单据审核时，自动将单据的审核日期（即入账日期）记为当前业务日期（即登录日期）。

（3）汇兑损益方式

系统提供两种汇兑损益的方式：外币余额结清时处理和月末处理。

① 外币余额结清时计算，即仅当某种外币余额结清时才计算汇兑损益。在计算汇兑损益时，窗口仅显示外币余额为 0 且本币余额不为 0 的外币单据。

② 月末处理，即每个月末计算汇兑损益。在计算汇兑损益时，窗口显示所有外币余额不为 0 或本币余额不为 0 的外币单据。

（4）自动计算现金折扣

可以选择自动计算现金折扣和不自动计算现金折扣两种方式。

如果供应商提供了在信用期间内提前付款可以优惠的政策，可以选择自动计算现金折扣，系统会在“核销处理”中显示“可享受折扣”和“本次折扣”，并计算可享受的折扣；如果选择“不显示现金折扣”，则系统既不计算也不显示现金折扣。

（5）登记支票

登记支票是系统提供的自动登记支票登记簿的功能。如果选择是，则系统自动将具有“票据管理”标志结算方式的付款单登记到支票登记簿中；如果选择否，则可以通过付款单上的“登记”按钮手工填制支票登记簿。

（6）应付票据直接生成付款单

如果选择“是”，则表示应付票据保存时，同时生成付款单；如果选择“否”，则表示应付票据保存后，不生成付款单，需在票据窗口单击“生成”按钮才可生成付款单。此选项默认选择为“是”。

（7）受控科目制单方式

受控科目制单方式有两种选择：明细到供应商、明细到单据。

① 明细到供应商。当将一个供应商的多笔业务合并生成一张凭证时，如果核算该多笔业务的控制科目相同，系统会自动将其合并成一条分录。采用这种方式的目的是在总账系统中能够查看每一个供应商的详细信息。

② 明细到单据。当将一个供应商的多笔业务合并生成一张凭证时，系统会将每一笔业务形成一条分录。采用这种方式的目的是在总账系统中也能查看每个供应商的每笔业务的详细情况。

（8）非控科目制单方式

非控科目制单方式有 3 种选择：明细到供应商、明细到单据和汇总方式。

① 明细到供应商。当将一个供应商的多笔业务合并生成一张凭证时，如果核算该多笔业务的控制科目相同，系统会自动将其合并成一条分录。采用这种方式的目的是在总账系统中能够查看到每一个供应商的详细信息。

② 明细到单据。当将一个供应商的多笔业务合并生成一张凭证时，系统会将每一笔业务形成一条分录。采用这种方式的目的是在总账系统中也能查看每个供应商的每笔业务的详细情况。

③ 汇总方式。当将多个供应商的多笔业务合并生成一张凭证时，如果核算该多笔业务的控制科目相同，系统会自动将其合并成一条分录。采用这种方式的目的是精简总账中的数据，在总账系统中只能查看该科目的一个总的发生额。

（9）控制科目依据

应付控制科目是指所有带有供应商往来辅助核算并受控于应付系统的科目，如应付账款、预付账款等。在应付系统制单的时候，如果单据上有科目，则直接取单据上的科目；如果单据上没有科目，则取控制科目设置中设置的科目。如果在控制科目设置中未设置控制科目，则系统将取“设置科目”|“基本科目设置”中设置的应付科目；如果在基本科目设置中也未设置科目，则手工输入凭证科目。

系统提供以下几种设置控制科目的依据：按供应商分类、按供应商、按地区分类、按采购类型、按存货分类、按存货。

① 按供应商分类设置。这是指根据一定的属性将往来供应商分为若干大类，如根据时间将供应商分为长期供应商、中期供应商和短期供应商；根据供应商的行业将供应商分为零售供应商、批发供应商等。在这种方式下，可以针对不同的供应商分类设置不同的应付科目和预付科目。

② 按供应商设置。可以针对不同的供应商在每一种供应商下设置不同的应付科目和预付科目。这种设置适合特殊供应商的需要。

③ 按地区分类设置。可以针对不同的地区分类设置不同的应付科目和预付科目。例如，将供应商分为华东、华南、东北等地区，可以在不同的地区分类下设置科目。

同理，可以分别按照采购类型、存货分类、存货来设置不同的应付控制科目。

（10）采购科目依据

存货采购科目的依据有以下几种：按存货分类、按存货、按采购类型、按供应商、按供应商分类设置。

① 按存货分类设置。存货分类是指根据存货的属性对存货所划分的大类。例如，可以将存货分为原材料、燃料及动力、在存货及产成品等大类，可以针对这些存货分类设置不同的采购科目。

② 按存货设置。如果存货种类不多，可以直接针对不同的存货设置不同的采购科目。

同理，可以分别按照采购类型、供应商、供应商分类来设置不同的采购科目。

（11）月结前全部生成凭证

如果选择了月末结账前需要将全部的单据和处理生成凭证，则月末结账时将检查截至结账月是否有未制单的单据和业务处理。如果有，系统将提示不能进行本次月结处理；如果没有，才可以继续进行本次月结处理。否则，在月结时只允许查询截至结账月的未制单的单据和业务处理，但不进行强制限制，也可结账。

（12）核销生成凭证

默认选择“否”。当选择“否”时，不管核销双方单据的入账科目是否相同，均不需要对这些记录进行制单；如果选择“是”，则系统会判断核销双方的单据其当时的入账科目是否相同，如果不相同，系统会生成一张调整凭证。例如，发票的入账科目为220201（应付账款——A企业），付款单冲销的入账科目为220202（应付账款——B企业），则当这张付款单核销这张发票后，系统会生成凭证——借：220201（应付账款——A企业），贷：220202（应付账款——B企业）。

（13）预付冲应付是否生成凭证

系统默认选择“是”。如果选择“是”，则对于预付冲应付的业务，当预付、应付科目不相同时，会生成一张转账凭证；如果选择“否”，则对于预付冲应付的业务不管预付、应付科目是否相同，均不生成凭证。

（14）红票对冲生成凭证

红票对冲源于会计更正错误的一种常用的办法——红字更正法。所谓红字更正法，就是用红字填制一张与原错误凭证完全相同的记账凭证，据以用红字登记入账，冲销原有的错误记录。红字发票的原理同会计上的红字更正法类似，当发票开错或者发生退货或销售折让时，通常开具红字发票冲销原有的错误发票，再开具正确的蓝字发票。

如果选择是，则红票对冲处理时，当对冲单据所对应的受控科目不相同时，会生成一张转账凭证；如果选择否，则红票对冲处理时，不管对冲单据所对应的受控科目是否相同，均不需要生成凭证。系统默认选择是。

3. 应付初始设置

应付系统的初始设置指的是在应用应付款管理系统之前进行的初始设置，主要包括凭证科目设置、账龄区间设置、报警级别设置和单据类型设置。初始设置的作用是建立应付款管理系统的基础数据，确定制单的自动入账科目，确定使用哪些单据处理应付业务，确定需要进行账龄管理的账龄区间，使应付业务管理更符合企业的需要。

初始设置同应付业务单据关联，在日常业务中，可选择自己定义的应付业务单据。同时，初始设置也能同统计分析关联，可实现对应付款、付款及往来业务的账龄分析查询。

（1）科目设置

初始设置最主要的内容是设置凭证科目。凭证科目设置是指依据用户定义的科目，依据不同的业务类型，生成凭证自动带出科目。由于应付系统业务类型较固定，生成的凭证类型也较固定，所以为了简化凭证生成操作，可在此处将各业务类型凭证中的常用科目预先设置好，系统即可依据制单业务规则将设置的科目自动带出。

凭证科目设置包括基本科目设置、控制科目设置、产品科目设置和结算方式科目设置。

① 基本科目。基本科目是指应付系统凭证制单时经常需要用到的科目，包括应付科目、预付科目、采购科目和税金科目等。设置完之后，系统会根据制单规则，在生成凭证时将相关科目自动带出。如果在单据中没有指定科目，且控制科目设置和产品科目设置中均没有设置明细科目，则系统依据制单规则取基本科目设置中的科目设置。

应付主要基本科目设置要求如表 2.10 所示。

表 2.10　应付基本科目设置要求

基本科目	设置要求
应付账款科目（本位币）	输入最常用的核算本位币赊购欠款的科目
应付账款科目（外币）	输入最常用的核算外币赊购欠款的科目
预付账款科目（本位币）	输入最常用的核算本位币预付款的科目
预付账款科目（外币）	输入最常用的核算外币预付款的科目
采购科目	输入最常用的核算存货采购的科目，如材料采购科目或商品采购科目
采购税金科目	输入核算进项税额的科目，如“应交税费——应交增值税（进项税额）”科目
现金折扣科目	如果企业在采购过程中有现金折扣业务，则输入现金折扣费用的入账科目
票据利息科目	输入核算应付票据利息的科目
票据费用科目	输入核算应付票据费用的科目
应付票据科目（商业承兑）	输入核算商业承兑汇票的科目
应付票据科目（银行承兑）	输入核算银行承兑汇票的科目
币种兑换差异科目	输入异币种核销时形成的币种兑换差异科目。一般为本位币核算科目
汇兑损益科目	输入汇兑损益入账科目

② 控制科目。如果在核算供应商欠款时，针对不同的供应商（供应商分类/地区分类）分别设置了不同的应付账款科目和预付账款科目，则可以先在账套参数中选择设置的依据（供应商、供应商分类、地区分类），然后在此处进行设置。

如果供应商（或供应商分类、地区分类）核算的应付账款或预付账款科目同常用科目设置的一样，则可以不输入。

③ 产品科目。如果针对不同的存货（存货分类）分别设置不同的采购科目、产品采购税金科目，则可以先在账套参数中选择设置的依据（存货、存货分类），然后在此处设置。

如果某个存货（存货分类）的科目同常用科目设置的一样，则可以不输入。

④ 结算方式科目。为每种结算方式设置一个默认的入账科目。结算科目不能是已经在科目档案中指定为应收系统或应付系统的受控科目。

（2）账龄设置

为了对应付账款进行账龄分析，应首先在此设置账期内账龄区间和预期账龄分析。应付账款的账龄分析可以按应付账龄的长短对应付账款进行统计和分析，帮助企业及时了解和防范付款风险和信用风险。对于逾期时间过久的应付账款，应该提请管理者重点关注。

4. 销售参数设置

销售参数设置主要包括如下内容。

（1）业务控制

① 有零售日报业务。如果设置为有，系统增加“零售日报”菜单项，相关账表（如销售收入明细账）中包含零售日报的数据，否则系统不能处理零售日报业务。这个功能可以作为同前台销售收款系统的接口。

② 有销售调拨业务。如果设置为有，系统增加“销售调拨”菜单项，相关账表（如销售收入明细账）中包含销售调拨单的数据，否则系统不能处理内部销售调拨业务。

③ 有委托代销业务。如果设置为有，系统增加“委托代销”菜单项，增加委托代销明细账等账表，否则系统不能处理委托代销业务。该选项不可更改。

④ 有分期收款业务。如果设置为有，填制销售单据时可选择分期收款的业务类型，否则不可用。

⑤ 有直运销售业务。如果设置为有，可选择直运销售的业务类型，否则不可用。销售系统的直运业务选项影响采购系统的直运业务。

⑥ 允许超订量发货。可以设置在参照订单开发货单、销售发票时是否可超过订单的数量。通过该参数可根据销售订单控制销售发货数量，限制业务人员的权限，降低出货回款的风险。

如果设置为不允许，则在参照销售订单开发货单、销售发票保存时，对订单累计发货数、累计开票数（开票直接发货）同订单数量进行比较。

- 累计发货（开票）数－订单数量>0 时，不允许保存。
- 累计发货（开票）数－订单数量≤0 时，允许保存。

否则，在进行以上操作时系统不作货物订货量的检查。发货时，可以超出销售订单量进行发货，即允许累计发货（开票）数多于订单数量，但需要根据存货档案中的发货超额上限进行控制，即累计发货（开票）数少于或等于订单数量（1＋存货档案的发货超额上限）。

在实务中，销售订单一般对应着销售合同或销售承诺，通过修改参数可以控制订单的下游操作，包括开票和出库都在订单的数量范围之内，防止内部超过订单数量开票或出库单的错弊现象。

⑦ 允许超发货量开票。如果不允许，则在参照销售发货单生成销售发票保存时，对发货单的累计开票数同发货数量比较，如果累计开票数多于发货数量，不允许保存；如果累计开票数少于或等于发货数量，允许保存。如果允许该选项，在进行以上操作时不检查，允许单据保存。

根据发货单开票，此时发货单相当于销售部门通知财务开具发票的开票通知单。一般情况下，财务部门根据销售部门的发货情况开具发票，这样能较好地控制开票情况。因此，不允许超发货量开票能较好地控制财务部门随意开票的错弊现象。

⑧ 销售生成出库单。如果选择是，则销售系统的发货单、销售发票、零售日报、销售调拨单在审核、复核时，自动生成销售出库单，并传到库存系统和存货系统。库存系统不可修改出库数量，即一次发货全部出库。

如果选择否，则销售出库单由库存系统参照上述单据生成。在参照时，可以修改本次出库数量，即可以一次发货多次出库。此时，销售出库单在销售系统中只有在账表查询时，通过联查单据才可见。

需要注意的是，在由库存系统生单向销售系统生单切换时，如果有已审核/复核的发货单、发票未在库存系统生成销售出库单的，将无法生成销售出库单。因此，应检查已审/复核的销售单据是否均已全部生成销售出库单后再切换。

⑨ 普通销售必有订单。必有订单时，普通销售发货单、普通销售发票不可手工填制，必须参照上游单据生成。在先发货后开票模式下，参照订单生成发货单，参照发货单生成发票；在开票直接发货模式下，参照订单生成发票。

⑩ 委托代销必有订单。选择委托代销业务时可选中此选项。必有订单时，委托发货单不可手工填制，必须参照订单生成。

⑪ 分期收款必有订单。选择分期收款业务时可选中此选项。必有订单时，分期收款发货单不可手工填制，必须参照订单生成。

⑫ 直运销售必有订单。选择直运业务时可选中此选项。必有订单时，直运采购订单必须参照直运销售订单，直运采购发票必须参照直运采购订单，直运销售发票必须参照直运销售订单。

（2）其他控制

① 新增发货单。默认：单选。可随时更改

可以设置新增发货单时是否弹出销售订单的参照对话框，从而方便用户的操作。设置参数后，用户也可取消弹出对话框，直接使用工具栏上的“订单”按钮来弹出参照对话框。

参照订单生成：如果选择是，则新增发货单时首先弹出销售订单的参照对话框。

不参照单据：如果选择是，则新增发货单时不弹出销售订单的参照对话框。

② 新增发票。默认：单选。可随时更改

可以设置新增发票时是否先弹出销售订单、销售发货单的参照对话框，以方便用户的操作。设置参数后，用户也可取消弹出对话框，直接使用工具栏上的“订单”“发货”按钮来弹出参照对话框。

不参照单据：如果选择是，则新增发票时不弹出参照对话框。

参照订单生成：如果选择是，则新增发票时先弹出销售订单的参照对话框。

参照发货单生成：如果选择是，则新增发票时先弹出销售发货单的参照对话框。

（3）信用控制

该参数主要用于进行客户、部门和业务员的信用控制范围的设置。进行信用控制时，根据信用检查点，在保存、审核销售单据（控制信用的单据）时，如果当前客户（或部门、业务员控制）的应收账款余额（应收账款期间）超过了该客户（或部门、业务员）档案中设定的信用额度（信用期限），系统会提示当前客户（或部门、业务员）已超信用，并根据需要信用审批进行控制。

主要的信用控制参数如下。

① 有客户信用控制。不选择该选项，则在进行销售单据操作时，系统不进行客户信用的检查；如果选择该选项，且选择“只控制信用额度”或“信用额度＋信用期间”，同时客户档案“是否控制信用额度”为是，则对客户进行信用额度控制，否则不控制。

② 信用控制范围。单选项，选择内容为“信用额度＋信用期间”“只控制信用额度”“只控制信用期间”。

③ 控制信用的单据。复选项，选择内容为订单、代垫费用单、发货单、发票、零售日报、调拨单、委托代销发货单、委托代销结算单。

④ 需要信用审批。如果选择是，则超信用时需要信用审批人进行审批，在该审批人的权限内，当前单据可保存或审核；否则超信用时系统只是提示。

（4）可用量控制

可用量控制参数包括可用量检查公式、可用量控制公式和超可用量控制。

① 可用量控制。如果设置不允许超可用量发货，则系统进行严格控制，按“仓库＋存货＋自由项＋批号”进行控制，当超可用量时，单据不能保存。可以分别设置批次存货、非批次存货是否允许超可用量发货、出库跟踪入库存货不可超可用量发货。

② 可用量检查。可用量检查时提示用户，但不强制控制。检查时，只按存货进行检查，不考虑仓库、自由项和批号。出库跟踪入库存货进行可用量检查，但不可超可用量发货。可用量检查在库存系统中、销售系统中分别设置。

（5）价格管理

价格管理参数设置取价方式、报价参照、价格政策和最低售价控制。

① 取价方式

在进行销售价格管理时，销售报价可以根据参数设置方式进行取值，称为取价方式。当输入单据时，系统根据取价方式带入存货的报价、扣率和零售价，用户可修改。取价方式的设置减少了单据制作的工作量，避免了人工误差，为业务人员提供了可靠的参考价格。

取价方式设置是指定销售开单时的销售报价取值方式。这是单选项，可随时更改，报价根据报价是否含税带入无税单价或含税单价。在切换取价方式时，原设置所产生的单价不变。

- 最新售价。系统自动取最近一次的设置单据上的报价，可修改。单据为历次售价设置的单据来源，可选择销售报价单、订单、销售发货单或销售发票；可以设置是否按客户过滤。
- 最新成本加成。从存货档案带入最新成本、销售加成率，报价＝存货最新成本×（1＋销售加成率），可修改。出库跟踪入库的存货，取对应入库单的成本单价并加成。
- 价格政策。按照价格政策的设置取报价、扣率和零售价，可修改。

② 有最低售价控制

根据“报价含税”选项确定最低售价是无税单价还是含税单价。最低售价在存货档案中设置。

如果选是，则在保存销售订单、发货单、销售发票、委托代销发货单和委托代销结算单时，如果货物的实际销售价格超过了存货档案中设定的最低售价，就需要输入口令。如果口令输入正确，方可确认操作，否则不可保存。如果选否，在进行以上操作时系统不作存货最低售价的检查。

5. 设置应收参数

应收系统主要的参数如下。

（1）应收款核销方式

应收款核销是指对所收到的款项指定对应的应收账款，表明应收账款已经核对并收讫。核销能影响应收款项的账龄，通过核销能为应收账龄的科学分析提供依据。例如，企业同 A 客户发生业务往来，共 10 万元，其中 2 月一笔 3 万元，5 月一笔 5 万元，9 月一笔 2 万元，10 月份收到该客户的转账支票 4 万元，那么这 4 万元核销哪笔应收账款，将对该客户单位的账龄分析产生影响。如果不作核销，账龄分析将按先进先出法计算。

系统提供两种应收款核销方式，即按单据、按产品核销。

① 按单据核销。系统将满足条件的未结算单据全部列出，由用户选择要结算的单据，根据用户所选择的单据进行核销。

② 按存货核销。系统将满足条件的未结算单据按存货列出，由用户选择要结算的存货，根据所选择的存货进行核销。

如果企业收款时，没有指定具体收取的是哪个存货的款项，则可以采用按单据核销。对于单位价值较高的存货，企业可以采用按存货核销，即收款指定到具体存货上。一般企业按单据核销即可。

（2）单据审核日期依据

系统提供两种确认单据审核日期的依据，即单据日期和业务日期。

详细解释参见前面的应付款参数设置。

（3）汇兑损益方式

系统提供两种汇兑损益的方式：外币余额结清时处理和月末处理。

详细解释参见前面的应付款参数设置。

（4）自动计算现金折扣

可以选择自动计算现金折扣和不自动计算现金折扣两种方式，详细解释可参见前面的应付款参数设置。

（5）登记支票

登记支票是系统提供的自动登记支票登记簿的功能。如果选择登记支票，则系统自动将具有“票据管理”标志结算方式的付款单登记到支票登记簿中；如果选否，则可以通过收款单上的“登记”按钮手工填制支票登记簿。

（6）应收票据直接生成收款单

该选项参见前面的应付系统“应付票据直接生成付款单”选项设置。

（7）坏账处理方式

系统提供两种坏账处理方式：备抵法和直接转销法。

① 如果选择备抵法，还应该选择具体的方法。系统提供了 3 种备抵的方法：应收余额百分比法、销售收入百分比法、账龄分析法。这 3 种方法需要设置坏账准备，并在初始设置中输入坏账准备期初和计提比例或输入账龄区间等，以便在坏账处理中进行后续处理。

② 如果选择直接转销法，可以直接在下拉列表中选择。直接转销法不需要设置坏账准备，当坏账发生时，直接在坏账发生处将应收账款计入期间费用。直接转销法账务处理简单易懂，但由于其不符合权责发生制及收入与费用配比的会计原则，容易导致企业发生大量陈账、呆账长年挂账，虚增了企业的利润和资产价值，目前会计制度和准则已不允许使用。

（8）受控科目制单方式

受控科目制单有两种方式可供选择：明细到客户、明细到单据。

① 明细到客户。当将一个客户的多笔业务合并生成一张凭证时，如果核算该多笔业务的控制科目相同，系统会自动将其合并成一条分录。采用这种方式的目的是在总账系统中能够根据客户来查询其详细信息。

② 明细到单据。当将一个客户的多笔业务合并生成一张凭证时，系统会将每一笔业务形成一条分录。采用这种方式的目的是在总账系统中也能查看每个客户的每笔业务的详细情况。

（9）非控科目制单方式

有3种制单方式选择：明细到客户、明细到单据和汇总方式。

① 明细到客户。当将一个客户的多笔业务合并生成一张凭证时，如果核算该多笔业务的非受控制科目相同且其所带辅助核算项目也相同，则系统会自动将其合并成一条分录。采用这种方式的目的是在总账系统中能够根据客户来查询其详细信息。

② 明细到单据。当将一个客户的多笔业务合并生成一张凭证时，系统会将每一笔业务形成一条分录。采用这种方式的目的是在总账系统中也能查看每个客户的每笔业务的详细情况。

③ 汇总制单。当将多个客户的多笔业务合并生成一张凭证时，如果核算该多笔业务的非控制科目相同且其所带辅助核算项目也相同，则系统会自动将其合并成一条分录。采用这种方式的目的是精简总账中的数据，在总账系统中只能查看该科目的一个总的发生额。

（10）控制科目依据

应收控制科目是指所有带有客户往来辅助核算并受控于应收系统的科目，如应收账款和预收账款等。在应收系统中制单的时候，如果单据上有科目，则直接取单据上的科目；如果单据上没有科目，则取控制科目设置中设置的科目。如果在控制科目设置中未设置控制科目，则系统将取“设置科目”|“基本科目设置”中设置的应收科目；如果在基本科目设置中也未设置科目，则手工输入凭证科目。

系统提供以下几种设置控制科目的依据：按客户分类、按客户、按地区、按销售类型、按存货分类、按存货。

① 按客户分类设置。客户分类是指根据一定的属性将往来客户分为若干大类，如将客户根据时间分为长期客户、中期客户和短期客户，根据客户的信用将客户分为优质客户、良性客户、一般客户和信用较差的客户等。在这种方式下，可以针对不同的客户分类设置不同的应收科目和预收科目。

② 按客户设置。可以针对不同的客户在每一种客户下设置不同的应收科目和预收科目。这种设置适合特殊客户的需要。

③ 按地区设置。可以针对不同的地区分类设置不同的应收科目和预收科目。例如，将客户分为华东、华南、东北等地区，可以在不同的地区分类下设置科目。

同理，还可以按销售类型、存货分类、存货来分别设置不同的应收科目和预收科目。

（11）销售科目依据

本系统提供了几种设置产品销售科目的依据：按存货分类、按存货、按销售类型、按客户、按客户分类设置。

① 按存货分类设置。存货分类是指根据存货的属性对存货所划分的大类。例如，将存货分为原材料、燃料及动力、在存货及产成品等大类，可以针对这些存货分类设置不同的科目。

② 按存货设置。如果存货种类不多，可以直接针对不同的存货设置不同的科目。

同理，可以分别按照销售类型、客户、客户分类来设置不同的销售科目。

（12）月结前全部生成凭证

该参数详细解释参见前面的应付款系统参数设置。

6. 应收初始设置

应收系统的初始设置指的是在应用应收系统之前进行的初始设置，主要包括凭证科目设置、坏账准备设置、账龄区间设置、报警级别设置和单据类型设置。

初始设置的作用是建立应收款管理的基础数据，确定制单的自动入账科目，确定使用哪些单据处理应收业务，确定需要进行账龄管理的账龄区间，使应收业务管理更符合用户的需要。初始设置同应收业务单据关联，在日常业务中，可选择自己定义的应收业务单据。同时，初始设置也能与统计分析关联，可实现对应收款、收款及往来业务的账龄分析查询。

（1）凭证科目设置

初始设置最主要的内容是设置凭证科目。凭证科目设置是指依据用户定义的科目，依据不同的业务类型，生成凭证时自动带出科目。由于本系统业务类型较固定，生成的凭证类型也较固定，因此为了简化凭证生成操作，可以在此处将各业务类型凭证中的常用科目预先设置好，系统即可依据制单业务规则将设置的科目自动带出。

凭证科目设置包括基本科目设置、控制科目设置、产品科目设置和结算方式科目设置。

① 基本科目。基本科目是指应收系统凭证制单时经常需要用到的基本科目，包括应收科目、预收科目、销售科目和税金科目等。设置完之后，系统会根据制单规则，在生成凭证时将相关科目自动带出。如果未在单据中指定科目，且控制科目设置与产品科目设置中没有明细科目的设置，则系统依据制单规则取基本科目设置中的科目设置。

主要基本科目设置要求如表 2.11 所示。

表 2.11　应收基本科目设置

基 本 科 目	设 置 要 求
应收账款科目（本位币）	输入最常用的核算本位币赊销欠款的科目
应收账款科目（外币）	输入最常用的核算外币赊销欠款的科目
预收账款科目（本位币）	输入最常用的核算本位币预收款的科目
预收账款科目（外币）	输入最常用的核算外币预收款的科目
销售收入科目	输入最常用的核算存货销售的科目，如材料销售科目或商品销售科目
销售税金科目	输入核算销项税额的科目，如“应交税费——应交增值税——销项税额”科目
现金折扣科目	如果企业在销售过程中有现金折扣业务，则输入现金折扣费用的入账科目
票据利息科目	输入核算应收票据利息的科目
票据费用科目	输入核算应收票据费用的科目
应收票据科目（商业承兑）	输入核算商业承兑汇票的科目
应收票据科目（银行承兑）	输入核算银行承兑汇票的科目
币种兑换差异科目	输入异币种核销时形成的币种兑换差异科目。一般为本位币核算科目
汇兑损益科目	输入汇兑损益入账科目
收支费用	输入收付款单中款项类型为其他费用的科目

② 控制科目。如果在核算对客户的赊销欠款时，针对不同的客户（客户分类/地区分类）分别设置了不同的应收账款科目和预收账款科目，则可以先在账套参数中选择设置的依据（客户/客户分类/地区分类），然后在此处进行设置。

如果客户（客户分类/地区分类）的核算应收账款或预收账款的科目同常用科目设置中的一样，则可以不输入。

③ 产品科目。如果针对不同的存货（存货分类）分别设置不同的销售收入科目、应交增值税科目，则可以先在账套参数中选择设置的依据（存货/存货分类），然后在此处设置。

如果某个存货（存货分类）的科目与常用科目设置中的一样，则可以不输入。

④ 结算方式科目。为每种结算方式设置一个默认的入账科目。结算科目不能是已经在科目档案中指定为应收系统或者应收系统的受控科目。

（2）坏账准备设置

如果在选项中选择了坏账准备方式为“备抵法”，则还需要进行坏账准备初始设置。坏账准备初始设置是指定义计提坏账准备比率和设置坏账准备期初余额。企业应于期末针对不包含应收票据的应收款项计提坏账准备，其基本方法是销售收入百分比法、应收余额百分比法和账龄分析法等。可以在此处设置计提坏账准备的方法和计提的有关参数。

① 销售收入百分比法。需要输入坏账准备期初余额和坏账计提比率。

② 应收余额百分比法。需要输入坏账准备期初余额和坏账计提比率，以应收账款余额为基础，估计可能发生的坏账损失。

③ 账龄分析法。需要输入坏账准备期初余额，选择账龄区间方案，针对账龄区间方案输入相应账龄区间的坏账计提比率。

根据应收账款账龄的长短来估计坏账损失的方法。账龄越长，则账款被拖欠的可能性越大，应估计的坏账准备金额也越大。

（3）账龄区间设置

如果需要对应收账款进行账龄分析，应首先在此设置账龄区间。账龄区间需要设置序号、总天数和起始天数。

7. 设置库存参数

库存系统的主要参数如下。

（1）有无组装拆卸业务

某些企业的某些存货既可单独出售，又可与其他存货组装在一起销售。例如，计算机销售公司既可将显示器、主机和键盘等单独出售，又可按客户的要求将显示器、主机和键盘等组装成计算机销售，这时就需要对计算机进行组装；如果企业库存中只有组装好的计算机，但客户只需要买显示器，此时又需将计算机进行拆卸，然后将显示器卖给客户。如果没有设置组装拆卸业务，则不显示“组装拆卸”菜单项。

（2）有无形态转换业务

由于自然条件或其他因素的影响，某些存货会由一种形态转换成另一种形态，如煤块由于风吹、雨淋，天长日久变成了煤渣，活鱼由于缺氧变成了死鱼等，从而引起存货规格和成本的变化，这时库管员需根据存货的实际状况填制形态转换单，或者叫规格调整单，报请主管部门批准后进行调账处理。如果没有设置形态转换业务，则不显示“形态转换”菜单项。

（3）有无批次管理

批次管理是指对存货的收发存进行批次跟踪，可统计某一批次所有存货的收发存情况或某一存货所有批次的收发存情况。如果要求管理存货的保质期或对供货单位进行跟踪，即查询该存货每个供应商供应了多少货物、销售了多少、退货多少、库中结存多少等信息，可通过批次管理实现，以便考核供应商的供货质量或商品的畅滞情况。

设置有批次管理时，可在存货档案中设置批次管理存货；出入库时，批次管理存货需要指定批号；可查询批次台账、批次存货汇总表和存货批次汇总表。

（4）有无保质期管理

保质期管理是指对存货的失效日期进行监控，对过期、到期的存货进行报警，并对即将过期的存货进行预警。只有先设定批次管理，才能进行保质期管理。

设置有保质期管理时，可在存货档案中设置保质期管理存货；可执行“其他业务”“失效日期维护”操作；可查询保质期预警。

（5）有无成套件管理

有些存货既是单独的商品可单独销售，又是其他商品的组成件，可随同其他商品一起销售。例如，“计算机主机＋显示器”就是一个成套件，是由计算机主机和显示器组成的，即计算机主机和显示器是它的组成件，一台计算机由一个计算机主机和一个显示器构成。计算机主机和显示器分别是独立的存货可单独销售，又是“计算机主机＋显示器”的组成件，两个存货必须组合起来才能构成“计算机主机＋显示器”。

设置有成套件管理时，可在存货档案中设置某存货为成套件；可设置“其他设置”中的“成套件”档案；收发存汇总表、业务类型汇总表和收发类别汇总表可按成套件展开统计。

（6）修改现存量时点

现存量是指仓库的实际库存量，实际上就是会计上所指的库存商品或原材料的实物概念。这里要区分“现存量”和“可用量”。可用量是指企业实际可用的存货数量，是在某个时段内的动态库存的概念，包含了未来某个时段内预计的出入库量，“可用量＝现存量＋预计入库量－预计出库量－冻结量”。预计入库量包含了采购在途的存货数量，预计出库量包含了销售待出库的存货数量。可用量对于了解企业未来某段时间内的库存状况具有较大的意义。

每次办理实物出入库后系统会根据“修改现存量时点”设置更改现存量。“修改现存量时点”选项组包括“采购入库审核时改现存量”“销售出库审核时改现存量”“材料出库审核时改现存量”“产成品入库审核时改现存量”“其他出入库审核时改现存量”复选框。这几个复选框默认为不选中，可随时修改。

企业根据实际业务的需要，有些单据在单据保存时进行实物出入库，而有些单据在单据审核时才进行实物出入库。为了解决单据和实物出入库的时间差问题，可以为不同的单据制定不同的现存量更新时点。该选项会影响现存量、可用量、预计入库量和预计出库量。

（7）最高最低库存控制

该项设置单据输入时，如果存货当前现存量少于最低库存量或多于最高库存量，是否需要系统报警。需要最高、最低库存报警时，业务中所有单据输入时，如果存货当前现存量少于最低库存量或多于最高库存量，系统将进行警告。

（8）允许超限额领料

设置限额领料单的累计出库数是否可以超过出库计划数。如果允许，则分单出库对超过计划的材料不进行报警；如果不允许，则系统提示超过计划领料数，应修改出库数量。

（9）库存生成销售出库单

该选项主要影响库存系统与销售系统集成使用的情况。如果选择该选项，则销售发货单或销售发票在销售系统审核时不自动生成销售出库单到库存系统，而是在库存系统参照销售发货单或销售发票生成销售出库单；如果不选择该选项，则销售发货单或销售发票在销售系统审核时自动生成销售出库单传到库存系统，库存系统不可修改出库存货、出库数量，即一次发货一次全部出库。

（10）允许超发货单出库

该选项控制在参照发货单时，销售出库单的数量是否可超发货单数量。

① 如果设置销售系统生成出库单，则不可修改出库数量，此选项无效。

② 如果设置库存系统生成出库单，在参照销售发货单窗口可修改本次出库数量，本次出库的数量可超过发货单的数量，生成销售出库单后不能再修改数量。

购销存系统的发货单相当于销售部门填写的通知仓库出库的发货通知单。一般情况下，仓库只能根据销售部门要求的数量和品种来出库，这样能较好地控制仓库的发货数量，防止出现出库的错弊现象。

（11）普通存货可用量控制

① 允许超可用量出库。如果选择否，则不能超可用量出库；如果选择是，则可以超可用量出库。

② 预计入库量。此为复选项，选择内容为到货/在检量、调拨在途量。除可选的两种选项外，预计入库量还包括已请购量、采购在途量、生产订单量。

③ 预计出库量。此为复选项，选择内容为待发货量、调拨待发量。除可选的两种选项外，预计出库量还包括已订购量、备料计划量。

8. 设置存货参数

核算业务范围决定了存货核算系统的日常业务流程，对整个系统有决定性的作用。核算业务范围设置的内容主要包括核算方式、控制方式和最高最低控制。

（1）核算方式

进入“核算方式”选项卡可以进行核算方式设置，主要包括核算方式、暂估方式、零出库成本选择、入库单成本选择、销售成本核算方式和红字出库单成本等。

① 核算方式。初建账套时，可以选择按仓库核算或按部门核算。如果是按仓库核算，则按仓库设置计价方式，并且每个仓库单独核算出库成本；如果是按部门核算，则按仓库中的所属部门设置计价方式，并且相同所属部门的各仓库统一核算出库成本。

需要注意的是，输入期初数据和日常数据后，此核算方式将不能修改。

② 暂估方式。如果同采购系统集成使用，则可以进行暂估业务处理，并且在此选择暂估入库存货成本的回冲方式，包括月初回冲、单到回冲和单到补差 3 种。

- 月初回冲是指月初时系统自动生成红字回冲单，报销处理时，系统自动根据报销金额生成采购报销入库单。
- 单到回冲是指报销处理时，系统自动生成红字回冲单，并生成采购报销入库单。
- 单到补差是指报销处理时，系统自动生成一笔调整单，调整金额为实际金额同暂估金额的差额。

同采购系统集成使用时，如果明细账中有暂估业务未报销或本期未进行期末处理，则此时暂估方式将不允许修改；当明细账中没有未报销的暂估业务且各仓库已经进行了期末处理后，系统允许修改暂估方式。

③ 零出库成本选择。零出库成本选择是指先进先出或后进先出方式核算的出库单据记明细账时，如果出现账中为零成本或负成本，造成出库成本不可计算时，出库成本的取值方式。各方式如下。

- 上次出库成本。取明细账中此存货的上一次出库单价，作为本出库单据的出库单价，计算出库成本。
- 参考成本。取存货目录中此存货的参考成本，即参考单价，作为本出库单据的出库单价，计算出库成本。
- 结存成本。取明细账中的此存货的结存单价，作为本出库单据的出库单价，计算出库成本。
- 上次入库成本。取明细账中此存货的上一次入库单价，作为本出库单据的出库单价，计算出库成本。
- 手工输入。提示操作员输入单价，作为本出库单据的出库单价，计算出库成本。

④ 入库单成本选择。入库单成本选择是指对入库单据记明细账时，如果没有填写入库成本即入库成本为空时，入库成本的取值方式。参见上文的零出库成本选择。

⑤ 销售成本核算方式。这是指销售出库成本确认标准。当销售系统启用后，可选择用销售发票或销售出库单记账，默认为销售出库单。

⑥ 红字出库单成本选择。红字出库单成本选择是指对移动平均法核算、先进先出或后进先出方式核算的红字出库单据记明细账时，出库成本的取值方式。参见上文的零出库成本选择。

（2）控制方式

① 成套件管理。成套件是指一种存货由其他几种存货组合而成。有成套件管理时，既可以统计单件的数量金额，也可以统计成套件的数量金额；无成套件管理时，只统计组合件的数量金额。可以随时对成套件管理进行重新设置。

② 启用会计月份。对新建的账套，用户应输入启用会计月份，如果用户想从 6 月份开始输入日常单据，则应设定启用会计月份为 6 月。设定启用会计月份后，启用会计月份以前的单据只能输入到期初余额中，而不能输入到日常单据中。

③ 账面为负结存时入库单记账自动生成出库调整。选择此选项，当入库记账时，如果账面为负结存，按入库的数量比例调整结存成本，并自动生成出库调整单，此调整单的属性为销售调整。

④ 差异率计算包括本期暂估入库。选择此选项，则本期暂估入库的存货也分摊差异。

⑤ 期末处理登记差异账。期末生成差异结转单时，选取此项登记差异账，不选择则不登记差异账，期末无差异结转。

⑥ 进项税转出科目。在此可以手工输入或参照输入进项税额转出科目。结算制单时，如果在结算时发生非合理损耗及进项税额转出，则在根据结算单制单时，系统可以自动带出该科目。

该选项可以随时修改。

9. 设置存货科目

存货科目设置用于设置存货系统中生成凭证所需要的各种存货科目、差异科目、分期收款发出商品科目、委托代销科目、运费科目、税金科目、结算科目和对方科目等，所以在制单之前应先在此功能中将存货科目设置正确、完整，否则无法生成科目完整的凭证。

（1）存货科目

用于设置存货系统中生成凭证所需要的各种存货科目、差异科目、分期收款发出商品科目和委托代销科目。入库业务借方取存货科目，出库业务贷方取存货科目。

存货科目的设置一般是按仓库、存货分类或存货来设置的。常见的存货科目主要有库存商品、原材料、材料成本差异、委托代销发出商品、包装物和低值易耗品等。例如，可以将原料库的存货科目设置为“原材料”。

（2）运费科目

用于设置存货系统中对采购结算制单时，生成凭证所需要的各种运费科目。采购结算业务制单时，借方取存货科目和运费科目，贷方取应付科目。

（3）结算科目

用于设置存货系统中对采购结算制单时，生成凭证所需要的各种结算科目。采购发票全部现付制单时，借方取存货科目和税金科目，贷方取结算科目；采购发票部分现付制单时，借方取存货科目和税金科目，贷方现付部分取结算科目，差额部分取应付科目。

（4）应付科目

用于设置存货系统中采购结算生成凭证所需要的各种应付科目。采购结算业务制单时，借方取存货科目和税金科目，贷方取应付科目。

（5）对方科目

用于设置存货系统中生成凭证所需要的存货对方科目。对方科目不能为空且必须是末级科目。

在会计实务中，与存货对应的会计科目一般会因收发类别、存货类别、部门、成本对象和存货的不同而不同，因而在设置存货对方科目时，往往将上述内容作为标准来设置对方科目。例如，可以将收发类别为采购入库的存货对方科目设置为“在途物资”，最后在生成收发类别为采购入库的记账凭证时，系统可以根据设置的存货对方科目生成诸如“借：原材料/贷：在途物资”这样的凭证。

（6）税金科目

用于设置存货系统中采购结算生成凭证所需要的各种税金科目。采购结算业务制单时，借方取存货科目和税金科目，贷方取结算科目和应付科目。

（7）非合理损耗科目

用于设置存货系统中采购结算生成凭证所需要的非合理损耗科目。

在企业的采购业务中，由于运输、装卸等原因导致的采购的货物发生短缺毁损，应根据不同情况，作出相应的账务处理。属于定额内合理损耗的，应视同提高入库货物的单位成本，不另作账务处理；运输部门或供货单位造成的短缺毁损，属于定额外非合理损耗的，应根据不同的情况分别进行账务处理。因此，应在此事先设置好本企业可能发生的非合理损耗类型及对应的入账科目，以便采购结算时根据具体的业务选择相应的非合理损耗类型，并由存货核算系统根据结算时记录的非合理损耗类型自动生成凭证。

2.2.3 工作过程

任务2-1 设置采购参数。

1）在业务工作里选择“供应链”|“采购管理”|“设置”|“采购选项”命令，打开“采

购系统选项设置”对话框。

2）根据资料要求对采购参数进行设置，如图 2.4 所示。

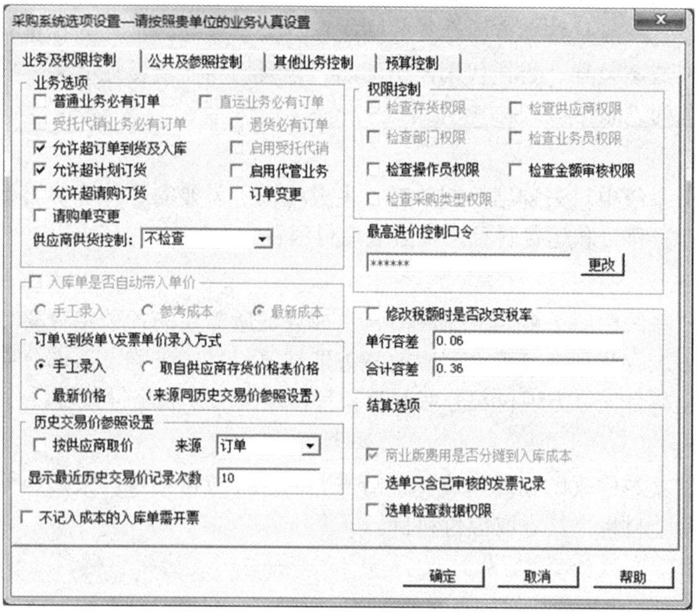

图 2.4　采购参数设置

任务 2-2　设置应付参数。

1）选择“财务会计”|“应付款管理”|“设置”|“选项”命令，打开“账套参数设置”对话框。

2）单击“编辑”按钮，将参数设置切换为编辑模式。在“常规”选项卡中，按照案例信息对选项进行设置，如图 2.5 所示。

3）进入“凭证”选项卡，设置如图 2.6 所示。

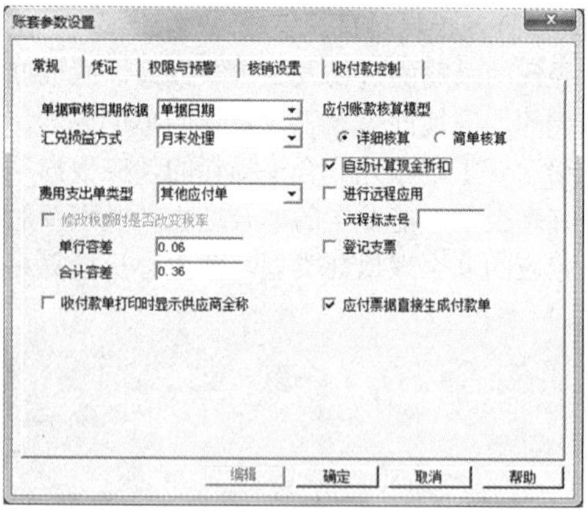

图 2.5　应付参数设置——常规

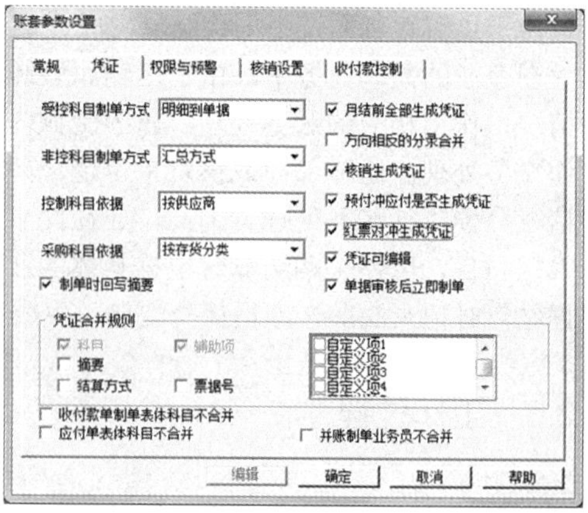

图 2.6　应付参数设置——凭证

4）单击“确定”按钮，完成应付参数设置。

注意： 如果选中“登记支票”复选框，还需要在总账系统选项中选中“支票控制”复选框。

任务 2-3　应付初始设置。

1）选择“财务会计”|“应付款管理”|“设置”|“初始设置”命令，打开“初始设置”窗口。

2）单击“基本科目设置”，按照案例信息输入科目信息，如图 2.7 所示。

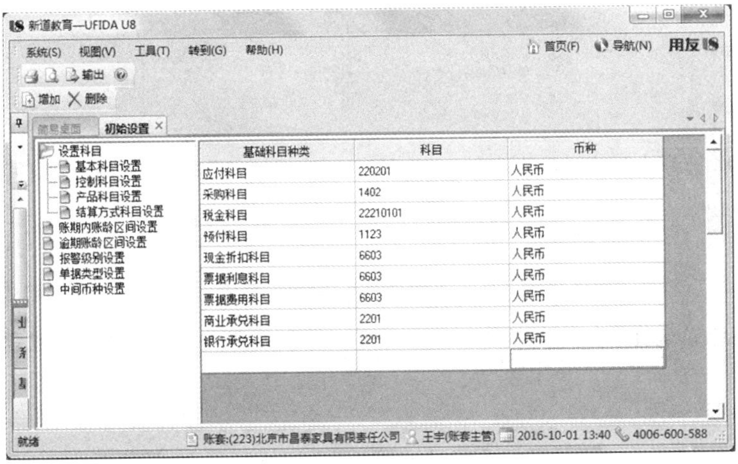

图 2.7　应付基本科目设置

3）单击“结算方式科目设置”，按照案例信息设置结算方式科目，如图 2.8所示。

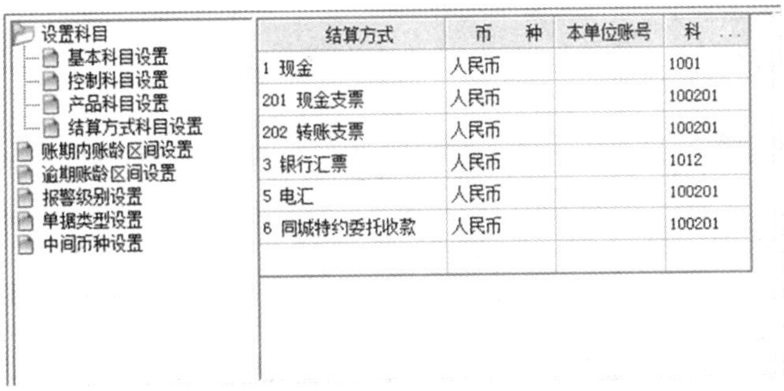

图 2.8　应付结算方式科目设置

注意：

- 应付科目的核算币种应不相同。如果没有外币核算，可以不输入外币科目。
- 如果用同一个科目核算应付账款和预付账款，则预付账款科目可以与应付账款科目相同。
- 应付和预收付目必须是已经在科目档案中指定为应付系统的受控科目。
- 应付票据科目必须是已经在科目档案中指定为应付系统的受控科目，其他科目必须是非应收/应付的受控科目。
- 币种兑换差异科目用来记异币种核销时产生的本币差异账。
- 以上设置科目必须是最明细科目。

4）单击“账期内账龄区间设置”，输入账龄天数，如图 2.9所示。

5）单击“逾期账龄区间设置”，输入逾期账龄天数，如图 2.10所示。

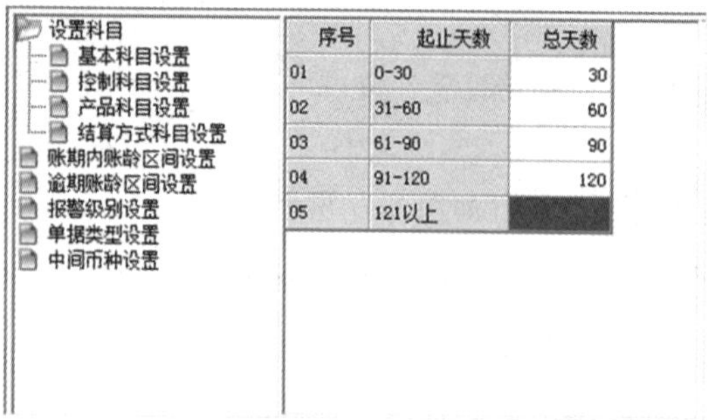

图 2.9　账期内账龄区间设置

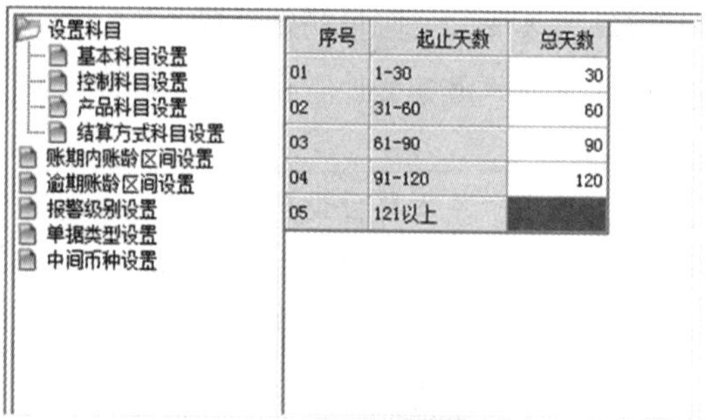

图 2.10　逾期账龄区间设置

任务 2-4　设置销售参数。

1）选择“供应链”|“销售管理”|“设置”|“销售选项”命令，打开“销售选项”对话框。

2）取消选中“报价含税”复选框，选中“有委托代销业务”和“有分期收款业务”复选框，如图 2.11所示。

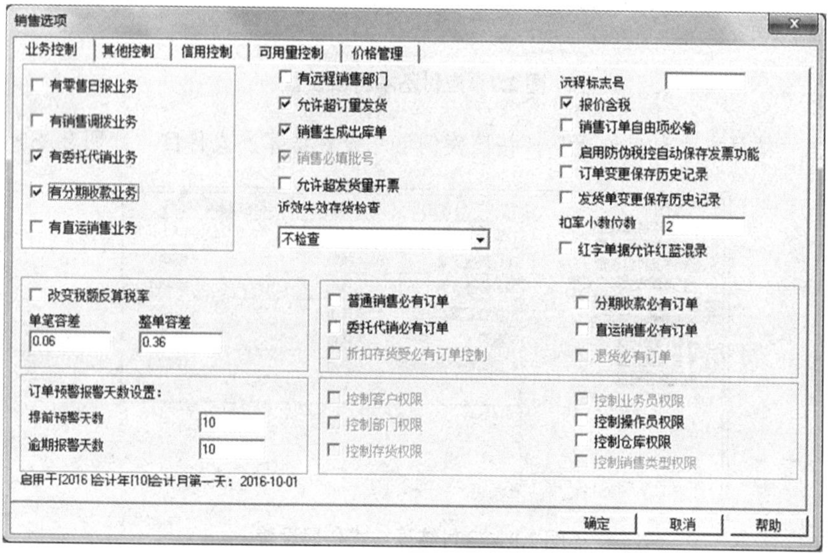

图 2.11　销售参数设置

3）单击“确定”按钮，完成销售参数设置。

任务 2-5　设置应收参数。

1）选择“财务会计”|“应收款管理”|“设置”|“选项”命令，打开“账套参数设置”对话框。

2）单击“编辑”按钮，将参数设置切换为编辑模式。在“常规”选项卡中，按照案例信息对选项进行设置，如图2.12所示。

3）进入“凭证”选项卡，设置如图2.13所示。

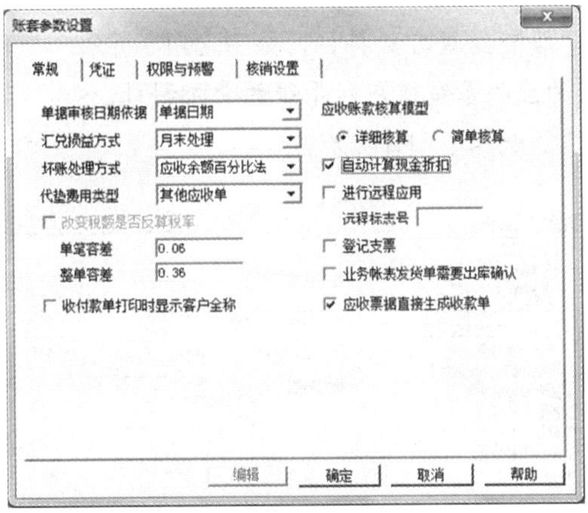

图2.12　应收参数设置——常规

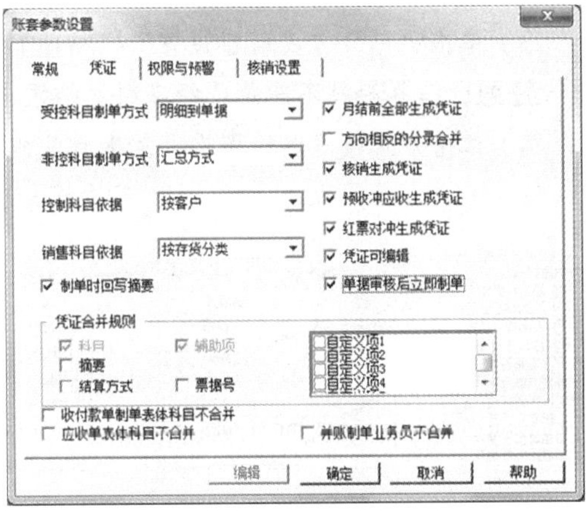

图2.13　应收参数设置——凭证

4）单击“确定”按钮，完成应收参数设置。

任务2-6　应收初始设置。

1）选择“财务会计”|“应收款管理”|“设置”|“初始设置”命令，打开“初始设置”窗口。

2）单击“基本科目设置”，按照案例信息输入科目信息，如图2.14所示。

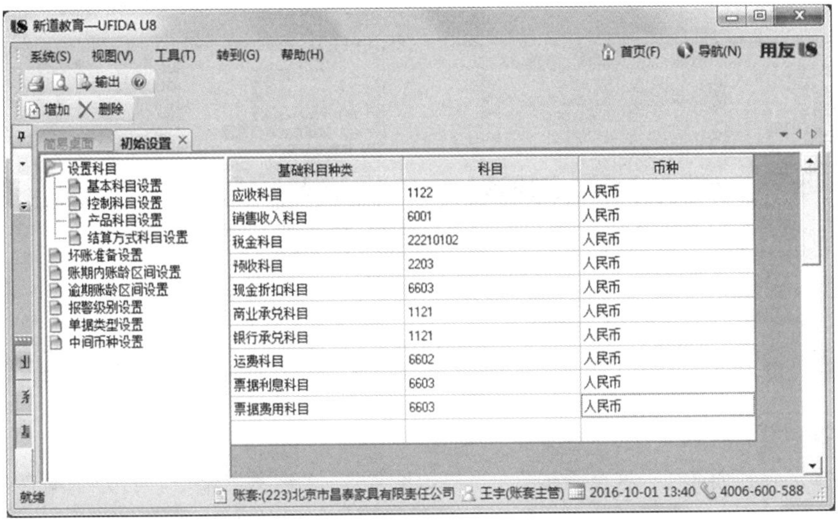

图2.14　应收初始设置——基本科目设置

注意：

- 如果用同一个科目核算应收账款和预收账款，则“预收账款”科目可以与“应收账款”科目相同。

- 应收和预收科目必须是已经在科目档案中指定为应收系统的受控科目。
- 应收票据科目必须是已经在科目档案中指定为应收系统的受控科目。
- 设置的科目必须是最明细科目。

3）单击“结算方式科目设置”，按照案例信息设置结算方式科目，如图 2.15所示。

注意：结算科目不能是已经在科目档案中指定为应收系统或应付系统的受控科目。

4）单击“坏账准备设置”，输入坏账准备信息，如图 2.16所示。

图 2.15　应收结算方式科目设置

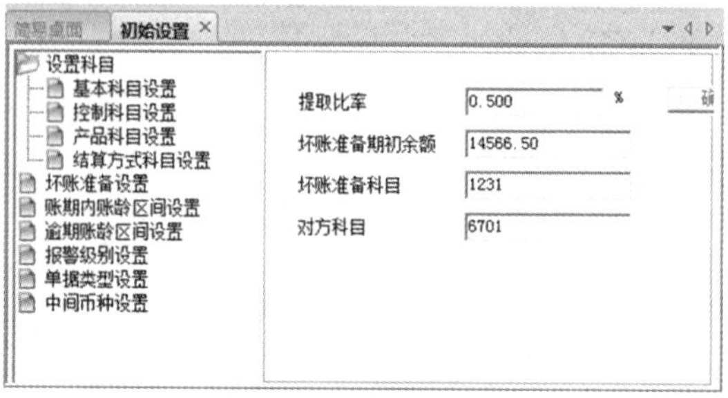

图 2.16　坏账准备设置

注意：

- 坏账准备的期初余额必须要同总账对应的科目期初余额一致。
- 当作过任意一种坏账处理（坏账计提、坏账发生、坏账收回）后，就不能修改坏账准备数据，只允许查询。

5）单击“账期内账龄区间设置”，输入账龄天数，如图 2.17所示。

6）单击“逾期账龄区间设置”，输入逾期账龄天数，如图 2.18所示。

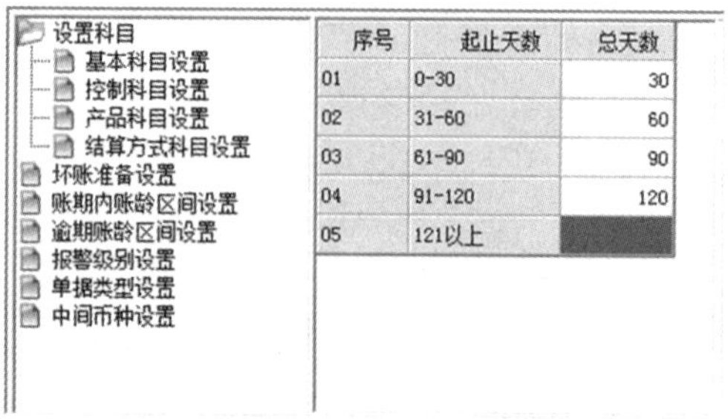

图 2.17　应收的账期内账龄区间设置

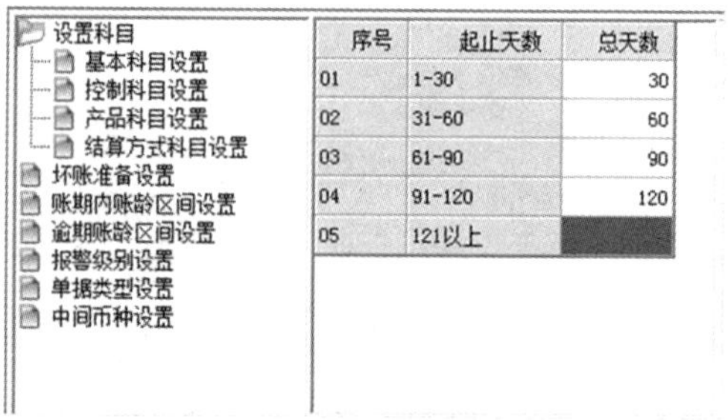

图 2.18　应收的逾期账龄区间设置

任务 2-7　设置库存参数。

1）选择“供应链”|“库存管理”|“初始设置”|“选项”命令，打开“库存选项设置”对话框。

2）选中“库存生成销售出库单”复选框，如图 2.19所示。

3）单击“确定”按钮，完成库存参数设置。

注意：这里选中“库存生成销售出库单”复选框后，前面销售参数中的“销售生成出库单”复选框会自动取消选中。

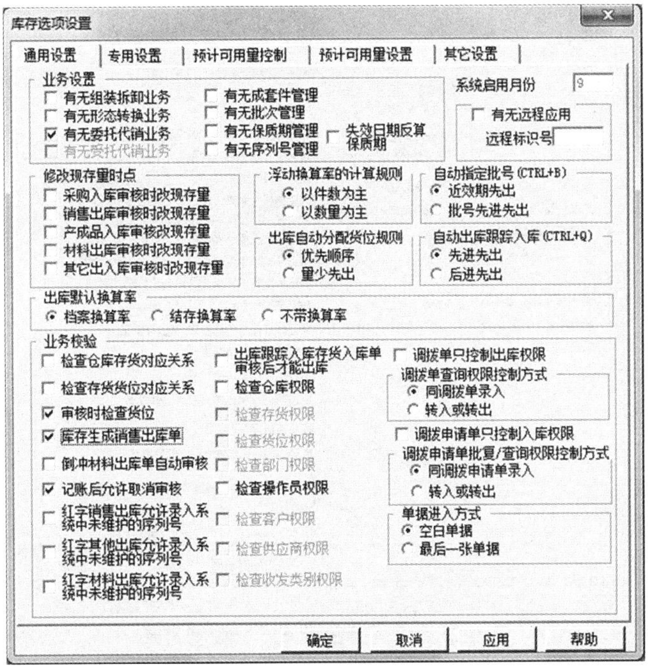

图 2.19　库存参数设置

任务 2-8　设置存货参数

1）选择“供应链”|“存货核算”|“初始设置”|“选项”|“选项录入”命令，打开“选项录入”对话框。

2）在“核算方式”选项卡中，按照案例信息设置选项，如图 2.20 所示。

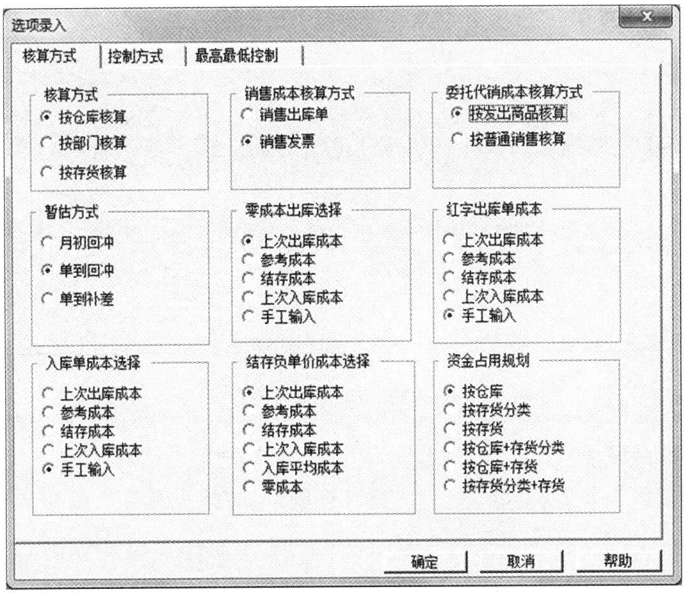

图 2.20　存货参数设置——核算方式

3）进入“控制方式”选项卡，输入进项税额转出科目 22210103，如图 2.21 所示。

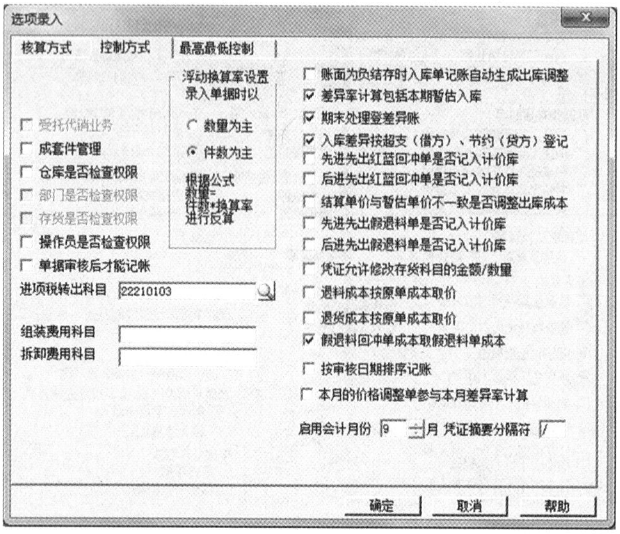

图 2.21　存货参数设置——控制方式

4）单击“确定”按钮，弹出“是否保存当前设置”提示框。单击“是”按钮，完成存货参数设置。

任务 2-9　设置存货科目。

1．存货科目设置

1）选择“供应链”|“存货核算”|“科目设置”|“存货科目”命令，打开“存货科目”窗口。

2）单击“增加”按钮，系统自动增加一行。依次输入仓库信息和对应的存货科目，如图 2.22 所示。

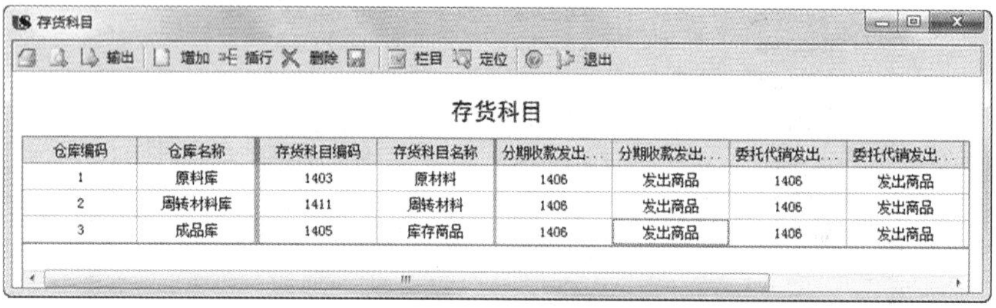

存货科目

仓库编码	仓库名称	存货科目编码	存货科目名称	分期收款发出…	分期收款发出…	委托代销发出…	委托代销发出…
1	原料库	1403	原材料	1406	发出商品	1406	发出商品
2	周转材料库	1411	周转材料	1406	发出商品	1406	发出商品
3	成品库	1405	库存商品	1406	发出商品	1406	发出商品

图 2.22　存货科目设置

2．存货对方科目设置

1）选择“供应链”|“存货核算”|“科目设置”|“对方科目”命令，打开“对方科目”窗口。

2）单击“增加”按钮，输入收发类别编码、对方科目编码和暂估科目编码信息，如图 2.23 所示。

对方科目

收发类别编码	收发类别名称	项目大类编码	项目大类名称	项目编码	项目名称	对方科目编码	对方科目名称	暂估科目编码	暂估科目名称
11	采购入库					1402	在途物资	220202	暂估应付账款
12	产成品入库	ch	存货核算	301	A型储物柜	5001010101	A型储物柜		
12	产成品入库	ch	存货核算	302	B型衣橱	5001010102	B型衣橱		
61	销售出库					6401	主营业务成本		
62	材料领用出库	ch	存货核算	301	A型储物柜	5001010101	A型储物柜		
62	材料领用出库	ch	存货核算	302	B型衣橱	5001010102	B型衣橱		
63	分期收款销售					6401	主营业务成本		
64	委托代销出库					6401	主营业务成本		

图 2.23 存货对方科目设置

任务2-10 设置单据编号及格式。

1. 单据编号设置

1）在基础档案里选择“单据设置”|“单据编号设置”命令，打开“单据编号设置”对话框。

2）在“编号设置”选项卡中，双击打开单据类型“销售管理”，单击“销售专用发票”，再单击按钮，选中“详细信息”选项组中的“完全手工编号”复选框，如图2.24所示。

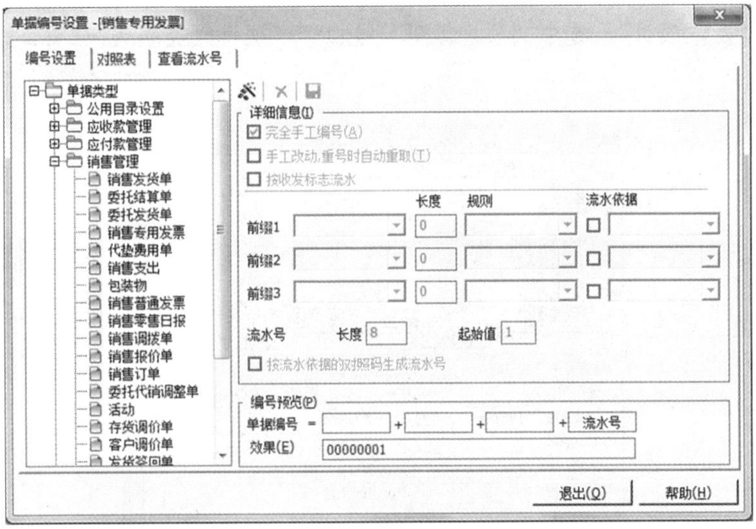

图 2.24 单据编号设置

3）单击“保存”按钮，完成销售专用发票的编号设置。

4）参照上述方法，设置其他单据编号方式。

2. 单据格式设置

1）在基础档案里选择“单据设置”|“单据格式设置”命令，打开“单据格式设置”窗口。

2）双击打开单据类型“库存管理”选项，单击“产成品入库单”，再单击“显示”，打开产成品入库单，如图 2.25所示。

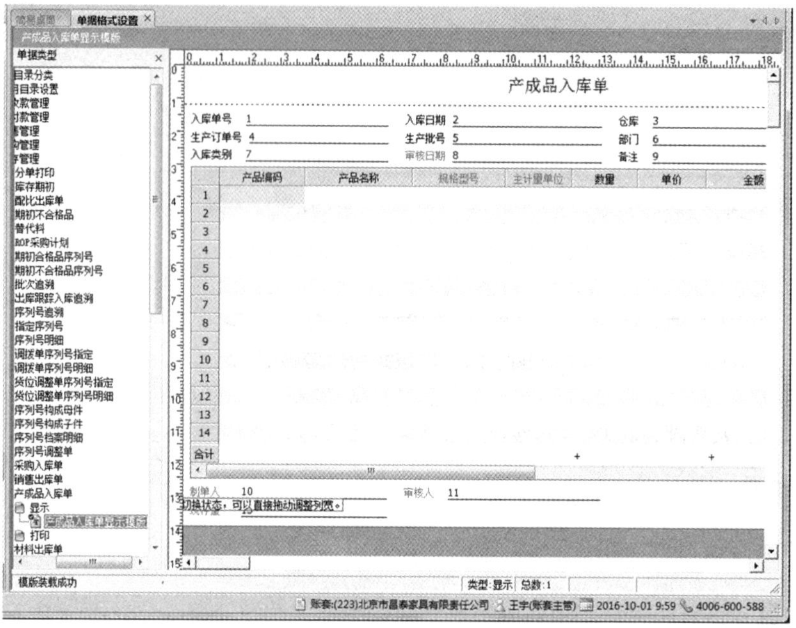

图 2.25　产成品入库单格式设置

3）单击“表体项目”，选中“项目编码”“项目”“项目大类编码”“项目大类名称”，如图 2.26所示。

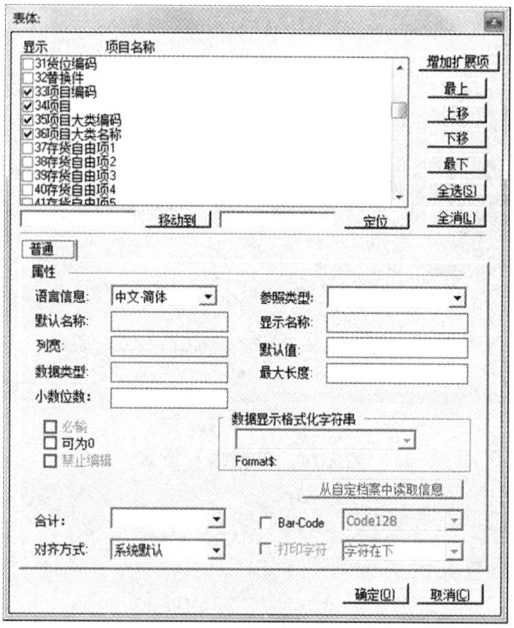

图 2.26　表体项目

4）单击“确定”按钮。

5）单击“刷新目录”按钮，弹出“保存确认”提示框，如图 2.27所示。单击“是”按钮，完成产成品入库单的格式设置。

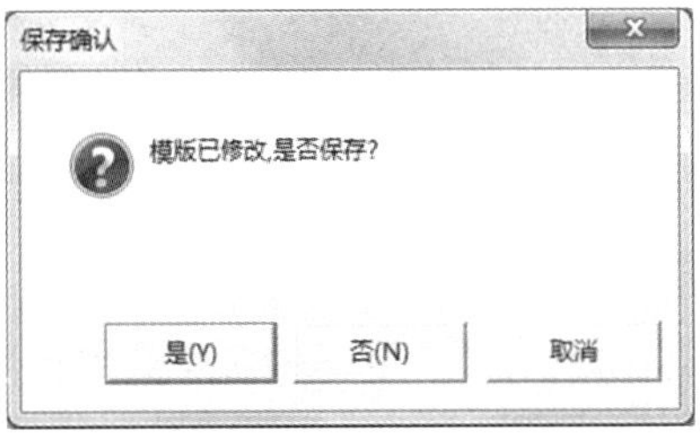

图 2.27　保存确认

6）参照上述方法，设置材料出库单格式。

解析：这里将订单、发票设置为手工编号，目的是便于按照手工合同和发票的编号来输入系统订单及发票的编号，否则系统会自动生成编号，手工无法修改。为产品入库单设置项目，目的是在输入产品入库成本时，可以按产品项目分别输入，以便按产品对象进行成本归集。

项目 2.3　购销存期初数据输入

2.3.1　工作任务

任务 2-11　输入应付期初余额。

1. 应付账款期初余额

2016年 9月 18日，购买北京嘉兴家具有限责任公司（以下简称北京嘉兴公司）成型板的应付账款余额为 70 200元，货款未付。其采购专用发票内容如表 2.12所示。

表 2.12　10 月份期初采购专用发票

单据名称	方向	开票日期	发票号	供应商名称	采购部门	科目	货物名称	数量/张	不含税单价/元	价税合计/元
采购专用发票	正	2016/09/18	0903	北京嘉兴	采购部	220201	成型板	200	300	70 200

2. 应付期初票据余额

本期整理好的应付给供应商的商业承兑汇票如表 2.13所示。

表 2.13　10 月份期初商业承兑汇票

签发日期	到期日	票据编号	供应商	科目编码	票据类型	方向	金额/元
2016/9/27	2016/10/27	140907	哈尔滨正祥有限责任公司	2201	商业承兑汇票	贷	245 700

任务 2–12 输入期初采购发票。

本期整理好的 10 月份未入库的期初采购专用发票如表 2.14 所示。

表 2.14 10 月份期初采购专用发票

单据名称	方向	开票日期	发票号	供应商名称	采购部门	货物名称	数量/张	不含税单价/元	价税合计/元
采购专用发票	正	2016/09/30	0908	北京嘉兴	采购部	成型板	200	300	70 200

任务 2–13 输入期初采购入库单。

本期整理好的 10 月份已入库未开票的期初采购入库单如表 2.15 所示。

表 2.15 10 月份期初采购入库单

日 期	供应商名称	采购部门	仓 库	货物名称	数量/张	不含税单价/元	合计/元
2016/09/27	北京嘉兴	采购部	原料库	成型板	100	300	30 000

任务 2–14 采购期初记账。

对采购系统进行期初采购记账。

任务 2–15 输入应收期初余额。

1. 应收账款期初余额

9 月 24 日，向北京市泰华家具有限责任公司（以下简称北京泰华公司）发货 300 个 A 型储物柜、300 个 B 型衣橱，应收账款余额 2 913 300 元，发票信息如表 2.16 所示。

表 2.16 10 月份期初销售专用发票

开票日期	发票号	客 户	销售部门	科 目	货物名称	数量	无税单价/元	税率	价税合计/元
2016/09/24	0904	北京泰华	销售部	应收账款	A 型储物柜	300	3 800	17%	1 333 800
2016/09/24	0904	北京泰华	销售部	应收账款	B 型衣橱	300	4 500	17%	1 579 500

2. 应收票据期初余额

本期整理好的应收客户的商业承兑汇票如表 2.17 所示。

表 2.17 10 月份期初商业承兑汇票

签发日期	到 期 日	票据编号	供 应 商	科目编码	票据类型	方向	金额/元
2016/9/12	2016/10/12	140903	上海市富康有限责任公司	1121	商业承兑汇票	借	2 468 700

任务 2–16 输入期初发货单。

企业整理的本期期初发货单信息如下。

9 月 28 日，销售部向上海市富康有限责任公司（以下简称上海富康）销售产品 B 型衣橱 100 个，无税单价为 4 500 元/个，增值税税率为 17%，价税合计为 526 500 元。货已发出，发票尚未开出，货款均未收到。

任务 2–17 输入库存期初余额。

企业整理的本期库存期初余额如表 2.18 所示。

表 2.18 库存期初余额

编 码	名 称	仓 库	数 量	单价/元	金额/元	存货科目
101	成型板	原料库	400.00	300.00	120 000.00	原材料
102	封边条	原料库	10.00	270.00	2 700.00	原材料
103	储物柜配件	原料库	700.00	220.00	154 000.00	原材料
104	衣橱配件	原料库	600.00	250.00	150 000.00	原材料
201	包装箱	周转材料库	500.00	20.00	10 000.00	周转材料
202	螺丝钉	周转材料库	280.00	40.00	11 200.00	周转材料
301	A 型储物柜	成品库	240.00	2 030.28	487 267.40	库存商品
302	B 型衣橱	成品库	140.00	2 946.26	412 476.40	库存商品
	合 计				1 347 643.80	

说明：A 型储物柜的单价由总金额除以数量并保留两位小数点得出。

任务 2-18 存货期初对账及记账。

对存货期初数据进行对账和记账处理。

2.3.2 理论学习

1. 采购与应付期初数据输入

（1）应付系统期初数据

应付账款的期初余额，是指企业已形成的应付款项到目前为止尚未支付的余额。为了便于以后的付款及核销处理，在初次使用应付系统时，应将未处理完的单据全部输入到本系统中。通过期初余额功能，可将正式启用账套前的所有应付业务数据输入到系统中，这样既保证了数据的连续性，又保证了数据的完整性。在第 2 年进行业务处理时，系统自动将上年度未处理完全的单据，转成下一年度的期初余额。

应付款项业务形成的原因不同，使得形成应付款项的原始单据也有所不同。形成应付款项的单据主要有采购专用发票、采购普通发票、商业票据、预付单和其他应付单等。当完成全部应付款期初余额输入后，通过对账功能可将应付系统的应付款余额同总账系统期初余额进行核对。这里的总账对账科目必须是应付系统受控科目。

应付系统同总账系统的对账关系如表 2.19 所示。

表 2.19 应付系统与总账系统对账关系

应付系统业务单据	总账系统对应科目	备 注
期初采购发票	应付账款	总账系统可引入，形成应付账款期初余额
期初票据	应付票据	总账系统可引入，形成应付票据期初余额
付款单（预付）	预付账款	总账系统可引入，形成预付账款期初余额

这里要注意的是，在应付系统里，期初采购发票的业务含义是“已收到发票，但尚未付款”，需要同采购系统的期初采购发票区分开来；采购系统输入的期初采购发票的含义是“票到货未到”，说明该笔采购业务目前是等待入库的状态，该采购发票可同本期的采购入库单完成采购结算，基本相当于会计上的“在途物资”的概念。

（2）采购系统期初数据

采购系统的期初数据如下。

① 期初暂估入库。这是指截至期初已经入库，但还没有取得供货单位的采购发票，因而不能进行采购结算的采购业务。暂估业务通过输入期初采购入库单来完成，表示的是暂估入库的采购业务。通过输入期初采购入库单，以便取得发票后继续进行采购结算。

② 期初在途存货。这是指已取得供货单位的采购发票，但货物没有入库，因而不能进行采购结算的采购业务。期初在途存货通过填制期初采购发票来完成。期初将采购发票输入系统，以便货物入库填制入库单后进行采购结算。

③ 期初受托代销商品。这是指没有同供货单位结算完的受托代销入库业务。期初受托代销商品业务是通过填制期初受托代销入库单来完成的。将期初记录输入系统，以便在受托代销商品销售后能够进行受托代销结算。

采购系统期初业务及其对应的单据如表 2.20 所示。

表 2.20　采购期初业务及其对应单据

采购期初业务	期初业务单据
期初暂估入库	期初采购入库单
期初在途存货	期初采购发票
期初受托代销商品	期初受托代销入库单

采购系统输入的期初数据，不要求同其他系统进行对账。

（3）采购期初记账

采购期初数据输入完成后，需要将期初输入的所有数据执行期初记账。期初记账是将期初数据记入采购余额一览表，采购期初记账后才能进行日常采购业务处理。

期初记账以后就不允许再输入期初数据了，如果期初记账后发现还有期初数据没有输入，可以取消记账，再输入期初数据。

期初记账后输入的入库单、发票都是启用月份及以后月份的单据。

2. 销售与应收期初数据输入

（1）应收系统期初数据

应收系统的期初余额包括未结算完的发票和应收单、预收款单据、未结算完的应收票据。通过期初余额功能，可将正式启用账套前的所有应收业务数据输入到系统中，保证业务数据的连续性和完整性。具体内容如下。

① 期初发票。这是指截至期初还未核销的应收账款。期初发票业务需要在应收系统中输入期初销售发票。

② 期初应收单。这是指截至期初还未结算的其他应收单。期初应收业务需要在应收系统中输入期初应收单。

③ 期初预收单。这是指截至期初提前收取的客户款项。期初预收业务需要在应收系统中输入期初预收单，预收单上的款项类型为预收款。

④ 期初票据。这是指截至期初还未结算的商业票据。期初票据业务需要在应收系统中输入期初票据。

期初余额输入后，应收系统受控科目可同总账系统对账。在日常业务中，可对期初发票、应收单、预收款、票据进行后续的核销、转账处理。这里的总账对账科目必须是应收系统受控科目。

应收系统同总账系统的对账关系如表 2.21 所示。

表 2.21 应收系统同总账系统对账关系

应收系统业务单据	总账系统对应科目	备 注
期初销售发票	应收账款	总账系统可引入，形成应收账款期初余额
期初票据	应收票据	总账系统可引入，形成应收票据期初余额
期初应收单	应收账款	总账系统可引入，形成应收账款期初余额
收款单（预收）	预收账款	总账系统可引入，形成预收账款期初余额

（2）销售系统期初数据

销售系统的期初数据如下。

① 期初发货单。期初发货单可处理建账日之前已经发货、出库，但尚未开发票的业务，包括普通销售、分期收款发货单。输入时按正常发货单输入，但发货日期早于销售系统启用日期。期初发货单的开票、出库处理同正常的发货单，同日常业务填写的发货单的区别是在单据上加了期初标志。

② 期初委托代销发货单。此功能用于输入启用日之前已经发生但未完全结算的委托代销发货单。期初委托代销发货单只需要输入截至启用日未完全结算的数据。例如，某期初委托代销发货单 A 货物原始发货数量为 10，在日常业务开始之前已结算数量 3，那么在输入这张期初单据时，A 货物的发货数量只输入 7 就可以了。

3. 库存与存货期初数据输入

（1）输入库存期初余额

库存系统的期初业务包括期初数据输入和期初审核。

① 期初数据输入。初次使用库存系统时，应先输入全部存货的期初数据。如果系统中已有上年的数据，在“结转上年”后，上年度各存货结存自动结转本年。

如果库存系统和存货系统同时使用，应将库存的结存数同存货核算的结存数核对一致，再统一输入。通常库存系统中期初数据是与存货系统共用的，第 1 次输入期初余额时，库存期初数据可以从存货核算的期初数中取数；以后年度结转上年数据后，取数功能就不能使用了，系统会自动结转期初数据。

库存期初数据输入完毕之后，必须将库存系统的期初数据与存货系统相同月份的期初数据核对，并显示核对不上的数据。

如果存货不进行批次、保质期管理，只需输入各存货期初结存的数量。期初数据的输入内容一般包括存货编码或名称、计量单位、数量、单价、入库日期、供货单位和失效日期等。

② 期初审核。期初数据输入完毕后，必须进行期初审核，期初数据审核后才能开始处理日常业务。审核以后的存货期初数据会影响本期的现存量。审核以后，期初数据不能修改。

（2）输入存货期初余额

第 1 次使用存货系统时，必须输入各存货的期初数据。库存系统和存货系统的期初数据可分别输入处理，二者没有先后顺序之分，系统提供两边互相取数功能，从而提高输入的效率。但在输入的内容上，二者有一些区别，库存系统里输入的存货期初余额包含存货名称、数量、单价、仓库、货位和入库日期等信息，突出的是物流信息，输入的信息影响当前的存货现存量和可用量；存货系统中输入的存货期初余额包含存货名称、数量、单价和入账科目等信息，突出的是财务信息，输入的存货信息记入存货明细账，参与本期的存货计价。

如果企业按计划价或售价核算出库成本的存货，都应有期初差异账或差价账，初次使用时，应先输入此存货的期初差异余额或期初差价余额。如果选择按部门核算，存货的差异应按核算部门输入；如果选择按仓库核算，存货的差异应按核算仓库输入；如果选择按存货核算，存货差异按存货输入。

如果需要输入期初差异，则应保存期初余额并退出，进入差异输入窗口，输入完差异后，再进入期初余额窗口进行期初记账。

(3) 存货期初对账及记账

为了保证库存的数量同存货的数量一致，输入期初数据后，应当将库存系统同存货系统进行期初对账，如果对不上，则系统将对不上的数据显示出来。

期初数据输入完毕后，必须进行期初记账。期初记账是指将输入的各仓库各存货的所有期初数据（包括期初余额、期初差异等数据）记入库存台账、批次台账、存货明细账、存货差异账和总账等。执行期初记账后，系统把期初差异分配到期初单据上，并把期初单据的数据记入存货总账、存货明细账、差异账、委托代销/分期收款发出商品明细账。期初记账后，才能进行日常业务处理、账簿查询、统计分析等操作。

没有期初数据也可以不输入，但必须执行期初记账操作。

库存与存货系统的存货期初数据处理的流程如图 2.28 所示。

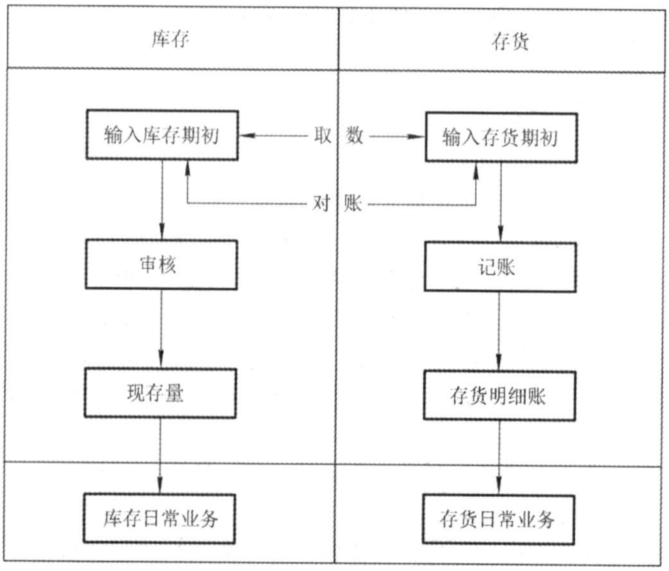

图 2.28　库存与存货期初数据处理

2.3.3　工作过程

任务 2-11　输入应付期初余额。

1. 应付账款期初余额

1）选择“财务会计”|“应付款管理”|“设置”|“期初余额”命令，打开“期初余额—查询”窗口。

2）单击“确定”按钮，打开“期初余额”窗口。单击“增加”按钮，打开“单据类别”对话框。选择单据类型为“采购专用发票”，方向为“正向”，如图 2.29 所示。

3）单击“确定”按钮，打开“采购发票”窗口。单击“增加”按钮，输入发票信息，如图2.30所示。

图2.29　单据类别

图2.30　采购专用发票

4）单击“保存”按钮，关闭“采购发票”窗口，返回“期初余额”窗口。单击“刷新”按钮，期初余额明细表显示出应付账款期初余额信息，如图2.31所示。

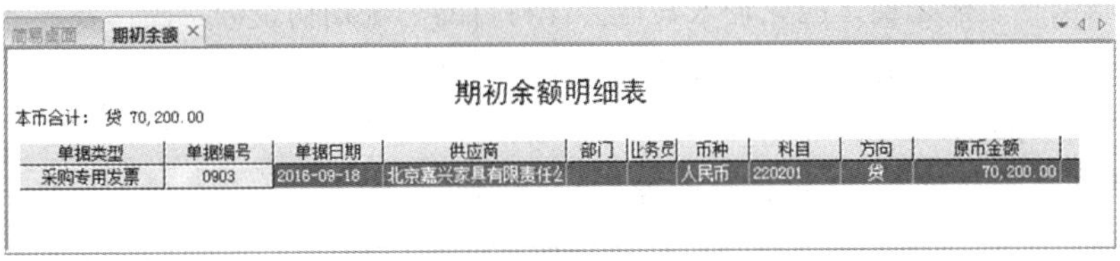

图2.31　应付账款期初余额明细表

5）关闭“期初余额”窗口，选择“财务会计”|“总账”|“设置”|“期初余额”命令，打开“期初余额录入”窗口。

6）双击“应付账款——一般应付账款”期初余额栏，打开“辅助期初余额”窗口。单击“往来明细”按钮，打开“期初往来明细”窗口。

7）单击“引入”按钮，弹出“确定要引入期初吗？”提示框。单击“是”按钮，系统自动引入应付系统的应付账款期初余额，如图2.32所示。

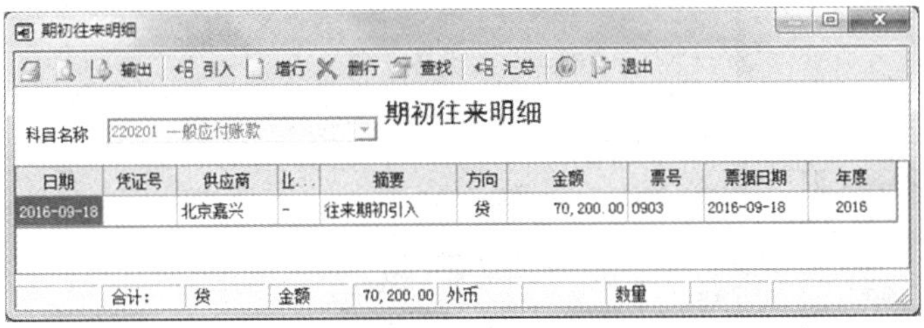

图2.32　期初往来明细

8）单击“汇总”按钮，弹出提示框，如图2.33所示。

9）单击“是”按钮，弹出“完成了往来明细到辅助期初表的汇总”提示框。单击“确定”按钮，返回“辅助期初余额”窗口，如图2.34所示。

10）单击“退出”按钮，完成“应付账款——一般应付账款”期初余额输入。

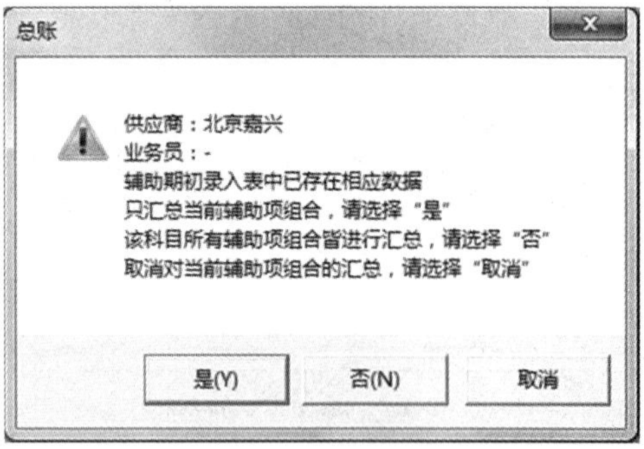

图 2.33　汇总提示

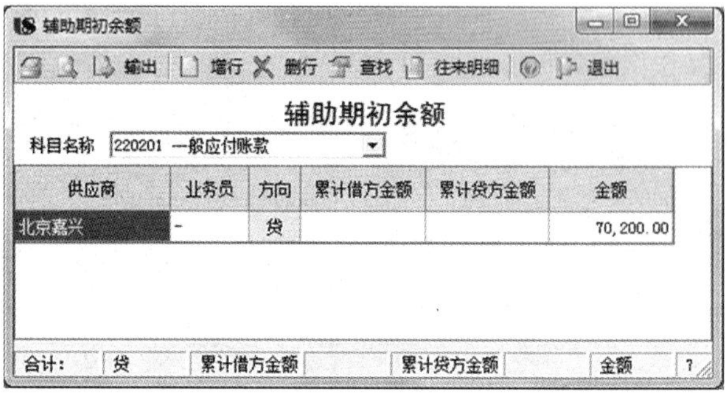

图 2.34　应付账款辅助期初余额

注意： 在启用购销存系统的前提下，往来受控科目的期初余额建议先到购销存系统输入，然后在总账中引入即可。这样能减少输入工作量，同时又保证总账同购销存系统的数据一致。

解析：

在输入购销存余额之前，应先输入其他会计科目的总账期初余额。操作方法参见《会计信息系统实训——财务篇（用友 U8 V10.1）》相关内容，具体数据参见表 0.13。

2. 应付票据期初余额

1）选择"财务会计"|"应付款管理"|"设置"|"期初余额"命令，打开"期初余额—查询"窗口。

2）单击"确定"按钮，打开"期初余额"窗口。单击"增加"按钮，打开"单据类别"对话框。选择单据名称为"应付票据"，单据类型为"商业承兑汇票"，如图 2.35 所示。

3）单击"确定"按钮，打开"期初单据录入"窗口。单击"增加"按钮，输入期初票据信息，如图 2.36 所示。

图 2.35　单据类别

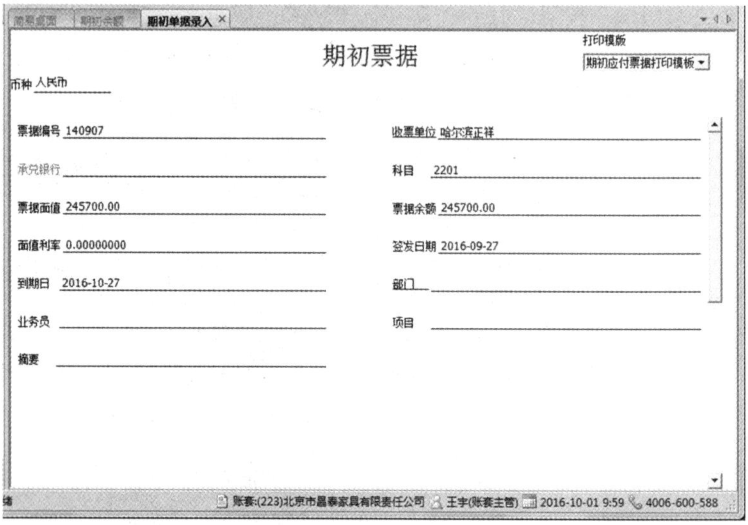

图 2.36　期初票据

4）单击“保存”按钮，关闭“期初单据录入”窗口，返回“期初余额”窗口。单击“刷新”按钮，期初余额明细表显示出应付票据期初余额信息，如图 2.37 所示。

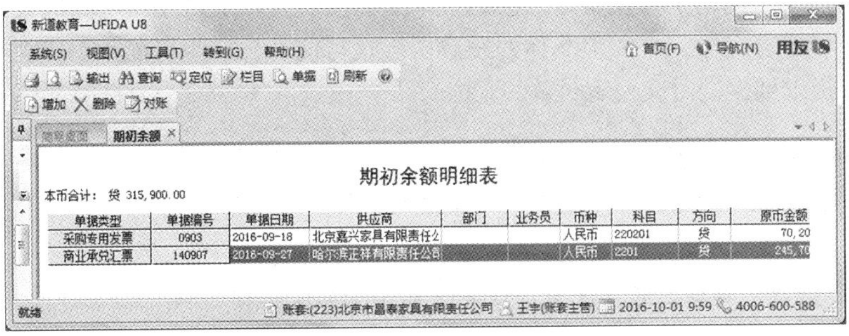

图 2.37　应付票据期初余额明细表

5）关闭“期初余额”窗口，选择“财务会计”|“总账”|“设置”|“期初余额”命令，打开“期初余额录入”窗口。

6）参照“应付账款——一般应付账款”期初余额引入汇总方法，将应付票据期初余额进行引入汇总。汇总完成后如图 2.38 所示。

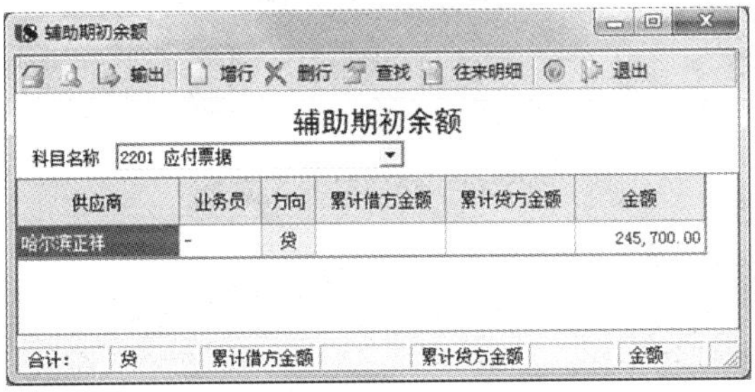

图 2.38　应付票据辅助期初余额

7）单击“退出”按钮，完成应付票据期初余额输入。

任务 2-12 输入期初采购发票。

1）选择“供应链”|“采购管理”|“采购发票”|“专用采购发票”命令，打开“期初专用发票”窗口。

2）单击“增加”按钮，输入发票信息，如图 2.39 所示。

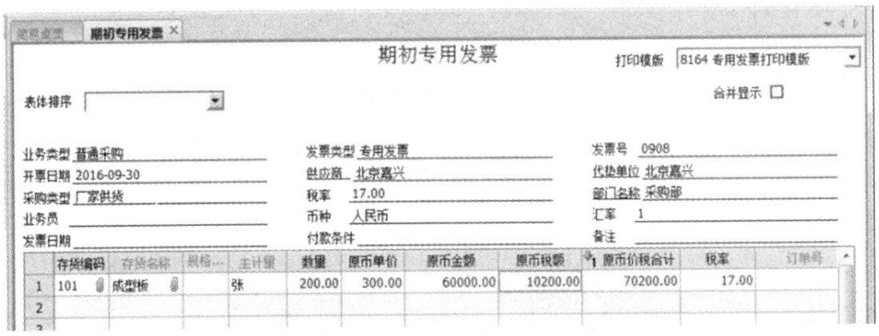

图 2.39　期初采购专用发票

3）单击“保存”按钮，完成期初采购发票输入。

解析：

采购系统输入的期初采购发票是“票到货未到”的含义，应付系统的采购发票含义是“开票未付款”，二者含义不一样。但具体的发票内容，可能一样，也可能不一样。说明期初的采购业务既票到货未到，同时又没有付款。

任务 2-13 输入期初采购入库单。

1）选择“供应链”|“采购管理”|“采购入库”|“采购入库单”命令，打开“期初采购入库单”窗口。

2）单击“增加”按钮，输入入库单信息，如图 2.40所示。

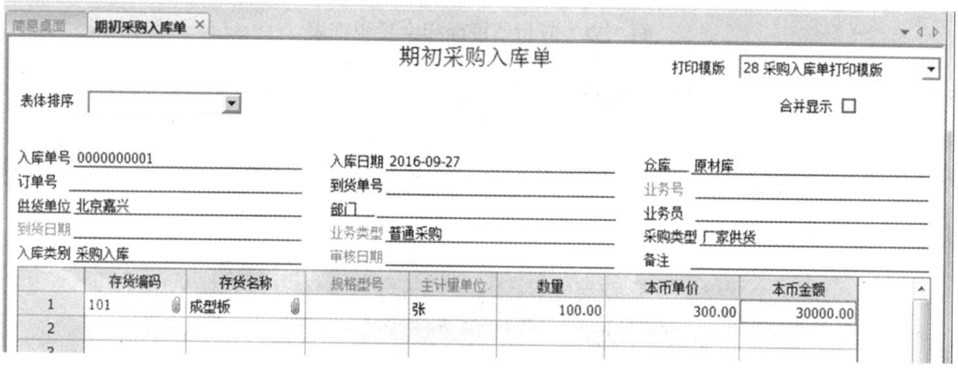

图 2.40 期初采购入库单

3）单击“保存”按钮，完成期初采购入库单输入。

任务 2-14 采购期初记账。

1）选择“供应链”|“采购管理”|“设置”|“采购期初记账”|命令，打开“期初记账”对话框，如图 2.41所示。

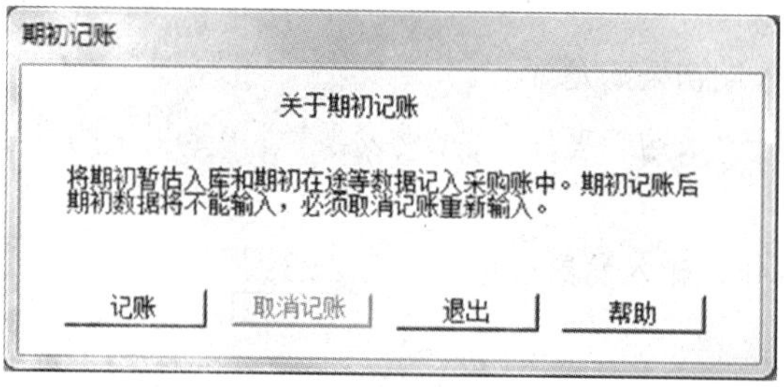

图 2.41 采购期初记账

2）单击“记账”按钮，弹出“期初记账完毕”提示框。单击“确定”按钮，采购期初记账完成。

注意：

- 没有期初数据时，也可以期初记账，以便输入日常采购单据。
- 期初记账后就不能增加采购期初余额了。

- 如果发现期初余额输入有误，可以取消记账。但这几种情况不能取消记账：采购系统已进行月末结账；采购系统已进行采购结算；存货系统已进行期初记账。

任务2-15 输入应收期初余额。

1. 应收账款期初余额

1）选择“财务会计”|“应收款管理”|“设置”|“期初余额”命令，打开“期初余额—查询”窗口。

2）单击“确定”按钮，打开“期初余额”窗口。单击“增加”按钮，打开“单据类别”对话框。选择单据类型为“销售专用发票”，方向为“正向”，如图2.42所示。

3）单击“确定”按钮，打开“期初销售发票”窗口。单击“增加”按钮，输入发票信息，如图2.43所示。

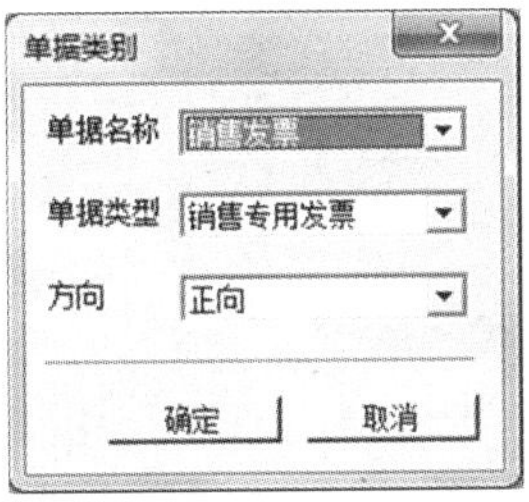

图2.42 单据类别

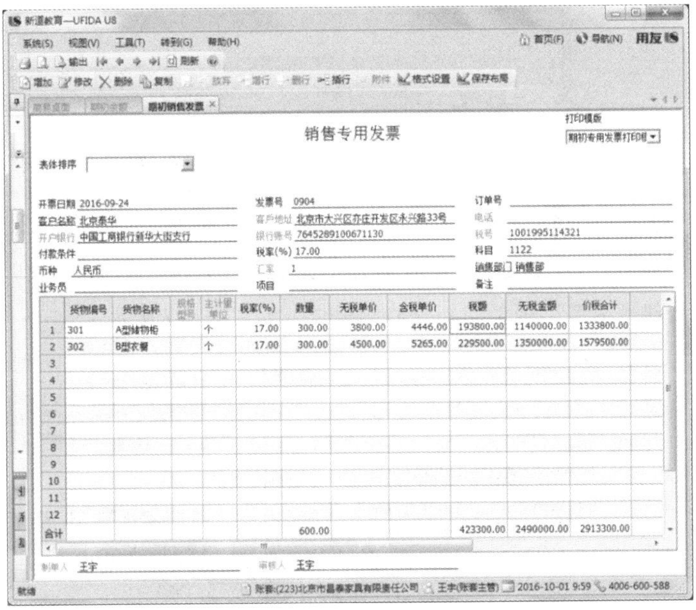

图2.43 期初销售专用发票

4）单击“保存”按钮，关闭“期初销售发票”窗口，返回“期初余额”窗口。单击“刷新”按钮，期初余额明细表显示出应收账款期初余额信息，如图2.44所示。

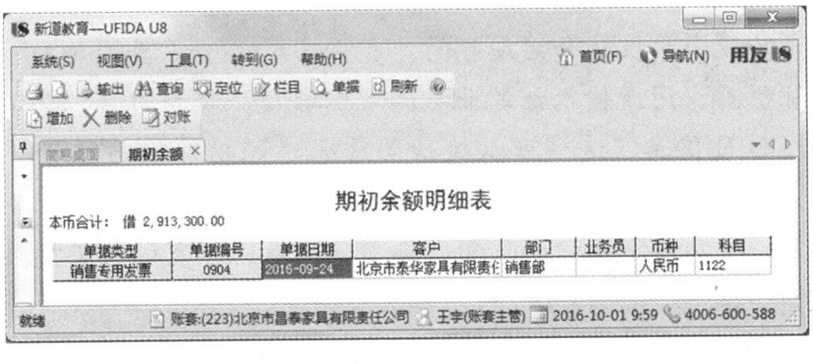

图2.44 应收账款期初余额明细表

5）关闭“期初余额”窗口，选择“财务会计”|“总账”|“设置”|“期初余额”命令，打开“期初余额录入”窗口。

6）双击“应收账款”期初余额栏，打开“辅助期初余额”窗口。单击“往来明细”按钮，打开“期初往来明细”窗口。

7）单击“引入”按钮，弹出“确定要引入期初吗？”提示框。单击“是”按钮，系统自动引入应收系统的应收账款期初余额，如图 2.45 所示。

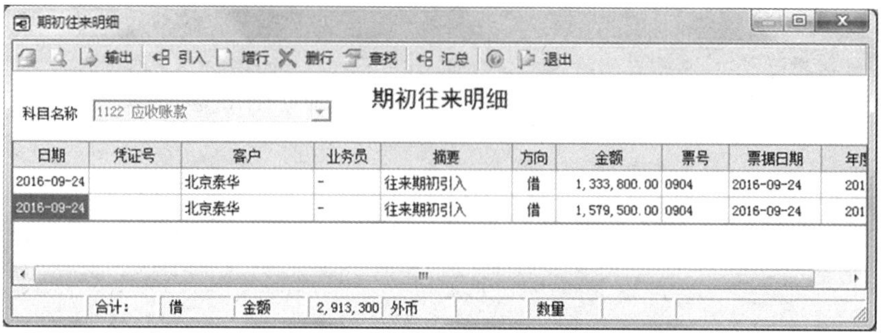

图 2.45　应收账款期初往来明细

8）单击“汇总”按钮，弹出提示框，如图 2.46 所示。

9）单击“是”按钮，弹出“完成了往来明细到辅助期初表的汇总”提示框。单击“确定”按钮，返回“辅助期初余额”窗口，如图 2.47 所示。

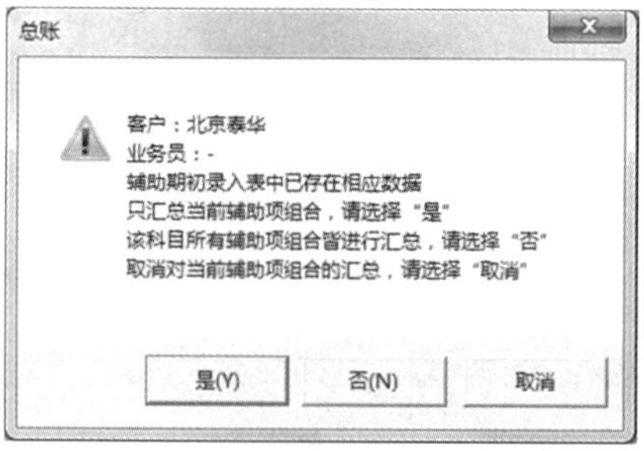

图 2.46　总账汇总

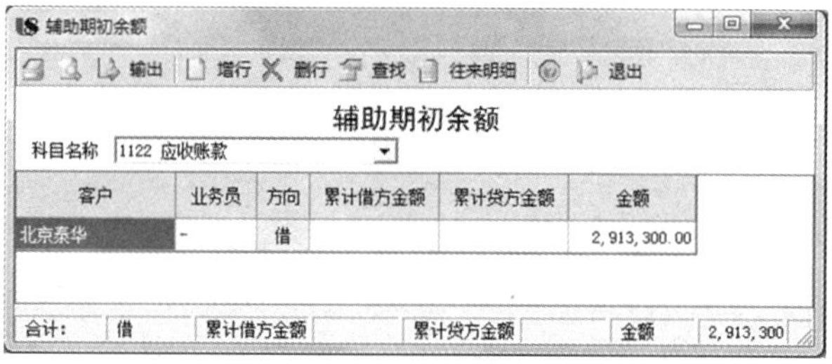

图 2.47　应收账款辅助期初余额

10）单击“退出”按钮，完成应收账款期初余额输入。

注意：

- 期初单据日期必须小于该账套启用期间。
- 单据中的科目栏目，用于输入该笔业务的入账科目。该科目可以为空。建议在输入期初单据时，输入科目信息，这样可以执行同总账对账功能，而且可以查询正确的科目明细账。
- 发票和应收单的方向包括正向和负向，类型包括系统预置的各类型及用户定义的类型。

2. 应收票据期初余额

1）选择“财务会计”|“应收款管理”|“设置”|“期初余额”命令，打开“期初余额—查询”窗口。

2）单击“确定”按钮，打开“期初余额”窗口。单击“增加”按钮，打开“单据类别”对话框。选择单据名称为“应收票据”，单据类型为“商业承兑汇票”，如图 2.48所示。

3）单击“确定”按钮，打开“期初单据录入”窗口。单击“增加”按钮，输入期初票据信息，如图 2.49所示。

图 2.48 单据类别

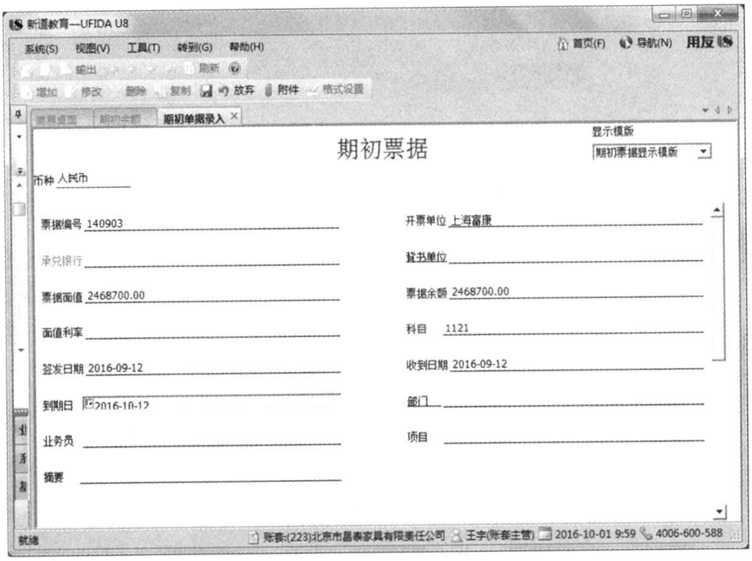

图 2.49 期初票据

4）单击“保存”按钮，关闭“期初单据录入”窗口，返回“期初余额”窗口。单击“刷新”按钮，期初余额明细表显示出应收票据期初余额信息，如图 2.50所示。

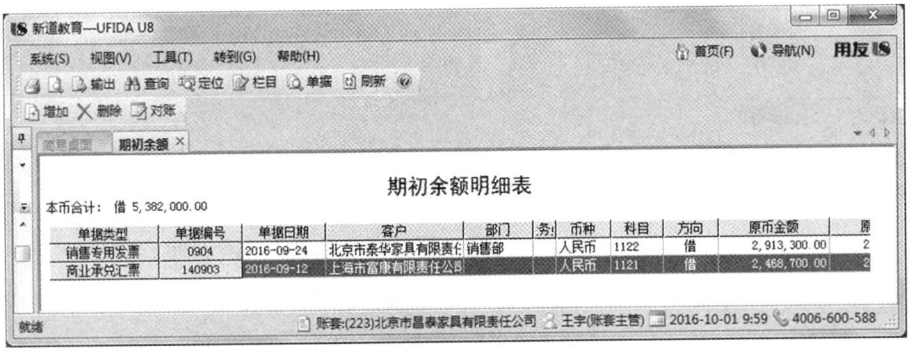

图 2.50 应收票据期初余额明细表

5）关闭“期初余额”窗口，选择“财务会计”|“总账”|“设置”|“期初余额”命令，打开“期初余额录入”窗口。

6）双击“应收票据”期初余额栏，打开“辅助期初余额”窗口。单击“往来明细”按钮，打开“期初往来明细”窗口。

7）单击“引入”按钮，弹出“确定要引入期初吗？”提示框。单击“是”按钮，系统自动引入应收系统的应收票据期初余额，如图 2.51所示。

8）单击“汇总”按钮，弹出提示框，如图 2.52所示。

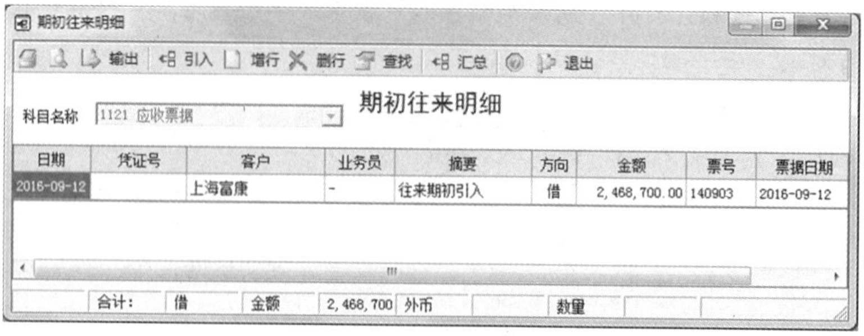

图 2.51　应收票据期初往来明细

9）单击“是”按钮，弹出“完成了往来明细到辅助期初表的汇总”提示框。单击“确定”按钮，返回“辅助期初余额”窗口，如图 2.53所示。

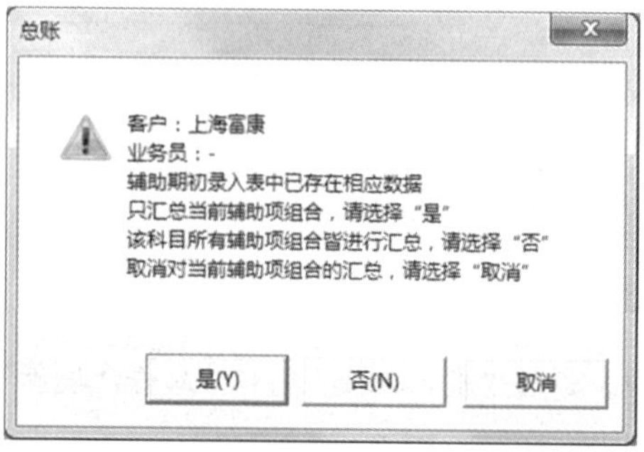

图 2.52　总账汇总

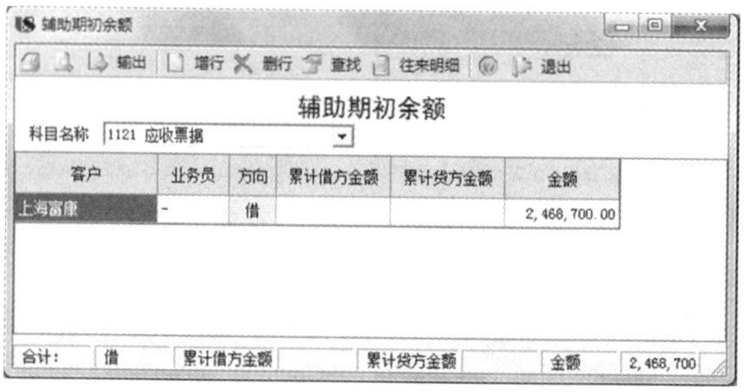

图 2.53　应收票据辅助期初余额

10）单击“退出”按钮，完成应收票据期初余额输入。

3. 个人往来余额

1）选择“财务会计”|“总账”|“设置”|“期初余额”命令，打开“期初余额录入”窗口。

2）双击“其他应收款”期初余额栏，打开“辅助期初余额”窗口。单击“往来明细”按钮，打开“期初往来明细”窗口。输入明细信息，如图 2.54所示。

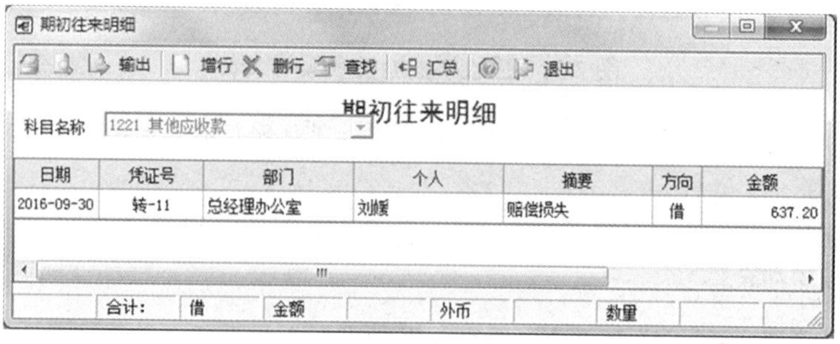

图 2.54　其他应收款期初往来明细

3）单击“汇总”按钮，弹出“完成了往来明细到辅助期初表的汇总”提示框。单击“确定”按钮，再单击“退出”按钮，返回“辅助期初余额”窗口，如图 2.55 所示。

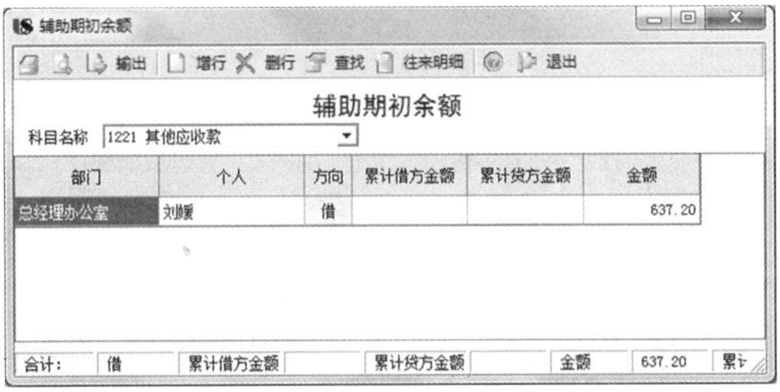

图 2.55 其他应收款辅助期初余额

4）单击“退出”按钮，完成其他应收款期初余额输入。

解析：

其他应收款科目没有设应收受控科目，因而个人往来期初余额需要在总账中输入。相关数据参见表 0.13 和表 0.14。

任务 2-16 输入期初发货单。

1）选择“供应链”|“销售管理”|“设置”|“期初录入”|“期初发货单”命令，打开“期初发货单”窗口。

2）单击“增加”按钮，输入发货单信息，如图 2.56 所示。

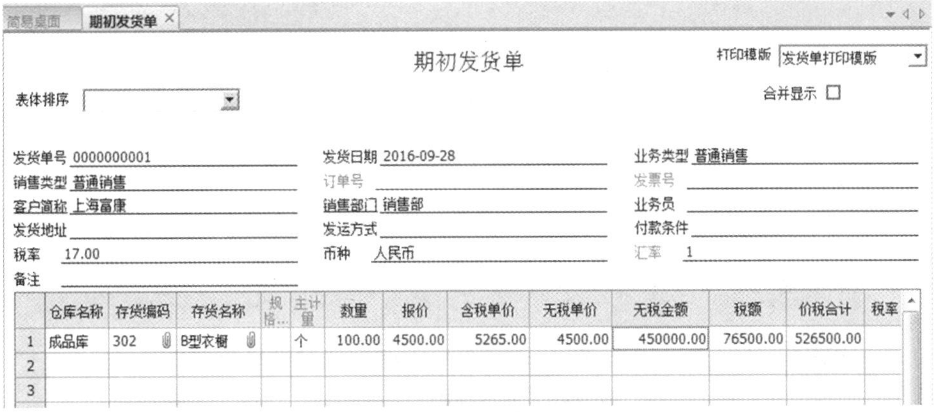

图 2.56 期初发货单

3）单击“保存”按钮，再单击“审核”按钮，完成期初发货单输入。

任务 2-17 输入库存期初余额。

1. 输入库存期初余额

1）选择“供应链”|“库存管理”|“初始设置”|“期初结存”命令，打开“库存期初数

据录入”窗口。

2）选择仓库“原料库”，单击“修改”按钮，输入存货信息，如图 2.57 所示。

库存期初　仓库 (1)原料库　表体排序

	仓库	仓库编码	存货编码	存货名称	规格型号	主计量单位	数量	单价	金额
1	原料库	1	101	成型板		张	400.00	300.00	120000.00
2	原料库	1	102	封边条		盘	10.00	270.00	2700.00
3	原料库	1	103	储物柜配件		套	700.00	220.00	154000.00
4	原料库	1	104	衣橱配件		套	600.00	250.00	150000.00
5									
6									

图 2.57　库存期初——原料库

3）单击“保存”按钮，再单击“审核”按钮，弹出“审核成功”提示框。选择仓库“周转材料库”，单击“修改”按钮，输入存货信息，如图 2.58所示。

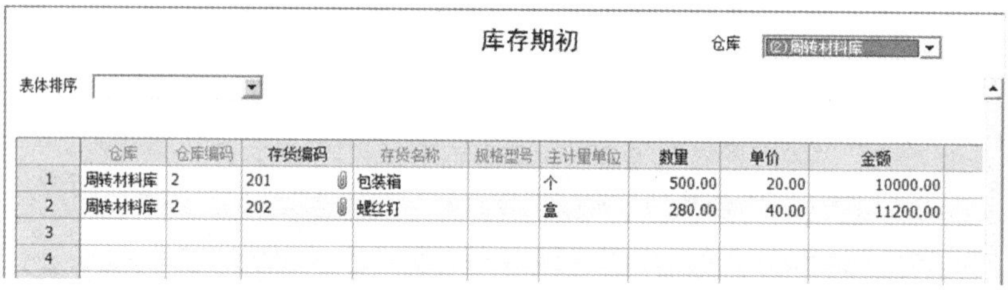
库存期初　仓库 (2)周转材料库　表体排序

	仓库	仓库编码	存货编码	存货名称	规格型号	主计量单位	数量	单价	金额
1	周转材料库	2	201	包装箱		个	500.00	20.00	10000.00
2	周转材料库	2	202	螺丝钉		盒	280.00	40.00	11200.00
3									
4									

图 2.58　库存期初——周转材料库

4）单击“保存”按钮，再单击“审核”按钮，弹出“审核成功”提示框。选择仓库“成品库”，参照上述方法输入存货信息，如图 2.59 所示。

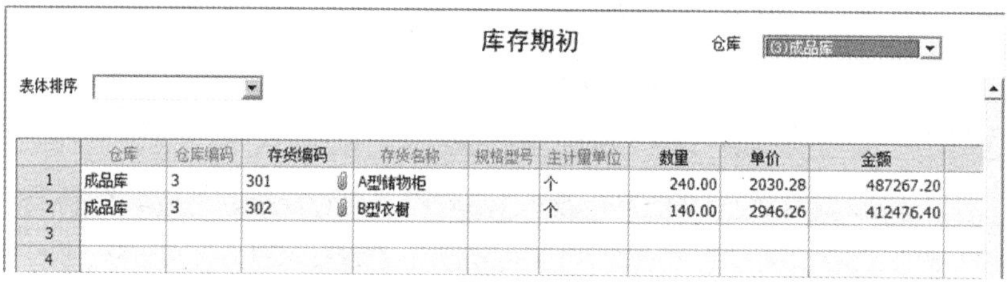
库存期初　仓库 (3)成品库　表体排序

	仓库	仓库编码	存货编码	存货名称	规格型号	主计量单位	数量	单价	金额
1	成品库	3	301	A型储物柜		个	240.00	2030.28	487267.20
2	成品库	3	302	B型衣橱		个	140.00	2946.26	412476.40
3									
4									

图 2.59　库存期初——成品库

5）单击“保存”按钮，再单击“审核”按钮，弹出“审核成功”提示框，完成库存期初输入。

注意：

- 库存期初余额可以直接输入，如果存货系统已经输入期初余额，也可以从其中取数。
- 审核和弃审需要分仓库逐条记录来分别执行，也可以执行批审命令，将一个仓库所有的存货记录一次性全部审核。
- 审核以后将影响存货的现存量和可用量，对日常业务的发货及出库会有影响。

2. 输入存货期初余额

1）选择“供应链”|“存货核算”|“初始设置”|“期初数据”|“期初余额”命令，打开“期初余额”窗口。

2）选择仓库“原料库”，单击“取数”按钮，系统自动从库存系统取出原料库期初余额信息，如图2.60所示。

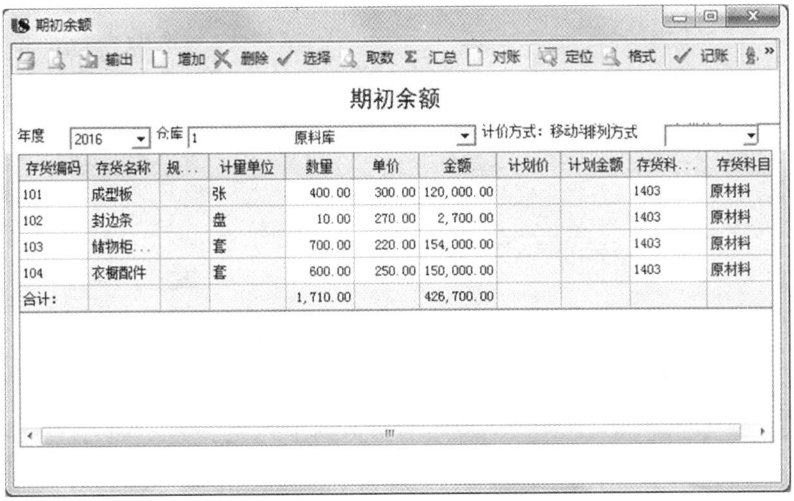

图 2.60　原料库期初余额

3）参照上述方法，继续对周转材料库和成品库期初余额进行取数。

注意： 存货期初余额可以直接输入，如果库存系统已经输入期初余额，也可以从其中取数。但库存系统通常只保留物流数据，因而取数后还需要将会计科目等财务信息补充完整。

3. 输入存货项目核算科目期初余额

1）选择“财务会计”|“总账”|“设置”|“期初余额”命令，打开“期初余额录入”窗口。

2）双击“原材料”期初余额栏，打开“辅助期初余额”窗口。单击“增行”按钮，参照表2.18输入项目信息，如图2.61所示。

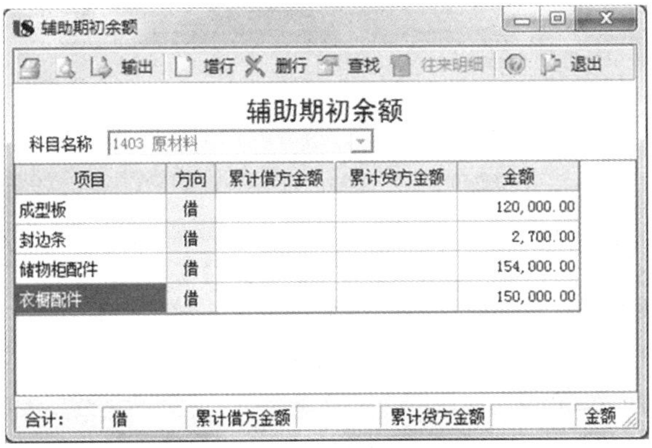

图 2.61　原材料辅助期初余额

3）单击“退出”按钮，完成原材料期初余额输入。参照上述方法输入周转材料和库存商品的期初余额。

4）期初余额输入完成，单击“试算”按钮，打开“期初试算平衡表”对话框，如图 2.62 所示。

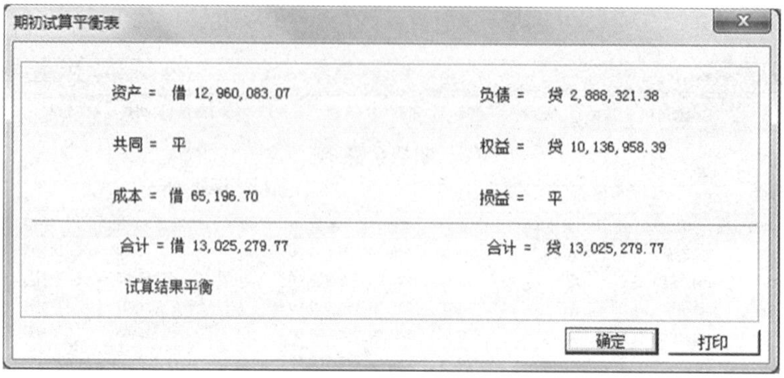

图 2.62　总账期初试算平衡

5）试算结果平衡，单击“确定”按钮，完成期初余额输入。

解析：

存货核算项目期初数据中的存货项目和存货档案共享，随着存货档案的变动而变动。期初详细数据请参见表 0.13。总账其他科目的期初余额已经在期初账套中预置，无须输入。

任务 2–18　存货期初记账及对账。

1）在存货期初余额输入窗口中，单击“记账”按钮，弹出“期初记账成功”提示框。单击“确定”按钮。

2）单击“对账”按钮，打开“库存与存货期初对账查询条件”对话框，如图 2.63 所示。

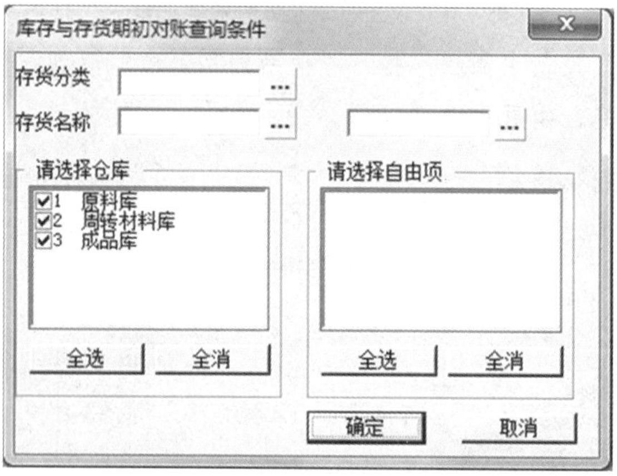

图 2.63　库存与存货期初对账查询

3）单击“确定”按钮，弹出“对账成功”提示框。单击“确定”按钮，完成库存与存货系统期初对账。

注意：

- 期初记账后，可以进行日常业务核算。
- 期初记账之前可修改期初数据，记账后就不能修改了；期初记账前可修改计价方式及核算方式，记账后不能修改。

解析：

- 在结束初始化工作之前，必须要反复核对总账系统、库存系统、存货系统、应收应付系统之间的期初数据是否保持一致。不同系统对账的正确性是保证日常业务正确处理的重要前提。
- 采购期初记账及存货期初记账完成以后，购销存系统的初始化工作基本结束，企业开始进入日常业务处理。

单元 3

销售与应收管理

学习目标

1. 职业知识

- 了解销售及应收系统的重要性和作用。
- 了解销售及应收系统的框架和主要工作内容。
- 理解销售及应收系统的基本工作原理。

2. 职业能力

- 能够完成销售日常业务处理。
- 能够完成收款日常业务处理。
- 能够进行销售及应收期末处理。
- 能够进行销售及应收账表查询和分析。

3. 职业素养

- 团队配合、分工协作。
- 细心、严谨。

项目 3.1　销售及应收管理总体介绍

3.1.1　系统介绍及概念

1. 销售与应收系统概况

销售业务是企业生产经营成果的实现过程，是企业经营活动的中心。销售部门在企业中处于市场与企业接口的位置，其主要职能就是为客户提供产品及其服务，从而实现企业的资金周转并获取利润，为企业提供生存与发展的动力。同完成销售的业务及财务处理有关的模块主要包括销售系统和应收系统。

销售系统主要提供对企业销售业务全流程的管理。销售系统支持以销售订单为核心的业务模式，其主要任务是在销售系统中处理销售发货单和销售发票，并根据销售发货单等发货成本信息确认销售成本及根据销售发票进行销售收款的全过程管理。在销售系统中，通过销售订货、发货、开票，处理销售发货和销售退货业务，同时在发货处理时可以对客户信用额度、存货现存量、最低售价等进行检查和控制。经审核的发货单可以自动生成销售出库单，冲减库存的现存量，并可以进行账表查询及统计分析等。

应收系统主要通过发票、其他应收单、收款单等单据的输入，对企业的往来账款进行综合管理，及时、准确地提供客户的往来账款余额资料；提供各种分析报表，如账龄分析表，周转分析、欠款分析、坏账分析、回款分析、情况分析等；通过各种分析报表，帮助企业合理地进行资金的调配，提高资金的利用效率。

销售管理同应收款管理、库存管理、总账管理联系紧密。销售系统主要同应收系统、库存系统、存货系统、总账系统等产品集成使用，一起组成完整的企业销售与收款管理系统。销售系统同库存和应收系统联合使用可以追踪存货的出库信息、销售收款情况及销售成本的数据资料，以便及时了解企业的销售状况。

2. 销售与应收系统的主要流程及与其他系统的数据联系

销售、应收系统同库存、存货、总账系统均有直接或间接的联系。销售、应收系统的主要流程及同其他系统的数据联系如图 3.1 所示。

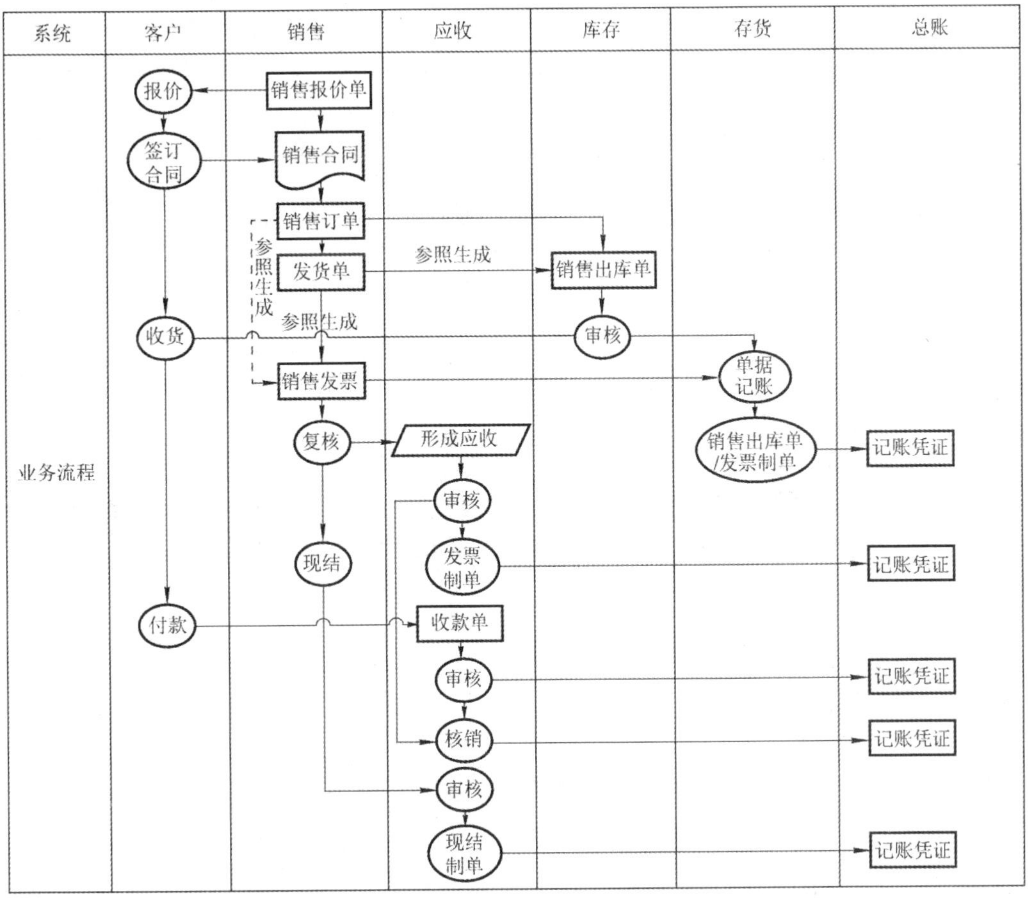

图 3.1 销售、应收系统的主要流程及同其他系统的数据联系

注意：

- 销售发票既可以由发货单生成，也可以由销售订单生成。此处为可选流程。
- 销售业务包括先发货后开票和开票直接发货两种模式，本流程图描述的是先发货后开票模式。如果是开票直接发货模式，则先填写销售发票，由销售发票自动生成发货单。
- 销售出库执行单据记账时，可以对销售出库单做单据记账，也可以对销售发票做单据记账，这取决于存货的参数设置。

（1）销售报价

当客户出现采购意向的时候，一般先由企业提供销售报价——企业可以对产品的价格进行价格管理。如果客户接受报价，则双方开始洽谈合同。

（2）订单管理

根据报价单的授权，业务人员同客户签订销售订单或销售合同。合同应符合《中华人民共和国合同法》的规定。金额重大的销售合同的订立应当征询法律顾问或专家的意见。销售合同签订后应经审批后方能成立，审批人员应对销售价格、信用政策、发货及收款方式等严格把关。

（3）销售发货及出库

销售部门对订单进行审核后，按照经批准的销售合同编制销售发货通知单，在系统中参照订单内容生成销售发货通知单，并据以通知仓管部门发货。仓管部门核对销售发货通知单后，应严格按照销售发货通知单所列的存货品种、规格、发货数量、发货时间和发货方式等办理货物出库。出库后，仓管部门根据销售发货通知单生成销售出库单。

在发货管理中应建立货物出库、发运等环节的岗位责任制，确保货物发运的安全；应建立销售退回管理制度。单位的销售退回必须经销售主管审批后方可执行，销售退回的货物应由质检部门检验和仓储部门清点后方可入库。质检部门对客户退回的货物进行检验并出具检验证明，仓储部门在清点货物、注明退回货物的品种和数量后填制退货接收报告。

（4）销售开票

财务部门根据销售发票通知单向客户开具销售发票，此时发货单也可以作为开具发票的依据。销售发票传递给应收系统形成应收款项，财务部门对应收款进行信用和账期管理。收到款项后，财务部门进行收款结算，形成收款单。

（5）收款及核销

财务部门根据销售发票确定的应收账款金额，对应收账款进行管理和回收。收到客户的款项后，输入收款单，并定期对应收和收款业务进行核销处理。定期对应收账款进行账龄分析、催款和坏账处理。

（6）凭证处理

财务部门根据销售发票、出库、收款等记录，生成相应的记账凭证，传递给总账系统进行审核、记账等财务处理。

（7）销售、应收查询和分析

管理部门根据销售订单或合同、销售发票、销售出库单、应收及收款单进行查询和分析，形成相应报表。

3.1.2 工作岗位及任务流程

销售系统主要提供对企业销售业务全流程的管理。销售业务的主要任务是在销售系统中处理销售订单、销售发货单和销售发票，并根据销售发票确认销售出库成本及销售收款的全过程管理。

销售及收款业务岗位的任务流程如图 3.2 所示。

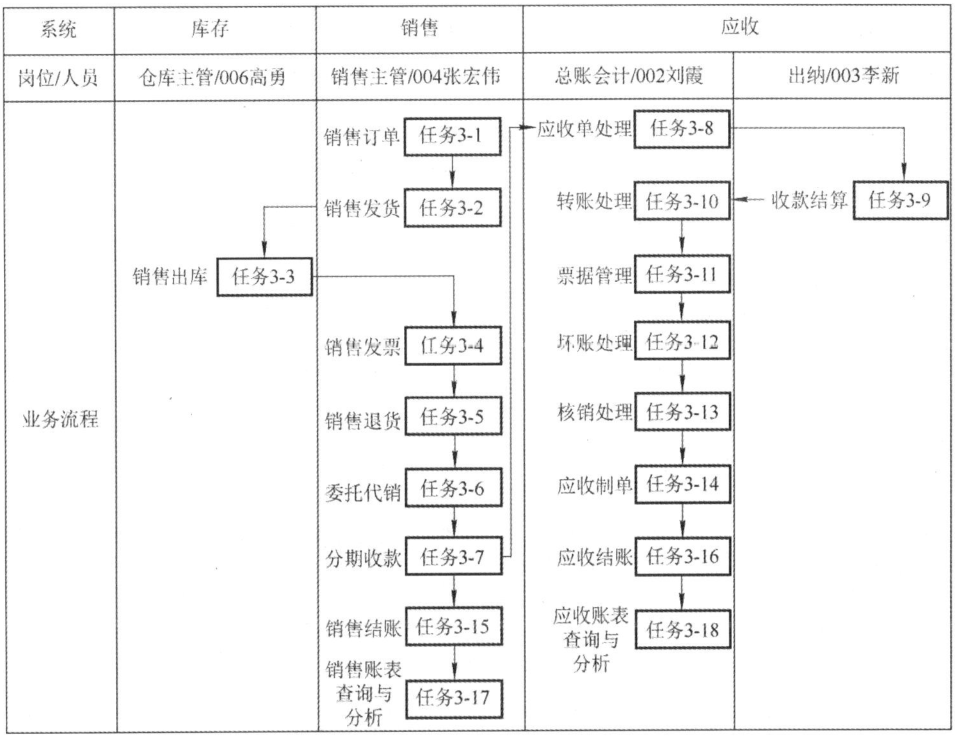

图 3.2　销售及收款业务岗位的任务流程

该流程图中的岗位分工是单据处理的主要分工，实际上对某张单据的处理可能会涉及多个岗位，如单据的填制由销售主管或总账会计完成，但单据的审核一般由账套主管来处理。这里的收款结算由企业的出纳人员来处理。要注意的是，如果发票采用现结方式，则现结操作处理也由出纳来处理。

项目 3.2　销售业务处理

3.2.1　工作任务

本期企业发生的销售业务如下。

任务 3-1　销售订单。

1. 通过报价单生成销售订单

10月 1日，北京泰华公司欲购买 20个 A型储物柜，向销售部了解价格，销售部报价为 3 800

元/个，填制并审核报价单。10月 2日，北京泰华公司了解报价信息后，要求订购 20个，预发货日期为 10月 3日，填制并审核销售订单（订单号为 XS1001）。

2. 有折扣的销售订单

10月 3日，销售部李平同上海富康公司签订销售合同（订单号为 XS1002），销售 A型储物柜 80个，报价为 3 800元/个。双方协商后，按报价的 90%成交。

3. 约定付款条件的销售订单

10月 3日，销售部李平同北京泰华公司签订销售合同（订单号为 XS1003），销售 B型衣橱 100个，报价为 4 500元/个。双方协商付款条件为“2/10，n/30”，现金折扣按货物的价税合计计算。

任务 3-2 销售发货。

10月 3日，销售部门根据合同要求通知仓库向北京泰华公司发出 A型储物柜 20个（业务对应订单号为 XS1001），从成品库出库。

任务 3-3 销售出库。

10月 3日，仓储部门检查发货的内容，按照发货单的内容向北京泰华公司发货，并办理了出库手续。

任务 3-4 销售发票。

1. 销售开票

10月 3日，向北京泰华公司开具增值税专用发票一张（对应订单号为 XS1001），增值税税率为 17%，发票号为 XS141001，数量为 20个，单价为 3 800元/个，价税合计 88 920元。

2. 销售现结

10月 3日，向上海富康公司开具上月 28日销售出库的 100个 B型衣橱的增值税专用发票，发票号为 XS141002。当天收到全部价款的转账支票，已送交银行，支票号为 141001。

3. 代垫运费

10月 3日，向上海富康公司发出订单号为 XS1002的货物，发货过程中代垫运费 100元，用现金支付。当天，向上海富康公司开具增值税专用发票，增值税税率为 17%，发票号为 XS141003，数量为 80个。

任务 3-5 销售退货。

10月 4日，上海富康公司验收货物时发现，订单号为 XS1002的货物中有 2个 A型储物柜质量不合格，要求办理退货。当天收到退回的货物，向上海富康公司开出增值税红字专用发票一张，发票号为 XS141004，商品名称为 A型储物柜，数量为 2个，单价为 3 420元/个。

任务 3-6 委托代销。

10月 5日，销售部与北京华顺有限责任公司签订委托代销合同（订单号为 XS1004），委托北京华顺有限责任公司（以下简称北京华顺公司）代销 A型储物柜 80个，售价为 3 800元/个。

委托代销采用支付手续费方式，由本公司按销售收入的2%支付给北京华顺公司。当天委托代销的A型储物柜从仓库发出。

10月7日，收到北京华顺公司的委托代销清单一张，结算A型储物柜80个，售价为3 800元/个。开具销售增值税专用发票给北京华顺公司。协商决定将应支付给北京华顺公司的代销手续费与应收北京华顺公司的代销货款进行冲销。

任务3-7 分期收款。

10月7日，销售部李平同上海富康公司签订销售合同（订单号为XS1005），销售A型储物柜20个，报价为3 800元/个。双方协定以分期付款方式销售该商品，客户分两次付款。当天向对方发出全部货物，并开具增值税专用发票。发票号为XS141005，数量为10个，单价为3 800元/个。

3.2.2 理论学习

1. 销售业务模式

在用友U8系统中，不同的业务模式，业务处理流程不同，同订单相关的下游单据也不尽相同，因此，要了解销售系统的流程，必须首先了解销售系统的业务模式。销售系统主要提供以下两种业务模式。

（1）先发货后开票

先发货后开票业务模式，是指根据销售订单或其他销售合同、协议，向客户发出货物，发货之后根据发货单开票结算，如图3.3所示。在该模式下，系统根据销售订单生成销售发货单，根据发货单生成销售发票。这种模式通常适用于发货制。

图3.3 先发货后开票模式

（2）开票直接发货业务模式

开票直接发货业务模式，是指根据销售订单或其他销售合同、协议，向客户开具销售发票，客户持发票到指定仓库提货，发票同时具有提货单的性质，如图3.4所示。在该模式下，系统根据销售订单生成销售发票，根据发票自动生成销售发货单。这种模式通常适用于提货制。

图3.4 开票直接发货模式

本系统允许先发货后开票和开票直接发货这两种模式同时存在。

2. 销售订单

（1）销售订单概述

销售订单是确认客户要货需求的过程。企业根据销售订单组织货源，并对订单的执行进行管理、控制和追踪。销售订单是反映由购销双方确认的客户要货需求的单据。对于追求对销售业务进行规范化管理的工商企业而言，销售业务的进行，需经历一个由客户询价、销售业务部门报价，双方签订购销合同（或达成口头购销协议）的过程。订单作为合同或协议的载体而存在，成为销售发货的日期、货物明细、价格、数量等事项的依据。在先发货后开票业务模式下，发货单可以根据销售订单开具。在开票直接发货业务模式下，销售发票可以根据销售订单开具。

（2）销售订单业务流程

销售订单的业务流程如图 3.5 所示。

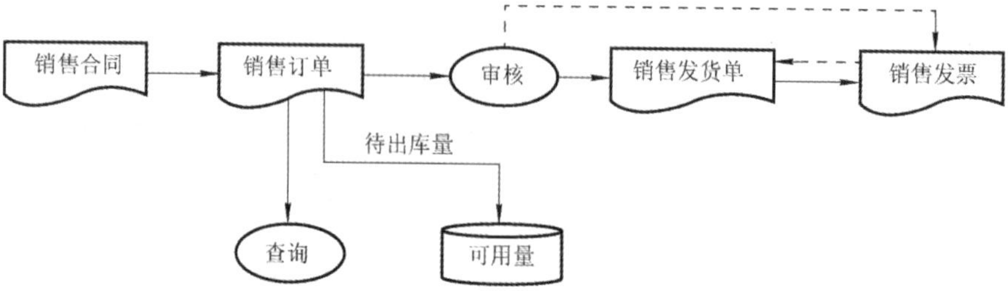

图 3.5　销售订单的业务流程

1）填写销售订单。当同销售单位达成销售意向签订销售合同或协议时，可以将销售合同或协议以销售订单的形式输入系统。

2）审核订单。待购买单位确认合同以后，由销售主管或企业相关管理人员审核订单，审核后订单才能执行。

3）订单变更。对于已审核的订单，如果因为意外情况而需要修改业务内容，可用订单变更功能实现。变更后即生效，不必再次审核，状态依然为“已审核”。

4）生成发货单或发票。在先发货后开票模式下，发出货物时，发货单可以根据销售订单填制。在开票直接发货模式下，销售发票可以根据销售订单填制。

5）订单关闭。对于执行完成的订单和不能执行完成的订单，可以人工关闭订单。

6）订单查询。可以查询订单的出库执行情况，查询订单各存货的出库执行情况等。

3. 销售发货

（1）销售发货概述

销售发货是企业将货物交给客户的过程，是营销过程的重要环节。销售发货通过发货单反映和记录。发货单是根据销售发货或销售退货业务实际发货或者收货数量填制的单据，是确认发货（退货、收货）的依据，是销售发货业务的执行载体。客户通过发货单取得货物所有权，仓库根据发货单办理出库。

发货单按出、进仓库划分为“发货单”和“发货单（红字）”。销售发货单既可以直接输入，也可以由销售订单或销售发票生成。发货单可以理解为发货通知单，并不表示货物已经出库，而是销售部门通知仓库发货的单据。销售部门根据销售订单或销售发票生成发货单，一方面作为通知客户提货的依据，另一方面通知仓库提前备货，准备出库。仓库接收到发货单以后，根据实际库存的情况向预订的客户发货并办理出库。在一般情况下，出库的数量不能超过发货单的数量。如果是先发货后开票模式，发货单还起到通知财务开票的作用。

退货是发货的逆向处理业务，反映的是客户因货物质量、品种、数量不符合约定要求而将已购货物退回给本企业的业务。

（2）销售发货业务流程

销售发货根据销售业务模式的不同而有所不同。

① 先发货后开票模式。在先发货后开票业务模式下，发货单由销售部门根据销售订单生成，客户通过发货单取得货物的实物所有权。具体销售发货的流程如图 3.6 所示。

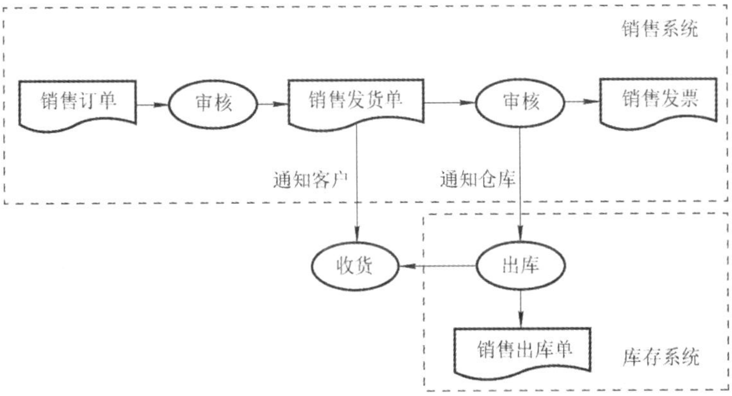

图 3.6 先发货后开票销售发货流程

- 填制或根据销售订单生成销售发货单。销售发货单可以修改、删除、审核、弃审、关闭、打开。
- 已审核未关闭的销售发货单可以作为参照生成销售发票。如果同库存系统集成，且选中“销售生成出库单”复选框，则销售发货单审核时可自动生成销售出库单；如果选中“库存生成销售出库单”复选框，则在库存系统中参照发货单生成出库单。
- 查询各发货单的实际处理情况。

② 开票直接发货模式。在开票直接发货业务模式下，发货单由销售部门根据销售发票生成，如图 3.7 所示。在此情况下，发货单只供浏览，不能进行增、删、改和审核等操作。

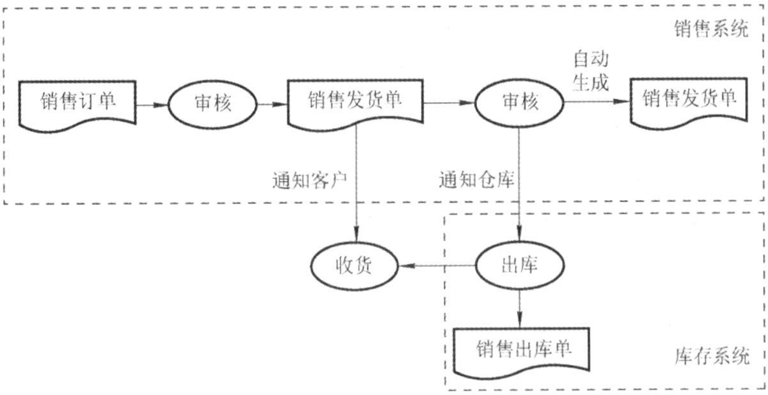

图 3.7 开票直接发货销售发货流程

- 根据订单填写销售发票，销售发货单根据销售发票自动生成。销售发货单不可以修改、删除、弃审，但可以关闭、打开。发票删除以后，发货单自动删除。
- 仓库根据发货单的日期、物料、数量等要求进行出库，根据出库的状况输入销售出库单。根据不同的参数设置，销售出库单可以在销售系统发货单审核时自动生成，或者由库存系统参照已审核的发货单生成。

4. 销售出库

（1）销售出库概述

对于工业企业，销售出库单一般是指产成品销售出库时所填制的出库单据。对于商业企业，一般是指商品销售（包括受托代销商品）出库时填制的出库单。无论是工业企业还是商业企业，销售出库单都是销售出库业务的主要凭据，销售出库业务在库存系统中进行存货出库数量核算，在存货系统进行存货出库成本核算。

仓储部门必须严格按照销售合同及发货的要求及时、足量、按质办理出库。出库时可以分次出库，累计出库的数量一般不能低于发货的数量。根据库存系统的“修改现存量时点”参数设置，销售出库单保存或审核后更新现存量。销售出库单审核以后，可以传递给存货系统进行单据记账，并生成结转销售成本的记账凭证。

销售出库单按进出仓库的方向分为蓝字销售出库单和红字销售出库单；按业务类型分为普通销售出库单和委托代销出库单及分期收款出库单。

（2）销售出库业务流程

销售出库业务一般流程如图 3.8 所示。

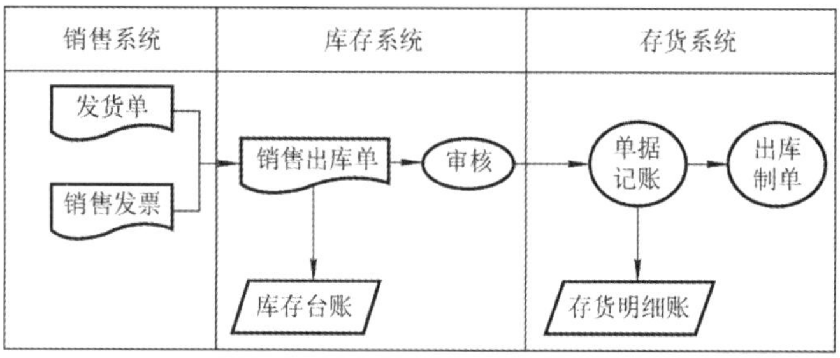

图 3.8　销售出库业务一般流程

注意：这里是假设在存货系统中设置了“销售成本按销售出库单结转”，此时单据记账和出库成本结转的单据是销售出库单。详细内容参见任务 2-8。

当库存系统同销售系统集成使用时，销售出库单参照发货单或销售发票生成，不可手工填制。销售出库单保存或审核后登记库存台账，并减少存货的现存量。如果在存货系统中设置了“销售成本按销售出库单结转”，则销售出库单审核后传递给存货系统进行单据记账，记账后登记到存货明细账，并可进行出库制单。

根据销售系统或库存系统设置的生成销售出库单方式的参数不同，库存系统生成销售出库单的方式有两种。

① 如果在销售系统中设置了“销售生成销售出库单”，则库存系统的销售出库单根据销售发货单（包括委托代销发货单）或销售发票自动生成。此时，发货单（发票）和销售出库单是一一对应的关系，即一次发货（开票）、一次出库。

在这种情况下，如果是先发货后开票业务，发货单审核后自动生成销售出库单。如果是开票直接发货业务，销售发票填制复核后自动生成发货单。同时，自动生成销售出库单，并传递到库存系统进行审核。除了发货单以外，在销售系统中还能根据销售调拨单和销售零售日报自动生成销售出库单。

销售生成出库单方式的业务流程如图 3.9 所示。

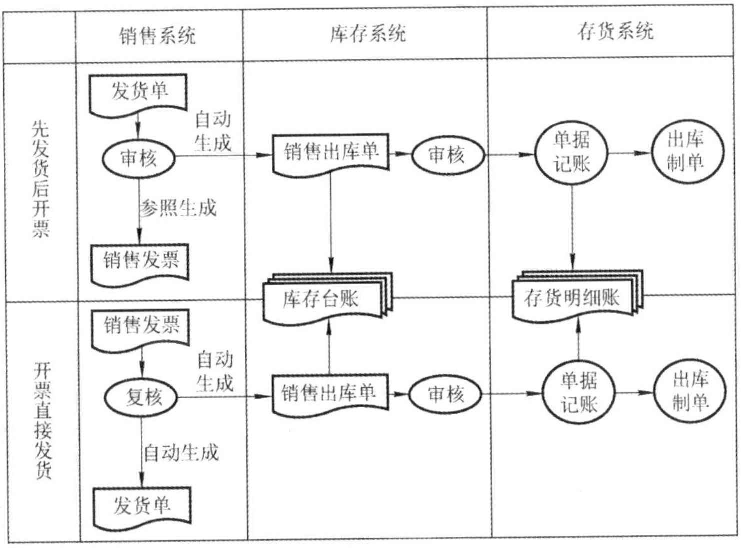

图 3.9　销售生成出库单方式的业务流程

注意： 这里是假设在存货系统中设置了“销售成本按销售出库单结转”，此时单据记账和出库成本结转的单据是销售出库单。

② 如果在库存系统中设置了“库存生成销售出库单”，则库存系统参照销售系统的销售发货单（包括委托代销发货单）或发票生成销售出库单。在这种方式下，发货单（发票）和销售出库单可以是一对多的关系，即一次发货（开票）分次出库。

在这种情况下，如果是先发货后开票业务，在发货单审核后，库存系统参照发货单生成销售出库单；如果是开票直接发货业务，库存系统参照销售发票生成销售出库单。

库存生成出库单方式的业务流程如图 3.10 所示。

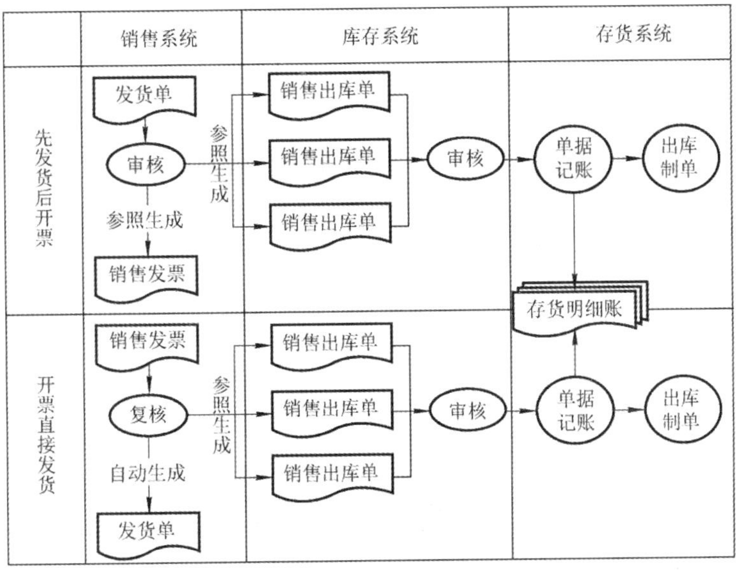

图 3.10　库存生成出库单方式的业务流程

注意： 这里是假设在存货系统中设置了“销售成本按销售出库单结转”，此时单据记账和出库成本结转的单据是销售出库单。

发货的物料可以分多次出库，也可以若干发货的物料同时出库。如果发货单或发票注明需要多次出库，应输入该存货的本次出库数。系统默认的本次出库数同待发货数相等，可根据实际情况进行修改。销售出库单累计出库的存货数量不应超过发货单或发票的数量。

如果在生成销售出库单时同时选择了多张发货单或发票，系统自动生成时按照不同发货单或发票，分别生成不同的销售出库单（发货单或发票同出库单之间的关系是一对多的关系）。但要注意的是，不管是一次发货（开票）一次出库，还是一次发货（开票）分次出库，如果一张发货单（发票）上记录的存货分属不同仓库，系统会分仓库生成多张销售出库单。

5. 销售发票

（1）销售发票概述

销售开票是销售业务的重要环节，开票以后需要在销售系统中输入销售发票。销售发票是指给客户开具的增值税专用发票、普通发票及其所附清单等原始销售票据，一般包括产品或服务的说明、客户名称地址，以及货物的名称、单价、数量、总价、税额等资料。销售发票是销售业务的重要单据，是销售收入确认、销售成本计算、应交销售税金确认和应收账款确认的依据。

如果需要开具销售专用发票，在客户档案中将客户的相关信息输入完整，系统会按税务要求对发票的相关信息进行检查。对于未输入税号的客户，可以开具普通发票，不可开具专用发票。输入销售发票以后，可将专用发票导出，再导入到税金系统中。

销售发票按发票类型分为普通发票及专用发票，按业务性质分为蓝字发票和红字发票。

销售发票输入有错时可以删除销售发票，但在企业严格管理销售发票的情况下，当销售发票输入有错但已进行账套打印时，销售发票不能删除（因为手工填写的销售发票是不能销毁的）。这时可以使用作废销售发票的功能。作废发票的效果相当于销售发票被删除，作废后，发票左上角注明作废的红色标志。

（2）销售发票业务流程

销售发票业务流程如图 3.11 所示。

注意： 该流程假设在存货系统中设置了“销售成本按销售发票结转”，此时单据记账和出库成本结转的单据是销售发票。

销售发票的操作流程如下。

1）输入并生成销售发票。销售发票可以手工输入，也可以根据订单、发货单等单据生成。销售发票生成的依据也同业务模式有关。

在先发货后开票业务模式下，销售发票由销售部门参照发货单生成；在开票直接发货业务模式下，销售发票参照销售订单生成或直接填制。

一张订单/发货单可以拆单或拆记录生成多张销售发票，也可以用多张订单/发货单汇总生成一张销售发票。

如果销售发票有对应的销售订单，那么可以用复制原销售订单的方法输入发票。如果销售发货单先填制并已输入计算机，那么发票可以用复制原销售发货单的方法输入。如果本张发票与已有的某张发票相同，那么可以用复制已有发票的方法输入。

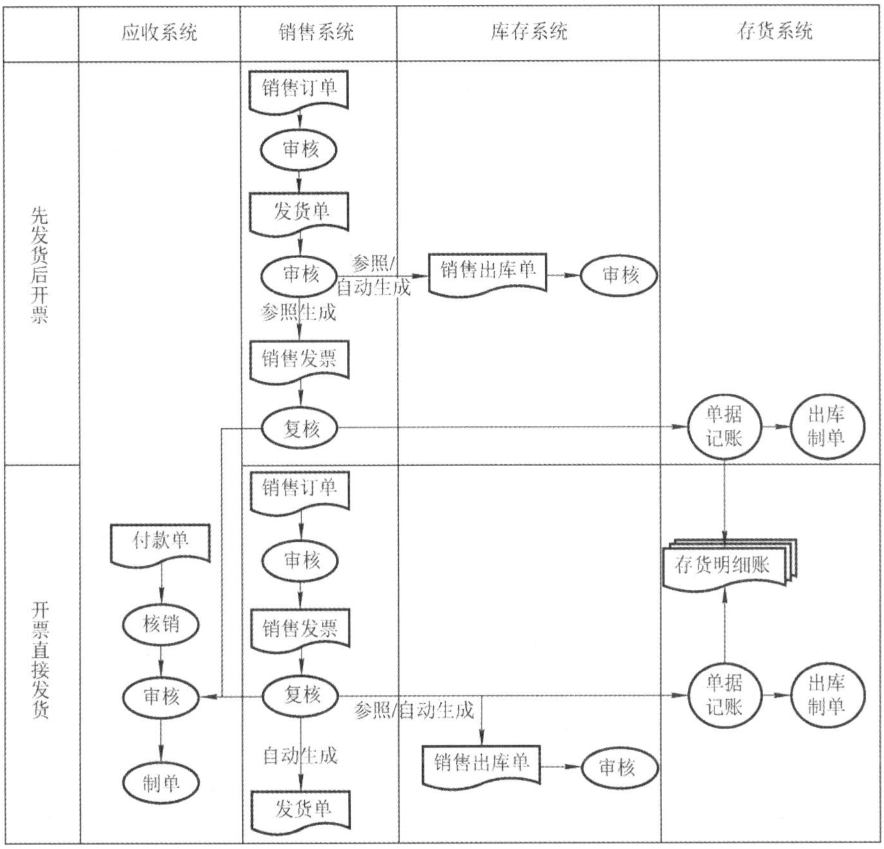

图 3.11 销售发票业务流程

2）发票现结。如果开票的同时向客户收取货款，可对销售发票进行现结处理。一张销售发票可以全额现结，也可以部分现结。

3）发票复核。销售发票复核后形成应收账款，通知财务部门的应收系统对应收账款进行管理。

如果是开票直接发货模式，则发票复核时生成销售发货单。如果同时还设置了“销售生成销售出库单”，则发票复核的同时还生成销售出库单。如果设置了“库存生成销售出库单”，则库存系统参照已复核的销售发票生成销售出库单。

4）发票审核。发票复核后通知审核人员在应收系统中审核登记应收明细账。审核过的发票不能进行修改、删除。

5）生成凭证。审核后的销售发票可在应收系统中进行发票制单，现结的发票进行现结制单。

6）发票核销。发票应收款项收款后，可在应收系统中输入收款单。销售发票可和收款单一并进行应收款核销。

7）单据记账。如果存货系统设置了“销售成本按销售发票结转”，则销售发票还需要进行单据记账，参与存货计价的过程。在结转销售成本的时候，根据销售发票生成销售成本结转的记账凭证。详细内容参见项目 5.6 单据记账。

8）查询及分析。查询销售发票的有关信息。

（3）代垫费用与销售支出

① 代垫费用。代垫费用是指随商品销售所发生的不通过发票处理而形成的、暂时代垫将来需向客户收取的费用项目，如运杂费、保险费等。代垫费用实际上形成对客户的应收款。

代垫费用可以在销售发票、销售调拨单、零售日报中按“代垫”输入，同发票建立关联，也可以直接在代垫费用单中输入。代垫费用可分摊到具体的商品中去。代垫费用单可以修改、删除、审核、弃审。审核后，在应收系统中生成其他应收单，由应收系统对其进行收款、核销与制单操作。代垫费用单在销售系统中审核后，应收系统就不需要再审核了，但是应收系统可以弃审和重新审核。代垫费用业务流程如图 3.12 所示。

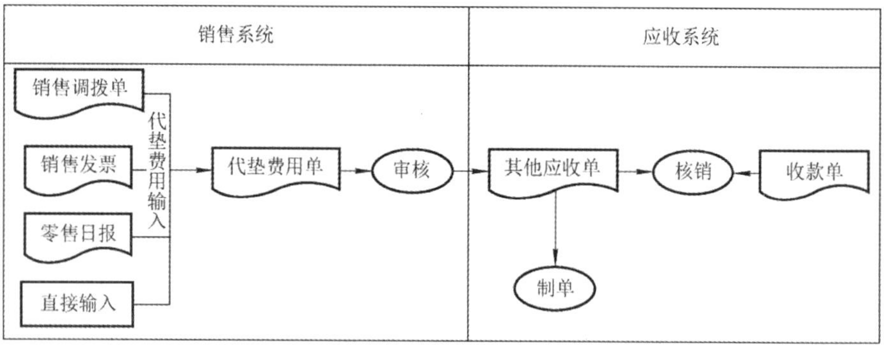

图 3.12　代垫费用业务流程

需要注意的是，代垫费用单的税额为 0，且不能作现结处理。

② 销售费用支出。销售费用支出是指在销售业务中，随货物销售所发生的为客户支付的业务执行费。销售费用支出处理的目的在于让企业掌握用于某客户费用支出的情况，以及承担这些费用的销售部门或业务员的情况，作为对销售部门或业务员的销售费用和经营业绩的考核依据。

销售费用支出单在销售系统中仅作为销售费用的统计单据，同其他模块没有传递或关联关系。因为不涉及往来科目，所以一般只需要根据支出单发生的金额在总账系统中制单就可以了。

6. 调拨与零售

（1）销售调拨

销售调拨一般处理集团企业内部有销售结算关系的销售部门或分公司之间的销售业务。销售调拨业务必须在当地税务机关许可的前提下方可使用，否则处理内部销售调拨业务必须开具发票。要处理销售调拨业务，必须先在销售系统中设置“有销售调拨业务”。

销售调拨业务需要填写销售调拨单，销售调拨单是给有销售结算关系的客户（客户实际上是销售部门或分公司）开具的原始销售票据，客户通过销售调拨单取得货物的实物所有权。销售调拨单是一种特殊的确认销售收入的单据，与销售发票相比，销售调拨单处理的销售业务不涉及销售税金。

销售调拨单除了处理分公司或部门的销售业务外，还可以处理其他形式的税金为 0 的销售业务，如伴随销售发生的押金收据。

销售调拨业务流程如图 3.13 所示。

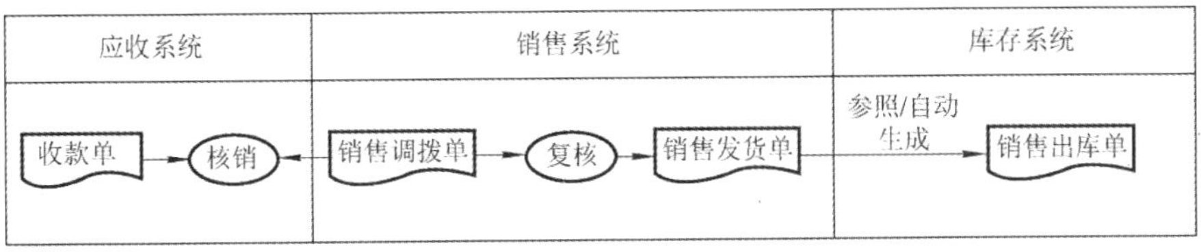

图 3.13 销售调拨业务流程

销售调拨单复核时生成销售发货单，弃复时删除生成的发货单。与库存系统集成时，如果销售系统设置了“销售生成出库单”，则销售调拨单复核时自动生成销售出库单，否则在库存系统中参照销售调拨单生成的发货单生成销售出库单。

销售调拨单不可参照销售订单生成。销售调拨单不能处理先发货后开票业务，即销售调拨单不能参照发货单输入。

（2）零售日报

当发生零售业务时，应将相应的销售票据作为零售日报输入销售系统中。零售日报不是原始的销售单据，而是零售业务数据的逐日汇总。这种业务常见于商场、超市等零售企业。

零售日报可以用来处理企业比较零散客户的销售。对于这部分客户，企业可以用一个公共客户代替，如零散客户，然后将零散客户的销售凭单先按日汇总，再输入零售日报进行管理。要处理零售业务，必须先在销售系统中设置“有零售日报业务”。

零售日报业务流程如图 3.14 所示。

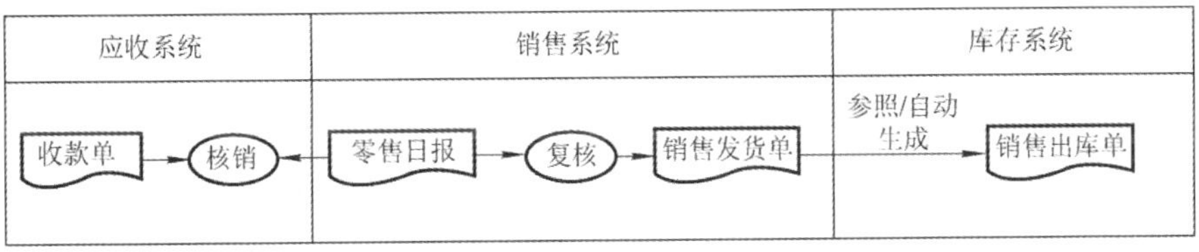

图 3.14 零售日报业务流程

零售日报复核时生成销售发货单。生成的发货单只可查询，弃复时删除生成的发货单。同库存系统集成时，如果销售系统设置了“销售生成出库单”，则零售日报复核时自动生成销售出库单，否则在库存系统中参照零售日报生成的发货单生成销售出库单。

零售日报不可参照销售订单生成。零售日报不能处理先发货后开票业务，即零售日报不能参照发货单输入。

如果客户要求退货或销售折让，但此时已将零售日报作账务处理，可以开具红字零售日报。红字零售日报复核后生成退货单，作为货物退货入库的依据。

7. 委托代销

（1）委托代销概述

在激烈的市场竞争中，许多企业为了扩大产品的销售，提高企业的销售收入，增加企业利润，采取委托代销的方式进行商品销售。委托代销是指企业将商品委托其他企业进行销售的一种行为，受托方相当于一个代理商。委托方将货物发出后，商品所有权并未转移给受托方，受托方将代销商品销售后，受托方与企业进行结算，并开具正式的销售发票，此时商品所有权的主要风险和报酬才转移出委托方，形成销售收入。

委托代销主要分两种类型：视同买断和收取手续费。

① 视同买断是由委托方同受托方签订协议，委托方按协议价收取所代销的货款，实际售价可由受托方自定，实际售价同协议价之间的差额归受托方所有的销售方式。在这种销售方式下，受托方将代销商品加价出售，同委托方按协议价结算，不再另外收取手续费。

② 收取手续费是指受托方根据所代销的商品数量向委托方收取手续费。受托方严格按照委托方规定的价格销售商品，只收取手续费。

（2）委托代销业务流程

① 初始设置

只有库存系统与销售系统集成使用时，才能在库存系统中使用委托代销业务。委托代销业务首先需要在销售系统或库存系统中设置了“有委托代销业务”，系统中才会出现“委托代销”菜单项，增加委托代销明细账等报表，在报价单、订单、销售发票等单据的窗口中可以输入委托代销业务的业务类型，否则委托代销业务无法处理。同时，如果选中销售系统的“委托代销必有订单”复选框，则处理委托代销业务时必须输入订单。

在存货系统中需要设置委托代销成本核算方式为“按发出商品核算”或“按普通销售核算”，如图 3.15 所示。如果选中“按发出商品核算”单选按钮，则对委托代销发货单和委托代销发票进行发出商品记账；如果选中“按普通销售核算”单选按钮，则对销售发票或销售出库单进行单据记账，此时委托代销的处理流程和普通销售基本一致。相关内容参见项目 2.2。

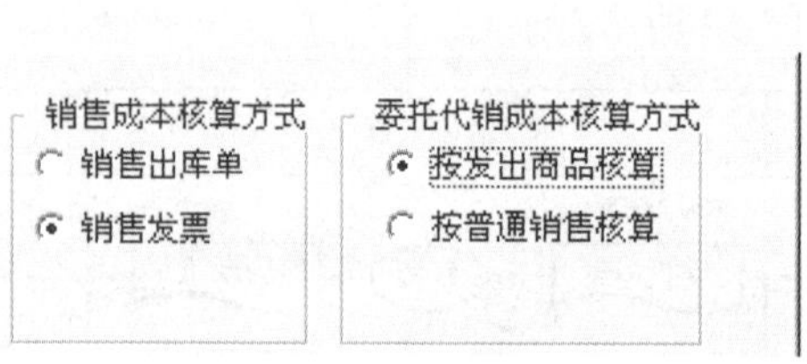

图 3.15　存货系统的委托代销成本核算方式选项

参数设置完成后需要为委托代销业务专门设置委托代销出库收发类别，并将委托代销出库收发类别的存货对方科目设置为“发出商品”或“委托代销商品”。为了对销售业务进行分类统计，还需要设置委托代销的销售类型。相关内容参见项目 2.2。

② 日常业务处理

因为委托代销业务是委托方先发出商品，等受托方销售之后，再开票结算，所委托代销业务只能选择先发货后开票模式，不能使用开票直接发货模式。委托代销如果按普通销售核算，则业务流程同前面介绍的先发货后开票的普通销售流程基本一致。这里仅介绍委托代销按发出商品核算的处理流程，如图 3.16 所示。

委托代销业务的主要流程如下。

1）签订代销合同。销售部门制订销售计划，销售人员按照销售计划，同代理商（受托方）签订委托代销合同或协议，根据合同内容在销售系统填制委托代销订单。

2）发出商品。销售部门根据委托代销订单填制委托代销发货单，审核后通知仓库备货。仓储部门根据出库数量，参照发货单生成销售出库单，客户（受托方）对货物进行接收。存货系统对委托代销发货单进行发出商品记账，生成发出委托代销商品的记账凭证，借记“委托代销商品（发出商品）”科目，贷记“库存商品”科目。

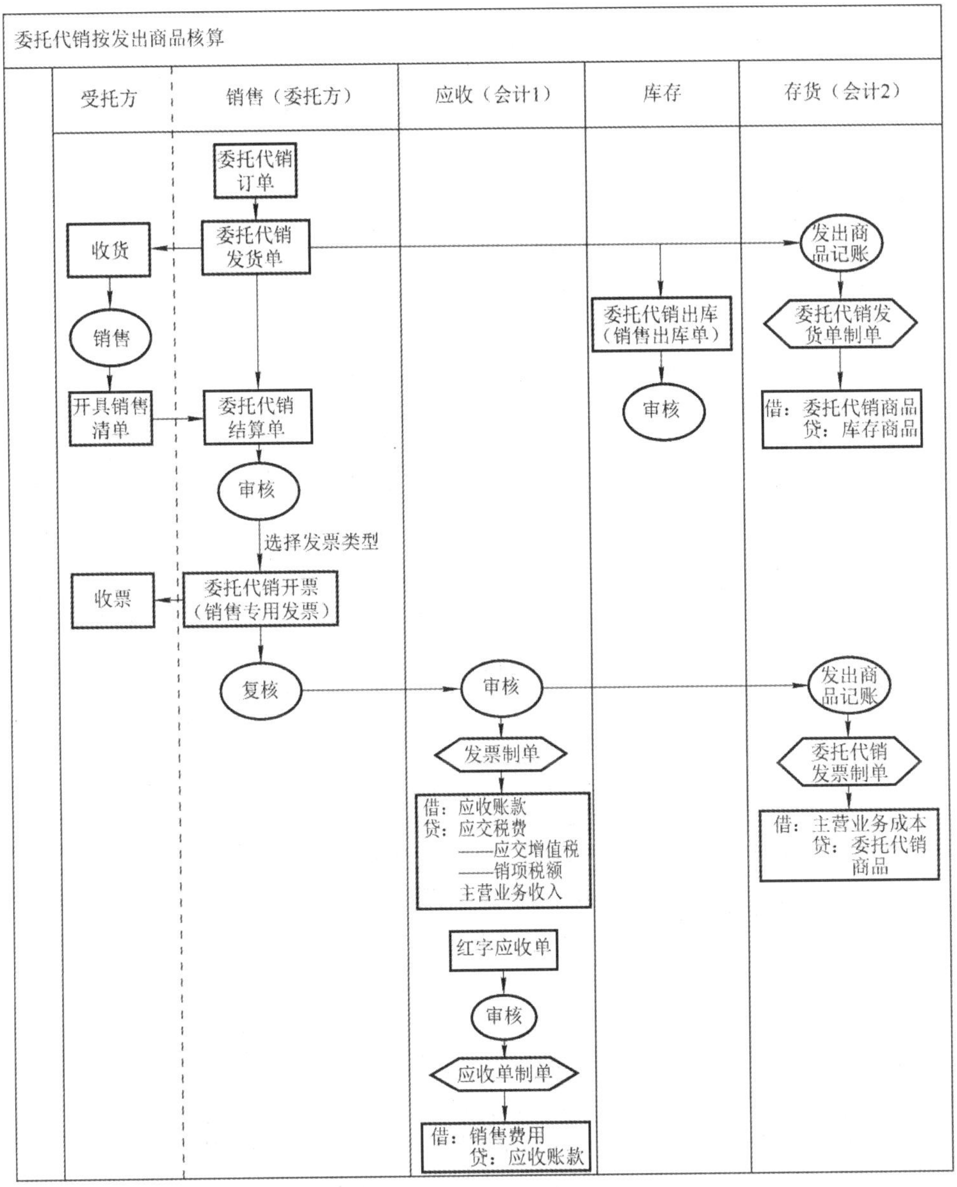

图 3.16　委托代销按发出商品核算

3）受托方售出代销商品，开具售出清单。受托方将商品售出后，销售部门根据客户的售出清单开具委托代销结算单。委托代销结算单是记录委托给客户的代销货物结算信息的单据，作为双方确认结算的货物明细清单。结算单审核后，系统自动生成专用发票或普通发票。销售发票复核后传递到应收系统，进行收款结算，同时传递到存货系统进行发出商品记账。企业将销售发票交给受托方，在应收系统中根据发票生成确认应收及收入的记账凭证，借记“应收账款”科目，贷记“主营业务收入”科目，“应交税费——应交增值税——销项税额”科目。在存货系统发出商品记账后，生成结转主营业务成本的记账凭证，借记“主营业务成本”科目，贷记“委托代销商品（发出商品）”科目。

4）计算手续费。如果需要向受托方支付手续费，按应支付的代销手续费等，在应收系统中输入红字应收单，审核后生成凭证，借记“销售费用”科目，贷记“应收账款”科目。

5）结清货款及手续费。根据应收账款的净额（货款——手续费）在应收系统中输入收款单，审核后生成记账凭证，借记“银行存款”科目，贷记“应收账款”科目。最后将发票应收款和收款单进行核销处理。

8. 分期收款销售

（1）分期收款概述

分期收款销售是指商品已经售出，但货款分期收回的一种销售方式。它是现代企业运用的一种重要促销手段，一般适用于具有金额大、收款期限长、款项收回风险大等特点的商品交易。从某种意义上说，它相当于销货方给购货方提供了一笔贷款。

新会计准则把分期收款销售商品分为两类：一是企业分期收款发出的商品数额较小，收回时间较短（通常在 3 年以下），收取的货款不具有融资性质，应按照正常的市场销售价格确定应收款项，在发出商品时按照合同或协议约定的价款确认收入，同时结转相关成本；二是企业分期收款发出的商品金额较大，收回时间较长（通常在 3 年以上），收取的货款实质上具有融资性质，企业应当按照应收的合同或协议价款的公允价值确定收入金额，而不能按照双方在合同或协议中约定的价款确认收入。这种分期收款一般适用于大型设备的销售，分期的时间跨度一般较长。本小节只阐述第 1 种情况，即不具有融资性质的分期收款销售业务。这种分期收款销售处理的关键是“一次发货，分期收款，分次确认收入，分次结转成本”。

（2）分期收款销售业务流程

① 初始设置

分期收款销售业务首先需要在销售系统或库存系统中设置了“有分期收款业务”，然后在填制销售单据时可选择分期收款的业务类型，否则不可用。

参数设置完成之后需要为分期收款业务专门设置分期收款销售的收发类别，并将分期收款销售收发类别的存货对方科目设置为“发出商品”或“分期收款发出商品”。为了对销售业务进行分类统计，还需要设置分期收款的销售类型。相关内容参见项目 2.2。

② 日常业务处理

分期收款销售业务流程如图 3.17 所示。

1）签订分期收款销售合同。销售部门制订销售计划，销售人员按照销售计划，同购买方签订分期收款销售合同或协议，根据合同内容在销售系统中填制分期收款销售订单。

2）发出商品。销售部门根据委托代销订单填制分期收款销售发货单，审核后通知仓库备货。仓储部门根据合同约定的出库数量，参照发货单生成销售出库单，客户（受托方）对货物进行接收。存货系统对分期收款发货单进行发出商品记账，记账后进行分期收款销售发出商品制单，借记“发出商品”科目，贷记“库存商品”科目。

3）根据合同约定分期开具部分发票。根据合同或协议约定开具首批销售发票，在销售系统中参照分期收款发货单输入首张销售发票，复核后一方面传递给应收系统形成应收账款，审核后进行发票制单，借记“应收账款”科目，贷记“应交税费——应交增值税——销项税额”科目和“主营业务收入”科目；一方面传递到存货系统进行发出商品记账，记账后进行分期收款发票制单，借记“主营业务成本”科目，贷记“发出商品”科目。

4）根据开票金额收取部分货款。收款后，根据开票金额在应收系统中输入收款单。收款单审核后生成记账凭证，借记“银行存款”科目，贷记“应收账款”科目。最后将发票应收款和收款单进行核销处理。

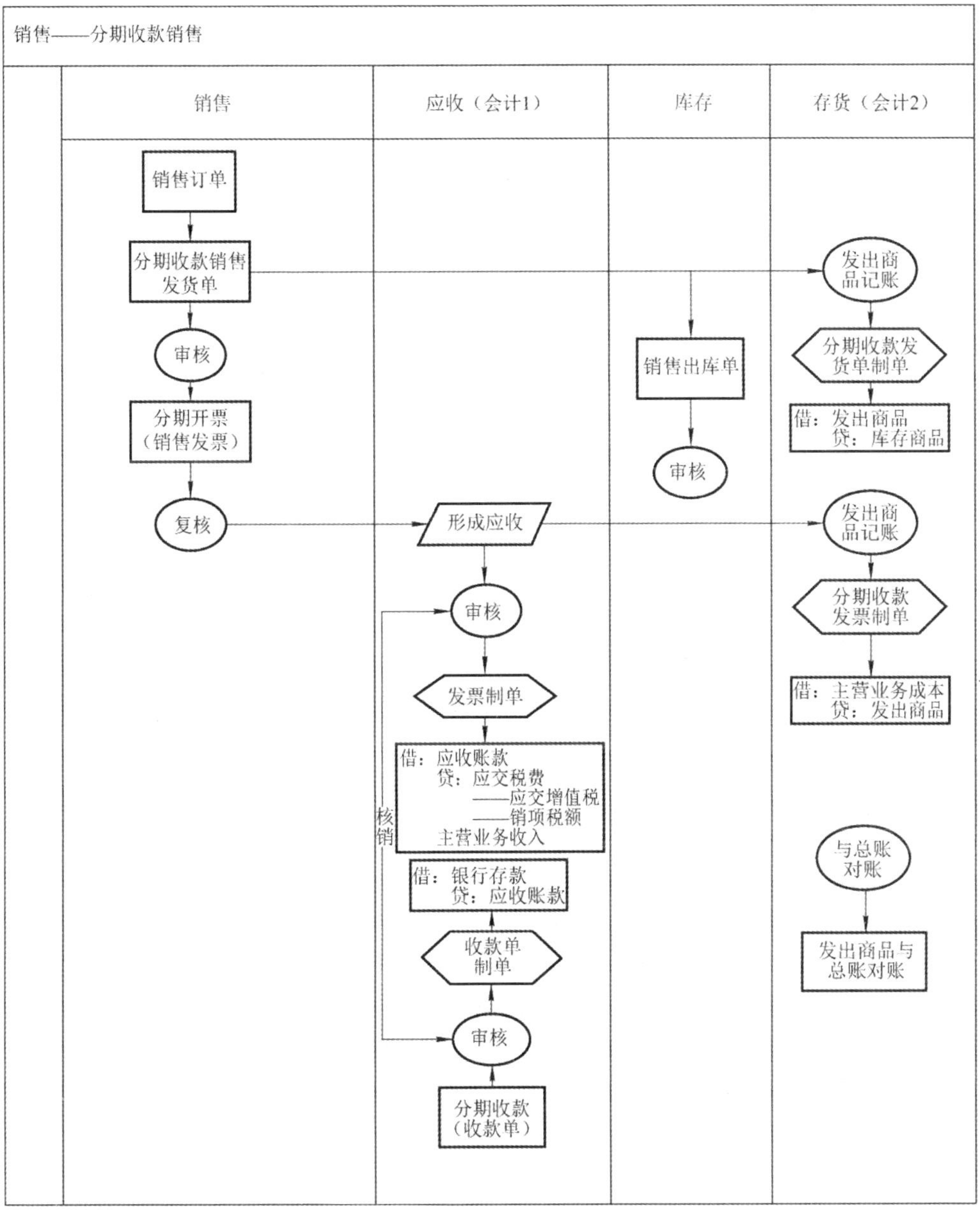

图 3.17 分期收款销售业务流程

9. 销售退货

销售退货业务是指客户因货物质量、品种、数量等不符合要求而将已购货物退回本企业的业务。退货业务是正常销售业务的逆操作，操作流程同正常销售基本一致，但是单据要选红字单据。

销售退货可以分为几种情况。

（1）开票前退货

如果发生退货业务的时候还没有开具发票，可根据订单或发货单生成退货单，参照发货单和退货单生成销售发票。

开票前退货的流程如图 3.18 所示。

（2）开票后退货

如果开票以后发生退货业务，可根据销售订单生成退货单，参照退货单生成红字销售发票。

可以根据退货单自动或参照生成红字出库单，也可以根据销售订单生成红字销售发票，红字销售发票复核后自动生成退货单及红字出库单，详细流程同蓝字开票流程类似。但是要注意的是，对方客户退货的存货在系统内输入的红字入库单及红字销售发票，相当于存货重新办理入库。此时入库（红字出库）的成本需要根据存货系统的“红字出库单成本”选项来确认，如图 3.19 所示。

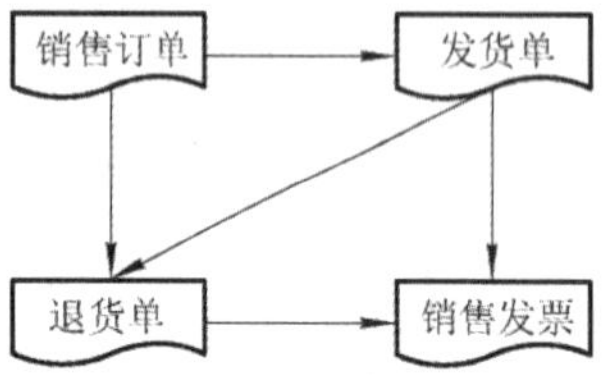

图 3.18　开票前退货的流程

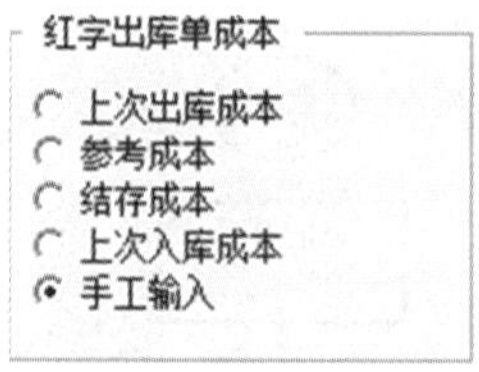

图 3.19　红字出库单成本

10. 销售折让

销售折让是指由于商品的质量、规格等不符合要求，销售单位同意在商品价格上给予的减让。如果增值税专用发票已开且不能作废，则必须由购货方出具证明，向税务机关申请开具红字增值税专用发票进行折让冲销。

如果销售方已经开具了销售发票，购货方已经付款，发票联及折扣联无法退还，又发生了销售折让业务，则应由购买方取得当地主管税务机关开具的进货退出或索取折让证明单，递交销售方，作为销售方开具红字（负数）增值税专用发票的合法依据。销售方在未收到证明单以前，不得开具红字（负数）增值税专用发票，收到证明单后，根据退回货物的数量、价款或折让金额向购买方开具红字（负数）增值税专用发票，同时在销售系统中输入红字增值税专用发票。红字（负数）增值税专用发票的存根联、记账联作为销售方冲减当期销售收入和销项税额的凭证，其发票联、税款抵扣联作为购买方扣减库存商品和进项税额的凭证。红字销售发票输入后，传递到应收系统进行红字发票制单。同时，为了真实反映发票当前确切的应收额度，以便精确地进行应收款管理及账龄分析，还需要将红字销售发票和蓝字销售发票进行红票对冲处理。

销售折让的流程如图 3.20 所示。

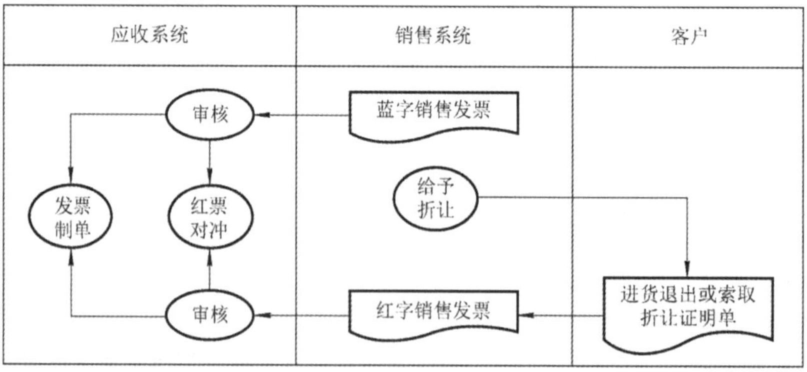

图 3.20　销售折让的流程

在输入红字销售发票的时候，需要在单据体上标记“退补”。标记“退补”的发货、发票记录只会调整金额，不会生成销售出库单。否则，红字销售发票可以生成退货单及红字入库单。

3.2.3 工作过程

任务3-1 销售订单。

1. 通过报价单生成销售订单

1）以销售主管“004 张宏伟”的身份登录 U8 企业应用平台，选择“供应链”|“销售管理”|“销售报价”|“销售报价单”命令，打开“销售报价单”窗口。

2）单击“增加”按钮，输入报价单信息，输入完成如图 3.21 所示。然后单击“保存”按钮。

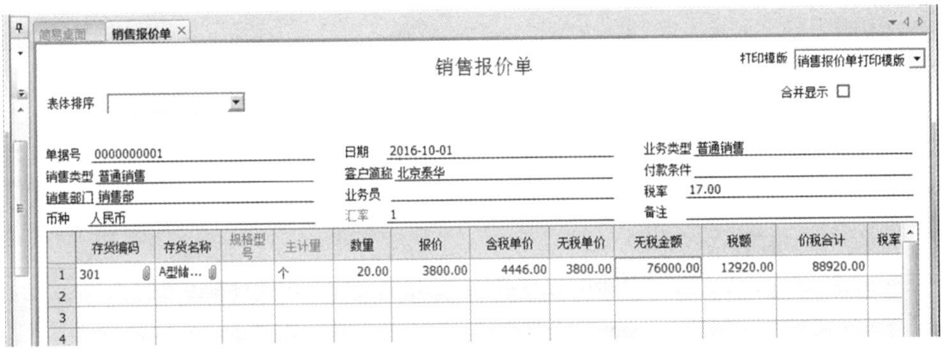

图 3.21 销售报价单

3）以账套主管“001 王宇”的身份登录 U8 企业应用平台，选择“供应链”|“销售管理”|“销售报价”|“销售报价单”命令，打开“销售报价单”窗口。单击按钮，找到填制的销售报价单，再单击“审核”按钮，系统对报价单进行审核。

4）以销售主管“004 张宏伟”的身份登录 U8 企业应用平台，登录日期为 2016-10-02。选择“供应链”|“销售管理”|“销售订货”|“销售订单”命令，打开“销售订单”窗口。

5）单加“增加”按钮，选择“生单”下拉列表框中的“报价”选项，打开“查询条件选择”对话框。单击“确定”按钮，打开“参照生单”窗口。

6）双击“选择”栏，生成订单参照报价单信息，如图 3.22 所示。

7）单击“确定”按钮，系统自动生成销售订单，手工输入订单号，输入预发货日期 2016-10-02，销售订单如图 3.23 所示。然后单击“保存”按钮。

8）以账套主管“001 王宇”的身份登录 U8 企业应用平台，选择“供应链”|“销售管理”|“销售订货”|“销售订单”命令，对销售订单进行审核。

2. 有折扣的销售订单

1）选择“供应链”|“销售管理”|“销售订货”|“销售订单”命令，打开“销售订单”窗口。

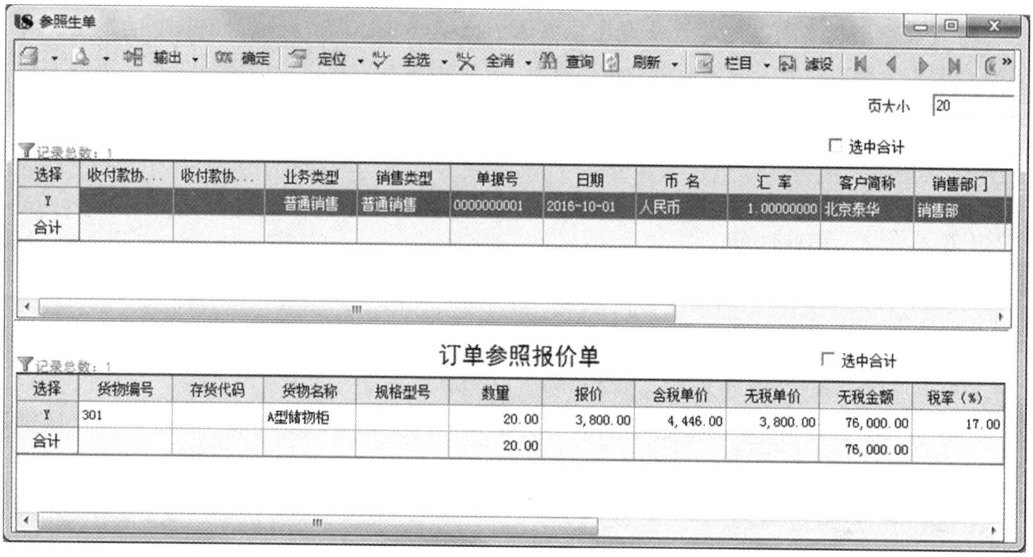

图 3.22 订单参照报价单

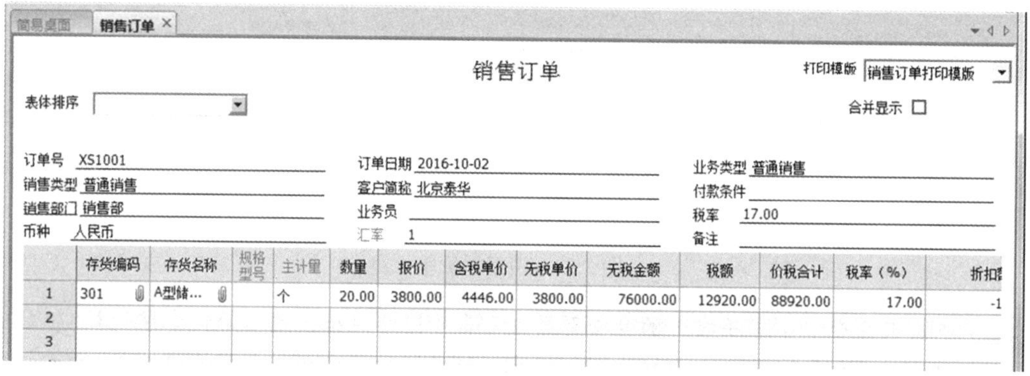

图 3.23 销售订单

2）单击“增加”按钮，输入订单信息，在“扣率（%）”栏输入“90”，如图 3.24 所示。

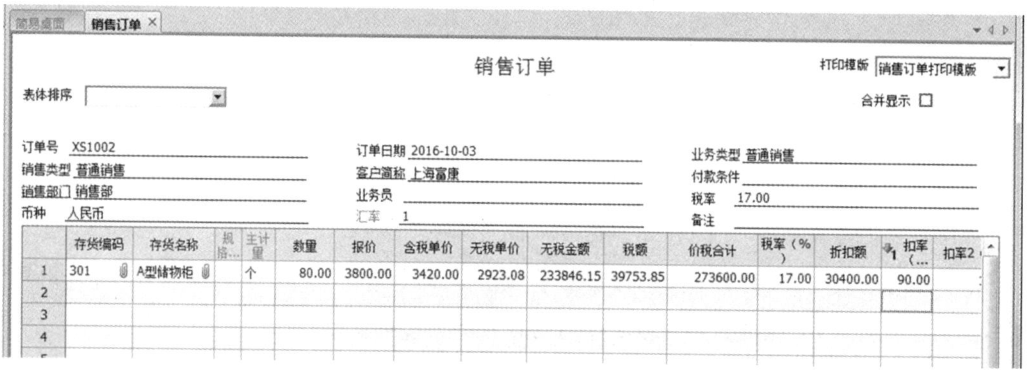

图 3.24 销售订单

3）单击“保存”按钮。然后以账套主管身份登录系统对订单进行审核。

解析：

扣率输入“90”，表示最终的合同价格按报价的90%（九折）成交。

3. 约定付款条件的销售订单

1）选择“供应链”|“销售管理”|“销售订货”|“销售订单”命令，打开“销售订单”窗口。

2）单击“增加”按钮，输入订单信息，在“付款条件”栏输入现金折扣信息，如图3.25所示。

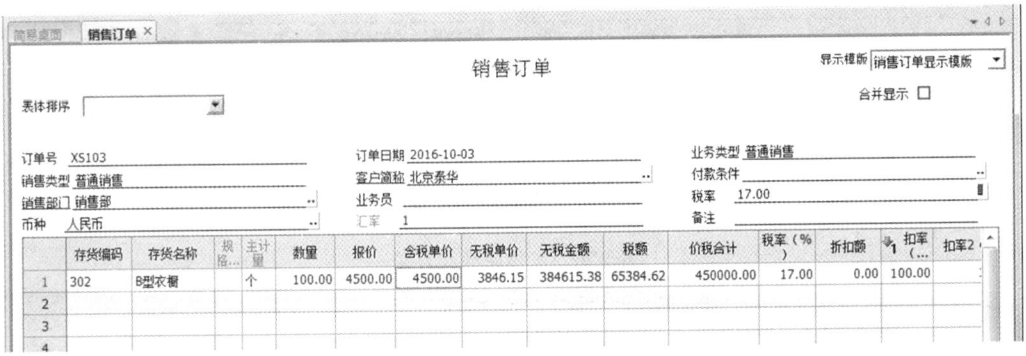

图3.25 销售订单

3）单击“保存”按钮。然后以账套主管的身份登录系统对订单进行审核。

注意：

- 订单一般对应着购销合同，因此订单输入的时候需要根据合同条款的要求输入，包括买卖的商品、劳务、规格、付款条件等信息，必须与合同相符。订单的编号，一般也同合同的编号对应，便于查阅和管理。
- 销售订单是销售业务执行的核心驱动单据。销售业务的关键数据，如出库、开票信息等，都能从订单上获取。

任务3-2 销售发货。

1）选择“供应链”|“销售管理”|“销售发货”|“发货单”命令，打开“发货单”窗口。

2）单击“增加”按钮，打开“查询条件选择”对话框。单击“确定”按钮，打开“参照生单”窗口。

3）双击订单号XS1001的“选择”栏，出现Y标志如图3.26所示。

4）单击“确定”按钮，返回“发货单”窗口，系统自动生成发货单信息。手工输入仓库名称为“成品库”，发货单如图3.27所示。

5）以账套主管的身份对发货单进行审核。

注意：如果销售业务先填制发货单，则发货单可以有两种含义：一种是通知出库的单据，另一种是通知开票的单据。因此，该单据既能生成出库单，也能生成发票。

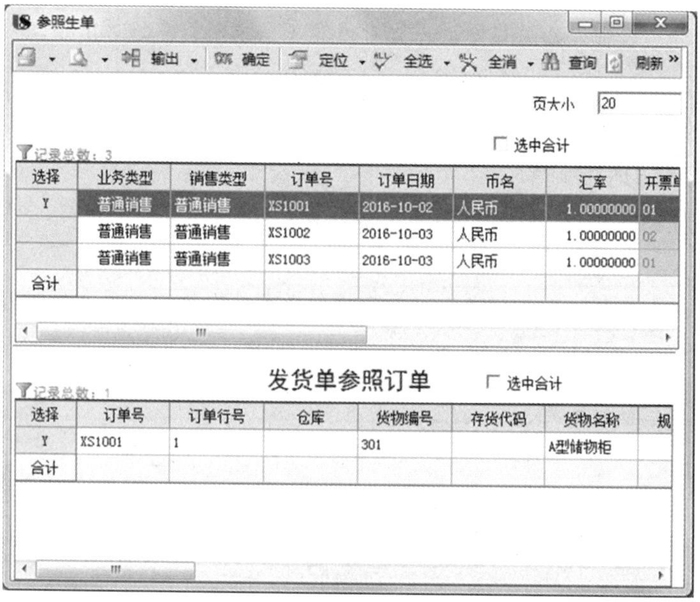

图 3.26　发货单参照订单

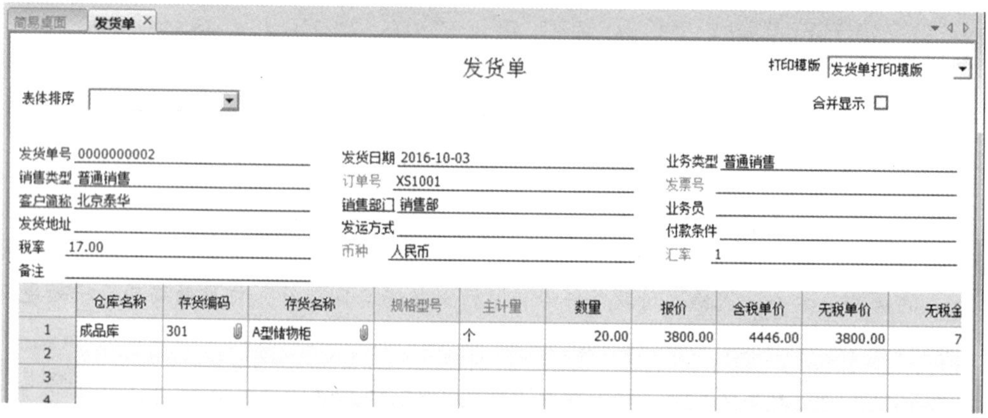

图 3.27　发货单

任务 3–3　销售出库。

1）以仓库主管“006 高勇”的身份登录 U8 企业应用平台，选择“供应链”|“库存管理”|“出库业务”|“销售出库单”命令，打开“销售出库单”窗口。

2）选择“生单”下拉列表框中的“销售生单”选项，打开“查询条件选择”对话框。单击“确定”按钮，打开“销售生单”窗口。

3）双击发货单 0000000002 的“选择”栏出现 Y 标志，如图 3.28 所示。

4）单击“确定”按钮，返回“销售出库单”窗口，系统自动生成销售出库单信息。然后单击“保存”按钮。

5）以账套主管的身份登录系统，对这张销售出库单进行审核。

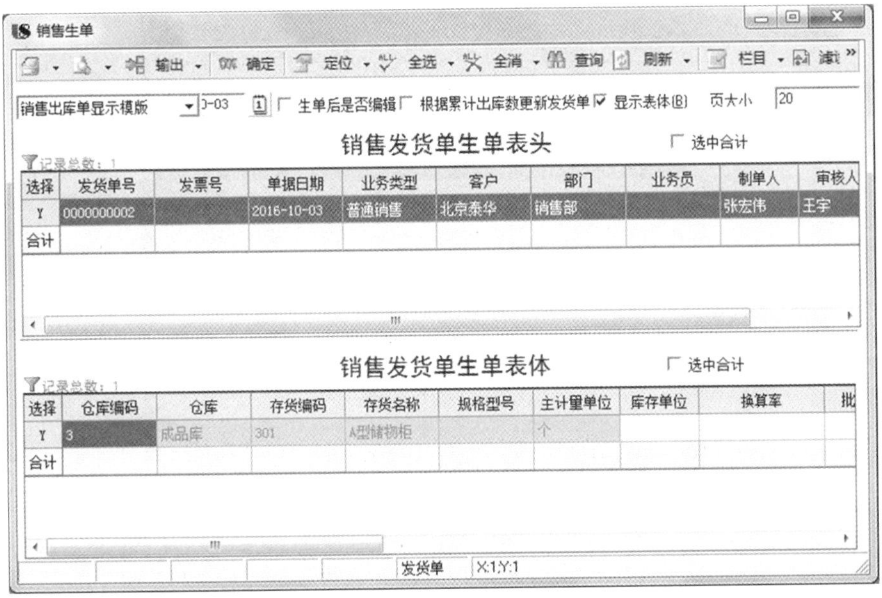

图 3.28　销售生单

注意：

- 由于本例在库存选项中选择的是“库存生成销售出库单”复选框，因此出库单由库存系统参照发货单生成。但如果是在销售系统设置了“销售生成出库单”，则发货单审核以后，会自动生成销售出库单，库存系统只负责审核。
- 销售出库的成本需要在存货系统中进行单据记账后才能计算得出，如果出库的存货采用全月一次平均法核算，则还需要完成月末处理以后才能算出出库成本。具体内容参见项目 5.6。

任务 3-4　销售发票。

1．销售开票

1）选择“供应链”|“销售管理”|“销售开票”|“销售专用发票”命令，打开“销售专用发票”窗口。

2）单击“增加”按钮，打开“查询条件选择-参照订单”窗口。关闭该窗口返回“销售专用发票”窗口。选择“生单”下拉列表中的“参照发货单”选项，打开“查询条件选择-发票参照发货单”窗口。

3）单击“确定”按钮，打开“参照生单”窗口，双击发货日期为 2016－10－03的“选择”栏出现 Y 标志，如图 3.29所示。

4）单击“确定”按钮，返回“销售专用发票”窗口，系统自动生成发票信息。手工输入发票号“XS141001”，然后单击“保存”按钮，销售专用发票如图 3.30所示。

5）由以账套主管“001 王宇”的身份登录 U8 企业应用平台，选择“供应链”|“销售管理”|“销售开票”|“销售专用发票”命令，打开“销售专用发票”窗口。

6）单击按钮，找到发票 XS141001，再单击“复核”按钮，对发票进行复核。

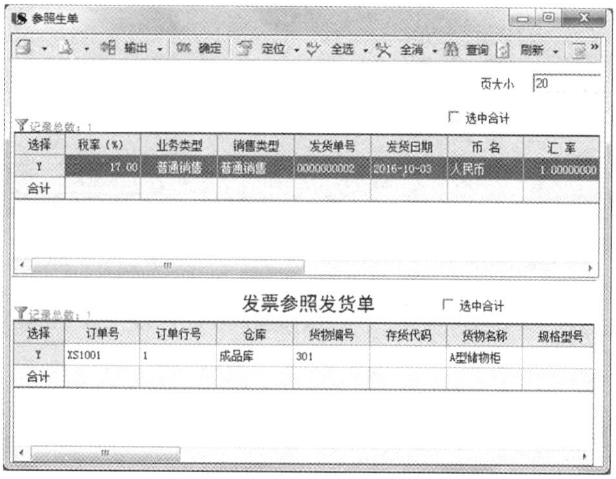

图 3.29　发票参照发货单

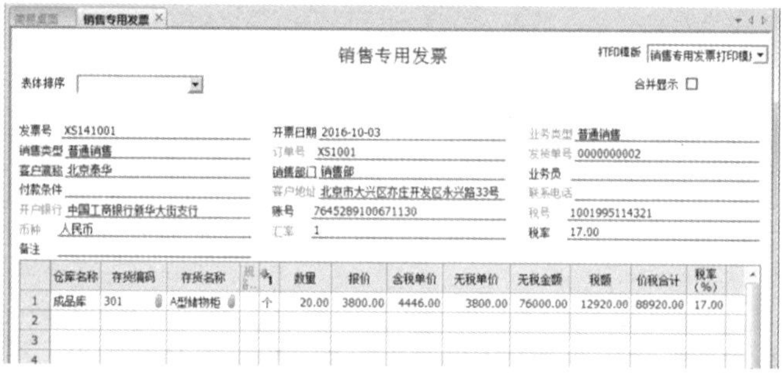

图 3.30　销售专用发票

2．销售现结

1）选择“供应链”|“销售管理”|“销售开票”|“销售专用发票”命令，打开“销售专用发票”窗口。

2）单击“增加”按钮，选择参照发货单生单。“参照生单”窗口如图 3.31 所示。

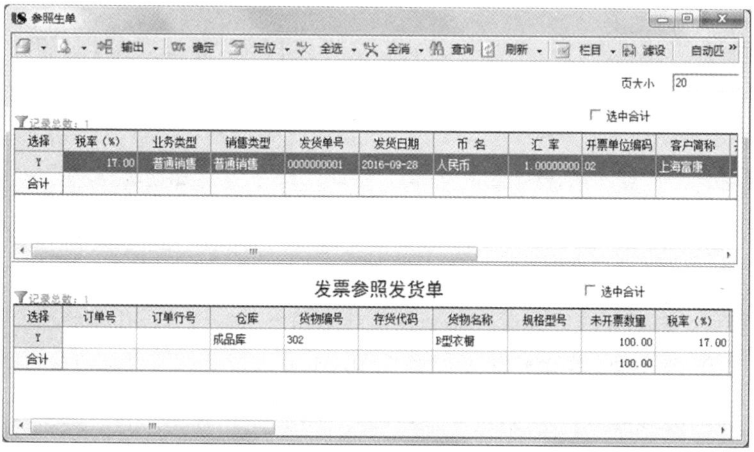

图 3.31　发票参照发货单

3）单击“确定”按钮，返回“销售专用发票”窗口，系统生成发票信息。手工输入发票号，然后单击“保存”按钮。

4）以出纳“003 李新”的身份登录 U8 企业应用平台，选择“供应链”|“销售管理”|“销售开票”|“销售专用发票”命令，找到发票 XS141002。单击“现结”按钮，打开“现结”对话框输入结算信息，如图 3.32 所示。

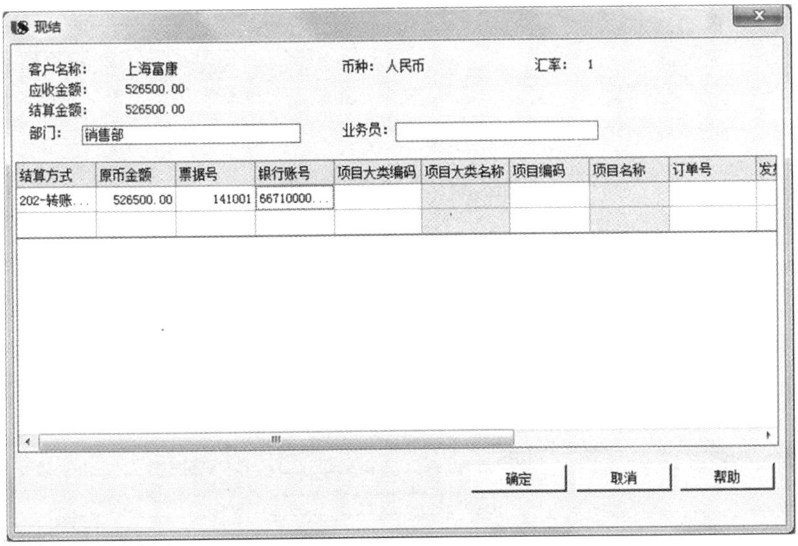

图 3.32　现结

5）单击“确定”按钮，发票左上角出现“现结”标志，如图 3.33 所示。

图 3.33　发票现结

6）以账套主管的身份登录系统，对发票 XS141002进行复核。

3．代垫运费

1）参照任务 3-2和任务的 3-3 步骤，生成并审核订单号为 XS1002的发货单和销售出库单。

2）选择“供应链”|“销售管理”|“销售开票”|“销售专用发票”命令，参照发货单生成订单号为 XS1002 的销售专用发票。手工填制发票号，然后单击“保存”按钮。销售专用发票如图 3.34 所示。

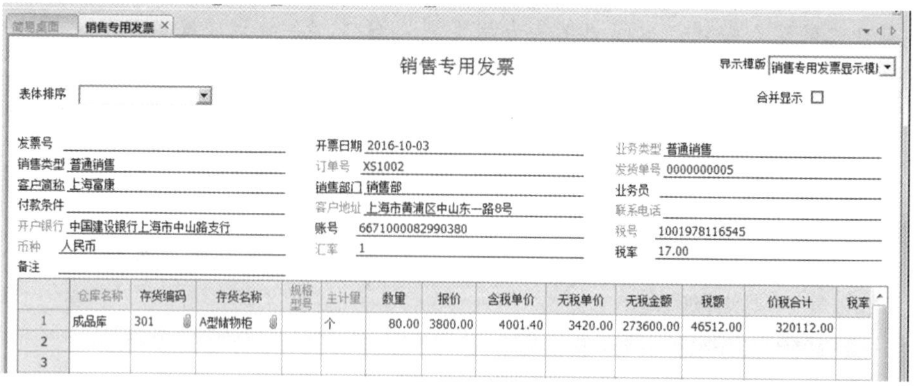

图 3.34 销售专用发票

3）单击“代垫”按钮，打开“代垫费用单”窗口。选择“费用项目”栏为“代垫运费”，输入代垫金额 100，然后单击“保存”按钮。代垫费用单如图 3.35 所示。

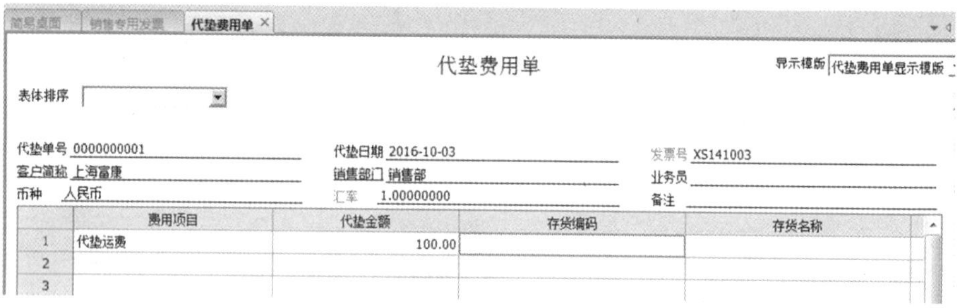

图 3.35 代垫费用单

4）以账套主管的身份登录 U8 企业应用平台，选择“供应链”|“销售管理”|“代垫费用”|“代垫费用单”命令，打开“代垫费用单”窗口。

5）单击➡按钮，找到填制的代垫费用单。单击“审核”按钮，对代垫费用单进行审核。

6）打开“销售专用发票”窗口，对销售发票进行复核。

注意:

- 在销售发票上单击“代垫”按钮会生成代垫费用单。代垫费用单输入后会传递到应收系统，形成应收款。在应收系统中对代垫费用单进行审核制单。
- 在销售发票上单击“支出”按钮会生成销售支出单，但销售支出单只是参考，只能查询，不能在应收系统中制单，可据此在总账系统中单独填制费用支出的凭证。

任务 3-5 销售退货。

1）选择“供应链”|“销售管理”|“销售发货”|“退货单”命令，打开“退货单”窗口。

2）单击“增加”按钮，打开“查询条件选择-参照订单”窗口。单击“确定”按钮，打开“参照生单”窗口。

3）双击订单 XS1002 的“选择”栏，再单击“确定”按钮，返回“退货单”窗口。

4）选择仓库为“成品库”，修改退货单数量为“－2”。然后单击“保存”按钮，退货单如图 3.36 所示。

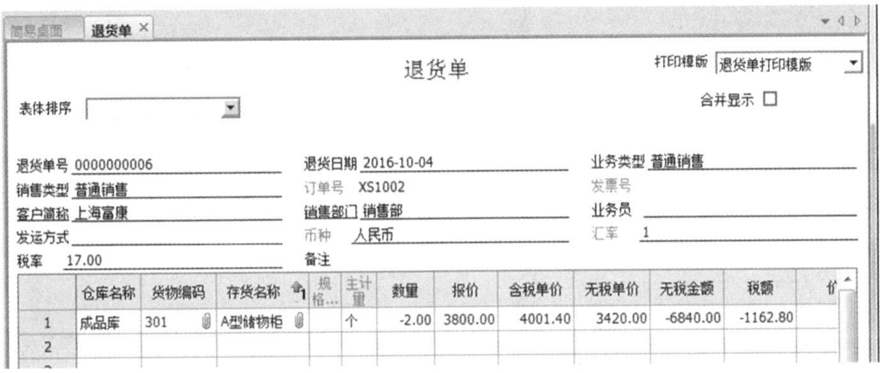

图 3.36　退货单

5）以账套主管的身份登录系统，对退货单进行审核。

6）以仓库主管“006 高勇”的身份登录 U8 企业应用平台，选择“供应链”|“库存管理”|“出库业务”|“销售出库单”命令，打开“销售出库单”窗口。选择“生单”下拉列表框中的“销售生单”选项，参照发货单 0000000004 生成销售出库单。单击“保存”按钮，销售出库单如图 3.37 所示。

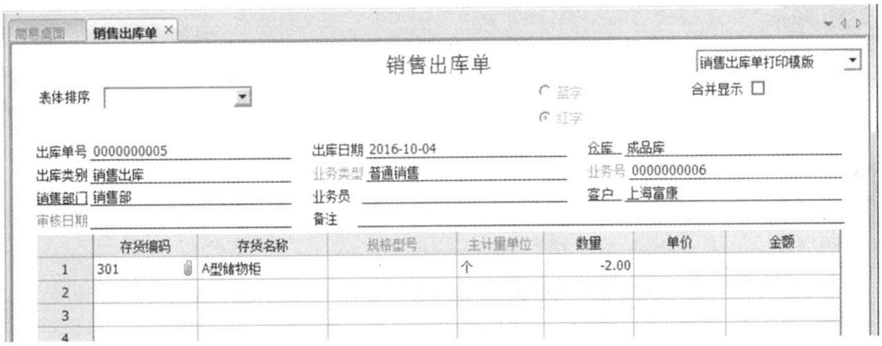

图 3.37　销售出库单

7）以账套主管的身份对销售出库单进行审核。以销售主管的身份登录系统，选择“供应链”|“销售管理”|“销售开票”|“红字专用销售发票”命令，打开“销售专用发票”窗口。

8）单击“增加”按钮，系统默认弹出“查询条件选择-参照订单”。单击“取消”按钮，再单击“生单”下拉按钮，选择“参照发货单”选项，打开“查询条件选择-发票参照发货单”对话框。选择发货单类型为“红字记录”，单击“确定”按钮。打开“参照生单”窗口。选择前面填制的退货单记录，然后单击“确定”按钮。手工输入发票号 XS141004，然后单击“保存”按钮。红字销售专用发票如图 3.38 所示。

9）以账套主管的身份登录系统，对红字专用发票进行复核。

解析：

本例是对已经开票并出库的销售进行退货处理，如果对已出库但未开票的销售办理退货，则只生成退货单和出库单即可，不用输入红字销售发票。

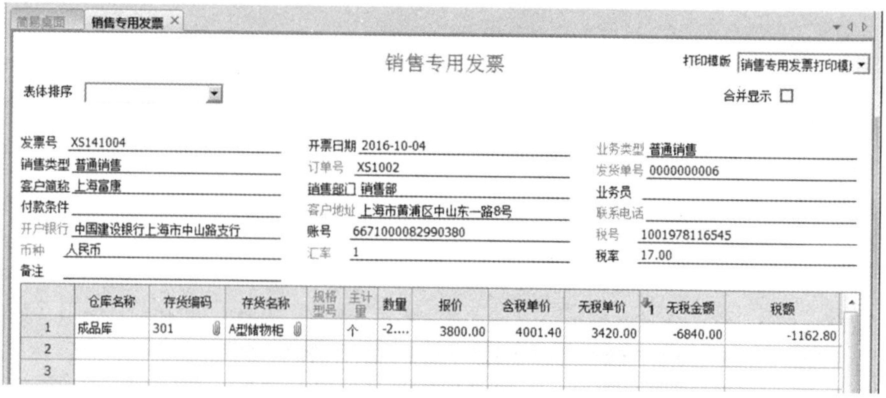

图 3.38　红字销售专用发票

任务 3-6　委托代销。

1）以销售主管的身份登录 U8 企业应用平台，选择“供应链”|“销售管理”|“销售订货”|“销售订单”命令，打开“销售订单”窗口。

2）选择业务类型和销售类型为“委托代销”，输入订单信息。单击“保存”按钮，销售订单如图 3.39 所示。

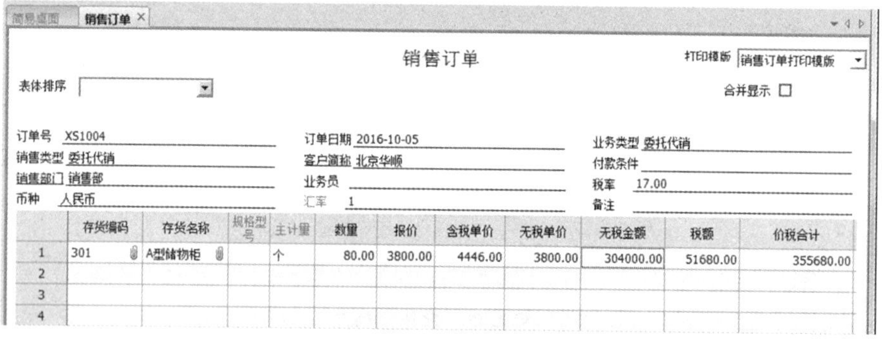

图 3.39　销售订单

3）以账套主管的身份审核订单。以销售主管的身份选择“供应链”|“销售管理”|“委托代销”|“委托代销发货单”命令，打开“委托代销发货单”窗口。单击“增加”按钮，打开“查询条件选择-参照订单”窗口。单击“确定”按钮，参照订单 XS1004 生成委托代销发货单。

4）输入仓库名称“成品库”，然后单击“保存”按钮。委托代销发货单如图 3.40 所示。

5）以账套主管身份对发货单进行审核。以仓库主管的身份选择“供应链”|“库存管理”|“出库业务”|“销售出库单”命令，打开“销售出库单”窗口。选择“生单”下拉列表框中的“销售生单”选项，参照委托代销发货单生成出库单，然后单击“保存”按钮。以账套主管的身份审核销售出库单。

6）选择“供应链”|“销售管理”|“委托代销”|“委托代销结算单”命令，打开“委托代销结算单”窗口。

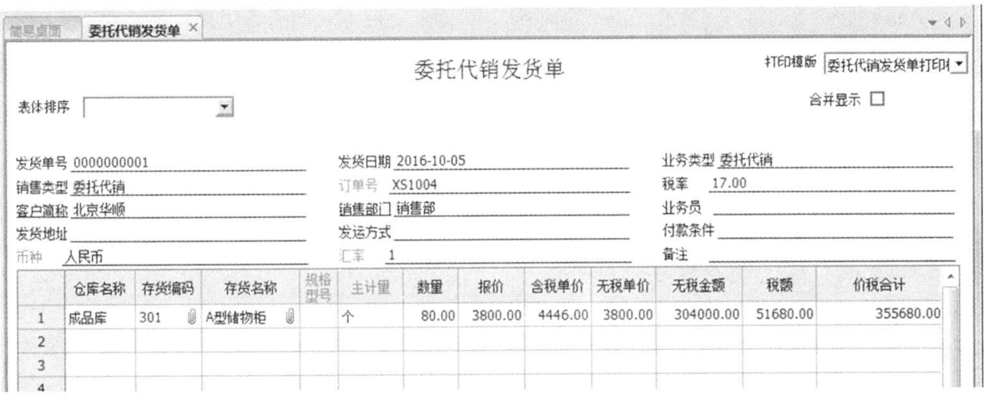
简易桌面　委托代销发货单

委托代销发货单

打印模版 委托代销发货单打印

表体排序

合并显示

发货单号 0000000001　发货日期 2016-10-05　业务类型 委托代销

销售类型 委托代销　订单号 XS1004　税率 17.00

客户简称 北京华顺　销售部门 销售部　业务员

发货地址　发运方式　付款条件

币种 人民币　汇率 1　备注

	仓库名称	存货编码	存货名称	规格型号	主计量	数量	报价	含税单价	无税单价	无税金额	税额	价税合计
1	成品库	301	A型储物柜		个	80.00	3800.00	4446.00	3800.00	304000.00	51680.00	355680.00
2												
3												
4												

图 3.40　委托代销发货单

7）单击“增加”按钮，打开“查询条件选择-委托结算参照发货单”对话框。单击“确定”按钮，参照委托代销发货单生成委托代销结算单。单击“保存”按钮，委托代销结算单如图3.41所示。

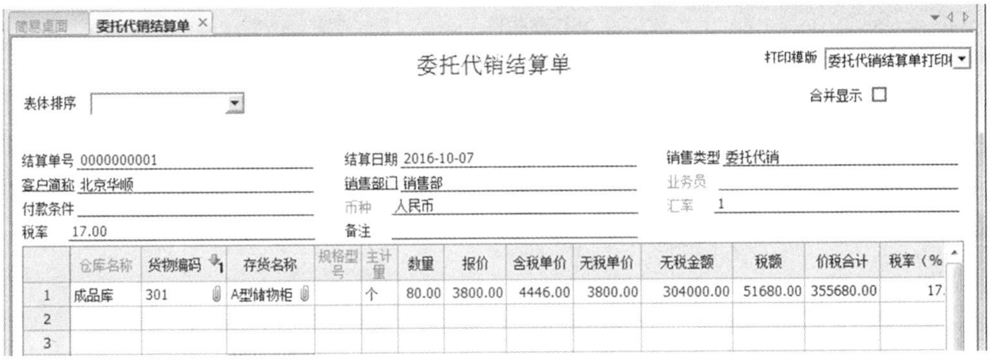
简易桌面　委托代销结算单

委托代销结算单

打印模版 委托代销结算单打印

表体排序

合并显示

结算单号 0000000001　结算日期 2016-10-07　销售类型 委托代销

客户简称 北京华顺　销售部门 销售部　业务员

付款条件　币种 人民币　汇率 1

税率 17.00　备注

	仓库名称	货物编码	存货名称	规格型号	主计量	数量	报价	含税单价	无税单价	无税金额	税额	价税合计	税率（%
1	成品库	301	A型储物柜		个	80.00	3800.00	4446.00	3800.00	304000.00	51680.00	355680.00	17.
2													
3													

图 3.41　委托代销结算单

8）单击“审核”按钮，打开“请选择发票类型”对话框。选中“专用发票”单选按钮，单击“确定”按钮，系统自动生成销售专用发票。

9）以账套主管的身份登录系统，选择“供应链”|“销售管理”|“销售开票”|“销售专用发票”命令，对销售专用发票进行复核，如图3.42所示。

解析：

- 委托代销发票同其他正常的发票一样，需要由应收系统对其进行审核和制单。
- 委托代销出库单或委托代销发票生成后，必须根据存货参数的设置（见图3.43）对出库单或销售发票进行单据记账，然后再生成凭证。本例根据销售发票结转成本，因而单据记账的对象是委托代销发票。
- 委托代销成本结转方式要看存货核算的参数设置。在本例中，委托代销成本结转采用按发出商品核算，所以对发票进行记账的时候，应当按发出商品记账处理。详细流程参见项目5.6。

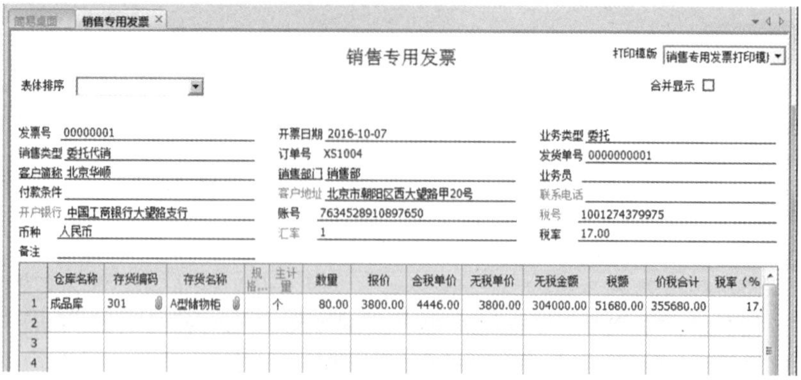

图 3.42　销售专用发票

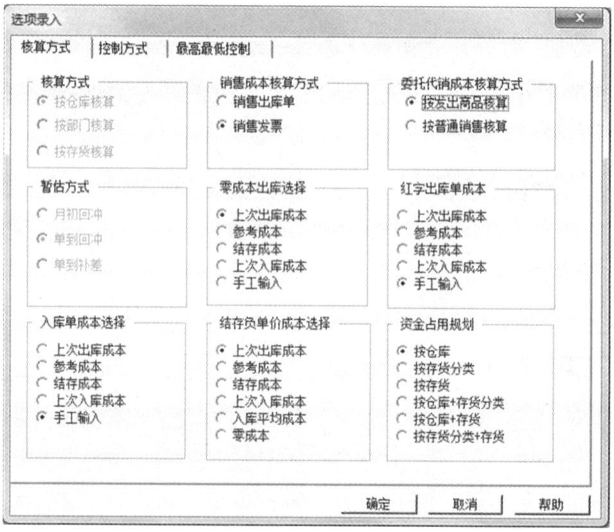

图 3.43　存货参数

任务 3-7　分期收款。

1）以销售主管的身份填制销售订单，销售类型和业务类型均选择“分期收款”，然后单击“保存”按钮。销售订单如图 3.44 所示。

图 3.44　销售订单

2）以账套主管的身份审核订单，以销售主管的身份参照订单生成发货单。打开“发货单”窗口后，单击“增加”按钮，关闭“查询条件选择-参照订单”窗口，返回“发货单”窗口。

3）选择业务类型为“分期收款”，然后单击“订单”按钮，打开“查询条件选择-参照订单”窗口。单击“确定”按钮，参照分期收款订单生成发货单。输入仓库名称为“成品库”，然后单击“保存”按钮。销售发货单如图3.45所示。

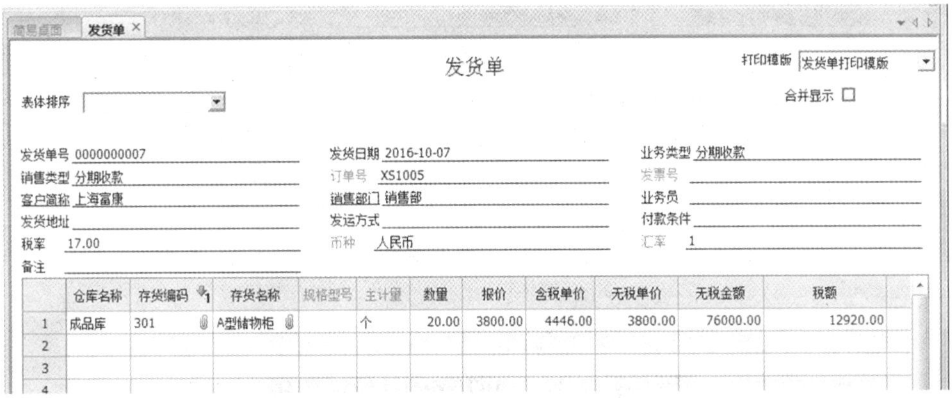

图3.45　销售发货单

4）以账套主管的身份审核发货单，以仓库主管的身份填制销售出库单，然后单击“保存”按钮。销售出库单如图3.46所示。

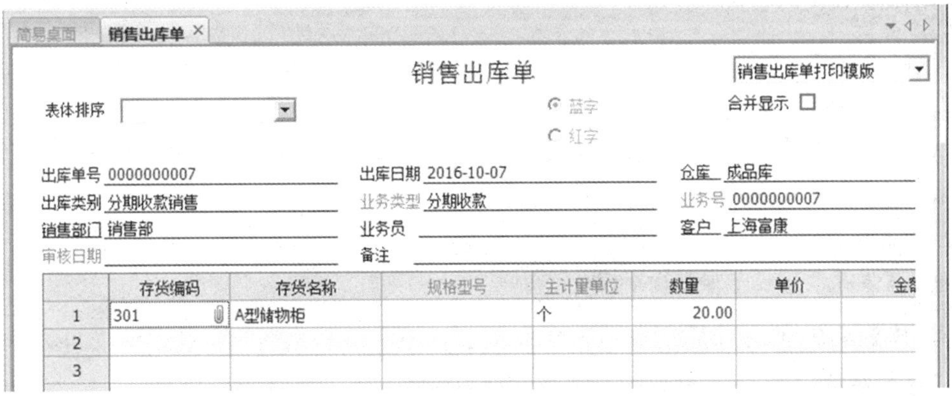

图3.46　销售出库单

5）以账套主管的身份登录审核销售出库单，以销售主管的身份参照发货单生成销售专用发票。业务类型选择“分期收款”，修改发票数量为10。销售专用发票如图3.47所示。

6）以账套主管的身份登录系统复核销售发票。

解析：

因为分期收款销售是采用一次发货、分期收款、分期开票的模式，所以只能采用先发货后开票的模式，同时要求出库单由库存系统生成。

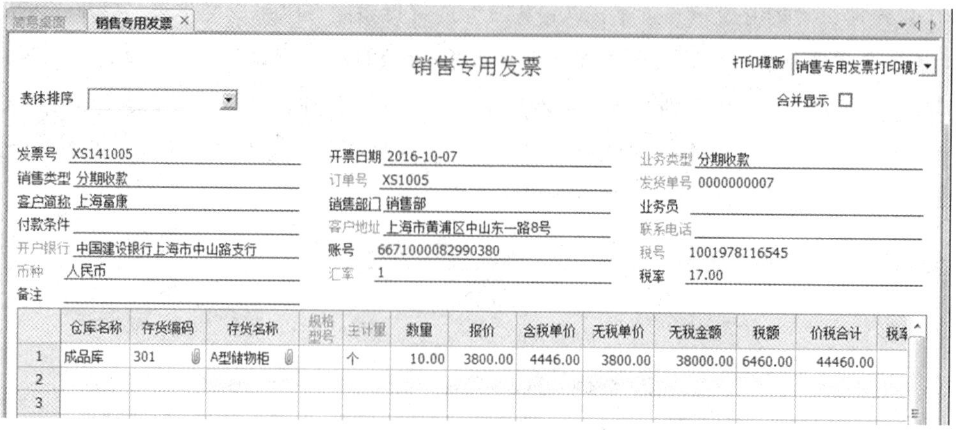
简易桌面 | 销售专用发票

销售专用发票

打印模版 销售专用发票打印模

表体排序

合并显示 □

发票号 XS141005　开票日期 2016-10-07　业务类型 分期收款

销售类型 分期收款　订单号 XS1005　发货单号 0000000007

客户简称 上海富康　销售部门 销售部　业务员

付款条件　客户地址 上海市黄浦区中山东一路8号　联系电话

开户银行 中国建设银行上海市中山路支行　账号 6671000082990380　税号 1001978116545

币种 人民币　汇率 1　税率 17.00

备注

	仓库名称	存货编码	存货名称	规格型号	主计量	数量	报价	含税单价	无税单价	无税金额	税额	价税合计	税率
1	成品库	301	A型储物柜		个	10.00	3800.00	4446.00	3800.00	38000.00	6460.00	44460.00	
2													
3													

图 3.47　销售专用发票

项目 3.3　收款业务处理

3.3.1　工作任务

本期企业发生的收款业务如下。

任务 3-8　应收单处理。

1. 应收单输入

10月7日，对委托代销业务公司采用支付手续费方式，由本公司按销售收入的2%支付费用给北京华顺有限责任公司。

2. 应收单审核

对销售发票及应收单据进行审核。

任务 3-9　收款结算。

1. 收款结算

10月8日，收到北京泰华公司开出的转账支票一张，用于支付订单（订单号 XS1001）的全部货款。支票号为141002，金额为88 920元。

2. 预收货款

10月8日，销售部李平与北京星辰公司签订销售合同（订单号 XS1006），出售A型储物柜20个，报价为3 800元/个。货物当天发出，当天收到北京星辰公司转账支票一张（票号 141003），金额为30 000元，作为预收账款。

10月9日，向北京星辰公司开具全额增值税专用发票（发票号 XS141006）。增值税税率为17%，数量20个，单价3 800元/个，价税合计88 920元。

3. 现金折扣

10月9日，订单号为XS1003的货物从成品库发出。当天向北京泰华公司开出增值税专用发票一张，发票号为XS141007，数量为100个。

10月11日，收到北京泰华公司以转账支票（票号141004）向本公司支付的订单号为XS1003的全部货款，给予对方2%的现金折扣。

任务3-10 转账处理。

1. 红票对冲

10月11日，将上海市富康公司退货业务对应的发票（票号XS141004）同蓝字发票（票号XS141003）进行红票对冲。

2. 预收冲应收

10月11日，收到北京市星辰公司开出的转账支票一张（票号141005），金额为58 920元，用于支付发票号为XS141006的剩余货款。

3. 应收冲应付

11日，经三方协商决定，公司将上月24日应收北京市泰华公司的部分应收账款用于冲销上月18日所欠的北京市嘉兴公司的应付货款70 200元。

任务3-11 票据管理。

1. 收到票据

10月11日，收到上海市富康公司开出的商业承兑汇票一张（票号PJ1001），期限为2个月，金额为312 109.2元，用于支付红票对冲后发票号为XS141003的剩余货款。

2. 票据结算

10月12日，上月12日收到的上海市富康公司的承兑汇票到期，收到开户银行兑付的货款。

任务3-12 坏账处理。

1. 发生坏账

10月12日，确认本月3日为上海市富康公司代垫的运费100元，作为坏账处理。

2. 坏账收回

10月12日，企业上年度已冲销的北京市星辰公司的2 000元坏账又收回。款项已存入银行，结算方式为电汇（票号141006）。

3. 坏账计提

10月12日，计提本期坏账准备。

任务3-13 核销处理。

对本期发生的所有应收和收款业务进行核销处理。

任务3-14 应收制单。

对本期发生的所有应收款业务进行制单处理。

3.3.2 理论学习

1. 收款结算

应收账款是指企业因销售商品、提供劳务等经营活动，应向购货单位或接受劳务单位收取的款项，主要包括企业销售商品或提供劳务等应向有关债务人收取的价款及代购货单位垫付的包装费、运杂费等。

应收系统通过发票、其他应收单、收款单、商业票据等单据的输入，对企业的往来账款进行综合管理，及时、准确地提供客户的往来账款余额资料，提供各种分析报表，如账龄分析表。通过各种分析报表——周转分析、欠款分析、坏账分析、回款分析情况分析等帮助企业合理地进行资金的调配，提高资金的利用效率。

应收系统的日常业务主要是完成企业日常的应收单据处理、收款单据处理、应收/收款业务核销、应收转账、坏账处理、汇兑损益及制单处理等业务。

（1）应收单据处理

应收单据处理是指进行单据输入和单据管理的工作。应收单据主要包括销售发票和销售代垫费用形成的应收账款及其他应收单形成的应收账款。如果同销售系统合成，则销售发票及代垫费用产生的应收单据由销售系统输入并复核以后传递过来，再由应收系统对其进行审核。除此之外的应收单在应收系统输入。如果没有使用销售系统，则各类发票和应收单均应在本系统中输入。销售系统输入的发票在应收系统中不能修改、删除，只能在销售系统中进行修改操作。

除了销售发票及代垫费用以外的其他应收单据均在应收系统中输入应收单。应收单包括正向和负向，如果输入的单据为红字单据，则可选择方向为负向。例如，支付手续费方式的委托代销，可以直接输入红字应收单，冲减应收的货款。

应收单据输入后，需要对其进行审核。审核以后可对其进行核销和制单处理。

（2）收款结算

当企业向客户提供货物和发票之后，客户按约定的日期和付款方式支付货款。企业收到客户支付的货款后，应在系统中输入收款单据，审核以后同应收该客户的应收账款进行核销处理。

① 收款单处理

应收系统的收款单用来记录企业收到的款项，当企业收到每一笔款项时，应知道此笔款项是客户结算所欠货款，还是提前支付的货款，或者是支付其他费用。系统用款项类型来区别不同的用途，因此在输入收款单时，需要指定款项用途。对于同一张收款单，如果包含不同用途的款项，则应在表体记录中分行显示。

收款单的款项性质包括应收款、预收款、其他费用等。其中，应收款、预收款性质的收款单将同发票、应收单、付款单进行核销勾对。

在收款单上，如果收款单表体的款项类型选择为“应收款”，则该款项的性质为冲销应收款；如果表体记录的款项类型选择为“预收款”，则该款项的用途为形成预收款；如果表体记录的款项类型选择为“其他费用”，则该款项的用途为其他费用。

不同用途的款项，系统提供的后续业务处理不同。对于冲销应收账款及形成预收款的款项，需要进行核销，即将收款单同其对应的销售发票或应收单进行核销勾对，进行冲销客户债务的处理；对于其他费用用途的款项不需要进行核销。

如果在一张收款单中，表头客户与表体客户不同，则可视为表体客户的款项为代收款。例如，企业同A客户单位发生销售业务，收款时企业收到B客户单位的一笔款项，但该款项是为A单位支付的货款。处理时可将表头的付款单位仍然记录为A单位，但在表体输入代付客户（B单位）来处理代付款业务。这种方式的好处是既可以保留该笔付款业务的原始信息，又可以处理同时代多个单位付款的情况。核销时，按A客户来进行核销。

② 付款单处理

应收系统付款单用来记录发生销售退货时，企业开具的退付给客户的款项。在单据新增窗口，单击“切换”按钮可新增付款单。付款单可同应收、预收性质的收款单、红字应收单、红字发票进行核销。

③ 支票登记簿登记

如果在系统选项中选中“登记支票”复选框（见图3.48），且在总账系统中选中“支票控制”复选框，则当付款单上的结算方式含有票据管理标时，系统会自动将该票据号登记在支票登记簿中。

如果在系统选项中选中“登记支票”复选框，且在总账系统中选中“支票控制”复选框，则当付款单上的结算方式含有票据管理标志时，出纳人员可选择是否将该票据号登记在支票簿中。如果需要登记，则单击“登记”按钮进行登记。

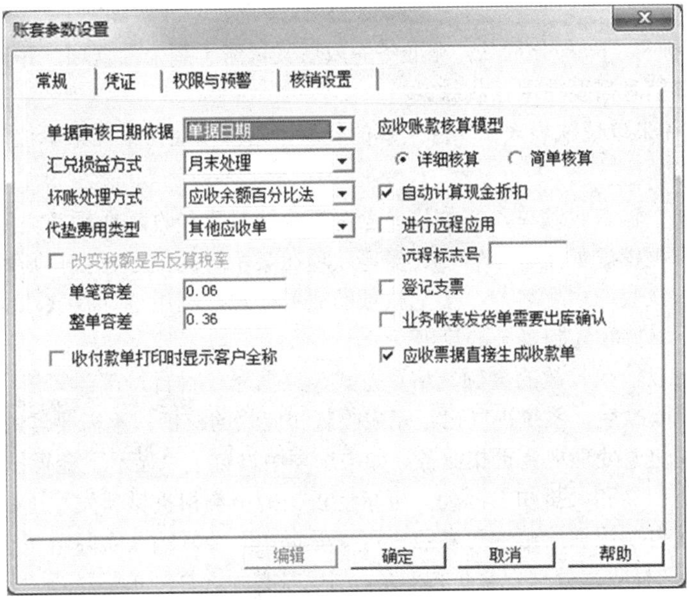

图3.48　应收系统参数设置

2. 核销处理

（1）核销的原理

核销是指日常进行的收款核销应收款的工作，通过核销确定收款单同销售发票、应收单之间的对应关系的操作。核销的作用是解决收回客户款项核销该客户应收款的处理，建立收款和应收款的核销记录，监督应收款及时核销，加强往来款项的管理。

如果在系统选项中选择核销方式“按单据”，则被核销单据列表按单据显示记录。

核销分为自动核销和手工核销。

① 自动核销是指由用户确定收款（付款）单核销同它们对应的应收（应付）单的工作。自动核销可以根据查询条件选择需要核销的单据，然后由系统核销，从加强往来款项核销的效率性。自动核销可对多个客户进行核销处理——依据核销规则对客户单据进行核销处理。

② 手工核销是指由企业核销人员确定收付款单，并核销同其对应的应收单的工作。处理时可以根据查询条件选择需要核销的单据，然后手工核销，从加强往来款项核销的灵活性。手工核销时一次只能显示一个客户的单据记录，且收付款单列表根据表体记录明细显示。当收付款单有代付处理时，只显示当前所选客户的记录。如果需要对代付款进行处理，则需要在过滤条件中输入该代付单位进行核销。

手工核销一次只能对一种收付款单类型进行核销，所以需要将收款单和付款单分开核销。

手工核销保存时，如果“收付款单列表的本次结算金额合计<>被核销单据列表的本次结算金额合计”，系统将提示“结算金额不相等，不能保存”。如果发票中同时存在红蓝记录，则核销时先进行单据的内部对冲。

核销的情况分为以下几种。

① 如果收取的货款等于应收款，则进行完全核销。

② 如果收取的货款小于应收款，则进行部分核销。

③ 如果收取的货款大于应收款，则收到货款中的一部分用于核销原来的应收单据，余额部分等待下次核销。

④ 如果客户预付了一部分货款，在业务完成后又付清了剩余的款项，并且要求这两笔款项同时结算，则在核销时需要使用预收款。

⑤ 如果预收往来单位款项大于实际结算的货款，则可以退付给往来单位货款。

（2）选择收款

正常收款需要先输入收款单，在收款单上选择收款对象和收款金额及类型，然后再将销售发票同收款单进行核销。如果多个客户、多笔款项在某个时间集中付款，则可以利用“选择收款”的功能完成一次收取多个客户、多笔款项的业务处理。利用选择收款功能可以简化日常收款操作，同时便于掌握和控制资金的流出。

选择收款时可以输入收款的金额、结算方式、票据号、科目、部门等信息。输入后，生成收款单。完成选择收款后，系统视同已经完成收款和应收的核销，不需要再进行核销处理了。

选择收款还能快速处理现金折扣业务。如果选项中设置了“显示现金折扣”，则在收款列表中显示“可享受折扣”和“折扣”两列。可享受折扣的金额根据销售发票上的收款方式和实际收款日期，由系统自动计算给出，可参照“可享受折扣”金额输入实际给予客户的折扣金额。要注意的是，利用选择收款处理现金折扣业务，制单时必须选择制单类型为“核销制单”或“收付款单制单”及“核销制单”合并制单。

3. 转账处理

在实际工作中，往来单位之间有可能是互为供应单位，往来款项业务十分复杂，双方单位之间经常出现既有应收账款又有预收账款，既有应收账款又有应付账款的情况。因此，在实际工作中可以根据不同情况，将应收账款冲抵应收账款，以预收账款冲抵应收账款，以应收账款冲抵应付账款等。应收系统的转账处理功能是用以完成往来业务相互冲抵操作的功能的。

应收系统的转账处理包括如下几种功能。

① 应收冲应收。应收冲应收是指将一家客户的应收款转到另一家客户中。通过本功能将应

收款业务在客商之间进行转入、转出，实现应收业务的调整，解决应收款业务在不同客户间入错户或合并户的问题。应收冲应收也可以用来解决客户之间的债务转移，将对 A 客户的应收款转为对 B 客户的应收款，未来收款时只需要对 B 客户收款即可。

② 预收冲应收。预收冲应收是指用于处理客户的预收款和该客户应收欠款的转账核销业务。预收冲应收一般用于预收款业务。

③ 应收冲应付。应收冲应付是指用某客户的应收账款冲抵某供应商的应付款项。通过应收冲应付功能将应收款业务在客户和供应商之间进行转账，实现应收业务的调整，进行应收债权与应付债务的冲抵。应付冲应收应注意，应收款的转账金额合计应该等于应付款的转账金额合计。如果应付款的转账金额大于应收款的转账金额，则可将多余的金额生成一条客户的预收款分录；如果应收款的转账金额大于应付款的转账金额，则可将多余的金额生成一条供应商的预付款分录。

④ 红票对冲。红票对冲可实现某客户的红字应收单同其蓝字应收单、收款单同付款单之间进行冲抵的操作。红票对冲通常是指将同一客户的红字发票同其蓝字发票进行冲销。红票对冲类似于核销的作用，在发生销售退货及开具红字发票业务的时候，红票对冲操作可以准确地反映对某客户的应收款情况，进行精确的账龄分析，监督应收款及时核销，加强往来款项的管理。

企业与某客户有应收业务发生，但是与该客户又有退货业务发生，按正常核销，必须针对该客户收款核销应收，同时付款核销客户的退货业务。红票对冲的意义是把两边同时减少，再核销的话只核销对冲余下的金额。

4. 票据管理

票据管理功能可以对银行承兑汇票和商业承兑汇票进行管理。票据管理的主要操作包括增加、贴现、背书、计息、结算、转出。

(1) 票据增加

结算货款时，如果收到客户开具的承兑汇票，可将该汇票输入应收系统的票据管理中。如果系统选项“应收票据直接生成收款单”被选中，则在系统保存当前票据的同时生成一张收款单；如果该选项未被选中，则需要单击“收款”按钮才能生成收款单。输入后可以在“收款单据录入”窗口中进行查询。该收款单审核以后，可同应收单据进行核销勾对。

(2) 票据贴现

票据贴现是指持票人因急需资金，将未到期的承兑汇票转让给银行，银行将这些未到期的票据，按票面金额扣除贴现日至到期日的利息后付给贴现人现款，等票据到期时再向出票人收款。贴现时可以选择同城或异地的贴现方式，对于异地方式，可以指定贴现增加天数。

贴现需要输入贴现银行、贴现日期、贴现率、贴现净额、利息、费用和结算科目。其中，贴现日期是企业向银行申请贴现的日期，贴现日期应大于已结账月及该票据签发日期，小于等于票据到期日。

① 贴现率。这是指银行指定的实际贴现率。

② 贴现净额。系统会根据输入的贴现率、贴现日期自动算出贴现净额供参考输入，也可以在此基础上进行修改。

③ 利息。如果贴现净额大于票据余额，系统自动将其差额作为利息。

④ 费用。如果贴现净额小于票据余额，系统自动将其差额作为费用。

⑤ 结算科目。是指发生贴现业务时所对应的科目，结算科目一般为银行存款科目。票据贴

现后，将不能再对其进行背书、计息、转出等其他处理。

（3）票据背书

背书是指持票人在票据背面或粘贴单上记载有关事项并签章，将汇票权利让与他人的一种票据行为。简单地说，就是把这张票据转让给别人。背书输入的项目如下。

① 背书方式。背书以后，企业可能收到被背书人的现金款项，也可能冲减应付给被背书人的应付账款。因此，背书时必须从系统提供的背书方式中选择其中一种。背书方式有冲销应付账款和其他。如果将票据直接背书给某供应商，且本企业存在应付给该供应商的货款，则应选择“冲销应付账款”选项，输入冲销的供应商，并选择可冲销的应付单据。可冲销的单据包括蓝字应付单和蓝字采购发票。选择某张单据冲销以后，可自动生成“借：应付账款——A 供应商；贷：应收票据——B 客户”的记账凭证。如果选“其他”选项，则可输入票据背书时所对应的相关科目，如银行存款等。

② 背书金额。背书金额是背书票据所得到的金额。如果背书金额大于被背书金额，说明背书收到的金额大于原票面金额，系统自动将其差额作为利息，不能修改；如果背书金额小于被背书金额，说明背书的金额小于原票面金额，系统自动将其差额作为费用，不能修改。

③ 被背书单位：背书单位的输入有两种有方法。如果背书方式选择的是“冲销应付账款”选项，则被背书单位是对应的供应商，系统会提供供应商名称以供参考；如果选择“其他”选项，则应直接在此输入被背书单位的名称。此栏必须输入。

票据背书后，将不能再对其进行贴现、计息、转出等其他处理。如果背书金额大于票据余额，系统自动将其差额作为利息；如果贴现金额小于票据余额，系统自动将其差额作为费用。

如果背书后的票据发生退票现象，需要在“票据查询”窗口中选中退票的票据，然后单击工具栏中的“退票”按钮，就可以对当前的票据进行退票处理。但要注意的是，退票处理仅限于票据背书时选择了“冲销应付账款”方式。

（4）票据计息

票据分为带息票据和不带息票据。带息票据是指汇票到期时，承兑人按票据面额及应计利息之和向收款人付款的商业汇票。如果该票据是带息票据，单击工具栏上的“计息”按钮，选择所需的计息金额、开始计息日期和截止计息日期，就可以对当前的票据进行计息处理，系统会自动根据票面利率和计息日期算出利息。在我国银行实务中，商业承兑汇票和银行承兑汇票一般都是不带息的。

计息规则用公式表示如下。

利息＝票据计息金额×年利率÷360×（计息截止日期－开始计息日期）

（5）票据结算

票据到期后，可以到银行办理结算。票据结算是指票据兑现。结算时，持票企业的会计人员持票据到银行，银行审核票据无误后为其办理划款入账。收到银行的划款以后，持票企业在应收系统中进行票据结算操作——单击票据窗口中的“结算”按钮，可对当前的票据进行结算处理。结算后执行票据制单，生成票据结算的凭证（借：银行存款；贷：应收票据）。

票据结算的输入项目包括如下内容。

① 结算日期。结算日期是对票据进行结算的时间。

② 结算金额。输入结算票据收到的金额。

③ 利息。如果应收票据为带息票据，应直接在此输入利息。如果是不带息票据，可保持此

栏为空。

④ 费用。费用是进行单据结算时所发生的相关费用，如银行收取的手续费。可以直接输入金额。如果没有发生费用，可以保持此栏为空。

⑤ 结算科目。输入票据结算时的对应科目。一般为“银行存款”科目。

⑥ 托收单位。输入托收单位。

（6）票据转出

如果票据到期后，因为种种原因迟迟没有结算，则应将票据转出，不作票据管理——一般应转入应收账款进行管理。转出时需要输入转出金额、转出日期、利息、费用、应收单类型、应收款科目。

转出金额为转出票据的金额。如果转出金额大于票据余额，系统自动将差额作为利息；如果转出金额小于票据余额，系统自动将差额作为费用。应收单类型是票据转为应收单的类型。应收款科目为票据要转入的科目，如“应收账款”“预收账款”科目等。

票据一旦转出，将不能再对其进行结算、计息和贴现等其他处理。

5. 坏账处理

商业信用的高度发展是市场经济的重要特征之一。商业信用的发展在为企业带来销售收入增加的同时，不可避免地会导致坏账的发生。坏账是指企业无法收回或收回的可能性极小的应收款项。企业应设置“坏账准备”科目，用以核算企业提取的坏账准备。企业应当定期或至少在每年年度终了，对应收款项进行全面检查，预计各项应收款项可能发生的坏账。对于没有把握收回的应收款项，应当计提坏账准备。计提坏账准备的方法由企业自行确定。

（1）计提坏账

计提坏账首先需要在应收的选项中设置坏账处理方法。坏账准备的计提方法有 4 种：余额百分比法、账龄分析法、销货百分比法和个别认定法。坏账准备提取方法一经确定，不得随意变更。初次计提时，应首先在初始设置进行设置，设置的内容包括提取比率、坏账准备期初余额。

① 如果选择应收账款余额百分比法，选择“计提坏账准备”功能，则系统会自动计算当年度应收账款余额，并根据计提比率计算本次计提金额。确认后，本年度将不能再次计提坏账准备，并且不能修改坏账参数。应收账款的余额默认值为本会计年度最后一天的所有未结算完的发票和应收单余额之和减去预收款金额——外币账户用其本位币余额，可根据实际情况进行修改。

② 如果选择账龄分析法，选择“计提坏账准备”功能，则系统会自动计算各区间的应收余额，并根据计提比率计算本次计提金额。

③ 如果选择销货百分比法，选择“计提坏账准备”功能，则系统会自动计算当年度销售收入总额，并根据计提比率计算本次计提金额。销售总额默认值为本会计年度发票总额，可以根据实际情况进行修改。

计提坏账的计算公式表示如下。

当期应提取的坏账准备＝当期按应收款项计算应提坏账准备金额－坏账准备科目的贷方余额

（2）发生坏账

由于市场经济具有极大的不确定性，企业的应收账款很可能最终不能够全部收回，即可能发生部分或全部的坏账。按照有关规定，企业应收账款符合下列条件之一的，应确认为坏账：因债务人死亡，以其遗产清偿后仍然无法收回；因债务人破产，以其破产财产清偿后仍然无法收回；债务人较长时期内（如超过 3 年）未履行偿债义务，并有足够的证据表明无法收回或收回的可能性极小。

如果确认应收账款无法收回，已经发生坏账，应在应收系统中选择“坏账发生”功能，系统将满足条件的所有单据全部列出。财务人员可在坏账发生单据明细列表的“本次发生坏账金额”栏目中直接输入本次坏账发生金额。本次坏账发生金额只能小于等于单据余额。确认后，对所选的发票进行坏账处理，执行记账功能。

（3）坏账收回

发生的坏账因为种种原因，在未来的某个时间也有可能重新全部或部分收回来。如果坏账重新收回，那么需要作坏账收回的处理。坏账收回是指对已确定为坏账的应收款又被收回的业务处理，通过该功能可以对一定期间发生的应收坏账收回业务进行处理，反映应收账款的真实情况，以便对应收款进行管理。

收回坏账时，应首先输入一张收款单。该收款单的金额为收回的坏账的金额，不需要审核。选择“坏账收回”功能，单击“结算单号”，系统将调出该客户所有未经过处理的、金额等于收回金额的收款单。选择本次收回业务所形成的收款单，确认后，可保存坏账处理结果。坏账处理后，该笔收款单会自动打上审核的标志。

输入一笔坏账收回的款项时，要注意不要把该客户的其他收款业务和该笔坏账收回业务输入到同一张收款单中。例如，7 月 4 日，A 客户付给企业一笔货款，同时还付了一笔以前的坏账款项。这时，必须输入两张收款单，分别记录收到的货款和收到的坏账款项。

6. 取消操作

如果进行转账、核销、坏账等处理后发现操作失误，可利用取消操作将其恢复到操作前的状态，以便进行修改。取消操作的类型包括核销、坏账处理、汇兑损益、票据处理、应收冲应收、应收冲应付、预收冲应收、红票对冲等。如果这些处理已经制单，应先删除其对应的凭证，再进行取消操作。

7. 凭证处理

凭证处理也叫制单，是根据相关的销售与应收业务单据生成记账凭证，并将凭证传递至总账记账的过程。系统对不同的单据类型或不同的业务处理提供实时制单的功能，实时制单能保证财务信息生成的即时性。此外，系统还提供了统一制单的平台，可以在此快速、成批地生成凭证，并可依据规则进行合并制单等处理。

应收的凭证处理主要针对应收业务的制单，包括应收、收款和转账等业务。制单类型包括发票制单、出口发票制单、应收单制单、合同结算单制单、收付款单制单、核销制单、票据处理制单、并账制单、现结制单、坏账处理制单、转账制单、汇兑损益制单等。销售出库结转出库成本的制单工作主要在存货核算系统中完成。应收系统制单要注意以下几个问题。

① 应收系统的控制科目（如应收账款、应收票据等）可在其他系统（如总账系统）中进行制单。如果在其他系统制单，会造成应收系统与总账系统对账不平。

② 在应收系统中制单时，如果要使用存货核算系统的控制科目，则需要在总账系统选项中选择“可以使用存货核算系统控制科目”选项。

③ 制单日期系统默认为当前业务日期（登录日期）。制单日期应大于等于所选的单据的最

大日期，但小于当前业务日期。

④ 如果同时使用了总账系统，应收系统所输入的制单日期应满足总账制单日期序时要求，即大于同月同凭证类别的日期。

⑤ 一张原始单据制单后，不能再次制单，以避免重复制单。

应收系统的制单主要分为以下几种类型。

（1）销售发票制单

销售发票制单时，系统先判断控制科目依据，根据参数设置中的“控制科目依据”选择“控制科目设置”中对应的科目。然后判断销售科目依据，根据参数设置中的“销售科目依据”选择“产品科目设置”中对应的科目。如果控制科目和产品科目均没有设置，则选择“基本科目设置”中设置的应收科目和销售科目。如果均没有设置，则手工输入。这里的控制科目是指应收系统控制的科目，包括应收科目和预收科目，在设置会计科目的时候设置。销售科目是指销售收入、应交增值税和销售退回的入账科目。

例如，如果控制科目依据为“按客户”，销售发票上的客户为“北京 A 公司”，销售存货为“五金件”，则系统依据销售发票上的客户，选择该客户在“控制科目设置”中设置的科目“应收账款——北京 A 公司”。假设销售科目依据为“按存货分类”，则系统依据销售发票上的存货，选择其存货分类的销售科目为“主营业务收入——五金件”，税金科目为“应交税费——应交增值税——销项税额”。

销售发票制单生成记账凭证的会计分录如下。

借：应收账款（控制科目或应收科目）

　　贷：主营业务收入（产品科目或销售科目）

　　　　应交税费——应交增值税——销项税额

如果销售发票现结，则现结制单生成凭证的会计分录如下。

借：银行存款（结算科目）

　　贷：主营业务收入（产品科目或销售科目）

　　　　应交税费——应交增值税——销项税额

如果是部分现结，则制单生成记账凭证的会计分录如下。

借：银行存款（结算科目）

　　应收账款（控制科目或应收科目）

　　贷：主营业务收入（产品科目或销售科目）

　　　　应交税费——应交增值税——销项税额（税金科目）

（2）应收单制单

对应收单制单时，借方选择应收单表头科目，贷方选择应收单表体科目。如果应收单的表体上没有科目，则需要手工输入科目；如果应收单的表头上没有科目，则选择控制科目中的应收科目。

借：应收科目（表头科目或应收科目）

　　贷：对应科目（表体科目）

（3）收款单制单

收款单的制单需要根据表体款项的类型来确定入账科目。表体款项类型为应收款时，贷方科目选择应收科目；款项类型为预收款，贷方科目选择预收科目；款项类型为其他费用，贷方科目选择费用科目。借方科目为结算科目，根据结算方式选择结算科目，金额取表头金额。

借：结算科目（结算科目，金额为表头金额）

　　贷：应收科目（款项类型＝应收款）

　　　　预收科目（款项类型＝预收款）

　　　　费用科目（款项类型＝其他费用）

（4）付款单制单

应收系统中的付款单制单，单据表体款项类型为应收款，贷方科目取应收科目，金额为红字；款项类型为预收款，贷方科目取预收科目，金额为红字；款项类型为其他费用，借方科目取费用科目，金额为红字。借方科目取结算科目，金额取表头金额，金额为红字。

借：应付科目（红字）（款项类型＝应付款）

　　预付科目（红字）（款项类型＝预付款）

　　费用科目（红字）（款项类型＝其他费用）

　　贷：结算科目（红字）（表头金额）

（5）核销制单

核销制单时只有在核销双方的入账科目不相同的情况下才需要进行核销制单，核销的科目一样时是不需要核销制单的。也就是说，如果收款单的款项类型是应收款，核销的是销售发票的应收款，则可以不制单，因为即使制单也是生成诸如“借记：应收账款；贷记：应收账款”的凭证；如果收款单的款项类型是预收款，核销的是应收款，则核销可以生成凭证。如果应收参数中不选中“核销生成凭证”复选框（见图 3.49），则即使入账科目不一致也不会制单。

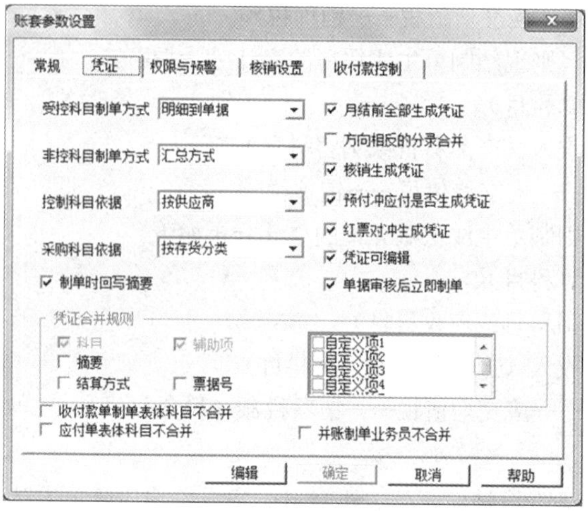

图 3.49　应付系统参数

如果选中“核销生成凭证”复选框，同时应收单入账科目为“应收账款——A 公司”（待核销金额＝130），核销处理后，结算单入账时对应受控科目为“应收账款——A 公司”（核销金额＝130），则因为核销双方的科目都是“应收账款——A 公司”，此时核销不制单。

如果应收单入账科目为“应收账款——A 公司”（待核销金额＝130），核销处理后，结算单入账时对应受控科目为“应收账款——A 公司”（核销金额＝30）“应收账款——B 公司”（核销金额＝80）“预收账款”（核销金额＝20），则这两张单据核销时生成凭证的会计分录如下。

借：应收账款——B 公司　　80

　　预收账款　　20

　　贷：应收账款——A 公司　　100

核销制单要注意，必须在所核销双方的单据全部制单完成后才允许进行核销制单。

（6）票据处理制单

应收票据制单主要包括收到票据制单、票据计息制单、票据背书制单、票据贴现制单、票据结算制单、票据退回制单和票据转出制单。具体的制单规则如表 3.1 所示。

表 3.1　票据处理业务规则

票据业务	会计分录		制单规则
收到票据	借	应收票据	商业承兑科目、银行承兑科目
	贷	应收账款	应收科目、控制科目
票据计息	借	应收票据	商业承兑科目、银行承兑科目
	贷	财务费用	票据利息科目
票据背书	借	应付账款	冲销应付款
	借	预付账款	冲销预付款
	贷	应收票据	商业承兑科目、银行承兑科目
票据贴现	借	银行存款	贴现科目
	贷	应收票据	商业承兑科目、银行承兑科目
	借	银行存款等	结算方式科目
票据结算	借	财务费用	票据利息科目、票据费用科目
	贷	应收票据	商业承兑科目、银行承兑科目
票据转出	借	应收账款	应收科目、控制科目
	贷	应收票据	商业承兑科目、银行承兑科目

（7）汇兑损益制单

汇兑损益制单，汇兑损益科目选择基本科目设置中的汇兑损益科目。

（8）转账制单

转账业务及生成凭证的会计分录如表 3.2 所示。

表 3.2　转账业务制单规则

业务类型		会计分录
应收冲应收		借：应收账款——A 客户（转入户） 　贷：应收账款——B 客户（转出户）
预收冲应收		借：预收账款 　贷：应收账款
红票对冲		同方向一正一负
应收冲应付	应付转账金额等于应收转账金额	借：应付账款 　贷：应收账款
	应收转账金额大于应付转账金额，差额转为对供应商的预付款	借：应付账款——A 供应商 　预付账款——A 供应商 　贷：应收账款——B 客户
	应付转账金额大于应收转账金额，差额转为对客户的预收款	借：应付账款——A 供应商 　贷：应收账款——B 客户 　　预收账款——B 客户

（9）坏账制单

① 坏账计提。如果当期按应收款项计算应提坏账准备金额大于“坏账准备”科目的贷方余额，应按其差额提取坏账准备；如果当期按应收款项计算应提坏账准备金额小于“坏账准备”科目的贷方余额，应按其差额冲减已计提的坏账准备；如果当期按应收款项计算应提坏账准备金额为 0，应将“坏账准备”科目的余额全部冲回。

提取坏账准备时，借记“资产减值损失”科目，贷记“坏账准备”科目。本期应提取的坏账准备大于其账面余额的，应按其差额提取；应提数小于账面余额的差额，借记“坏账准备”科目，贷记“资产减值损失”科目。

② 坏账发生。对于确实无法收回的应收款项，经批准作为坏账损失，冲销提取的坏账准备，借记“坏账准备”科目，贷记“应收账款”“其他应收款”等科目。

③ 坏账收回。已确认并转销的坏账损失，如果以后又收回，按实际收回的金额，借记“应收账款”“其他应收款”等科目，贷记“坏账准备”科目；同时，借记“银行存款”科目，贷记“应收账款”“其他应收款”等科目。

3.3.3 工作过程

任务 3–8 应收单处理。

1. 应收单输入

1）以总账会计的身份选择“财务会计”|“应收款管理”|“应收单据处理”|“应收单据录入”命令，打开“单据类别”对话框。单据类型选择“其他应收单”，方向选择“负向”，如图 3.50所示。

2）单击“确定”按钮，打开“应收单”窗口。手工计算手续费金额，再单击“增加”按钮。输入应收单信息，如图 3.51所示。

图 3.50 应收单输入

图 3.51 红字应收单

3）单击“保存”按钮，应收单据输入完成。

注意： 应收单中的采购发票在采购系统中输入，可在应收系统可以查看，然后再执行审核即可。

解析：

本例所述是向委托代销的客户支付代销手续费。由于是销售业务，因此应当在应收系统中进行处理。因为是向客户支付手续费，所以应当填写红字应收单。红字应收单会形成应收账款的贷方发生额。

2. 应收单审核

1）以账套主管的身份登录U8企业应用平台，登录日期为2016-10-01。在“系统服务”里选择“权限”|“数据权限分配”命令，打开“权限浏览”窗口。选择用户“刘霞”，单击“授权”按钮，打开“记录权限设置”对话框。

2）选择业务对象为“用户”，并选中“主管”复选框，如图3.52所示。

3）单击“保存”按钮，弹出“保存成功”信息框，授权完成。

4）3日，以账套主管的身份登录系统，选择“财务会计”|“应收款管理”|“应收单据处理”|“应收单据审核”命令，打开“应收单查阅条件”对话框。选中“包含已现结发票”复选框，如图3.53所示。

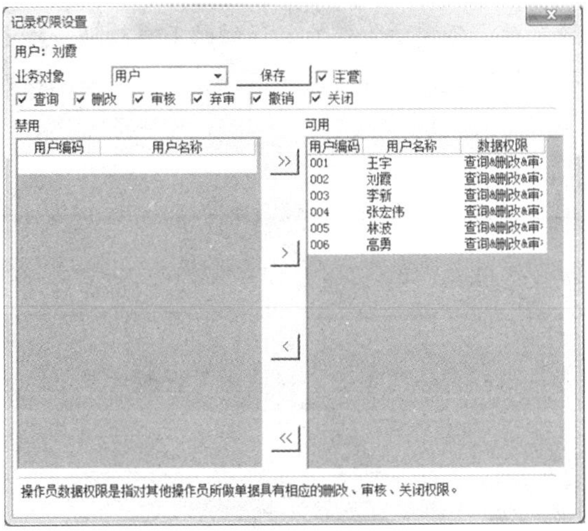

图3.52 记录权限设置

图3.53 应收单审核过滤

5）单击“确定”按钮，打开“单据处理”窗口。双击单据日期为2016-10-03的“选择”栏，显示Y标志，如图3.54所示。

图3.54 应收单据列表

6）单击“审核”按钮，弹出提示框，如图 3.55 所示。

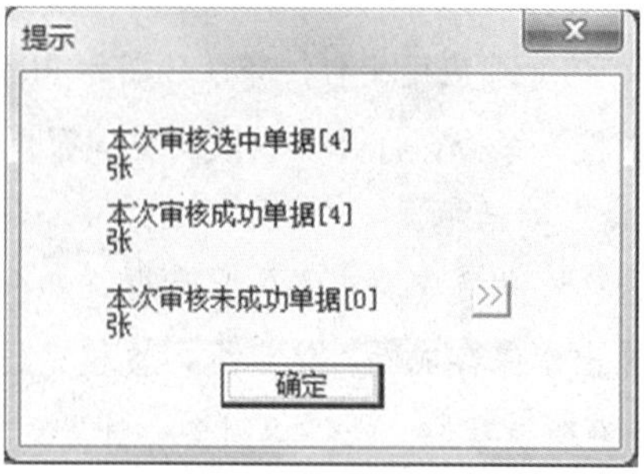

图 3.55　提示框

7）单击“确定”按钮。参照上述步骤，按照单据日期登录系统，对其他应收单据进行审核。

注意：在系统管理中为操作员设置审核权限以后，还需要为其指定详细的用户权限。指定以后，该操作员可以对指定用户填制的单据进行查询、删改、审核、弃审和关闭等操作，否则不能对其他操作员填制的单据进行相关操作。

任务 3-9　收款结算。

1. 收款结算

1）以出纳的身份选择“财务会计”|“应收款管理”|“收款单处理”|“收款单据录入”命令，打开“收付款单录入”窗口。

2）单击“增加”按钮，输入收款单表头信息，选择款项类型为“应收款”，然后单击“保存”按钮。收款单如图 3.56 所示。

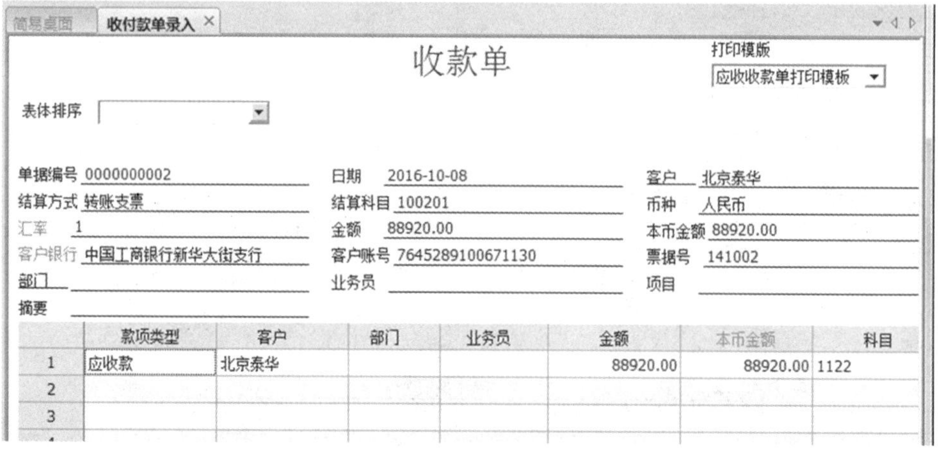

图 3.56　应收款收款单

3）以账套主管的身份选择“财务会计”|“应收款管理”|“收款单处理”|“收款单据审核”命令，打开“收款单过滤条件”对话框。单击“确定”按钮，打开“收付款单列表”窗口，如图 3.57 所示。

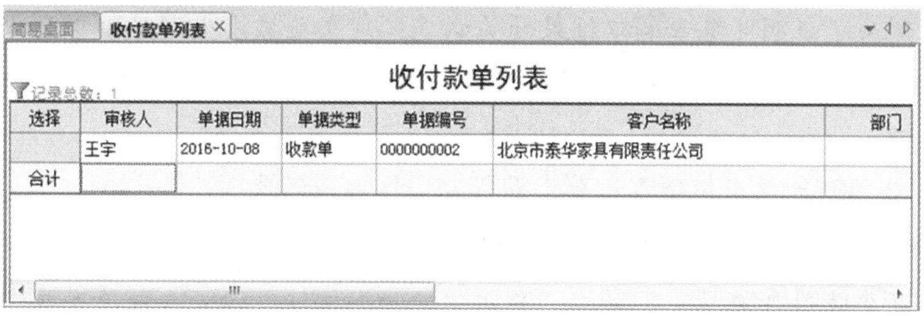

图 3.57　收款单列表

4）单击“全选”按钮，再单击“审核”按钮，弹出“审核成功”信息框。单击“确定”按钮，审核完成。

5）以总账会计的身份选择“财务会计”|“应收款管理”|“制单处理”命令，打开“制单查询”对话框。选中“收付款单制单”复选框，单击“确定”按钮，打开“制单”窗口，如图 3.58所示。

图 3.58　应收制单

6）单击“全选”按钮，再单击“制单”按钮，打开“填制凭证”窗口。输入现金流量 01，然后单击“保存”按钮。收款凭证如图 3.59所示。

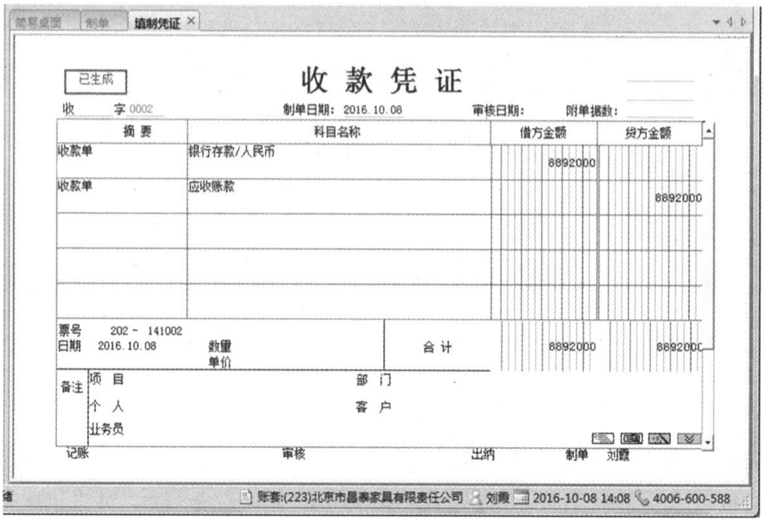

图 3.59　收款凭证

注意：本例为了说明业务和制单结果的关系，采用了业务发生即时制单的方法。也可以在制单平台选择“收付款单制单”命令，统一进行批量制单。

2. 预收货款

1）8日，分别填制并审核销售订单、发货单、销售出库单。

2）以出纳的身份选择“财务会计”|“应收款管理”|“收款单据处理”|“收款单据录入”命令，打开“收付款单录入”窗口。单击“增加”按钮，输入收款单表头信息，款项类型选择“预收款”，然后单击“保存”按钮。收款单如图 3.60所示。

图 3.60　预收款收款单

3）以账套主管的身份审核收款单，以总账会计的身份进行收款单制单。预收款制单结果如图 3.61所示。

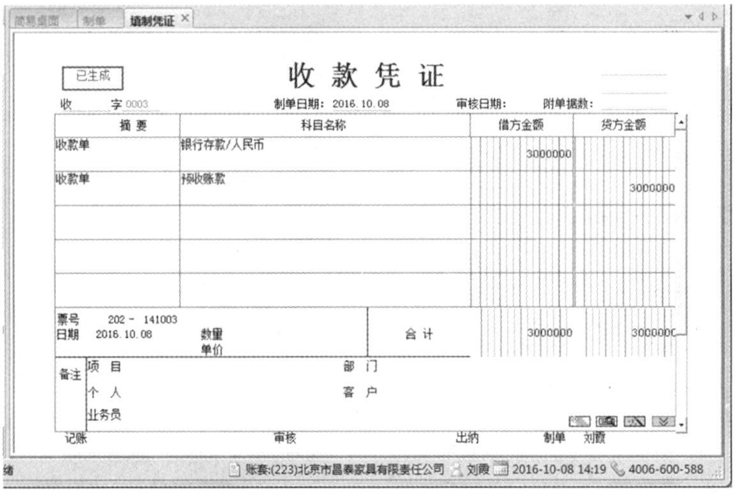

图 3.61　预收款制单结果

4）以销售主管的身份填制增值税专用发票，以账套主管的身份复核增值税专用发票。

5）以账套主管的身份选择“财务会计”|“应收款管理”|“应收单据处理”|“应收单据审核”命令，对应收单据进行审核。以总账会计的身份选择“财务会计”|“应收款管理”|“制单处理”命令，对发票进行制单处理。发票制单结果如图 3.62所示。

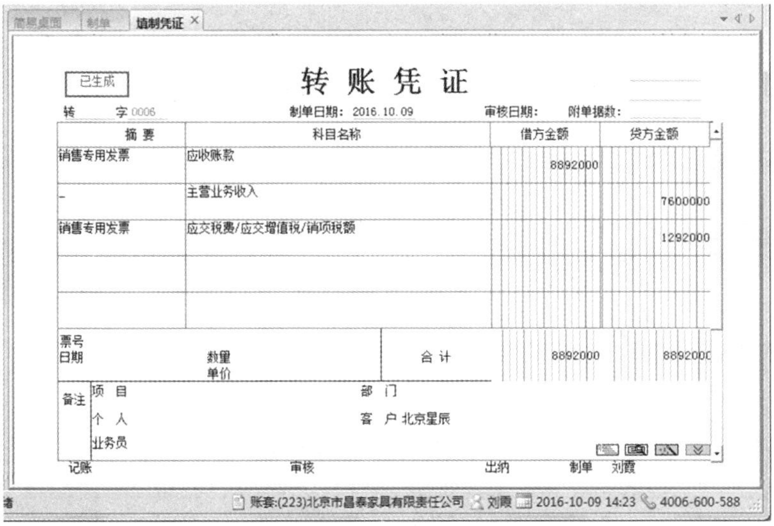

图 3.62　预收货款的发票制单结果

解析：

- 销售业务在开票之前收到货款，可视为预收款。
- 该笔出库业务的制单处理在存货系统中完成，详细步骤参见 5.7。

3. 现金折扣

1）10月 9日，填制并审核发货单、销售出库单和销售专用发票。以账套主管的身份审核应收单据，以总账会计的身份进行发票制单。发票制单结果如图 3.63所示。

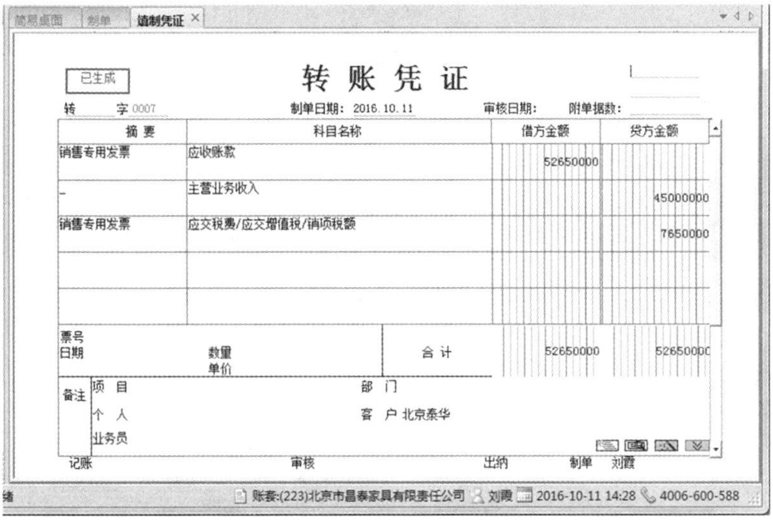

图 3.63　现金折扣的发票制单结果

2）10月 11日，以总账会计的身份选择“财务会计”|“应收款管理”|“选择收款”命令，打开“选择收款——条件”对话框。选择客户“北京泰华”，选中“可享受折扣”复选框，如图 3.64所示。

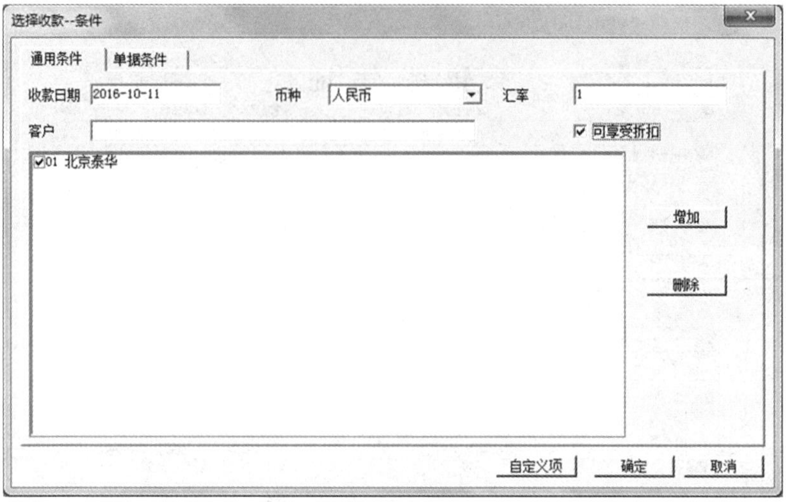

图 3.64　选择收款条件

3）单击“确定”按钮，打开“选择收款——单据”窗口。输入本次折扣金额，如图 3.65 所示。

图 3.65　选择收款列表

4）单击“确认”按钮，打开“选择收款——收款单”对话框。输入结算方式和票据号，如图 3.66 所示。

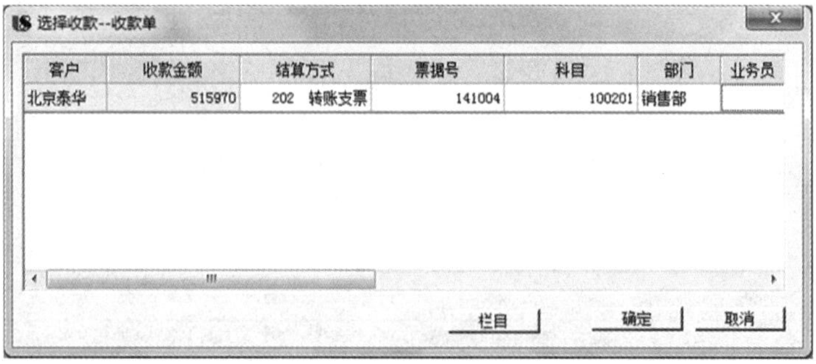

图 3.66　现金折扣的收款单

5）单击“确定”按钮，完成选择收款。选择“财务会计”|“应收款管理”|“制单处理”命令，打开“制单查询”对话框。选中“收付款单制单”和“核销制单”复选框，然后单击“确定”按钮，打开“制单”窗口。单击“全选”按钮，如图 3.67 所示。

图 3.67 应收制单

6）单击“合并”按钮，再单击“制单”按钮，打开“填制凭证”窗口。输入现金流量项目，然后单击“保存”按钮，凭证如图 3.68 所示。

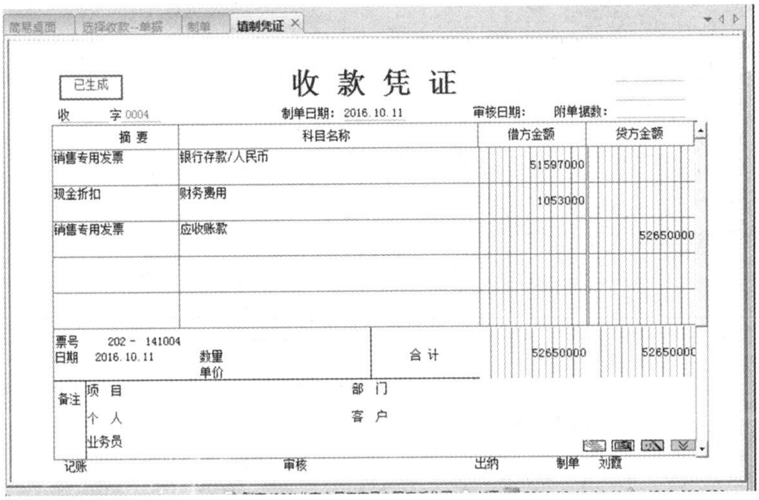

图 3.68 选择收款合并制单

解析：

- 此处也可以选择收款单制单和核销制单分别制单。如果分开制单，则收款单生成凭证，借记“银行存款”科目，贷记“应收账款”科目；现金折扣部分通过核销制单生成凭证，借记“财务费用”科目，贷记“应收账款”科目。本案例建议采用合并制单的方式。
- 完成选择收款处理后，相当于输入收款单并执行核销处理，不需要再输入收款单，也不需要进行核销操作。

任务 3-10 转账处理。

1. 红票对冲

1）以总账会计的身份选择“财务会计”|“应收款管理”|“转账”|“红票对冲”|“手工对冲”命令，打开“红票对冲条件”对话框。

2）在“通用”选项卡中选择客户“02－上海市富康有限责任公司”，如图 3.69 所示。

3）在“红票”选项卡中输入单据名称、单据类型和单据编号信息，如图 3.70 所示。

4）在“蓝票”选项卡中输入相关信息，如图 3.71 所示。

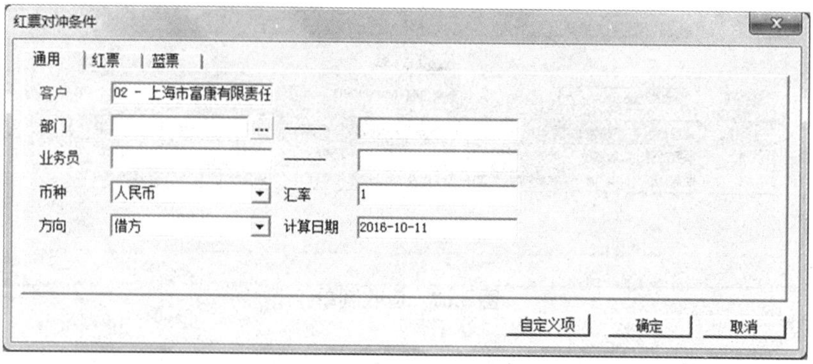

图 3.69　红票对冲条件——“通用”选项卡

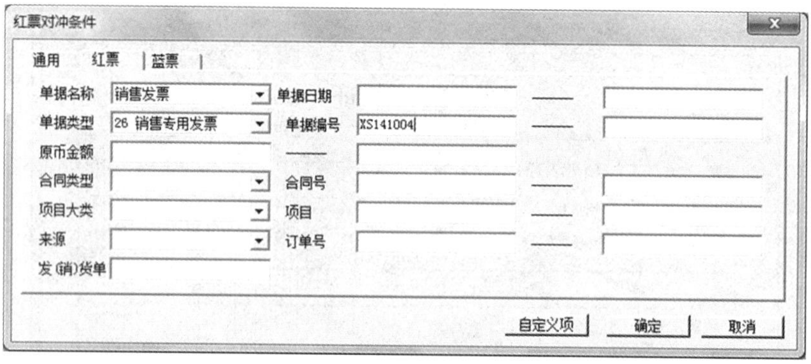

图 3.70　红票对冲条件——“红票”选项卡

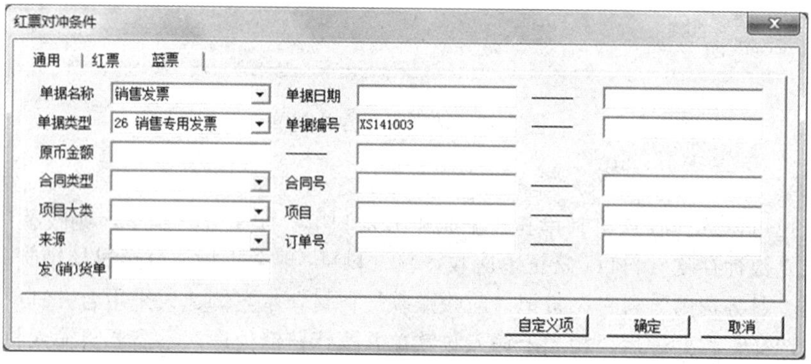

图 3.71　蓝票对冲条件——“蓝票”选项卡

5）单击“确定”按钮，打开“红票对冲”窗口。在单据 XS141003 对应的“对冲金额”栏输入红票对应的金额，如图 3.72 所示。

6）单击“保存”按钮，系统进行红票对冲，自动减少单据 XS141003 对应的原币金额，并弹出“是否立即制单”提示框。单击“否”按钮，关闭“红票对冲”窗口。

7）选择“财务会计”|“应收款管理”|“制单处理”命令，打开“制单查询”对话框。选中“红票对冲制单”复选框，单击“确定”按钮，打开“制单”窗口。单击“全选”按钮，如图 3.73 所示。

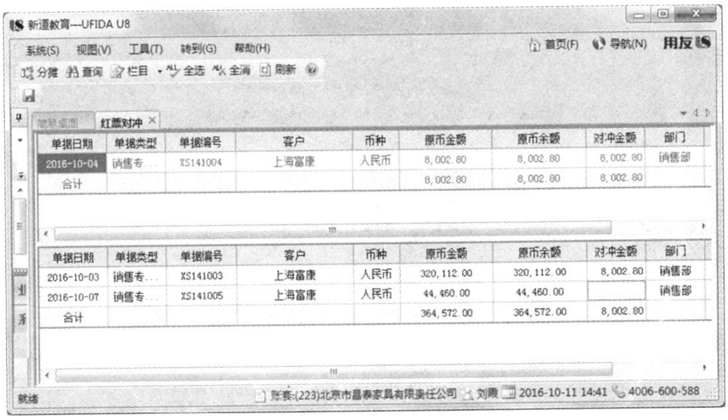

图 3.72　红票列表

图 3.73　转账制单

8）单击“制单”按钮，红票对冲凭证如图 3.74 所示。

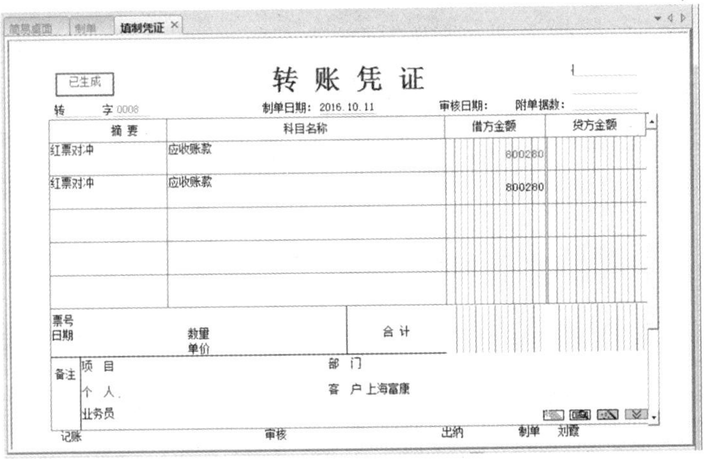

图 3.74　红票对冲凭证

解析：

本例中的红票（发票号 XS141004）是由于退货发生的，同原销售业务的发票发票号 XS141003）需要作红票对冲，对冲后的净额为待核销的应收账款。

2. 预收冲应收

1）以出纳的身份选择“收款单据录入”命令，填制收款单，款项类型为预收款。以账套主管的身份审核收款单，以总账会计的身份进行收付款单据制单。收款凭证如图 3.75 所示。

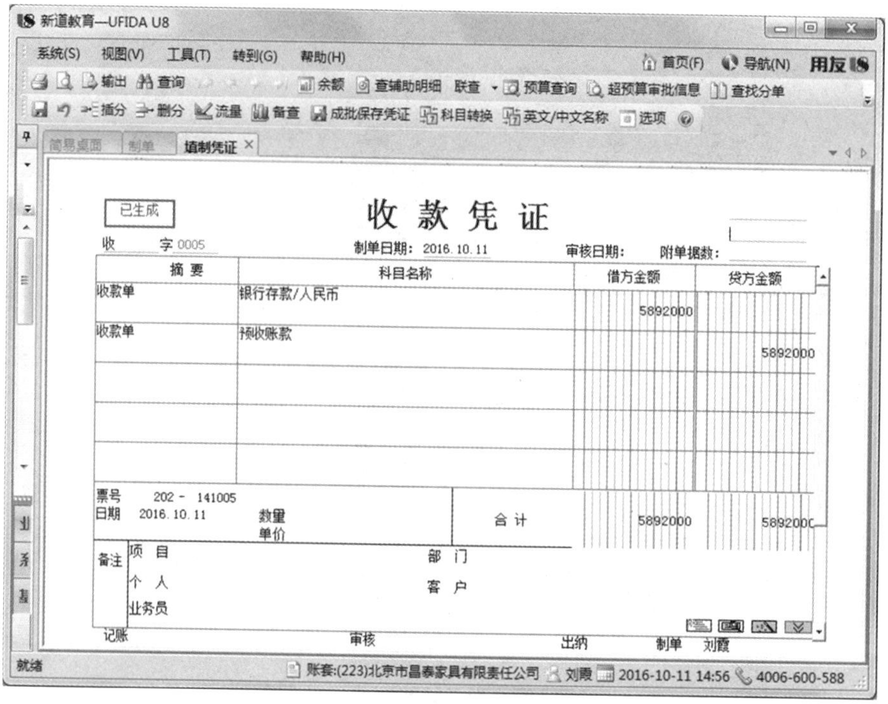

图 3.75 收款凭证

2）以总账会计的身份选择“财务会计”|“应收款管理”|“转账”|“预收冲应收”命令，打开“预收冲应收”对话框。在“预收款”选项卡中选择客户“03－北京市星辰有限责任公司”，单击“过滤”按钮，系统过滤出两条预收款记录。输入转账金额，如图 3.76 所示。

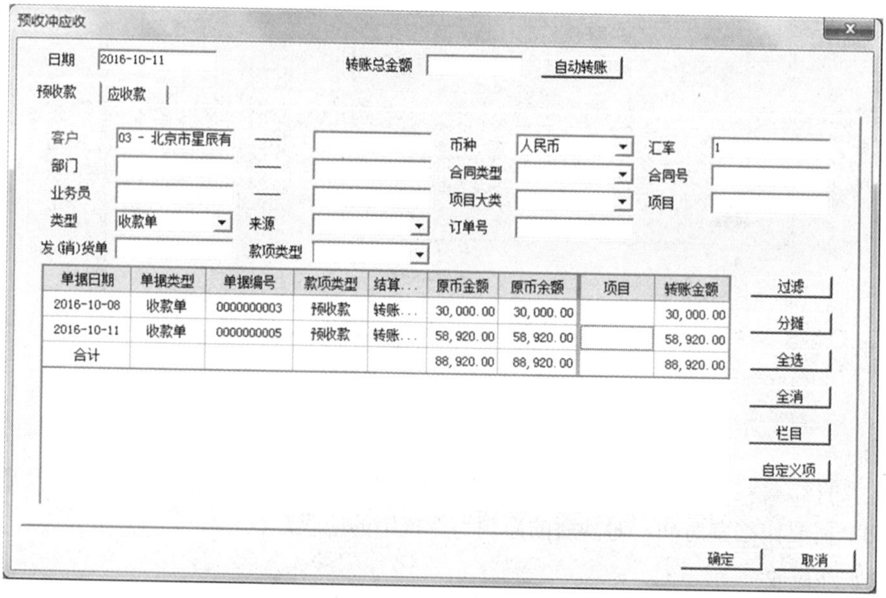

图 3.76 预收冲应收的预收款过滤

3）在“应收款”选项卡中单击“过滤”按钮，输入转账金额，如图 3.77 所示。

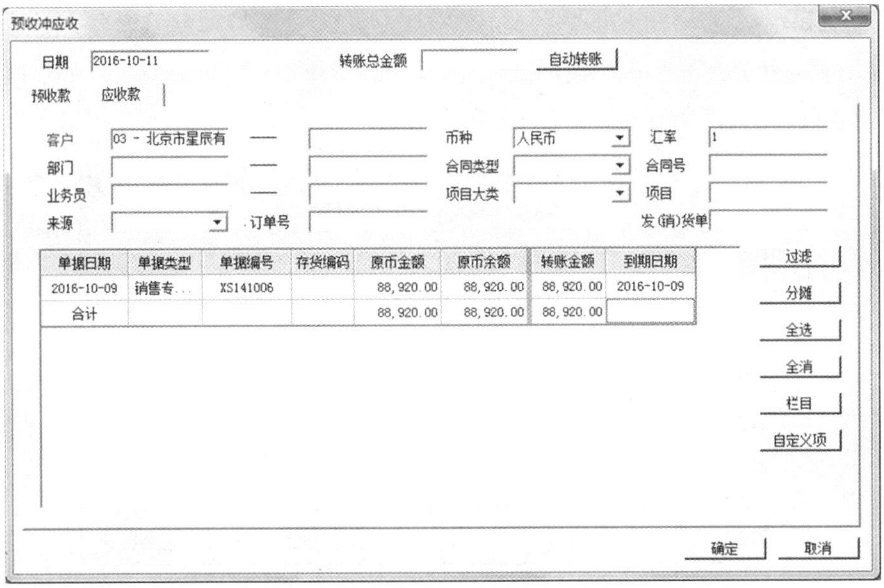

图 3.77　应收款过滤

4）单击“确定”按钮，弹出“是否立即制单”提示框。单击“是”按钮，打开“填制凭证”窗口。预收冲应收制单结果如图 3.78所示。

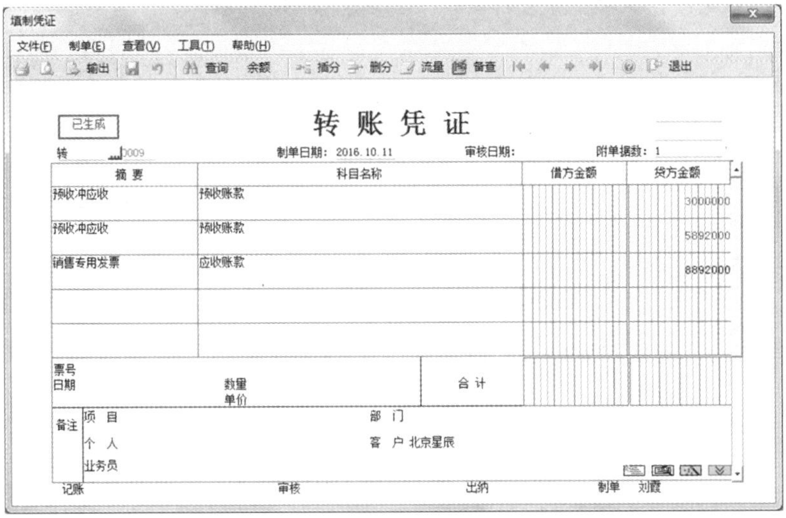

图 3.78　预收冲应收制单结果

解析：

- 系统弹出“是否立即制单”提示框后，可单击“否”按钮，然后选择“财务会计”|“应收款管理”|“制单处理”命令，打开“制单查询”对话框，选中“转账制单”复选框进行制单。
- 该笔业务也可以先将预收款同应收款进行核销，再执行核销制单。制单的结果同转账制单结果一样。

3. 应收冲应付

1）以总账会计的身份选择“财务会计”|“应收款管理”|“转账”|“应收冲应付”命令，打开“应收冲应付”对话框，如图 3.79所示。

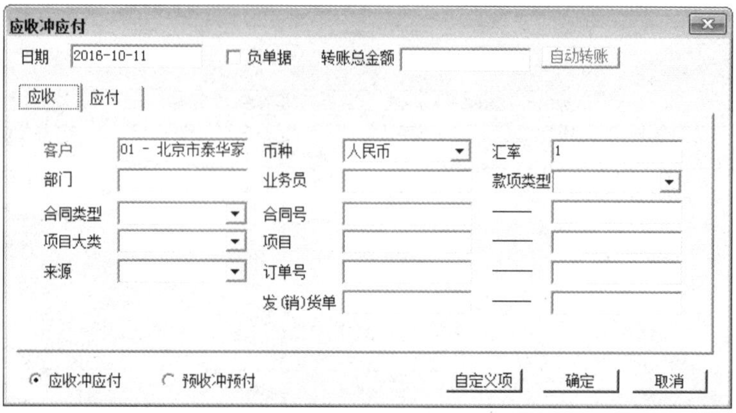

图 3.79　应收冲应付的应收款过滤

2）在“应收”选项卡中选择客户“01 - 北京市泰华家具有限责任公司”，在“应付”选项卡中选择客户“01 - 北京市嘉兴家具有限责任公司”。单击“确定”按钮，系统根据所选条件过滤出两条应收账款记录和一条应付款记录，如图 3.80所示。

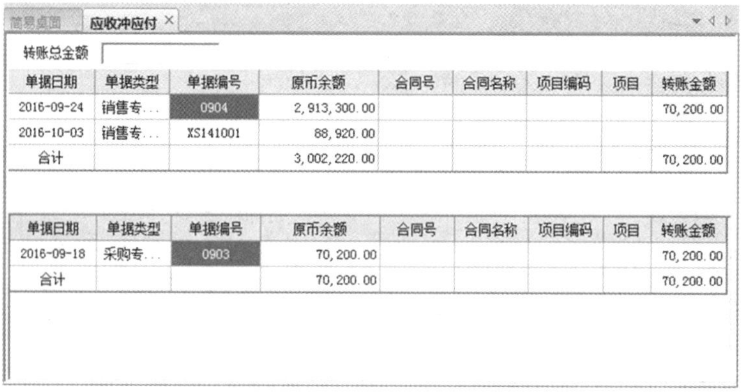

单据日期	单据类型	单据编号	原币余额	合同号	合同名称	项目编码	项目	转账金额
2016-09-24	销售专...	0904	2,913,300.00					70,200.00
2016-10-03	销售专...	XS141001	88,920.00					
合计			3,002,220.00					70,200.00

单据日期	单据类型	单据编号	原币余额	合同号	合同名称	项目编码	项目	转账金额
2016-09-18	采购专...	0903	70,200.00					70,200.00
合计			70,200.00					70,200.00

图 3.80　应收冲应付

3）在“2016 - 09 - 24 销售专用发票”和“2016-09-18 采购专用发票”的“转账金额”栏中分别输入转账金额 70200，然后单击“保存”按钮，弹出“是否立即制单”提示框。单击“是”按钮，打开“填制凭证”窗口，在其中单击“保存”按钮。应收冲应付制单结果如图 3.81所示。

解析：

- 本业务中，企业将应收北京市泰华公司的应收账款冲销所欠北京市嘉兴公司的应付货款。其业务实质是本企业将应收北京市泰华公司的债权（应收款）转移给了北京市嘉兴公司，用于抵偿对北京市嘉兴公司的欠款。处理以后的结果是北京市嘉兴公司拥有对北京市泰华公司的债权（应收款），而对本企业的债权注销。

- 如果要批量制单，可以在“是否立即制单”提示框中单击“否”按钮，退出“转账”功能。然后选择“制单”命令，在对话框中选中“转账制单”复选框进行制单。

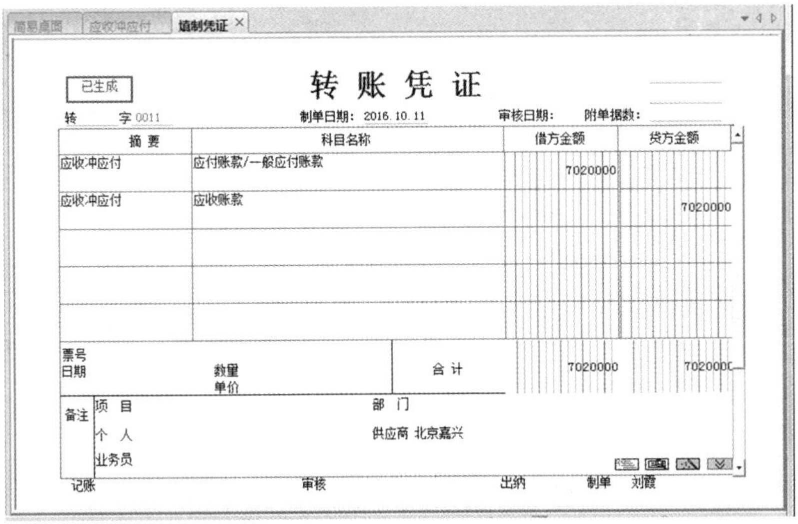

图 3.81 应收冲应付制单结果

任务 3-11 票据管理。

1. 收到票据

1）以总账会计的身份选择“财务会计”|“应收款管理”|“票据管理”命令，弹出“过滤条件选择”提示框。单击“过滤”按钮，打开“票据管理”窗口。

2）单击“增加”按钮，打开“应收票据”窗口，输入商业汇票信息，如图 3.82 所示。

图 3.82 应收票据

3）单击“保存”按钮，退出“单据”窗口。以账套主管的身份选择“财务会计”|“应收款管理”|“收款单据处理”|“收款单据审核”命令，打开“收付款单列表”窗口，对商业承兑汇票收款单进行审核。

4）以总账会计的身份选择“财务会计”|“应收款管理”|“制单处理”命令，进行收付款单制单。打开“填制凭证”窗口，单击“保存”按钮。收到票据制单如图 3.83 所示。

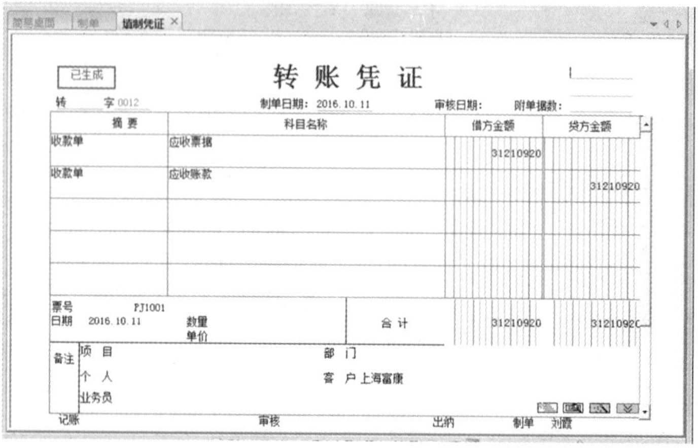

图 3.83　收到票据制单

注意：票据增加并保存后系统会自动生成一张收款单，应对其按正常填制的收款单一样进行审核，再进行收款单制单。

2. 票据结算

1）以出纳的身份选择“财务会计”|“应收款管理”|“票据管理”命令，打开“过滤条件选择”对话框。单击“过滤”按钮，打开“票据管理”窗口。

2）双击票据 140903 的“选择”栏，出现 Y 标志，如图 3.84 所示。也可直接双击票据 140903 的记录，直接打开票据。

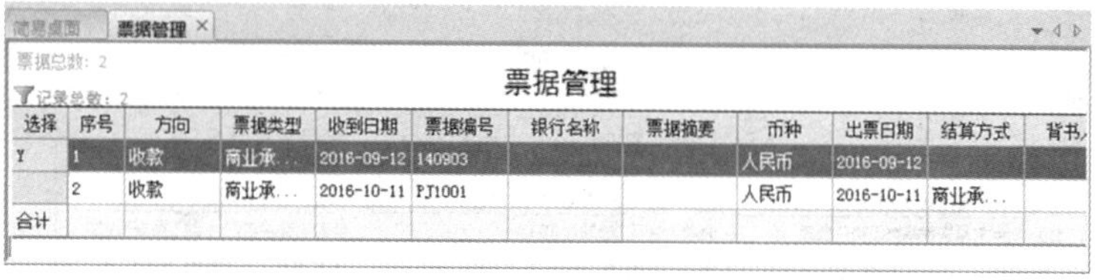

图 3.84　票据管理

3）单击“结算”按钮，打开“票据结算”对话框。输入结算科目 100201 和托收单位，如图 3.85 所示。

4）单击“确定”按钮，弹出“是否立即制单”提示框。单击“否”按钮。

5）以总账会计的身份选择“财务会计”|“应收款管理”|“制单处理”命令，选中“票据处理制单”复选框，输入现金流量项目 01，然后单击“保存”按钮。票据结算制单效果如图 3.86 所示。

图 3.85　票据结算

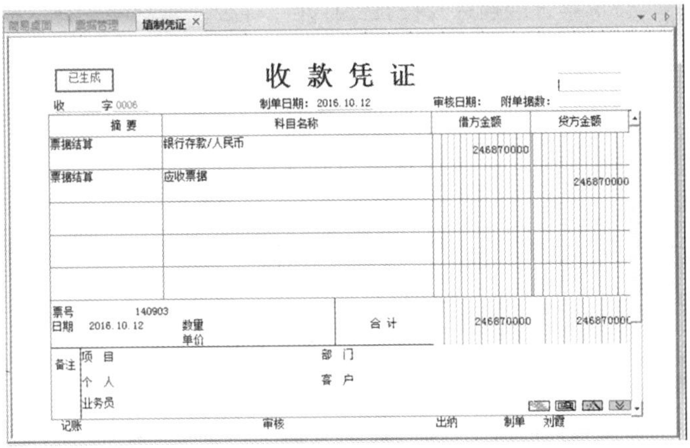

图 3.86　票据结算制单结果

注意： 票据到期时执行票据结算操作。

如果要批量制单，可以在“是否立即制单”提示框中单击“否”按钮，退出“转账”功能。然后选择“制单”命令，选中“票据处理制单”复选框进行制单。

任务 3-12 坏账处理。

1. 发生坏账

1）以总账会计的身份选择“财务会计”|“应收款管理”|“坏账处理”|“坏账发生”命令，打开“坏账发生”对话框。选择客户“02－上海市富康有限责任公司”，如图 3.87 所示。

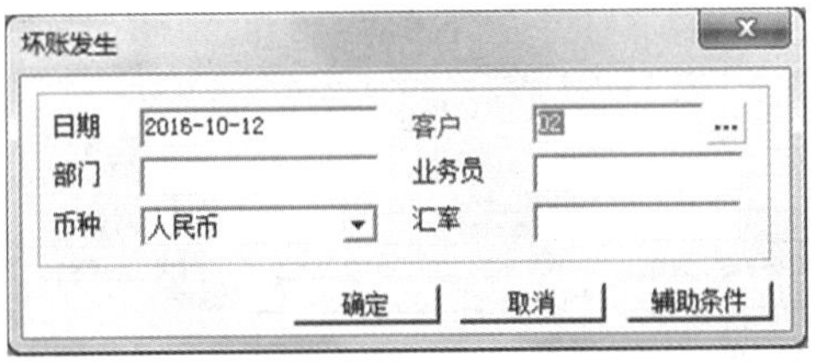

图 3.87　坏账发生

2）单击“确定”按钮，打开“发生坏账损失”窗口，系统显示 3 条应收上海市富康公司的记录。在其他应收单的“本次发生坏账金额”栏中输入“100”，如图 3.88 所示。

坏账发生单据明细

单据类型	单据编号	单据日期	到期日	余额	部门	业务员	本次发生坏账金额
销售专用发票	XS141003	2016-10-03	2016-10-03	312,109.20	销售部		
销售专用发票	XS141005	2016-10-07	2016-10-07	44,460.00	销售部		
其他应收单	0000000002	2016-10-03	2016-10-03	100.00	销售部		100
合计				356,669.20			100.00

图 3.88　坏账发生单据明细

3）单击“确认”按钮，打开“是否立即制单”提示框。单击“是”按钮，坏账发生凭证如图 3.89所示。

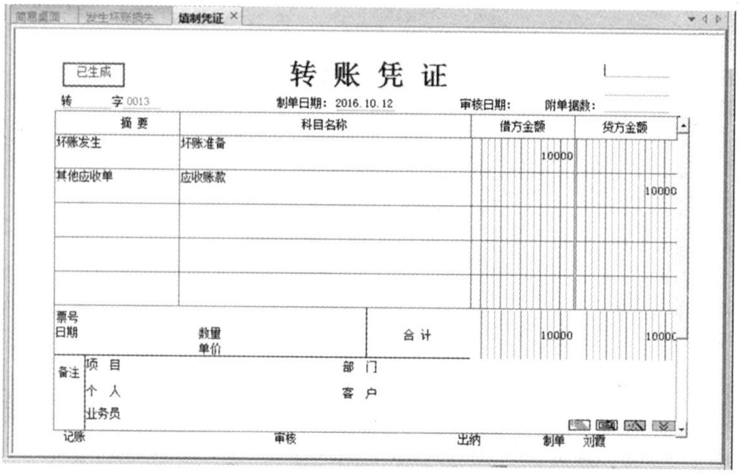

图 3.89　坏账发生凭证

2. 坏账收回

1）以出纳的身份选择“财务会计”|“应收款管理”|“收款单据处理”|“收款单据录入”命令，打开“收付款单录入”窗口。填制收款单，如图 3.90所示。

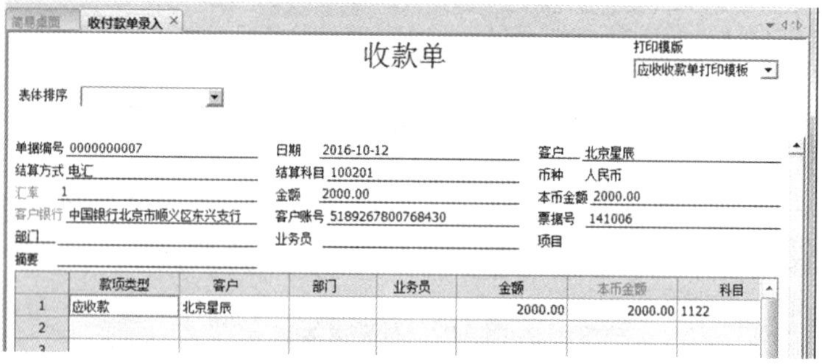

图 3.90　收款单

2）单击“保存”按钮。以总账会计的身份选择“财务会计”|“应收款管理”|“坏账处理”|“坏账收回”命令，打开“坏账收回”对话框。输入客户信息，单击结算单号右侧的“参照”按钮。选择结算单号，系统自动带出金额信息，如图 3.91所示。

3）单击“确定”按钮，弹出“是否立即制单”提示框。单击“是”按钮，收费凭证如图 3.92所示。

解析：

坏账收回应该生成两张凭证：收到应收款（借：银行存款，贷：应收账款），恢复坏账准备（借：应收账款，贷：坏账准备）。这里系统默认合并生成一张凭证，同时为了反映应收账款的变化，不对应收账款的借贷方进行合并。

图 3.91　坏账收回

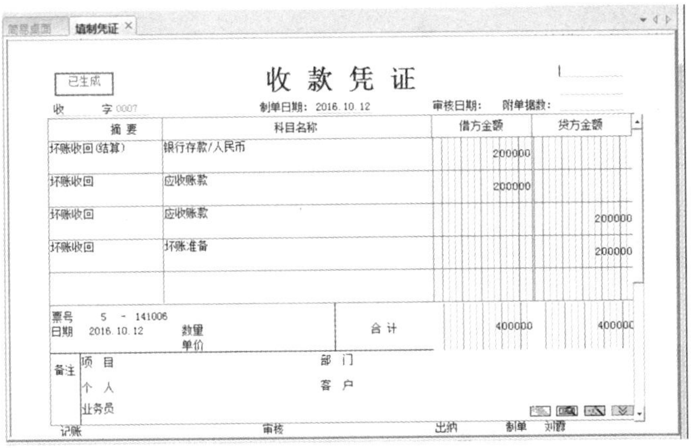

图 3.92　收款凭证

3. 坏账计提

1）以总账会计的身份选择“财务会计”|“应收款管理”|“坏账处理”|“计提坏账准备”命令，打开“应收账款百分比法”窗口，如图 3.93所示。

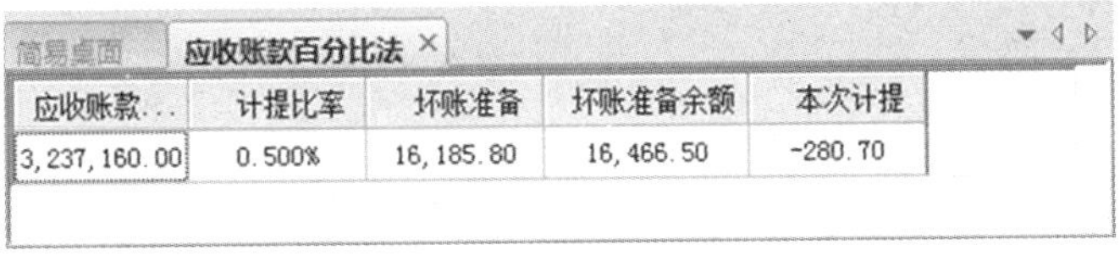

应收账款...	计提比率	坏账准备	坏账准备余额	本次计提
3,237,160.00	0.500%	16,185.80	16,466.50	-280.70

图 3.93　坏账计提准备

2）单击“确认”按钮，弹出“是否立即制单”提示框。单击“是”按钮，计提坏账记账凭证如图 3.94所示。

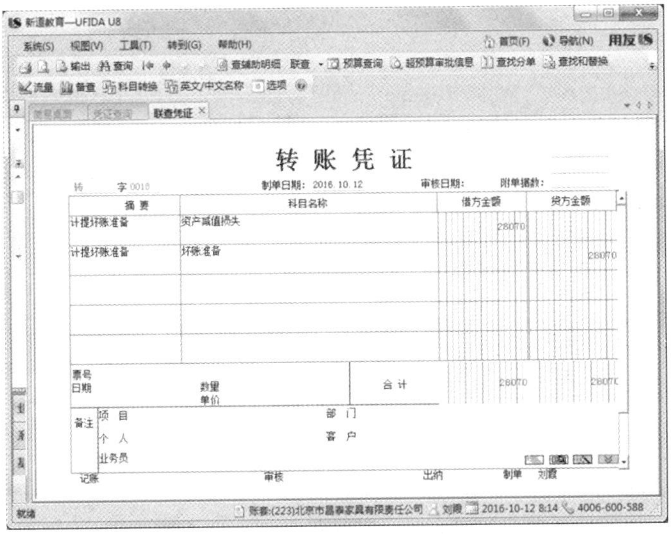

图 3.94　计提坏账记账凭证

解析：

通常情况下，企业的坏账是按年来计提的，本案例为了说明计提坏账的功能，在 10 月份计提坏账。

任务 3-13 核销处理。

1）以会计的身份登录系统，选择“财务会计”|“应收款管理”|“核销处理”|“手工核销”命令，打开“核销条件”对话框，如图 3.95 所示。

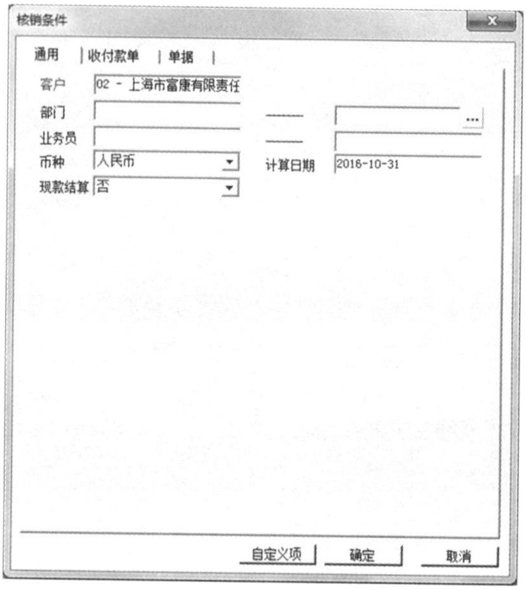

图 3.95　核销条件

2）选择输入客户为 02（上海富康），计算日期为 2016 - 10 - 31 然后单击“确定”按钮，打开“单据核销”窗口，如图 3.96 所示。

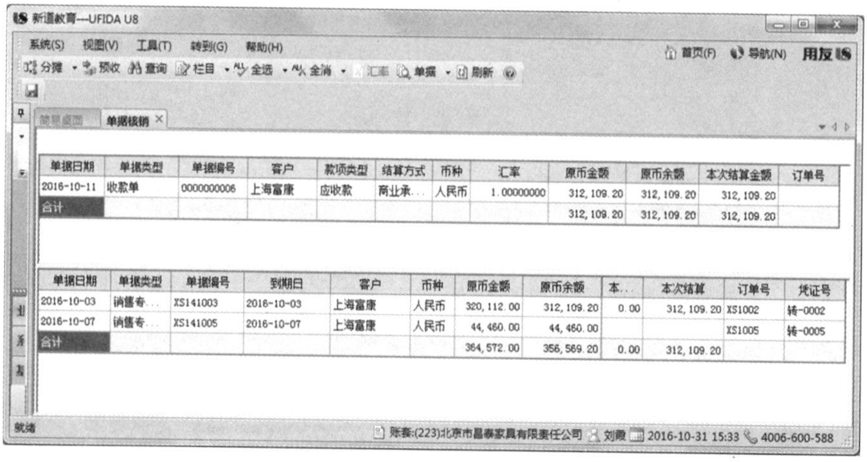

图 3.96　手工核销窗口

3）在核销窗口中分别显示当前的应收款记录（销售发票）和收款记录（收款单）。单击“分摊”按钮，系统自动将收款单的收款金额 312 109.20 分摊到发票上的“本次结算金额”栏，或者直接在发票上的“本次结算金额”栏中输入结算金额 312 109.20。

4）单击“保存”按钮，保存当前核销结果。保存后，已核销的收款单和发票从窗口中消失。

5）选择“财务会计”|“应收款管理”|“单据查询”|“应收款核销明细表”命令，输入客户为 02－02。单击“过滤”按钮，打开上海市富康公司的“应收核销明细表”窗口。

6）已核销的收款记录出现在“结算本币金额”栏中，如图 3.97 所示。以同样的步骤，对其他应收款和收款记录进行核销。

单据日期	客户	单据类型	单据编号	币种	汇率	应收原币金额	应收本币金额	结算原币金额	结算本币金额	原币余额	本币余额	结算方式	核销日期	回单据类型	收款单编号	票据号
2016-10-03	上海市富康有限责任公	其他应收单	000000000	人民币	0000000	100.00	100.00									
								100.00	100.00	0.00	0.00		2016-10-12	坏账发生	HZAR000000000	
2016-10-03	上海市富康有限责任公	销售专用发	XS141002	人民币	0000000	526,500.00	526,500.00									
								526,500.00	526,500.00	0.00	0.00	转账支票	2016-10-03	收款单	0000000001	141001
2016-10-03	上海市富康有限责任公	销售专用发	XS141003	人民币	0000000	320,112.00	320,112.00									
								8,002.80	8,002.80	312,109.20	312,109.20		2016-10-11	红票对冲	HRAR000000000	
								312,109.20	312,109.20	0.00	0.00	商业承兑汇	2016-10-31	收款单	0000000006	PJ1001
2016-10-04	上海市富康有限责任公	销售专用发	XS141004	人民币	0000000	-8,002.80	-8,002.80									
								-8,002.80	-8,002.80	0.00	0.00		2016-10-11	红票对冲	HRAR000000000	
2016-10-07	上海市富康有限责任公	销售专用发	XS141005	人民币	0000000	44,460.00	44,460.00			44,460.00	44,460.00					
合计						883,169.20	883,169.20	838,709.20	838,709.20	44,460.00	44,460.00					

图 3.97 应收核销明细表

解析：

- 该笔业务发票（发票号 XS141003）上记录的应收款金额为 320 112 元。10 月 11 日，发生了退货（红字发票号 XS141004），金额为 8 002.8 元，剩下的余额为 312 109.2 元，收到对方支付的商业承兑汇票。核销以后，该发票结算完毕。
- 销售现结、应收转账处理操作，视同已作核销。发票现结和转账处理后无须再进行核销处理。

任务 3-14 应收制单。

以应收单为例来说明制单处理的过程。

1）7 日，以总账会计的身份选择“财务会计”|“应收款管理”|“制单处理”命令，打开“制单查询”对话框。选中“发票制单”“应收单制单”和“现结制单”复选框，如图 3.98 所示。

2）单击“确定”按钮，打开“制单”窗口，应收制单如图 3.99 所示。

3）按照单据日期依次双击“选择标志”栏，再单击“制单”按钮，打开“填制凭证”窗口。修改制单日期，应收制单中第 1 条记录凭证如图 3.100 所示。

4）参照上述方法，依次生成其余凭证。

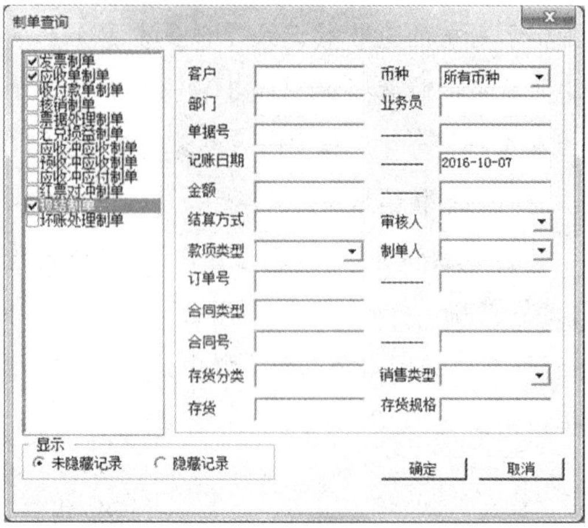

图 3.98　应收制单查询

图 3.99　应收制单

图 3.100　制单结果

解析：

其中，3 日，其他应收单生成的付款凭证需要补充贷方科目“1001 库存现金”、现金流量科目“07 支付的与其他经营活动有关的现金”；7 日，其他应收单（负向）生成的转账凭证需要补充贷方科目“6601 销售费用——其他”。

项目 3.4　销售与应收期末处理

3.4.1　工作任务

本期企业销售和应收期末业务如下。

任务 3-15　销售结账。

检查日常业务处理完毕，对销售系统进行结账。

任务 3-16　应收结账。

检查日常业务处理完毕，对应收系统进行结账。

3.4.2　理论学习

1. 销售结账

销售结账是指逐月将每月的单据数据封存，并将当月的销售数据记入有关账表中。销售结账应注意以下几个问题。

① 上月未结账，本月单据可以正常操作，不影响日常业务的处理，但本月不能结账。

② 本月还有未审或未复核单据，结账时系统提示“存在未审核的单据，是否继续进行月末结账”。可以选择继续结账或取消结账，即有未审核的单据仍可月末结账。但年底结账时，所有单据必须审核才能结账。

③ 如果应收系统按照单据日期记账，销售系统如果本月有未复核的发票，月末结账后，这些未复核的发票在应收系统中就不能按照单据日期记账了，除非在应收系统中改成按业务日期记账。

④ 结账前应检查本会计月工作是否已全部完成，只有在当前会计月所有工作全部完成的前提下，才能进行月末结账，否则会遗漏某些业务。

⑤ 月末结账之前一定要进行数据备份，否则数据一旦发生错误，将造成无法挽回的后果。

⑥ 只能对当前会计月进行结账，即只能对最后一个结账月份的下一个会计月进行结账。

⑦ 月末结账后将不能再做当前会计月的业务，只能做下个会计月的日常业务。

⑧ 结账功能为独享功能，与系统中所有功能的操作互斥。即在操作本功能前，应确定其他功能均已退出；在网络环境下，要确定本系统所有的网络用户退出了所有的功能。

销售系统月末结账后，才能进行库存系统、存货系统、应收系统的月末结账。

如果销售结账后发现错误，可以取消结账。如果销售系统要取消月末结账，必须先通知库存系统、存货系统、应收系统的操作人员，要求他们的系统取消月末结账。如果其中的任何一个系统不能取消月末结账，那么也不能取消销售系统的月末结账。

2. 应收结账

如果当月应收款业务已全部处理完毕，就需要执行月末结账功能。只有月末结账后，才可以开始下月工作，同时，该月将不能再进行任何处理。

应收系统同销售系统集成使用，应在销售系统结账后，再对应收系统进行结账处理。如果本月的结算单还有未审核的，也不能结账。当在系统参数选中“月结前全部生成凭证”复选框（见图 3.101），月结时如果检查出当月还有未制单的记录时，则不能进行月结处理。当系统参数设置月结时不用检查是否全部制单，则无论当月有无未制单的记录，均可进行月结。

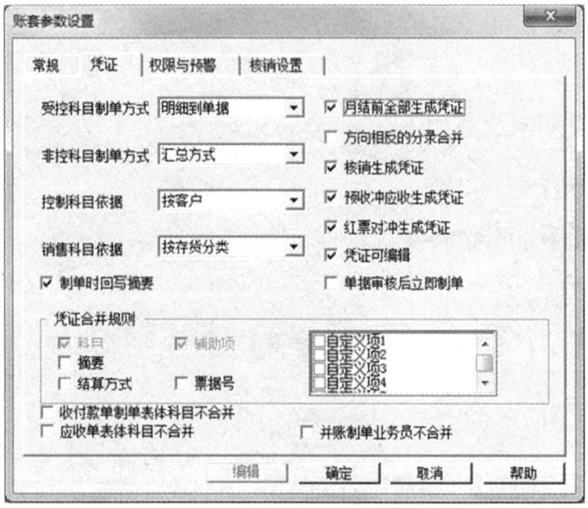

图 3.101　应收系统参数

如果是本年度最后一个期间结账，需要将本年度进行的所有核销、转账等处理全部制单。如果这个月的前一个月没有结账，则本月不能结账。

如果出现结账错误，可以取消结账，恢复结账前的状态。

3.4.3　工作过程

任务 3-15　销售结账。

1）以销售主管的身份选择“供应链”|“销售管理”|“月末结账”命令，打开“月末结账”对话框。

2）选择 10月，单击“结账”按钮，系统自动进行销售结账。结账成功后，10月份“是否结账”栏显示“是”，如图 3.102所示。

注意：

- 结账以后不能再发生新的销售业务，结账之前，应对本月的最终账套进行备份。
- 本例只演示结账的操作，实际结账需要等全书的实例全部处理完毕才能进行。

任务 3-16　应收结账。

1）以总账会计的身份选择“财务会计”|“应收款管理”|“期末处理”|“月末结账”命

令，打开“月末处理”对话框。双击选择十月的“结账标志”栏，出现Y标志表示选中，如图3.103所示。

图 3.102　销售结账

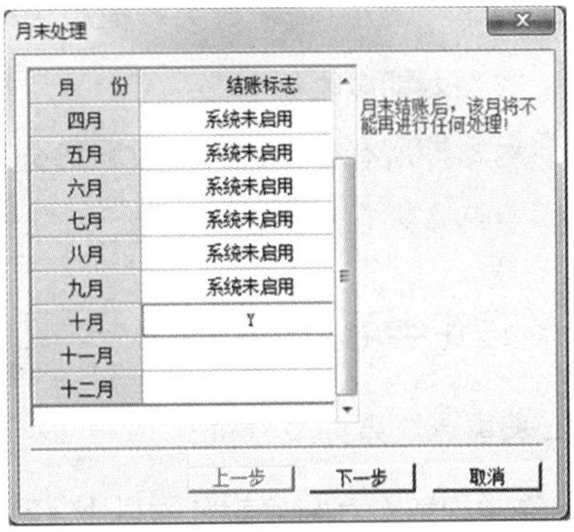

图 3.103　月末处理

2）单击“下一步”按钮，显示月末单据处理情况，如图3.104所示。如果处理情况均为“是”，则可进行结账。单击“完成”按钮，结账完毕。

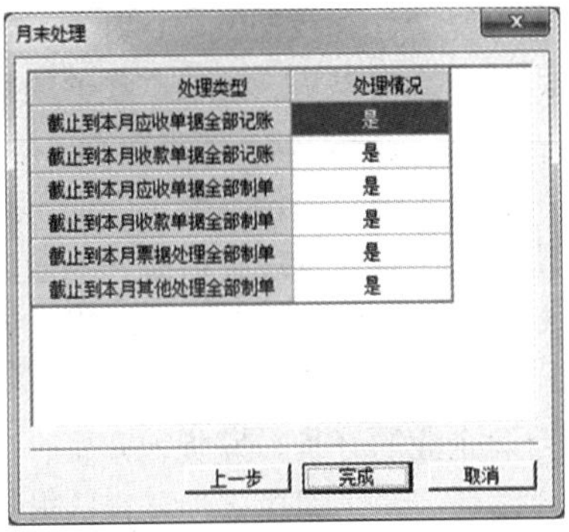

图 3.104　月末单据处理报告

注意：

- 结账以后不能再发生新的应收款业务，结账之前，应对本月的最终账套进行备份。
- 本例只演示结账的操作，实际结账需要等全书的实例全部处理完毕，才能进行。

项目 3.5　销售与应收业务查询

3.5.1　工作任务

任务 3-17　销售账表查询与分析。

1. 查询本期销售明细表

2．查询本期所有产品的发货统计表

3．查询本期销售毛利分析表

任务 3-18 应收账表查询与分析。

1．查询本期应收明细账

2．对本期所有客户进行应收账龄分析

3．查询本期客户往来对账单

3.5.2 理论学习

1. 销售账表查询及分析

销售管理的查询与分析分为以下 4 项内容。

（1）统计表

用于查询销售管理的各种统计表，主要包括如下内容。

① 销售统计表。这是多角度、综合性的销售统计表，能够提供销售金额、折扣、成本、毛利等数据。

② 发货统计表。发货统计表可以统计存货的发货、开票、结存业务数据。

③ 发货单开票收款勾对表。用于查询发货、开票、收款的统计信息。发货单开票收款勾对表的回款统计和订单执行统计表的回款统计有以下两点区别。

- 对现收款的处理不同。在应收系统同销售系统集成使用时，前者要在应收系统中对现收的发票审核后才作为回款统计，而后者现收后即作为回款统计。
- 回款时间处理不同。前者受收款日期过滤条件的约束，而后者不管何时收回都作为回款统计。

④ 销售综合统计表。可以查询企业的订货、发货、开票、出库、回款的统计数据。

⑤ 发票日报。可以查询销售发票、销售调拨单、零售日报的开票情况，每行显示一张发票的合计数量、合计金额、现结金额。

⑥ 发票使用明细表。用于销售会计在月末向税务局申报纳税。

⑦ 委托代销统计表。可以查询企业的委托代销货物发出情况、结算情况及发货未结算的余额。

⑧ 进销存统计表。仅用于商业企业，可以进行采购、其他入库、销售、其他出库、暂估、成本、毛利的数据统计分析。只有当采购、库存、销售、存货 4 个系统联合使用时，才能使用进销存货统计表。

⑨ 信用余额表。可以查询信用对象的信用余额情况。

（2）明细账

用于查询销售管理的各种明细账，主要包括如下内容。

① 销售收入明细账。可以查询销售发票、销售调拨单、零售日报的明细数据，兼顾会计和业务的不同需要。

② 销售成本明细账。可以查询存货的销售成本情况，兼顾会计和业务的不同需要。

③ 发货明细表。可以查询发货单的明细记录。

④ 销售明细表。可以查询销售发票、销售调拨单、零售日报的明细记录。

⑤ 销售明细账。可以查询销售发票、成本、毛利的明细记录。

⑥ 发货结算勾对表。提供发货单的开票、结算情况。

⑦ 委托代销明细账。详细记录货物明细的委托代销发出情况、结算情况及发货未结算的余额。

(3) 销售分析

满足企业对销售数据进行分析。

① 销售增长分析。可以分析部门或货物的本期销售比前期销售的增长情况。

② 货物流向分析。可以分析按照不同分组条件（如客户、地区、行业）在某时间区间的销售货物流向比例。

③ 销售结构分析。可以分析按照不同分组条件（如客户、业务员、货物等）在某时间段的销售构成情况。

④ 销售毛利分析。可以统计货物在不同期间的毛利变动及影响原因。

⑤ 市场分析。可以反映某时间区间内部门/业务员所负责的客户或地区销售、回款、业务应收（发货未开票）的比例情况。

⑥ 货龄分析。本功能按货物、客户、地区、行业、部门、业务员分析各货龄区间发货未开票或发货未收款的情况。

(4) 综合分析

综合分析只能用于商业企业，而且必须在销售系统同存货核算系统联合使用时可用。

① 动销分析。按商品、部门分析任意时间段经营商品中动销率及未动销货物的时间构成。

② 商品周转率分析。本功能分析某时间范围内某部门所经营商品的周转速度。如果选择周转率别为发货周转率，则周转指发货；如果选择周转率别为销售周转率，则周转指销售。

③ 畅适滞分析。本功能按商品、部门分析查询期间经营货物畅销、适销、滞销构成。

④ 经营状况分析。本功能按部门分析某时间范围的多种经营指标的对比情况。

2. 应收账表查询及分析

应收账表查询及分析主要包括如下内容。

(1) 业务账表查询

通过账表查询，可以及时了解一定期间内期初应收款结存汇总情况，应收款发生、收款发生的汇总情况、累计情况及期末应收款结存汇总情况，还可以了解各个客户期初应收款结存明细情况，应收款发生、收款发生的明细情况、累计情况及期末应收款结存明细情况，以便能及时发现问题，加强对往来款项的监督管理。

(2) 统计分析

通过统计分析，可以根据企业定义的账龄区间，进行一定期间内应收款账龄分析、收款账龄分析、往来账龄分析，了解各个客户应收款周转天数、周转率，了解各个账龄区间内应收款、收款及往来情况，以便能及时发现问题，加强对往来款项动态的监督管理。

(3) 科目账表查询

通过不同角度进行科目明细账、科目余额表的查询

① 科目明细账。用于查询指定科目下各往来客户的明细账情况。

② 科目余额表。用于查询某应收受控科目下所有客户的发生额和余额情况。

3.5.3 工作过程

任务 3-17 销售账表查询与分析。

1. 查询本期销售明细表

以销售主管的身份选择“销售管理”|“报表”|“明细表”|“销售明细表”命令，使用默认过滤条件。单击“过滤”按钮，打开“销售明细表”窗口，如图 3.105 所示。

销售明细表

部门名称	客户名称	业务员	日期	数量	本币税额	本币无税金额	本币价税合计
销售部	北京市华顺有限…		2016/1…	80.00	51,680.00	304,000.00	355,680.00
	(小计)北京市华…			80.00	51,680.00	304,000.00	355,680.00
销售部	北京市泰华家具…		2016/1…	20.00	12,920.00	76,000.00	88,920.00
销售部	北京市泰华家具…		2016/1…	100.00	76,500.00	450,000.00	526,500.00
	(小计)北京市泰…			120.00	89,420.00	526,000.00	615,420.00
销售部	北京市星辰有限…		2016/1…	20.00	12,920.00	76,000.00	88,920.00
	(小计)北京市星…			20.00	12,920.00	76,000.00	88,920.00
销售部	上海市富康有限…		2016/1…	180.00	123,012.00	723,600.00	846,612.00
销售部	上海市富康有限…		2016/1…	-2.00	-1,162.80	-6,840.00	-8,002.80
销售部	上海市富康有限…		2016/1…	10.00	6,460.00	38,000.00	44,460.00
	(小计)上海市富…			188.00	128,309.20	754,760.00	883,069.20
总计				408.00	282,329.20	1,660,760.00	1,943,089.20

图 3.105 销售明细表

2. 查询本期所有产品的发货统计表

以销售主管的身份选择“销售管理”|“报表”|“统计表”|“发货统计表”命令，使用默认过滤条件。单击“过滤”按钮，打开“发货统计表”窗口，如图 3.106 所示。

发货统计表

日期： 2016-10-01 2016-10-31

部门	客户	业务员	存货名称	期初数量	期初金额	期初税额	期初价税合计	发货数量	发货金额	发货税额
销售部	北京市华顺有限责任公司		A型储物柜					80.00	304,000.00	51,680.00
销售部	(小计)北京市华顺有限…							80.00	304,000.00	51,680.00
销售部	北京市泰华家具有限责…		A型储物柜					20.00	76,000.00	12,920.00
销售部	北京市泰华家具有限责…		B型衣橱					100.00	450,000.00	76,500.00
销售部	(小计)北京市泰华家具…							120.00	526,000.00	89,420.00
销售部	北京市星辰有限责任公司		A型储物柜					20.00	76,000.00	12,920.00
销售部	(小计)北京市星辰有限…							20.00	76,000.00	12,920.00
销售部	上海市富康有限责任公司		A型储物柜					98.00	342,760.00	58,269.20
销售部	上海市富康有限责任公司		B型衣橱	100.00	450,000.00	76,500.00	526,500.00			
销售部	(小计)上海市富康有限…			100.00	450,000.00	76,500.00	526,500.00	98.00	342,760.00	58,269.20
(小…				100.00	450,000.00	76,500.00	526,500.00	318.00	1,248,760.00	212,289.20
总计				100.00	450,000.00	76,500.00	526,500.00	318.00	1,248,760.00	212,289.20

图 3.106 发货统计表

3. 查询本期销售毛利分析表

以销售主管的身份选择“销售管理”|“报表”|“销售分析”|“销售毛利分析”命令，使用默认过滤条件。单击“过滤”按钮，打开“销售毛利分析”窗口，如图 3.107 所示。

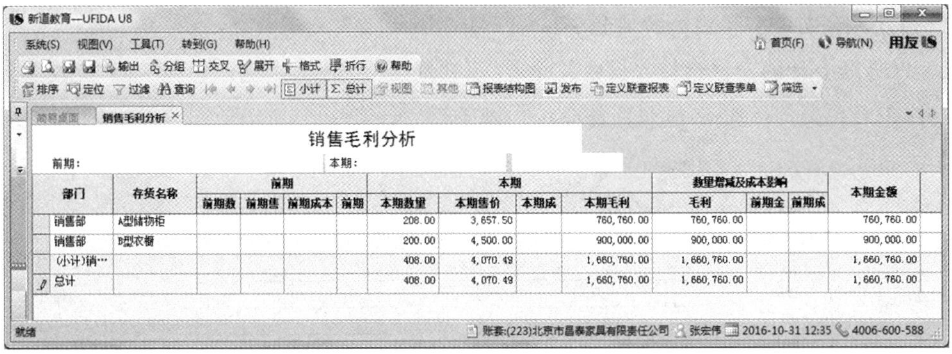

图 3.107　销售毛利分析表

注意： 本例只演示部分销售账表的查询操作，实际的查询需求要根据业务和管理的需要。

任务 3-18　应收账表查询与分析。

1. 查询本期应收明细账

1）以总账会计的身份选择“应收款管理”|“账表管理”|“科目账查询”|“科目明细账”命令，打开“客户往来科目明细账”查询条件对话框，如图 3.108所示。

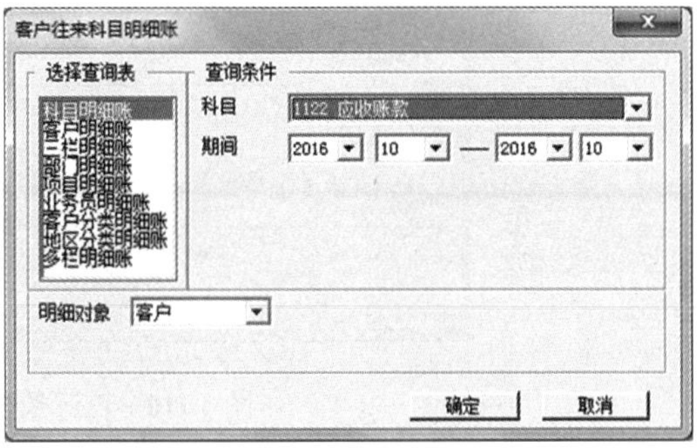

图 3.108　应收科目明细账查询条件

2）单击“科目”下拉列表框，选择“1122 应收账款”选项，日期默认为 2016年 10月。单击“确定”按钮，打开“单位往来科目明细账”窗口，如图 3.109所示。

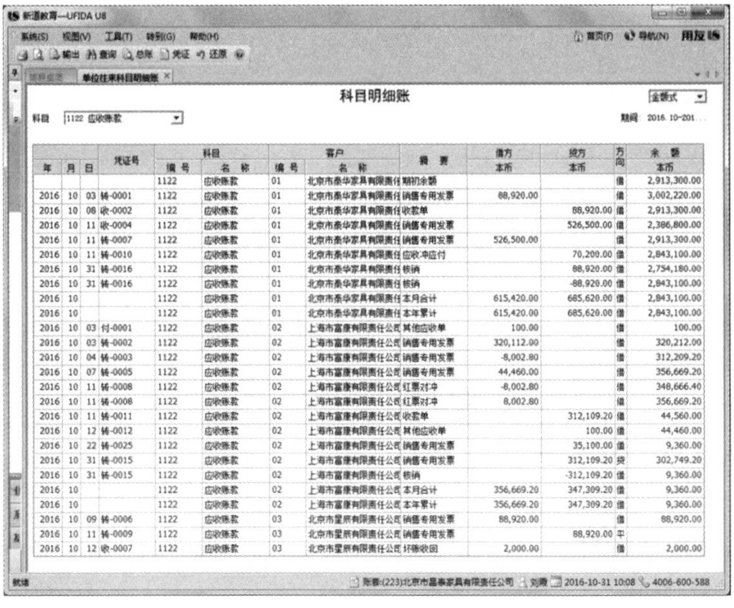

图 3.109　应收科目明细账

2. 对本期所有客户进行应收账龄分析

1）以总账会计的身份选择“应收款管理”|“账表管理”|“统计分析”|“应收账龄分析”命令，打开“查询条件选择-应收账龄分析”对话框，如图 3.110所示。

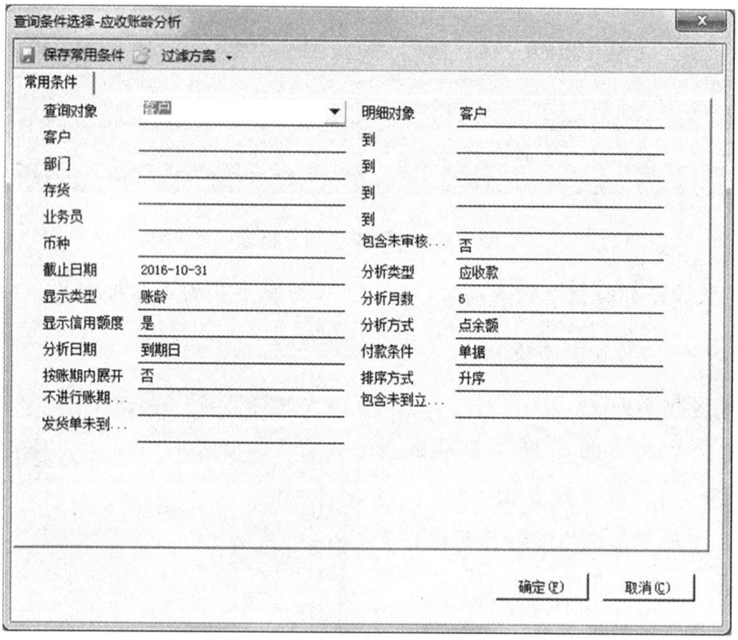

图 3.110　过滤条件选择－应收账龄分析

2）单击“确定”按钮，打开“应收账龄分析”窗口，如图 3.111所示。

图 3.111　应收账龄分析

3. 查询本期客户往来对账单

1）以总账会计的身份选择“应收款管理”|“账表管理”|“业务账表”|“对账单”命令，打开“查询条件选择-应收对账单”对话框。

2）选择明细对象为“客户”，其余默认。单击“确定”按钮，打开“应收对账单”窗口，如图 3.112所示。

应收对账单

币种： 全部
期间： 10 - 10

年	月	日	凭证号	客户 编码	客户 名称	摘要	订单号	发货单	出库单	单据类型	单据号	币种	本期应收 本币	本期收回 本币	余额 本币	到期日
				01	北京市泰华家具有限...	期初余额									2, 913, 300. 00	
2016	10	3	转-0001	01	北京市泰华家具有限...	销售专...	XS1001	0000000002	0000000002	销售专...	XS141001	人民币	88, 920. 00		3, 002, 220. 00	2016-10-03
2016	10	8	收-0002	01	北京市泰华家具有限...	收款单				收款单	0000000002	人民币		88, 920. 00	2, 913, 300. 00	2016-10-08
2016	10	9	转-0007	01	北京市泰华家具有限...	销售专...	XS1003	0000000010	0000000010	销售专...	XS141007	人民币	526, 500. 00		3, 439, 800. 00	2016-11-08
2016	10	11	收-0004	01	北京市泰华家具有限...	销售专...				收款单	0000000004	人民币		515, 970. 00	2, 923, 830. 00	2016-10-11
2016	10	11	收-0004	01	北京市泰华家具有限...	销售专...	XS1003	0000000010	0000000010	核销	HXAR000...	人民币		10, 530. 00	2, 913, 300. 00	2016-11-08
2016	10	11	转-0010	01	北京市泰华家具有限...	应收冲应付				应收冲应付	YCFAP00...	人民币		70, 200. 00	2, 843, 100. 00	2016-09-24
				(01)小计:									615, 420. 00	685, 620. 00	2, 843, 100. 00	
2016	10	3	付-0001	02	上海市富康有限责任...	其他应收单				其他应收单	0000000002	人民币	100. 00		100. 00	2016-10-03
2016	10	3	转-0002	02	上海市富康有限责任...	销售专...	XS1002	0000000005	0000000004	销售专...	XS141003	人民币	320, 112. 00		320, 212. 00	2016-10-03
2016	10	4	转-0003	02	上海市富康有限责任...	销售专...	XS1002	0000000006	0000000005	销售专...	XS141004	人民币	-8, 002. 80		312, 209. 20	2016-10-04
2016	10	7	转-0005	02	上海市富康有限责任...	销售专...	XS1005	0000000007	0000000007	销售专...	XS141005	人民币	44, 460. 00		356, 669. 20	2016-10-07
2016	10	11	转-0011	02	上海市富康有限责任...	收款单				收款单	0000000006	人民币		312, 109. 20	44, 560. 00	2016-10-11
2016	10	12	转-0012	02	上海市富康有限责任...	其他应收单				坏账发生	HZAR000...	人民币		100. 00	44, 460. 00	2016-10-03
2016	10	22	转-0025	02	上海市富康有限责任...	销售专...	XS1005	0000000007	0000000007	应付冲应收	FCYAR00...	人民币		35, 100. 00	9, 360. 00	2016-10-07
				(02)小计:									356, 669. 20	347, 309. 20	9, 360. 00	
2016	10	8	收-0003	03	北京市星辰有限责任...					收款单	0000000003	人民币		30, 000. 00	-30, 000. 00	2016-10-08
2016	10	9	转-0006	03	北京市星辰有限责任...	销售专...	XS1006	0000000008	0000000008	销售专...	XS141006	人民币	88, 920. 00		58, 920. 00	2016-10-09
2016	10	11	收-0005	03	北京市星辰有限责任...					收款单	0000000005	人民币		58, 920. 00		2016-10-11
				(03)小计:									88, 920. 00	88, 920. 00		
2016	10	7	转-0004	04	北京市华顺有限责任...	销售专...	XS1004	0000000001	0000000006	销售专...	00000001	人民币	355, 680. 00		355, 680. 00	2016-10-07
2016	10	7	转-0013	04	北京市华顺有限责任...	其他应收单				其他应收单	0000000005	人民币	-6, 080. 00		349, 600. 00	2016-10-07
				(04)小计:									349, 600. 00		349, 600. 00	
合...													1, 410, 609. 20	1, 121, 849. 20	3, 202, 060. 00	

图 3.112 应收对账单

注意：本例只演示部分应收账表的查询操作，实际的查询需求要看业务和管理的需要。

单元 4

采购与应付管理

学习目标

1. 职业知识
- 了解采购与应付系统的重要性和作用。
- 了解采购与应付系统的框架和主要工作内容。
- 理解采购与应付系统的基本工作原理。

2. 职业能力
- 能够完成采购日常业务处理。
- 能够完成付款日常业务处理。
- 能够进行采购与付款期末处理。
- 能够进行采购与付款账表查询及分析。

3. 职业素养
- 团队配合、分工协作。
- 细心、严谨。

项目 4.1　采购与应付管理总体介绍

4.1.1　系统介绍及相关概念

1. 采购与应付系统概述

采购与付款管理是企业物资供应部门按照企业的物资供应计划，通过市场采购、加工定制等渠道，取得企业生产经营活动所需要的各种物资并支付款项的过程。企业的采购与付款业务可以分为采购业务和付款业务，从业务流程上来看，付款业务往往是采购业务的延续。采购与付款业务分别在采购系统和应付系统中完成。

采购系统是购销存系统的一个子系统，同库存及应付系统联合使用可以追踪存货的入库信息，把握存货的畅滞信息，从而减少盲目采购，避免库存积压，同时可以将采购结算成本自动记录到存货成本（原材料、库存商品）账中，便于财务部门及时掌握存货采购成本。

应付系统通过发票、其他应付单、付款单等单据的输入，对企业的往来账款进行综合管理，及时、准确地提供供应商的往来账款余额资料，提供各种分析报表，帮助企业合理地进行资金的调配，提高资金的利用效率。

采购业务的管理状况会影响到企业的整体运营状况，采购管理的不善会产生生产缺料或物料过剩的现象。缺料会导致生产与销售的延误；物料过剩会导致企业资金占用过高，影响资金利用效率；而采购付款不及时则会导致企业的商业信誉受损。无论哪种情况，均会给企业造成无法估量的损失。

2. 采购和应付系统主要业务流程及其与其他系统的数据联系

采购和应付系统同库存、存货和总账系统均有直接或间接的联系。采购和应付系统主要业务流程及其与其他系统的数据联系如图 4.1 所示。

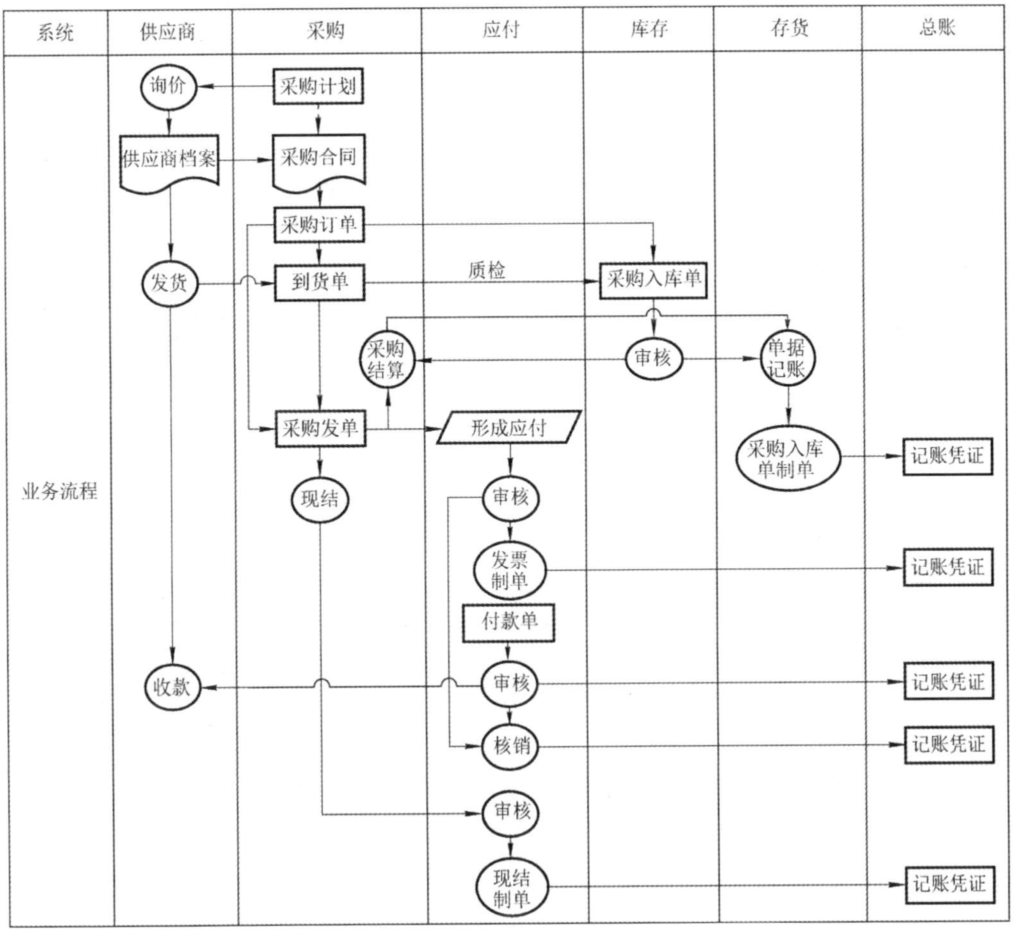

图 4.1 采购和应付系统主要业务流程及其与其他系统的数据联系

采购与付款业务主要流程及其与其他模块的数据联系具体如下。

（1）编制采购计划

为了更好地执行采购，满足企业的生产和销售需要，采购部门往往需要制订采购计划。通过采购计划可以随时了解企业在何时需要什么物料及所需物料的数量。在采购计划中，主要解决几个问题：一是采购的对象是什么，即采购什么物料；二是采购的数量是多少；三是订货日期和到货日期是什么要求。采购计划为企业采购提供宏观上的指导。采购计划属于计划层面的操作，实际发生的采购作业在采购计划指导下展开，此时采购作业尚未开始。

（2）询价

采购计划批准后，采购部门就可以按照计划执行采购了。有了采购意向后，采购方向评估合格的供应商进行询价，签发报价请求要求供应商竞价。采购方收到供应商的报价后，由采购、使用等部门共同参与比质比价的程序，进行议价，根据议价的结果选择一家价格合理的、质量可靠的供应商下达订单。

（3）订单管理

采购部门确定要采购以后，业务人员即可向供应商发出采购订单。采购订单是采购方与供应商之间签订的采购合同或购销协议在计算机中标准化、格式化的表达。它具有一定的约束力，可以是企业采购合同中关于货物的明细内容，也可以是一种订货的口头协议。其主要内容包括采购什么货物、采购多少、由谁供货、什么时间到货、到货地点、运输方式、价格和运费等。采购订单是采购系统中的核心单据，通过采购订单可以跟踪采购的整个业务流程。

订单下达后，为了保证订单能按时按质按量交货，采购部门要对订单进行跟踪检查，控制采购进度。系统提供订单的跟踪功能，对于拖期未到货的订单，可以向供货单位发出供应商催货函。

（4）到货、检验及入库

进货的环节主要包括到货、检验和入库等工作。存货到达企业后，需要对存货进行清点，检查到货的物料是否同订单内容一致。对于需要检验的物料，企业应当按照规定的验收制度和经批准的采购订单、采购合同等采购文件，由独立的验收部门或指定专人对所购物品或者劳务等的品种、规格、数量、质量和其他相关内容进行验收，出具验收证明，如质检单等，检验合格以后方可正式入库。验收入库后系统参照采购订单填写到货单及采购入库单。

检验时如果发现不合格货物，不能入库，可按事先约定的协议或合同条款，确定是否补齐、返修或退货。如果需要退货，根据退货的具体情况填写相应的红字单据。

（5）开票

采购发票是供应商开出的销售货物的凭证。收到供应商开具的发票以后可以根据采购订单、到货单等单据生成采购发票，也可以手工输入一张采购发票。系统根据采购发票最终确定采购成本并作为付款的依据，采购发票生成后传递给应付系统作相应的账务处理。

（6）付款结算

财务部门核对各种业务单据，如订单和到货单，确认到货和入库等都无误以后，并且符合付款条件，才能由财务部门按照合同条款进行付款。付款结算完之后，需要及时作付款核销应付款，以便企业及时掌握各个供应商实际应付账款的余额，从而监督应付款及时核销，加强往来款项的管理。

（7）凭证处理

财务部门根据采购发票、入库单、付款单等记录，生成相应的记账凭证，传递给总账进行审核、记账等财务处理。

（8）采购及付款业务查询

管理部门根据采购订单或合同、采购发票、采购入库单、应付及付款单进行查询和分析，形成相应报表。

4.1.2 工作岗位及任务流程

采购系统主要提供对企业采购业务全流程的管理。采购业务的主要任务是在采购系统中处理采购订单、到货单和采购发票，并根据采购发票确认采购入库成本及采购付款的全过程管理。

采购及应付业务的主要工作任务及处理流程如图 4.2 所示。该流程图中的岗位分工是单据处理的主要分工，实际上对某张单据的处理可能会涉及多个岗位。例如，单据的填制由销售主管或总账会计来完成，但单据的审核一般由账套主管来执行，而付款结算由企业的出纳人员来处理。要注意的是，如果发票采用现结方式，则现结操作处理也由出纳人员来执行。

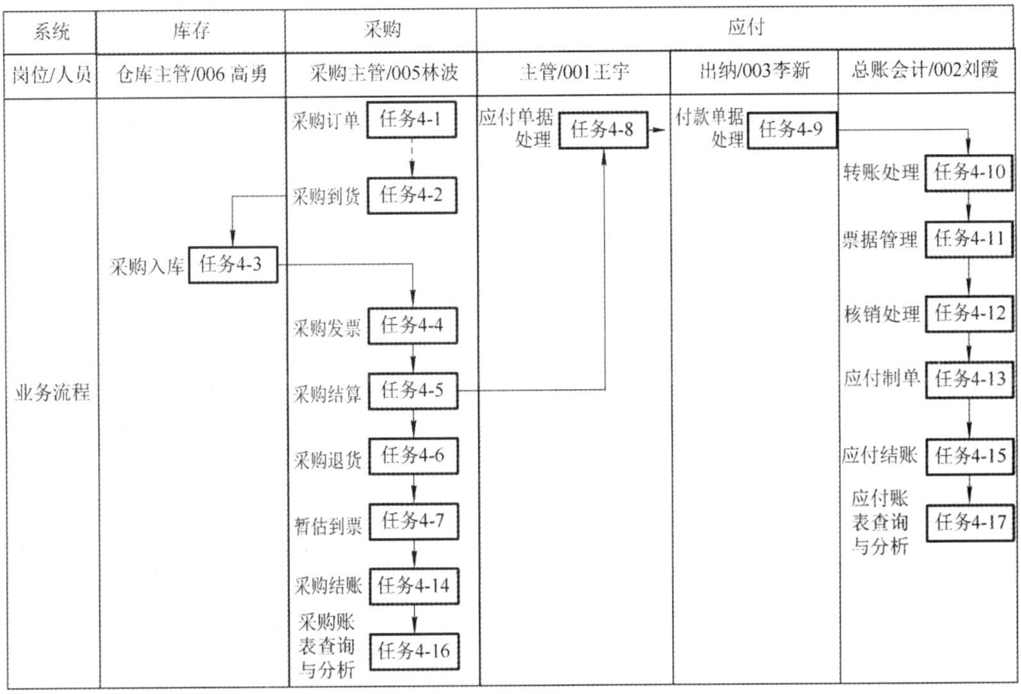

图 4.2 采购及应付业务岗位任务流程

项目 4.2 采购业务处理

4.2.1 工作任务

本期企业发生的采购业务如下。

任务 4-1 采购订单。

10月13日，采购员周强向北京嘉兴公司询问封边条的价格。得知单价为270元/盘，随即向上级领导提出请购要求，请购数量为100盘。采购员填制请购单。

10月13日，上级领导批准向北京嘉兴公司订购封边条100盘。单价为270元/盘，要求到货日期为10月15日。采购员填写采购订单（订单号CG1001）。

任务4-2 采购到货。

10月15日，收到订购的封边条100盘（对应订单CG1001），填制到货单。

任务4-3 采购入库。

10月15日，经仓储部门检验，到货的封边条没有质量问题，数量、规格均符合合同标准，将收到的货物验收入库。

任务4-4 采购发票。

1. 采购专用发票输入

10月15日，收到北京嘉兴公司开来的增值税专用发票一张（业务对应订单CG1001）。发票号为CG141001，增值税税率为17%，数量为100盘，价税合计为31 590元。

2. 采购普通发票输入

10月15日，采购员周强与北京成达有限公司签订采购合同（订单号CG1002），购买成型板50张，无税单价300元/张。货物当天到达，全部合格验收入库。当天收到增值税普通发票一张，发票号为CG141002。当天开出转账支票一张（支票号141007），用于支付全部货款。

北京成达有限公司为小规模纳税人，纳税识别号为123456789875461，地址为“北京通州区北关大街89号”，开户行及账号为“中国工商银行北关大街支行1000005557864832”。

3. 运费发票输入

10月15日，采购员周强与北京嘉兴公司签订采购合同（订单号CG1003），购买储物柜配件100套，单价220元/套；衣橱配件150套，单价250元/套。当天储物柜配件和衣橱配件全部到货，验收入库。同时，取得采购发票，价税合计69 615元，发票号为CG141003；收到运费发票一张，供应商为北京南通汽车有限责任公司，运费为2 000元，价税合计2 220元，发票号为CG141004。

任务4-5 采购结算。

1. 入库单和采购发票一对一关系的采购结算

10月16日，对发票号为CG141001的发票进行采购结算。

2. 采购普通发票结算

10月16日，对发票号为CG141002的发票进行采购结算。

3. 按数量分摊费用结算

10月16日，对发票号为CG141003和CG141004的发票进行采购结算，运费按照数量分配。

4. 合理损耗结算

10月16日，采购员周强与哈尔滨正祥有限责任公司（以下简称哈尔滨正祥公司）签订采购合同（订单号CG1004），购买储物柜配件100套，单价220元/套。当天储物柜配件全部到货，验收时发现储物柜配件 96 套合格，另外 4 套属于合理损耗。收到增值税专用发票一张，发票号为 CG141005，增值税税率为 17%，数量为 100 套，价税合计 25 740 元。进行采购结算。

5. 非合理损耗结算

10月 16日，采购员周强与北京嘉兴公司签订采购合同（订单号 CG1005），购买成型板 200 张，单价 300 元/张。当天收到增值税专用发票一张，发票号为 CG141006，数量为 200 张。10月 18日，封边条全部到货，验收时发现成型板 190 张合格，另外 10 张属于非合理损耗。进行采购结算。

任务 4-6 采购退货。

1. 收到发票后发生退货

10月 18日，发现订单 CG1001 的封边条有 5 盘不合格，要求办理退货，当天将货物退给供应商。当天收到北京嘉兴公司开来的增值税红字专用发票，发票号为 CG141007，数量为 5 盘，单价为 270 元/盘。进行采购结算。

2. 先发生退货后收到发票

10月 18日，采购部周强与哈尔滨正祥公司签订采购合同（订单号 CG1006），购买成型板 500 张，单价 300 元/张。当天收到货物，验收入库。

10月 19日，仓库反映 18 日验收入库的成型板有 10 张质量不合格，要求办理退货，与供应商协商后，当天将货物退回供应商。当天，收到哈尔滨正祥公司开来的采购专用发票一张，发票号为 CG141008，数量为 490 张。进行采购结算。

任务 4-7 暂估到票。

10月 19日，收到 9月 27日购买北京嘉兴公司暂估入库的成型板的专用发票，发票号为 CG141009，数量为 100 张，价税合计为 35 100 元。进行采购结算。

4.2.2 理论学习

1. 采购订单

(1) 采购订单概述

采购订货是指企业根据本期的采购计划与资金预算计划同供应商签订的采购合同或采购协议，确认订货需求，订货确认后在系统内部输入采购订单。在采购订单上，需要说明采购什么货物、采购多少、由谁供货、什么时间到货、运输方式、价格及运费等。供应商根据采购订单组织货源，企业的仓管部门依据采购订单进行货物验收。

采购订单是采购系统中很重要的业务单据。通过采购订单可以对采购业务进行全程跟踪和控制，有利于企业加强采购业务管理。在系统中可以随时查询采购订单的执行情况，实时了解没有取得采购发票的暂估入库统计信息和明细数据，没有货物入库的采购发票（在途货物）统计信息和明细数据，以及已进行采购结算的采购入库统计表和明细表等。

企业对订货管理的要求必须科学且严格：首先要求所订的货物必须在计划的时点到货，绝对不能延误，采购延误将影响整个生产计划和销售计划的完成，影响本年度利润指标的实现；

其次，采购也不能提前到货，如果提前到货，容易造成库存物料积压，从而导致存货资金的浪费和仓库保管成本的提高。

对于下达的采购订单，系统提供从采购单编码、物料号、供应商号、采购员代码、交货日期等多种查询途径，提供全程跟踪采购订单执行情况的功能，企业可以全面监控采购物料的到货、付款、开发票和运输等情况。根据订单执行情况生成订单跟催计划，在跟催过程中，要随时了解供应商的生产进度及质量情况，并及时对供应商给予支持。

（2）采购订货作业流程

采购订货的作业流程如图 4.3 所示。

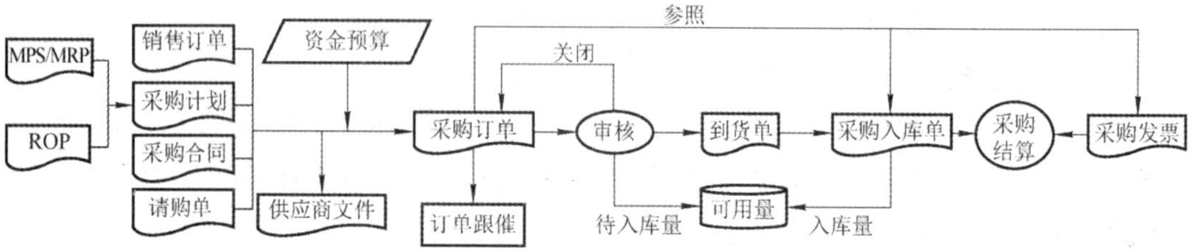

图 4.3　采购订货作业流程

采购订货的具体流程如下。

1）根据请购单、采购计划、签订的采购合同或协议等填写采购订单。企业采购订单的来源包括请购单、销售订单、采购合同、MPS/MRP、ROP 等，还可以在采购系统中直接输入采购订单。在 MPS（Master Production Schedule，主生产计划）/MRP（Material Requirement Planning，物料需求计划）下，企业可以根据生产的加工需求，自动推导出所需采购的物料的时间和数量。

有采购订单管理需求的企业，可以根据同供应商签订的采购合同或协议，按规定输入到计算机中；没有采购订单的采购业务不必输入采购订单。

2）待供货单位确认后，审核订单。订单输入系统之后需要经采购主管审批或供货单位确认，确认以后执行审核，审核合格后才能被认定是合法、有效的。采购订单的审核是对订购业务的最终确认，审核后的订单才可以据以生成其他单据，如采购到货单、采购发票等。

订单审核后，可以弃审。但如果该订单有下游单据生成，或者被其他功能、其他系统使用，则视为该订单已经执行。已执行的单据不可弃审，除非将生成的下游单据删除。

按照企业内部控制的要求，采购订单的填制和审核属于不相容的职务，不能是同一个人。

3）货物到达企业后，填制到货单及入库单，并在入库单上注明订单号。

4）对于执行完成的订单，可以关闭订单。已审核的单据可以关闭。已关闭的单据不能执行、弃审。

5）查询订单的入库执行情况。

6）对于拖期的订单，向供货单位发出催货函。

2. 采购到货

（1）采购到货概述

采购到货是采购订货和采购入库的中间环节，一般由采购业务员根据供方通知或送货单填写，确认对方所送货物、数量等信息，以入库通知单的形式传递到仓库作为保管员验收入库的依据。

采购的货物到达企业后，应填制采购到货单。如果企业的采购业务是根据采购订单进行采购活动的，应根据该企业的采购订单填制采购到货单，以便加快填单（输入采购入库单）速度，并可以统计采购订单的执行情况。采购到货单保存后即为有效单据，不需审核。采购到货单是可选单据，可以根据业务需要选用。

（2）采购到货作业流程

采购到货的作业流程如图4.4所示。

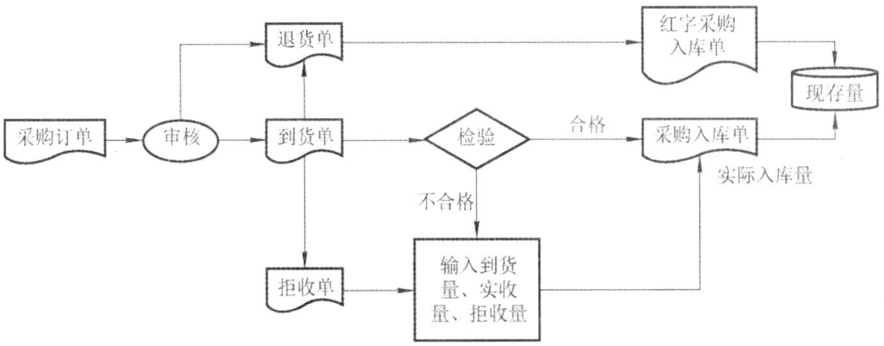

图4.4 采购到货作业流程

其具体流程如下。

1）生成采购到货单。到货单可以手工增加，也可以参照采购订单生成。但对于必有订单，采购到货单必须参照订单生成，不可手工增加。

2）生成采购入库单。采购到货单生成后可在库存系统参照生成采购入库单。生成入库单后会影响现存量。

现存量和前面订单流程里的可用量是不一样的概念。现存量是指仓库中的实际库存，类似会计上的库存商品；可用量是在某个时段内的库存量。可用量一般是在现存量的基础之上的，包含了预计入库和预计出库（即可用量＝现存量＋预计入库量－预计出库量）。例如，到货单本身并没有形成实际入库，但到货单有可能会形成未来某个时间的入库，所到货单上的数量可称为预计入库量。

3）如果入库前仓库检验发现质量问题，可以在到货单上输入拒收量，也可以根据到货单生成拒收单。此时，实际入库量＝到货量－拒收量。

4）对于入库后发生退货，那么可以根据到货单或采购订单填制采购退货单，再参照到货退货单生成红字采购入库单，冲减现存量。采购退货单是采购到货单的红字单据。

3. 采购入库

（1）采购入库概述

采购入库业务是指仓库收到采购部门的货物，由仓库保管员验收货物的数量、质量、规格和型号等，确认验收无误后办理入库，并登记库存明细账。

采购货物入库时，根据实际入库数量填制入库单。采购入库单是根据采购到货签收的实收数量填制的单据。对于工业企业，采购入库单一般指采购原材料验收入库时所填制的入库单据；对于商业企业，采购入库单一般指商品进货入库时所填制的入库单据。采购入库单按进出仓库方向分为蓝字采购入库单、红字采购入库单；按业务类型分为普通采购入库单、受托代销入库单（商业企业）。

（2）采购入库作业流程

采购入库作业流程如图 4.5 所示。

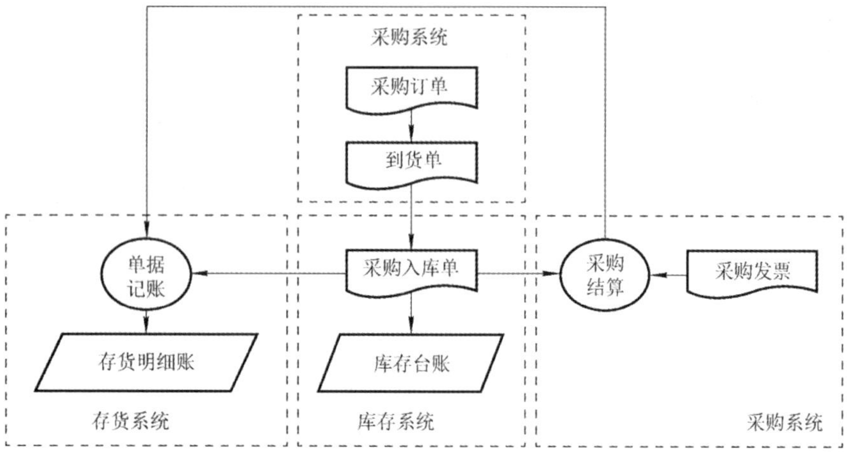

图 4.5　采购入库作业流程

其具体流程如下。

1）生成并审核采购入库单。采购入库单可以手工增加，也可以参照采购订单、到货单生成。如果是退货业务，则根据退货单生成红字采购入库单。采购入库单会增加存货的现存量，红字采购入库单则冲减现存量。根据库存系统的“修改现存量时点”参数（见图 4.6）设置，采购入库单保存或审核后更新现存量。

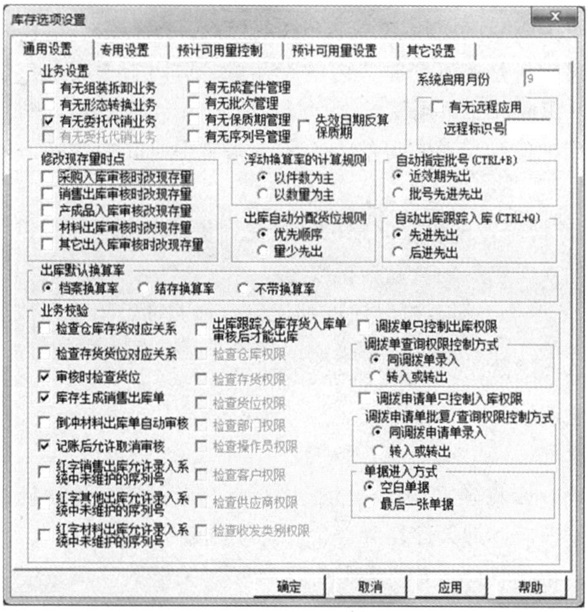

图 4.6　库存选项

如果库存系统未启用，可在采购系统中输入入库单据；如果库存系统启用，则必须在库存系统中输入入库单据。在采购系统中可查询入库单据，可根据入库单生成发票。

2）同采购发票进行采购结算。由于采购入库单是仓储部门输入的单据，因此输入的时候可以只输入数量。如果入库单参照订单或到货单生成，则系统将订单或到货单的单价自动带入到入库单上，但该单价在采购结算之前为暂估单价。入库单经过同采购发票的采购结算以后，会将结算后的发票的价格反写到采购入库单上，此时的采购单价才是最终确认的采购成本。如果截至月底，采购发票还未收到，则必须由财务部门根据历史成本或合同单价进行暂估，从而形成暂估入库，待发票到达后，再根据该入库单和发票进行采购结算处理。

3）采购入库单单据记账。采购入库单审核以后传递给存货系统进行单据记账，参与存货计价，进行存货明细账的登记和采购入库的凭证制单（见表 4.1）。由存货系统传递给总账系统，最终形成相关的存货科目的账表信息。

表 4.1　制单规则

采购入库单报销制单	采购入库单暂估制单
借：原材料 　　贷：在途物资	借：原材料 　　贷：应付账款——应付暂估款

如果是红字入库单，制单的结果为红字。

4. 采购发票

（1）采购发票概述

采购发票是供应商开出的销售货物的凭证，即从供货单位取得的进项发票及发票清单。系统将根据采购发票确认采购入库成本，并据以登记应付账款，作为付款的依据。

采购发票按发票类型分为增值税专用发票、普通发票及运费发票；按业务性质分为蓝字发票和红字发票。增值税专用发票的单价为无税单价。

普通发票包括普通发票、废旧物资收购凭证和农副产品收购凭证及其他收据。这些发票的单价、金额都是含税的。普通发票的默认税率为 0，可修改。

运费发票是记录在采购货物过程中发生的运杂费、装卸费和入库整理费等费用的单据。运费发票记录可以在手工结算时进行费用分摊，也可以单独进行费用结算。运费发票的单价、金额都是含税的，运费发票的默认税率为 71%，可修改。但要注意，在目前营改增的情况下，运费也可以和普通货物一样开具增值税专用发票。如果企业收到的是增值税专用发票开具的运费，则应该输入增值税专用发票，而不是运费发票。

红字专用采购发票即红字增值税专用发票，是专用采购发票的逆向单据；单价是无税单价，金额是无税金额。如果发生退货业务，且对方开具了红字增值税专用发票，则需要输入红字专用发票，红字发票的处理同蓝字发票完全相反。

（2）采购发票作业流程

采购发票的作业流程如图 4.7 所示。

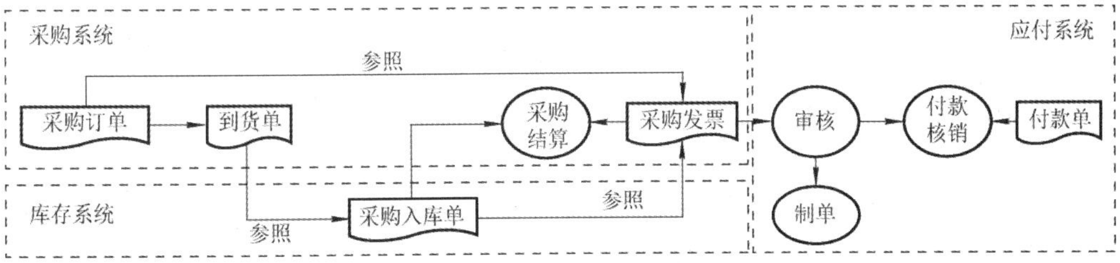

图 4.7　采购发票作业流程

1）输入采购发票。企业收到供应商开具的发票后，必须在采购系统输入采购发票。采购发票可以手工新增，也可以参照采购订单、采购入库单填制，还可以通过复制其他采购发票填制。

在收到供货单位的发票时，如果没有收到供货单位的货物，可以对发票压单处理，待货物到达后，再输入计算机作报账结算处理；也可以把发票先输入计算机，以便及时掌握在途货物的情况。

2）采购发票现付、弃付。如果在收到发票当日付款，可对发票执行现付。在实际业务中，当采购人员在采购取得货物的同时，将货款先行垫付，这时需将款项直接支付给本单位的采购人员。在采购发票保存后，就可以进行现付款处理，已审核的发票不能再作现付处理。

3）采购发票与采购入库单进行采购结算。

4）发票审核。如果管理需要，则通知审核人员对输入的发票进行审核确认，或者对经主管领导签字准予报销的发票进行审核确认。审核过的发票不能进行修改、删除。如果启用应付系统，采购发票在应付系统中进行审核，审核后回填采购发票上的审核人签字。

发票审核后，可以在应付系统进行发票制单。如果发票执行现付，则在应付系统中进行现结制单。制单规则如表 4.2 所示。

表 4.2　制单规则

发 票 制 单	现 付 制 单
借：在途物资 应交税费——应交增值税——进项税额 贷：应付账款	借：在途物资 应交税费——应交增值税——进项税额 贷：银行存款

如果是红字发票，制单的结果为红字。

5）查询各销售发票的有关信息。可以查询销售发票列表、增值税发票处理状态明细表、在途物资余额表等发票有关的账表信息。

5. 采购结算

（1）采购结算概述

采购结算也称采购报账，会计上的含义是指采购核算人员根据采购入库单、采购发票核算采购入库成本。在手工业务中，采购业务员拿着经主管领导审批过的采购发票和仓库确认的入库单到财务部门，由财务人员确认采购成本。

通常采购结算是入库单同发票的结算。这种采购结算针对一般采购业务类型的入库单，根据发票确认其采购成本，即以发票金额作为入库单的实际成本。经过采购结算后，如果入库单上没有记载单价和金额，则将发票上的金额写入入库单，并传递给存货系统作为入库的成本。如果入库单上原来记载有金额，则以发票金额为准，将发票金额覆盖入库单上的金额。

采购入库单是仓储部门负责的物流单据，反映的是入库业务的实际物流状况。但入库单上的单价在采购结算之前是暂估价，只有等采购发票收到以后，经过采购结算才能表示对采购单价的正式确认，结算后在采购发票上显示“已结算”红色标志。

采购结算的结果是生成采购结算单。采购结算单是记载采购入库单记录同采购发票记录对应关系的结算对照表。采购结算单能明确采购入库单同采购发票的对应关系，从采购发票处向上联查，可以知道每张发票对应哪些入库单，而未结算的入库单就是已经入库但是供应商发票尚未到达的采购业务，同时，也知道了还有多少已到货的单据没有付款。

如果发现结算错误，需要修改或删除入库单、采购发票等，必须先取消采购结算，即删除采购结算单。取消了结算的入库单、采购发票，其左上角的“已结算”红色标志消失。

在正常情况下，采购入库单必须经过采购结算以后才能在存货系统中执行单据记账，这样采购入库才能以正式确认的成本参与存货计价。在发票未到之前，采购入库单处于待票状态，在月底之前不能执行单据记账。如果在月底票还未到，则应由财务部门进行暂估成本输入，暂估之后再进行单据记账，此时生成的入库单位成本是暂估单价。

（2）采购结算作业流程

采购结算的作业流程如图 4.8 所示。

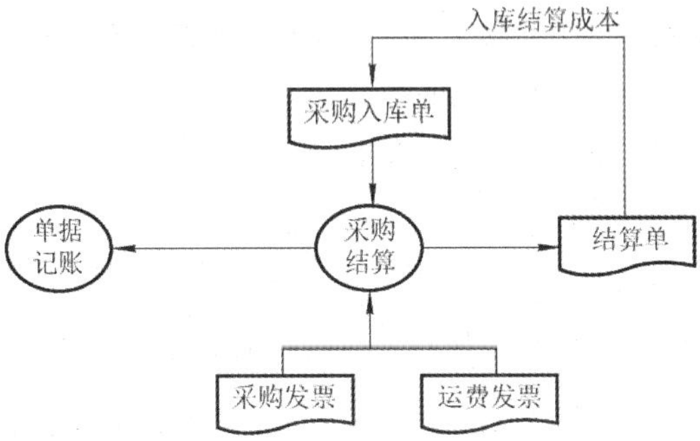

图 4.8 采购结算作业流程

如果发票分次收到，且分别输入了两张发票，则入库单能与这两张发票同时进行采购结算。系统会将两张发票的价格金额合计作为入库成本。如果采购发票和运费发票同入库单作结算，则系统将运费发票的费用按数量或按金额的比例分摊到入库单中。这时结算后会将发票和运费分摊的费用合计金额写入采购入库单的成本中。

如果运费发票开具时，对应的入库单已经同发票结算，则运费发票可以通过费用折扣结算将运费分摊到入库单中，此时运费发票分摊的费用不再计入入库单中，需要到存货系统中进行结算成本的暂估处理，系统会将运费金额分摊到成本中。运费发票结算流程如图 4.9 所示。

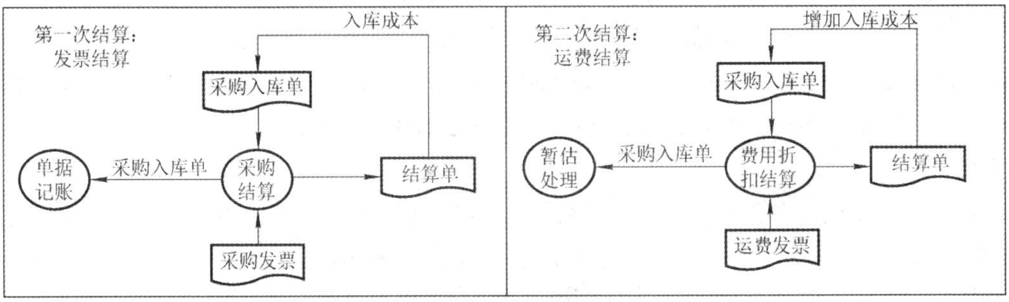

图 4.9 运费发票结算流程

如果是退货业务，则将红字入库单同红字发票进行结算。结算的方法和流程同蓝字入库单与蓝字发票基本一致。

（3）结算的方法

采购结算从操作处理上分为自动结算和手工结算两种方式。

① 自动结算。自动结算是由计算机系统自动将相同供货单位的存货相同且数量相等的采购入库单和采购发票进行结算。结算时，可以根据需要输入结算条件，系统将根据企业输入的条件范围进行结算。例如，企业只要对某个供货单位的采购业务进行结算，则可以输入该供货单

位的名称或编号。

② 手工结算。当采购入库单同采购发票上的采购数量不一致时，就需要利用手工结算方式来结算了。使用手工结算功能还可以进行正数入库单同负数入库单结算、正数发票同负数发票结算、正数入库单同正数发票结算、负数入库单同负数发票结算及费用发票单独结算等方式。

手工结算时可以结算入库单中的部分货物，未结算的货物可以在今后取得发票后再结算。可以同时对多张入库单和多张发票进行报账结算。

手工结算还支持到下级单位采购，付款给其上级主管单位的结算；支持三角债结算，即支持甲单位的发票可以结算乙单位的货物。

（4）合理损耗与非合理损耗

在企业的采购业务中，由于运输、装卸等原因，采购的货物会发生短缺毁损，应根据不同情况进行相应的处理。

采购结算应遵循该数量平衡式：入库货物的发票数量＝结算数量＋合理损耗数量＋非合理损耗数量。如果入库的数量和发票结算的数量不一致，则必须输入合理损耗数量或非合理损耗的数量。

① 如果入库数量大于发票数量，则说明发生了入库的溢余，应在结算窗口的发票附加栏的“合理损耗数量”“非合理损耗数量”“非合理损耗金额”栏目中输入溢余数量及金额。数量、金额均为负数，系统会把多余数量按赠品处理，只是降低了入库货物的单价。

② 如果入库数量小于发票数量，则说明发生了入库损耗，应在发票附加“合理损耗数量”“非合理损耗数量”“非合理损耗金额”栏中输入短缺数量、短缺金额，数量、金额为正数。此时，需要进一步确定本次入库损耗是合理损耗还是非合理损耗。

③ 如果发生的是合理损耗，如天气原因意外损耗，且数量是定额范围之内，那么可直接将损耗部分计入存货成本，入库总成本不变，相应提高入库货物的单位成本。在执行采购结算的时候，需要输入合理损耗的数量，系统会自动将总成本分摊到入库的每个存货上，抬高单位采购成本。

④ 如果发生的是非合理损耗，如运输公司人为造成的运输过程中的物料损耗，那么不能计入存货成本，而应将发生的损耗确认为待处理财产损溢，相关的进项税额应该转出，入库单位成本保持不变。在采购结算窗口中，需要输入非合理损耗的存货数量、非合理损耗的类型，系统会根据损耗的类型将损耗部分计入待处理财产损溢，并将损耗部分的进项税额转出，待查明损耗的原因后，再将待处理财产损溢转入费用类科目。

假设本期采购 A 材料 100 个，不含税单价为 10 元/个，增值税税率为 17%。收到供应商按合同开具的发票，价税合计为 1 170 元。入库的时候发现 10 个损耗，只入库了 90 个。如果判定这 10 个未入库的存货是合理损耗，则入库总成本不变（100×11.7＝1 170），入库数量是 90，单位成本为 13 元/个（1 170/90＝13）；如果判定这个 10 个未入库的存货是非合理损耗，则入库单位成本不变（含税单价仍为 11.7 元/个），入库总成本为 1 053（90×11.7）元，发生损耗为 117（10×11.7）元，其中 17 元为进项税额转出金额。

发生损耗的金额计算如图 4.10 所示。

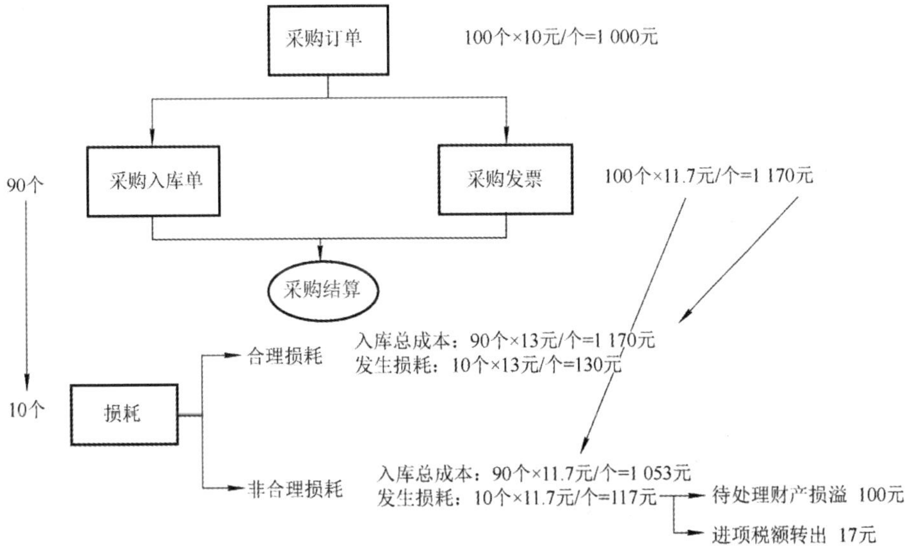

图 4.10　发生损耗的金额计算

4.2.3　工作过程

任务 4-1　采购订单。

1）以采购主管的身份选择“供应链”|“采购管理”|“请购”|“请购单”命令，打开“采购请购单”窗口。

2）填制采购请购单，然后单击“保存”按钮，如图 4.11 所示。

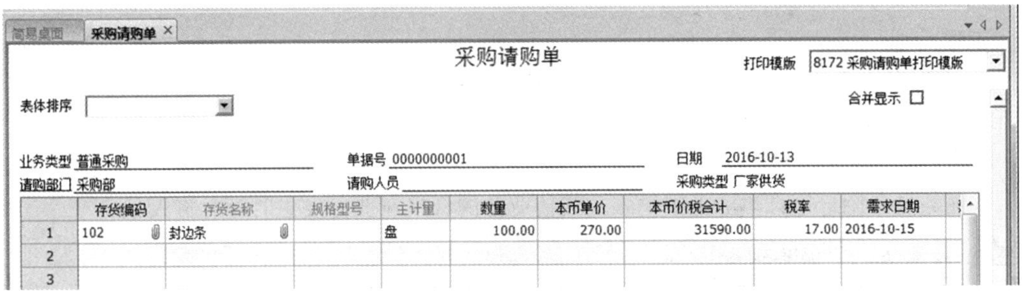

图 4.11　采购请购单

3）以账套主管的身份审核请购单。以采购主管的身份选择“供应链”|“采购管理”|“采购订货”|“采购订单”命令，打开“采购订单”窗口。

4）单击“增加”按钮，选择“生单”下拉列表框中的“请购单”选项，打开“查询条件选择 - 采购请购单列表过滤”对话框。单击“确定”按钮，打开“拷贝并执行”窗口。双击请购单“选择”栏，出现 Y 标志，如图 4.12 所示。

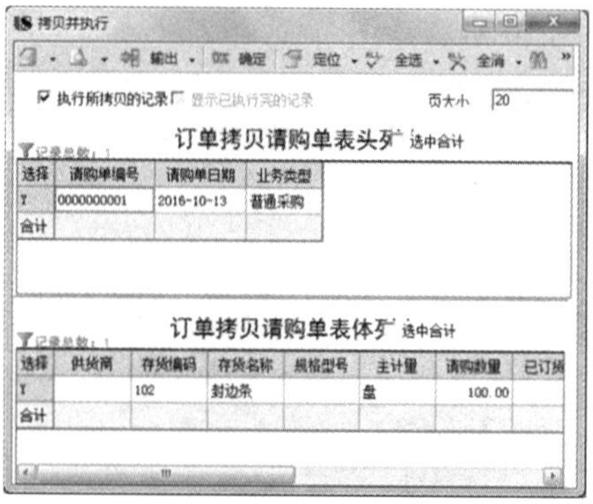

图 4.12　订单拷贝请购单

5）单击“确定”按钮，系统参照请购单生成采购订单。输入供应商、订单编号和计划到货日期，然后单击“保存”按钮，采购订单如图 4.13所示。

6）以账套主管的身份审核采购订单。

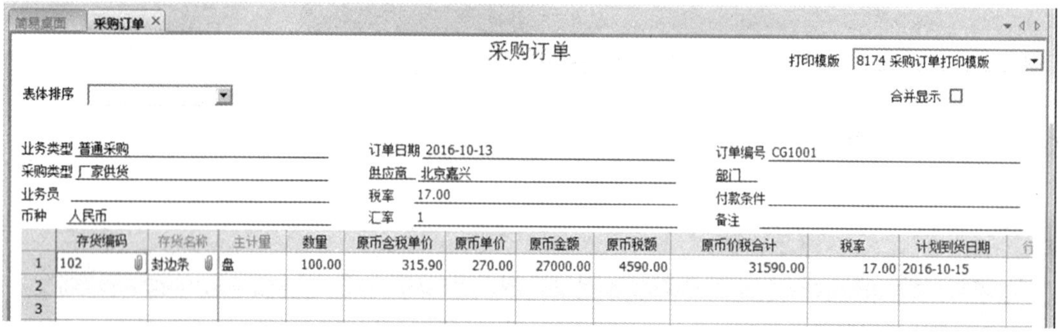

图 4.13　采购订单

注意：

- 采购请购单是非必选流程，也可以直接填写采购订单。
- 如果采购参数设置选中了“普通业务必有订单”复选框，则采购业务必须输入订单。

解析：

本任务只介绍一笔订单业务的输入，其他业务的订单在业务发生时随时输入。

任务 4-2　采购到货。

1）以采购主管的身份选择“供应链”|“采购管理”|“采购到货”|“到货单”命令，打开“到货单”窗口。

2）单击“增加”按钮，再单击“生单”下拉列表框中的“采购订单”选项，打开“查询条件选择－采购订单列表过滤”对话框。单击“确定”按钮，打开“拷贝并执行”窗口。单击订单 CG1001 的“选择”栏，出现 Y 标志，如图 4.14所示。

3）单击“确定”按钮，系统参照采购订单生成到货单。单击“保存”按钮，到货单如图 4.15所示。

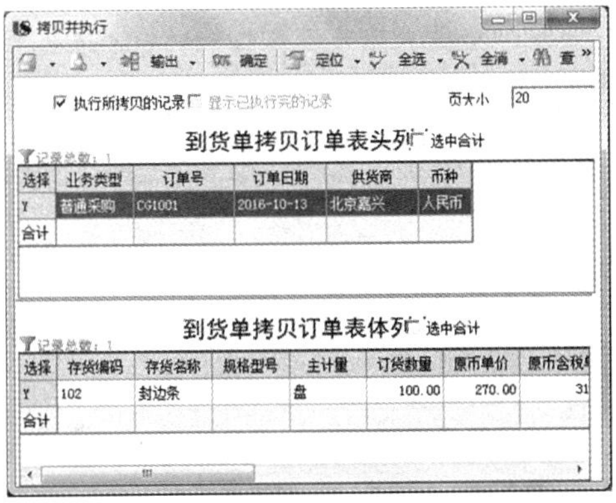

图 4.14　到货单拷贝订单

图 4.15　到货单

4）以账套主管的身份选择“供应链”|“采购管理”|“采购到货”|“到货单”命令，对到货单进行审核。

注意： 到货单是非必选流程，也可以不填制到货单直接填写采购入库单。

任务 4-3 　采购入库。

1）以仓库主管的身份选择“供应链”|“库存管理”|“入库业务”|“采购入库单”命令，打开“采购入库单”窗口。单击“生单”下拉列表框中的“采购到货单（蓝字）”选项，打开“查询条件选择-采购到货单列表”对话框。单击“确定”按钮，打开“到货单生单列表”窗口。双击到货单的“选择”栏，出现Y标志，如图4.16所示。

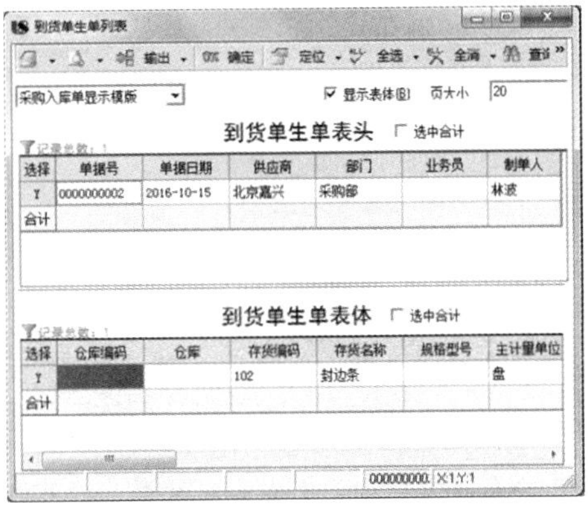

图 4.16　到货单生单

2）单击“确定”按钮，返回“采购入库单”窗口。补充“仓库”信息，单击“保存”按钮，采购入库单如图 4.17 所示。

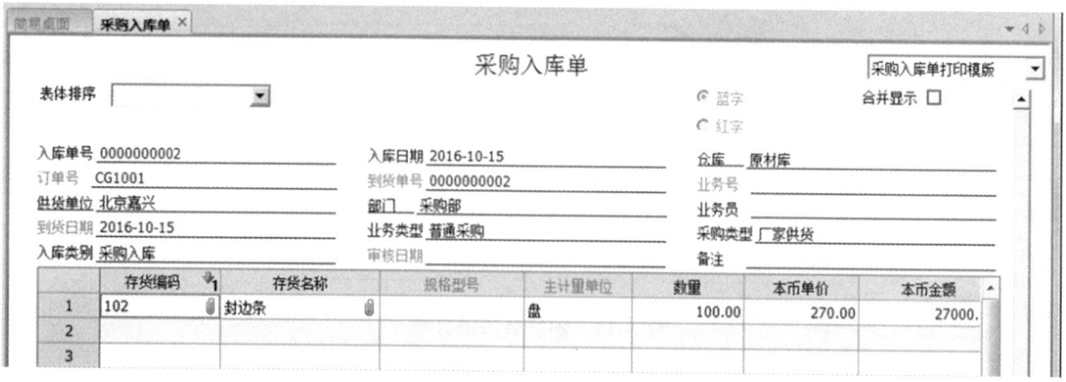

图 4.17　采购入库单

3）以账套主管的身份选择“供应链”|“库存管理”|“入库业务”|“采购入库单”命令，审核采购入库单。

注意：

- 采购入库单是在库存系统中生成的，但是在采购系统中可以查询。
- 采购入库单保存或审核后会增加存货现存量。

解析：

- 在收到采购发票之前，采购入库单上的单价（270 元/盘）是从订单上带入的临时单价，此时不能对其直接作单据记账，而需要等到收到发票，进行采购结算之后，再到存货系统中进行单据记账，结算以后的单价才是正式的采购成本价。如果截至月底发票还未收到，则由财务部门在存货系统中对其进行统一暂估，再进行单据记账。
- 采购入库单审核后可由存货系统对其进行单据记账，单据记账后可以对其进行制单。但要注意，如果执行完采购结算再作单据记账，制单的时候应选择采购入库单（报销记账）制单；如果未经结算就作单据记账，制单的时候应选择采购入库单（暂估记账）制单，如图 4.18 所示。

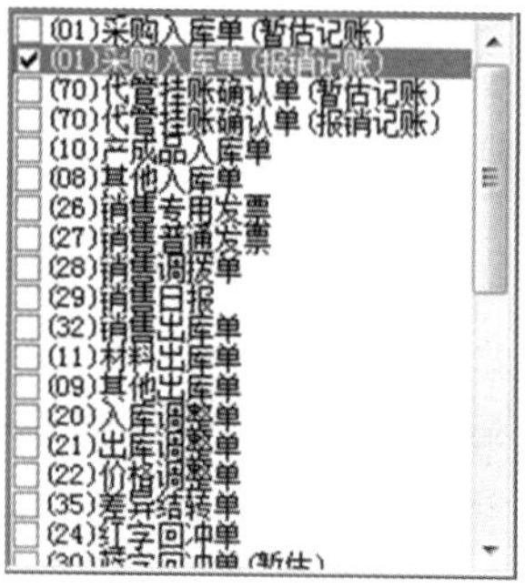

图 4.18　采购入库单制单选项

任务 4-4　采购发票。

1. 采购专用发票输入

1）选择“供应链”|“采购管理”|“采购发票”|“专用采购发票”命令，打开“专用发票”窗口。

2）单击“增加”按钮，选择“生单”下拉列表框中的“采购订单”选项，打开“拷贝并执行”窗口。双击订单 CG1001 的“选择”栏，出现 Y 标志，如图 4.19 所示。

3）单击“确定”按钮，系统参照采购订单生成专用发票。输入发票号，单击“保存”按钮，发票如图 4.20 所示。

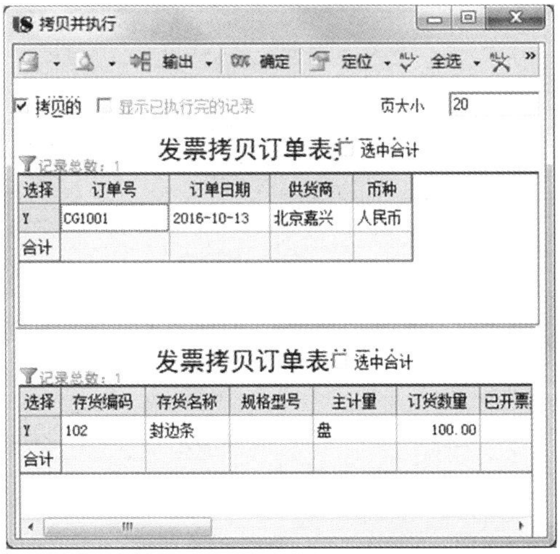

图 4.19 发票拷贝订单

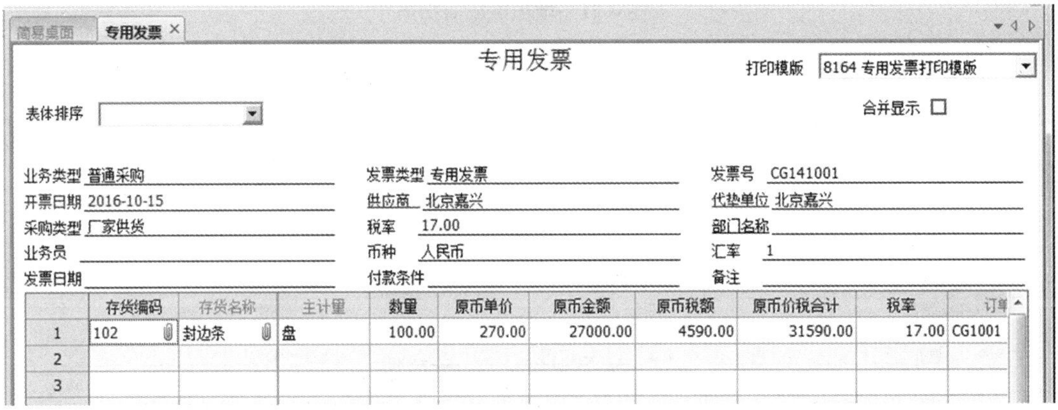

图 4.20 专用发票

注意：

- 采购主要包括了采购专用发票、采购普通发票和运费发票。本案例将分别演示这 3 种发票的输入过程。
- 采购发票可以参考订单输入，也可以参考入库单输入，还可以手工输入。但是为了提高输入的效率，同时建立订单与发票的关联，建议使用参照订单的方法输入。

解析：

- 采购发票是确认采购成本的重要单据，一般需要等所有同采购有关的发票到齐以后，采购结算才能确认采购入库的最终成本。
- 发票在输入时要注意表头上的发票号要根据真实发票的发票编号来输入，从而建立系统单据同实务单据的对应。一般不能采用系统自动编号。

2. 采购普通发票输入

1）以账套主管的身份选择“基础设置”|“基础档案”|“客商信息”|“供应商档案”命令，打开供应商设置窗口，选择“01-主料供应商”，增加供应商档案如图 4.21 所示。

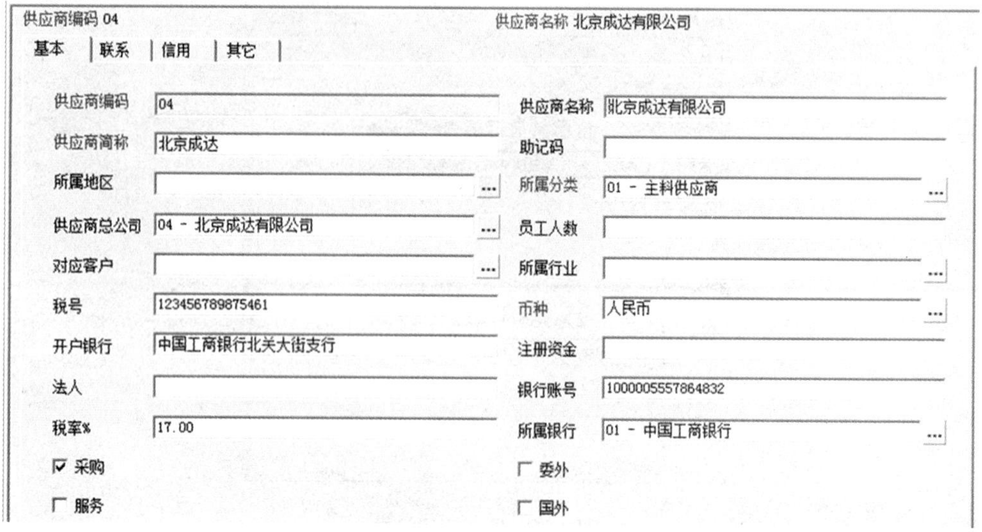

图 4.21　增加供应商档案

2）以采购主管的身份选择“供应链”|“采购管理”|“采购订货”|“采购订单”命令，打开“采购订单”窗口。填制采购订单，表头和表体税率为 17，如图 4.22所示。

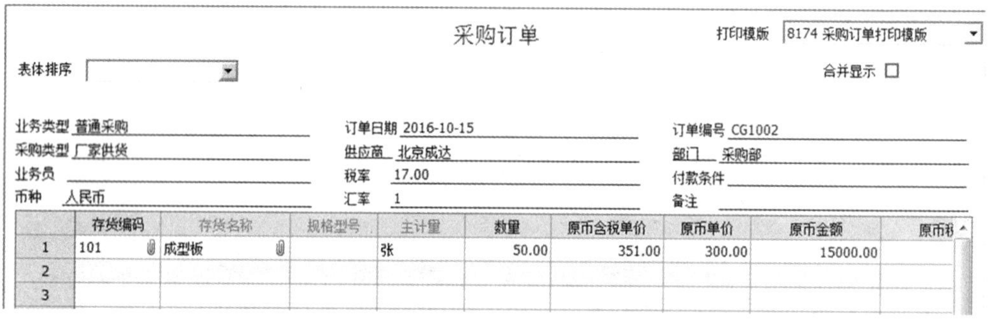

图 4.22　填制采购订单

3）以账套主管的身份审核采购订单。以采购主管的身份参照采购订单生成到货单，以账套主管的身份审核到货单，结果如图 4.23所示。

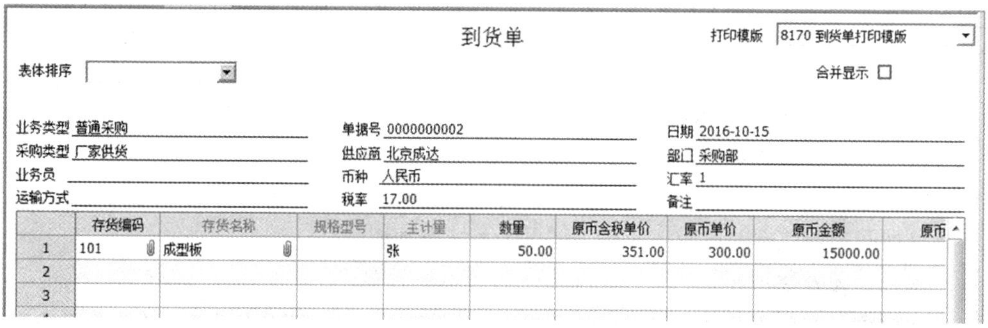

图 4.23　到货单

4）以仓库主管的身份生成采购入库单，以账套主管的身份审核采购入库单，结果如图 4.24 所示。

图 4.24　审核后的采购入库单

5）以采购主管的身份选择“供应链”|“采购管理”|“采购发票”|“普通采购发票”命令，打开“普通发票”窗口。单击“增加”按钮，选择“生单”下拉列表框中的“采购订单”选项，打开“查询条件选择－采购订单列表过滤”对话框。单击“确定”按钮，打开“拷贝并执行”窗口。双击订单 CG1002 的“选择”栏，出现 Y 标志，如图 4.25 所示。

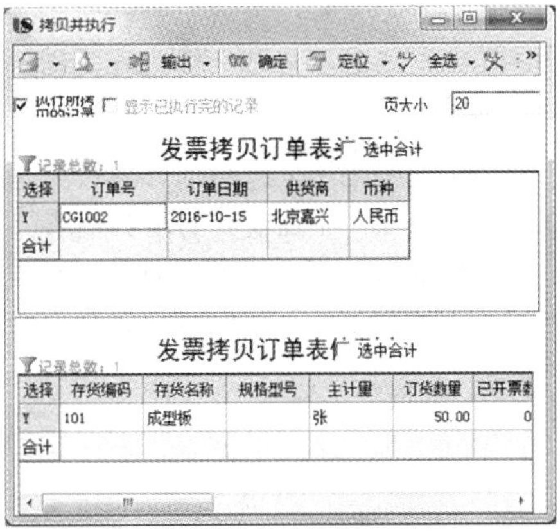

图 4.25　发票拷贝订单

6）单击“确定”按钮，返回“普通发票”窗口，系统已参照订单生成发票信息。输入发票号，单击“保存”按钮，如图 4.26 所示。

7）以出纳的身份选择“供应链”|“采购管理”|“采购发票”|“普通采购发票”命令，在发票 CG141002 窗口中单击“现付”按钮，打开“采购现付”窗口。输入结算方式为“202 转账支票”、金额为 15000、票据号为 141007，完成发票的现付，发票左上角显示“已现付”字样。

注意：由于企业收到的是普通发票，因此在此应该输入采购普通发票。普通发票没有增值税进项税额，制单的时候需要注意。

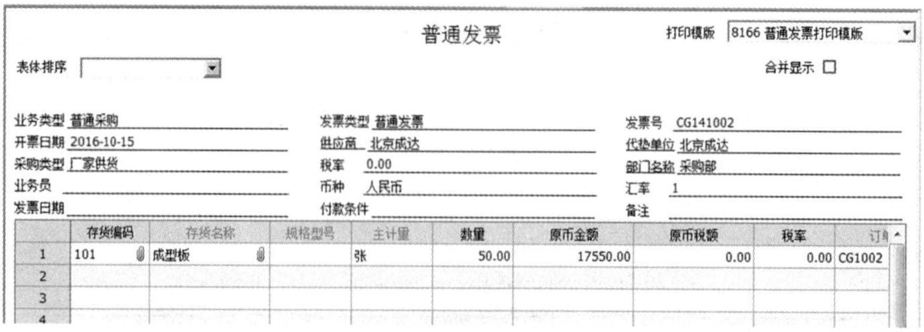

图 4.26　采购普通发票

3．运费发票输入

1）按照案例填制并审核采购订单，如图 4.27 所示。

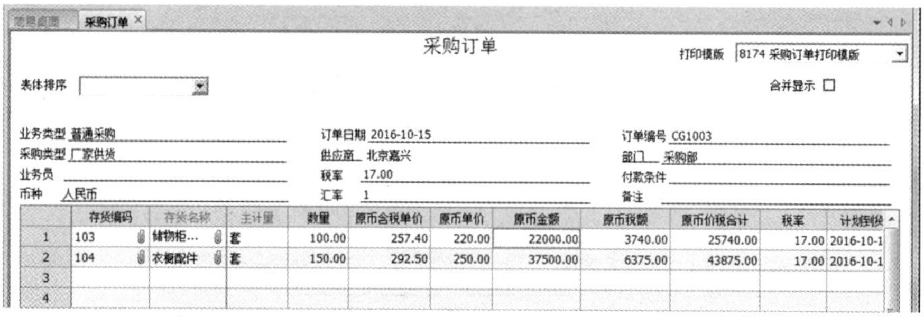

图 4.27　采购订单

2）参照订单生成到货单和入库单，并参照采购订单生成采购专用发票，操作步骤略。

3）生成采购专用发票完成后，单击“保存”按钮，再单击“增加”按钮，新增一张专用发票。输入发票表头信息，修改表头税率为 11，选择存货名称为“运费”，如图 4.28 所示。

解析：

该笔业务之所以没有选择运费发票的发票类型，是因为系统中的运费发票是运费普通发票。在营改增之前，企业收到的运费发票可以从总价内抵扣 7%的进项税额。在营改增之后，运输行业已经完成营改增，目前开具的运输发票均为增值税专用发票。因此，企业发生的运费也应该在系统内填写采购专用发票，发票上的存货名称选择“运费”，税率一般为 11%。

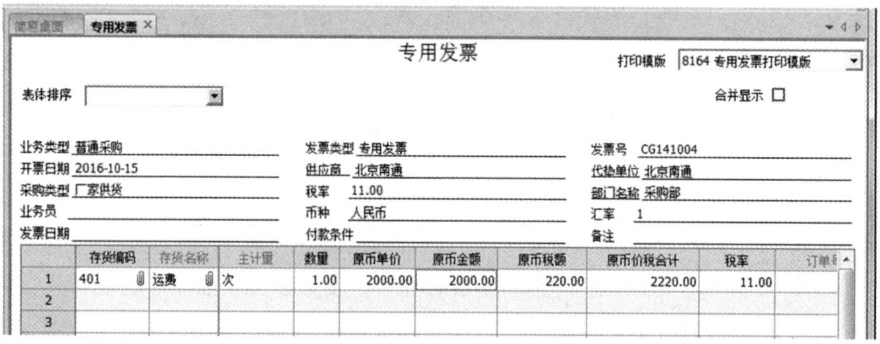

图 4.28　采购专用发票

任务4-5　采购结算。

1. 3种采购结算方法

如果入库单同采购发票是一对一的关系，采购结算可以有3种方法。

■ 手工结算

1）选择“供应链”|“采购管理”|“采购结算”|“手工结算”命令，打开“手工结算”窗口。单击“选单”按钮，打开“结算选单”窗口。

图4.29　采购结算提示

2）单击“查询”按钮，打开“查询条件选择-采购手工结算”对话框。单击“确定”按钮，系统过滤出可以进行结算的发票和入库单记录。

3）双击发票号CG141001的“选择”栏，出现Y标志。单击“匹配”按钮，弹出信息框，如图4.29所示。

4）单击“确定”按钮，系统自动选中发票CG141001对应的入库单，显示Y，如图4.30所示。

选择	供应商简称	存货名称	制单人	发票号	供应商编号	供应商名称	开票日期
	北京嘉兴	成型板	王宇	0908	01	北京嘉兴家具...	2016-09-30
Y	北京嘉兴	封边条	林波	CG141001	01	北京嘉兴家具...	2016-10-15
	北京嘉兴	成型板	林波	CG141002	01	北京嘉兴家具...	2016-10-15
	北京嘉兴	储物柜配件	林波	CG141003	01	北京嘉兴家具...	2016-10-15
	北京嘉兴	衣橱配件	林波	CG141003	01	北京嘉兴家具...	2016-10-15

选择	供应商简称	存货名称	仓库名称	入库单号	供货商编码	供应商名称	入库日期
	北京嘉兴	成型板	原材库	0000000001	01	北京嘉兴家具...	2016-09-27
Y	北京嘉兴	封边条	原材库	0000000002	01	北京嘉兴家具...	2016-10-15
	北京嘉兴	成型板	原材库	0000000003	01	北京嘉兴家具...	2016-10-15
	北京嘉兴	储物柜配件	原材库	0000000004	01	北京嘉兴家具...	2016-10-15
	北京嘉兴	衣橱配件	原材库	0000000004	01	北京嘉兴家具...	2016-10-15
合计							

图4.30　采购结算选单

5）单击“确定”按钮，返回“手工结算”窗口，如图4.31所示。

6）单击“结算”按钮，弹出“完成结算”信息框。

7）选择“供应链”|“采购管理”|“采购结算”|“结算单列表”命令，打开“结算单列表”窗口，如图4.32所示。

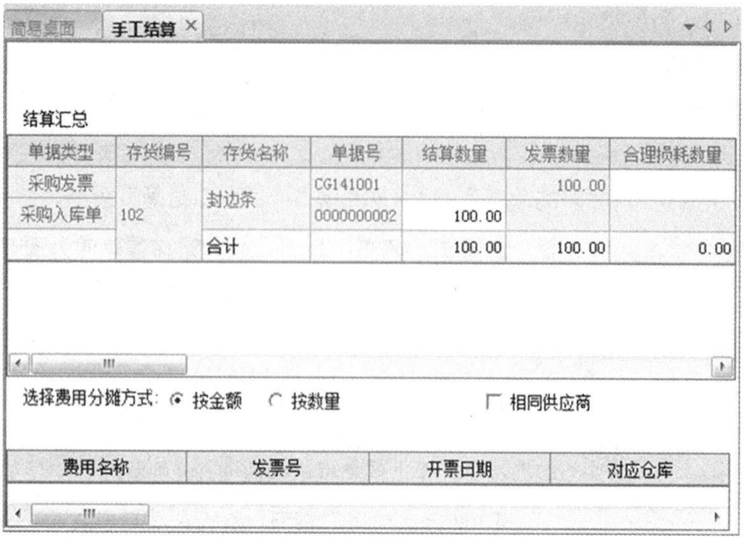

单据类型	存货编号	存货名称	单据号	结算数量	发票数量	合理损耗数量
采购发票	102	封边条	CG141001		100.00	
采购入库单			0000000002	100.00		
		合计		100.00	100.00	0.00

图 4.31　手工结算

选择	结算单号	结算日期	供应商	入库单号/...	发票号	存货编码	存货名称	主计量	结算数量	结算单价	结算金额	暂估单价	暂估金额
	000000000000001	2016-10-16	北京嘉兴	0000000002	CG141001	102	封边条	盘	100.00	270.00	27,000.00	270.00	27,000.00
	000000000000002	2016-10-16	北京嘉兴	0000000003	CG141002	101	成型板	张	50.00	300.00	15,000.00	300.00	15,000.00
	000000000000003	2016-10-16	北京嘉兴	0000000004	CG141003	103	储物柜配件	套	100.00	228.00	22,800.00	220.00	22,000.00
	000000000000003	2016-10-16	北京嘉兴	0000000004	CG141003	104	衣橱配件	套	150.00	258.00	38,700.00	250.00	37,500.00
	000000000000003	2016-10-16	北京嘉兴		CG141004	401	运费	次	0.00	0.00	0.00	0.00	0.00
	000000000000004	2016-10-16	哈尔滨正祥	0000000005	CG141005	103	储物柜配件	套	96.00	229.17	22,000.00	220.00	21,120.00
合计									496.00		125,500.00		122,620.00

图 4.32　结算单列表

8）双击结算单列表某条记录，可查看结算单详细信息。结算单上记载参与结算的入库单和采购发票的票号。

■ 自动结算

1）选择“供应链”|“采购管理”|“采购结算”|“自动结算”命令，打开“查询条件选择-采购自动结算”对话框。选择结算模式为“入库单和发票”，如图 4.33 所示。

2）单击“确定”按钮，系统自动进行采购结算。结算完成打开“采购管理”对话框，如图 4.34 所示。

3）单击“确定”按钮，完成采购自动结算。

注意：采购入库单同采购发票是一一对应关系时，可以选择自动结算，也可以选择手工结算。自动结算能提高结算的效率，但如果采购入库单对应两张采购发票，如一张是采购专用发票，一张是运费发票，则只能选择手工结算。

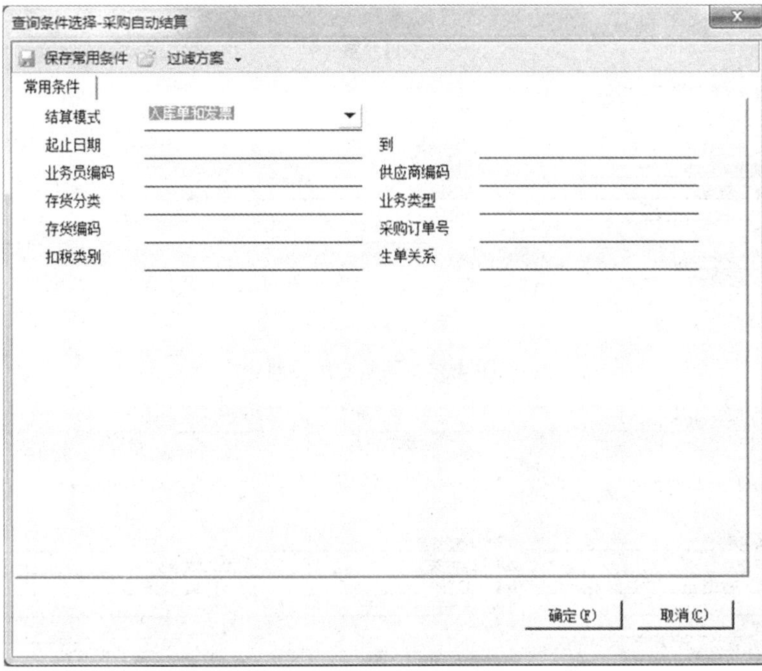

图 4.33 自动结算过滤

图 4.34 采购结算状态

■ 发票结算

1）生成采购发票时，选择“生单”下拉列表框中的“入库单”选项，参照入库单生成采购发票。输入发票号，单击“保存”按钮，发票表头上的“结算”按钮由灰色转为亮色，如图 4.35 所示。

2）单击“结算”按钮，系统对发票进行采购结算。结算完成，发票左上方显示“已结算”，如图 4.36 所示。

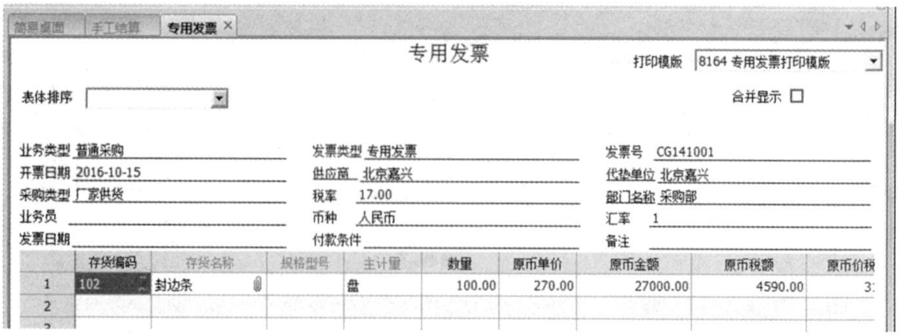

图 4.35　采购专用发票

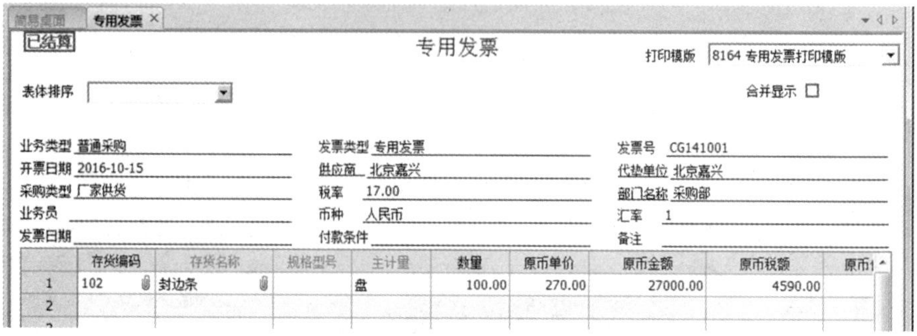

图 4.36　已结算的采购发票

注意：以上 3种方法选择其中之一即可，本案例主要是为了演示操作过程，实操时不必重复操作。

2. 采购普通发票结算

1）选择“供应链”|“采购管理”|“采购结算”|“手工结算”命令，打开“手工结算”窗口。单击“选单”按钮，打开“结算选单”窗口。

2）单击“查询”按钮，打开“查询条件选择-采购手工结算”对话框。单击“确定”按钮，系统过滤出可以进行结算的发票和入库单记录。

3）双击发票号 CG141002 的“选择”栏，并匹配其对应的入库单，出现 Y标志。单击“确定”按钮，弹出“所选单据扣税类别不同，是否继续？”信息框，如图 4.37 所示。

4）单击“是”按钮，返回“手工结算”窗口。单击“结算”按钮，完成结算。

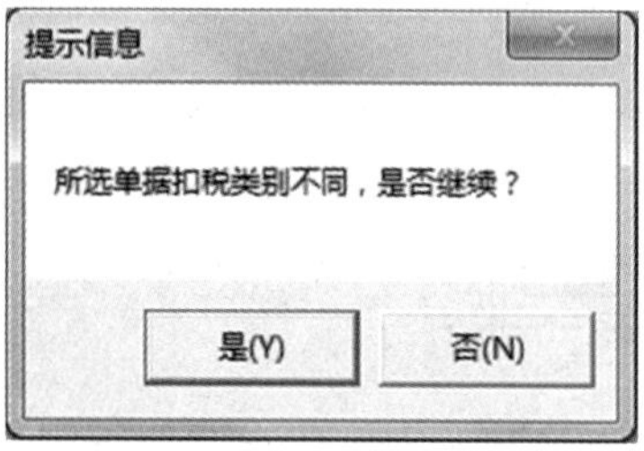

图 4.37　采购提示

【解析】

本案例介绍的是采购普通发票的结算操作。

3. 按数量分摊费用结算

1）选择“供应链”|“采购管理”|“采购结算”|“手工结算”命令，打开“手工结算”窗口。单击“选单”按钮，打开“结算选单”窗口。

2）单击“查询”按钮，打开“查询条件选择-采购手工结算”对话框。单击“过滤”按钮，在“结算选单”窗口双击发票号 CG141003和 CG141004的“选择”栏，并双击其对应的入库单“选择”栏，显示 Y，如图 4.38所示。

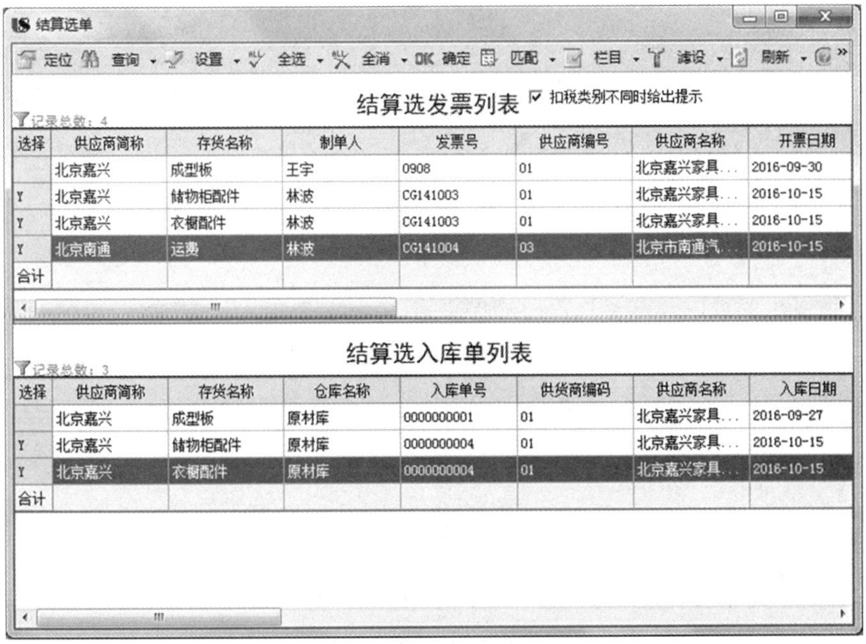

选择	供应商简称	存货名称	制单人	发票号	供应商编号	供应商名称	开票日期
	北京嘉兴	成型板	王宇	0908	01	北京嘉兴家具...	2016-09-30
Y	北京嘉兴	储物柜配件	林波	CG141003	01	北京嘉兴家具...	2016-10-15
Y	北京嘉兴	衣橱配件	林波	CG141003	01	北京嘉兴家具...	2016-10-15
Y	北京南通	运费	林波	CG141004	03	北京市南通汽...	2016-10-15
合计							

选择	供应商简称	存货名称	仓库名称	入库单号	供货商编码	供应商名称	入库日期
	北京嘉兴	成型板	原材库	0000000001	01	北京嘉兴家具...	2016-09-27
Y	北京嘉兴	储物柜配件	原材库	0000000004	01	北京嘉兴家具...	2016-10-15
Y	北京嘉兴	衣橱配件	原材库	0000000004	01	北京嘉兴家具...	2016-10-15
合计							

图 4.38　结算选单

3）单击“确定”按钮，返回“手工结算”窗口。选择费用分摊方式为“按数量”，如图 4.39所示。

4）单击“分摊”按钮，弹出“选择按数量分摊，是否开始计算？”提示框。单击“是”按钮，弹出“费用分摊（按数量）完毕，请检查”信息框。单击“确定”按钮。

5）单击“结算”按钮，弹出“完成结算”信息框，完成采购结算。

解析：

费用分摊的方式选择按数量，其含义是将运费 2 000 元按数量的比例（储物柜配件与衣橱配件的入库数量比例为 100∶150）分摊到储物柜配件和衣橱配件的采购成本中。

4. 合理损耗结算

1）填制并审核采购订单和到货单，数量为 100。参照到货单生成采购入库单的步骤，修改采购入库单数量为 96，审核采购入库单。

2）参照采购订单生成采购专用发票的步骤，修改采购入库单数量为 100。选择“供应链”|“采购管理”|“采购结算”|“手工结算”命令，打开“手工结算”窗口。单击“选单”按钮，打开“结算选单”窗口。单击“查询”按钮，打开“查询条件选择-采购手工结算”对话框。单击“确定”按钮，在“结算选单”窗口双击发票号 CG141005的“选择”栏，并双击其对应的入库单“选择”栏，出现 Y标志。

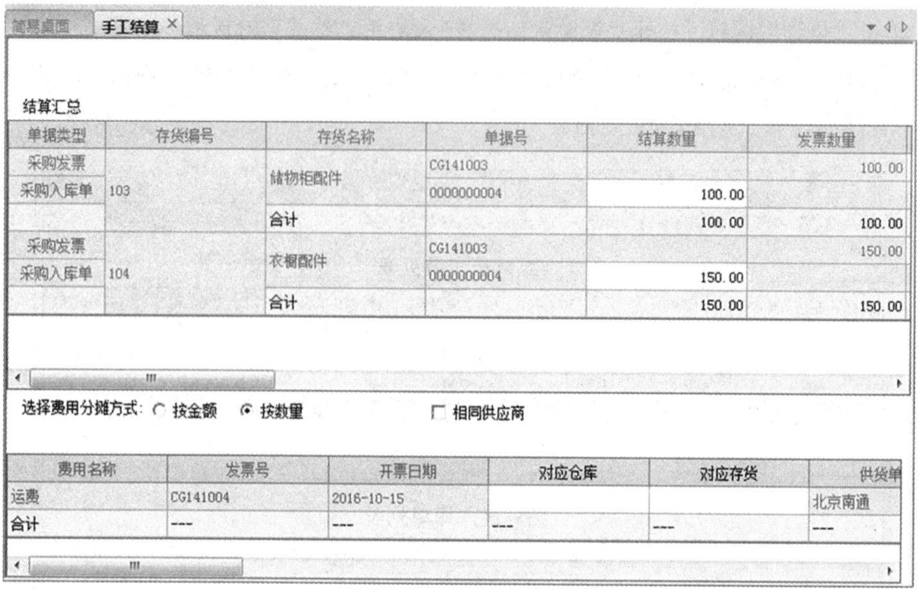

图 4.39　手工结算

3）单击“确定”按钮，返回“手工结算”窗口。输入合理损耗数量 4，如图 4.40 所示。

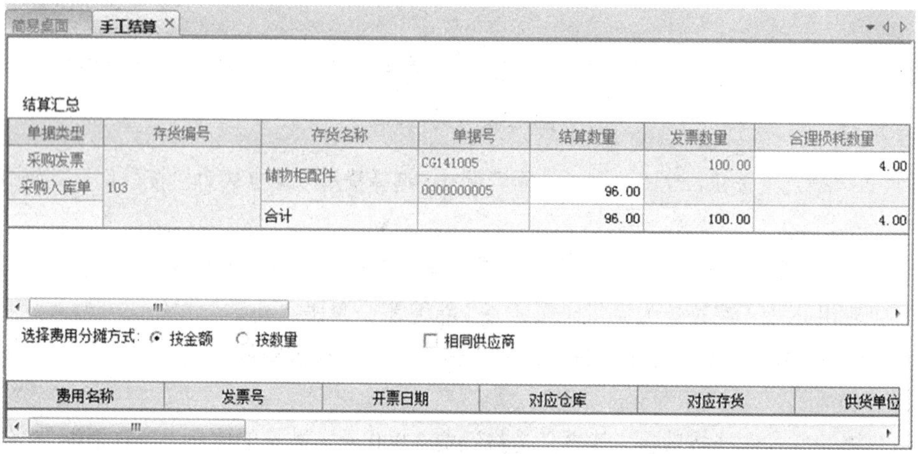

图 4.40　合理损耗结算

4）单击“结算”按钮，完成采购结算。

解析：

本案例介绍的是合理损耗的操作。发生合理损耗时在结算窗口的采购发票的“合理损耗数量”栏中输入损耗数量即可。

5. 非合理损耗结算

1）10 月 16 日，填制并审核采购订单，货物数量为 200。参照采购订单生成采购专用发票的步骤，修改入库单数量为 200。

2）10 月 18 日，参照采购订单生成到货单的步骤，修改入库单数量为 200。审核到货单，参照到货单生成采购入库单的步骤，修改入库单数量为190，然后审核采购入库单。

3）选择“供应链”|“采购管理”|“采购结算”|“手工结算”命令，打开“手工结算”窗口。单击“选单”按钮，打开“结算选单”窗口。单击“查询”按钮，打开“查询条件选择-采购手工结算”对话框。单击“确定”按钮，在“结算选单”窗口双击发票号CG141006的“选择”栏，并双击其对应的入库单“选择”栏，出现Y标志。

4）单击“确定”按钮，返回“手工结算”窗口。输入非合理损耗数量10，输入非合理损耗金额3000，选择非合理损耗类型为01，系统自动计算出进项税转出金额，如图4.41所示。

结算汇总

单据类型	存货编号	存货名称	单据号	结算数量	发票数量	非合理损耗数量	非合理损耗金额	非合理损耗类型	进项税转出金额
采购发票	101	成型板	CG141006		200.00	10.00	3000.00	01	510.00
采购入库单			0000000006	190.00					
		合计		190.00	200.00	10.00	3000.00		

选择费用分摊方式：○ 按金额　◉ 按数量　　□ 相同供应商

图4.41　非合理损耗结算

5）单击“结算”按钮，完成结算。

解析：

本案例介绍的是非合理损耗的操作。发生非合理损耗时应在结算窗口的采购发票的“非合理损耗数量”“非合理损耗金额”“非合理损耗类型”“进项税转出金额”栏中输入相关信息。

任务4-6　采购退货。

1．收到发票后发生退货

1）选择“供应链”|“采购管理”|“采购到货”|“采购退货单”命令，打开“采购退货单”窗口。

2）单击“增加”按钮，选择“生单”下拉列表框中的“采购订单”选项，打开“拷贝并执行”窗口。双击订单CG1001的“选择”栏，出现Y标志。参照采购订单生成采购退货单，修改数量为-5，然后单击“保存”按钮，如图4.42所示。

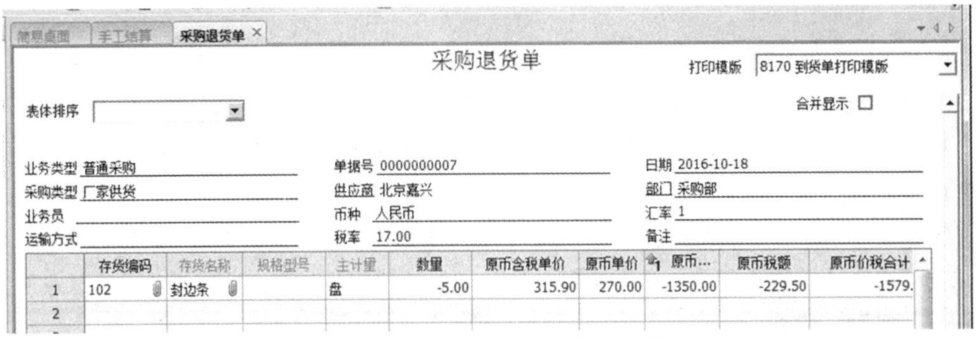

图4.42　采购退货的采购退货单

3）以账套主管的身份审核采购退货单。以仓库主管的身份选择“供应链”|“库存管理”|“入库业务”|“采购入库单”命令，打开“采购入库单”窗口。选择“生单”下拉列表框中的“采购到货单（红字）”选项，参照红字到货单生成采购入库单。输入仓库“原料库”，单击“保存”按钮，如图 4.43所示。

图 4.43　采购入库的采购入库单

4）以采购主管的身份选择“供应链”|“采购管理”|“采购发票”|“红字专用采购发票”命令，打开“专用发票”窗口。单击“增加”按钮，选择“生单”下拉列表框中的“入库单”选项，参照入库单生成专用发票。输入发票号，单击“保存”按钮，如图 4.44所示。

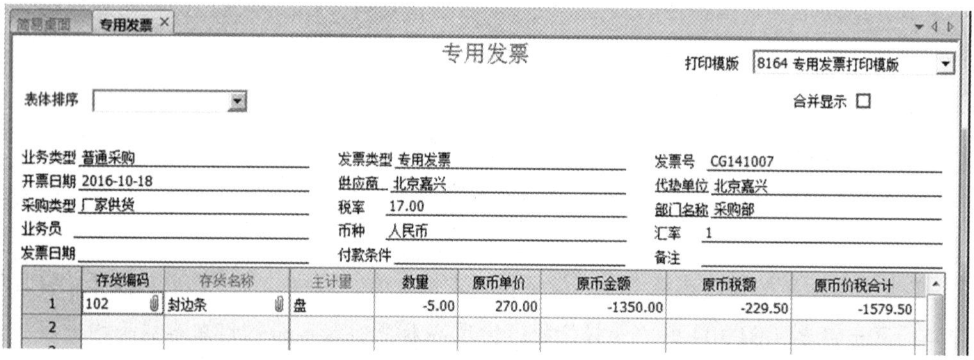

图 4.44　红字采购专用发票

5）单击发票表头的“结算”按钮，将红字采购入库单同红字专用发票进行采购结算。

2. 先发生退货后收到发票

1）10月 18日，填制并审核采购订单、到货单和入库单，货物数量为 500。

2）10月 19日，选择“供应链”|“采购管理”|“采购到货”|“采购退货单”命令，打开“采购退货单”窗口。单击“增加”按钮，选择“生单”下拉列表框中的“采购订单”选项，参照采购订单生成采购退货单。修改数量为 10，单击“保存”按钮，保存退货单。以账套主管的身份审核采购退货单。

3）以仓库主管的身份参照采购到货单（红字）生成采购入库单。以账套主管的身份审核采购入库单。

4）以采购主管的身份选择“供应链”|“采购管理”|“采购发票”|“专用采购发票”命令，打开“专用发票”窗口。单击“增加”按钮，填制专用发票，货物数量为490。

5）选择“供应链”|“采购管理”|“采购结算”|“手工结算”命令，单击“选单”按钮，再单击“查询”按钮，在“结算选单”窗口中选择发票CG141008和其对应的两张入库单，如图4.45所示。

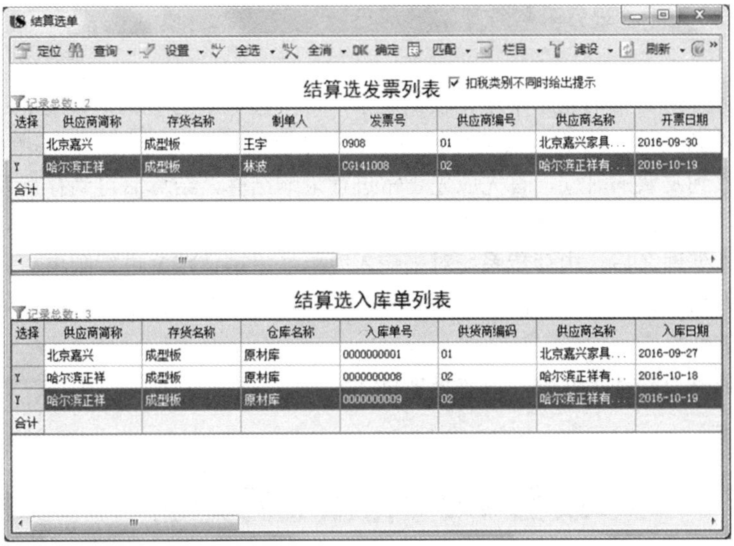

图4.45 采购结算选单

6）单击“确定”按钮，返回“手工结算”窗口，如图4.46所示。

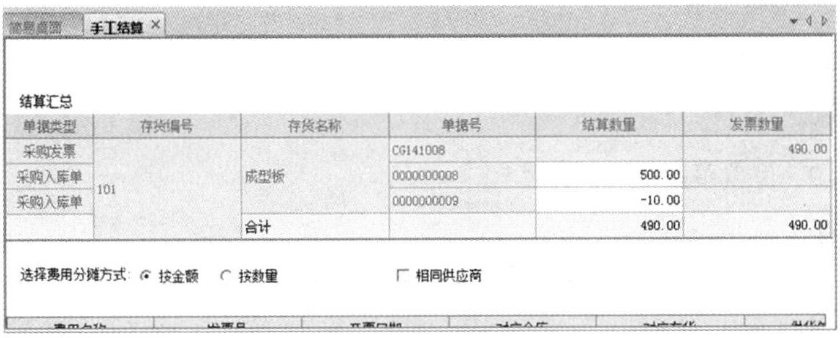

图4.46 采购手工结算

7）单击“结算”按钮，完成采购结算。

解析：

这两笔退货业务的区别是：业务1是收到发票以后发生退货，业务2是先发生退货，后收到发票。因此，业务1需要开具红字入库单和红字发票，并将红字入库单和红字发票进行结算；业务2只需要填写红字入库单，发票是按退货后的采购净额来开具的，采购结算的时候需要将红、蓝字入库单和蓝字发票同时进行结算。

任务 4-7 暂估到票。

1）选择“供应链”|“采购管理”|“采购发票”|“专用采购发票”命令，打开“专用发票”窗口。

2）单击“增加”按钮，选择“生单”下拉列表框中的“入库单”选项，参照 2016-09-27 入库单生成采购专用发票。输入发票号，单击“保存”按钮，发票填制完成。

3）选择“供应链”|“采购管理”|“采购结算”|“手工结算”命令，将发票 CG141009 同 2016-09-27 入库单进行采购结算。

解析：

- 该笔业务为期初采购入库单本期收到发票，跨月进行采购结算。如果采购入库单截至月底还没收到发票，需要对其进行暂估，执行单据记账，再对采购入库单进行暂估制单。在下月收到发票的时候，首先应先正常进行采购结算，结算后再到存货系统进行结算成本处理，不需再进行单据记账。
- 结算成本处理之后，由存货系统对采购入库单（报销记账）进行制单，另外还需要根据设置的暂估方式（月初回冲、票到回冲、票到补差）进行红字单回冲制单。具体步骤参见存货的任务 5-16。
- 有关暂估业务的详细介绍，请参见项目 5.5。

项目 4.3　付款业务处理

4.3.1　工作任务

本期企业发生的付款业务如下。

任务 4-8 应付单据处理。

对应付单据执行审核。

任务 4-9 付款单据处理。

1．付款结算

10 月 19 日，财务部门开出转账支票一张。支票号 141008，金额 31 590 元，用于支付发票号 CG141001 的全部价税款。

2．预付货款

10 月 19 日，采购员周强与北京嘉兴公司签订采购合同（订单号 CG1007），购买储物柜配件 100 套，单价 220 元/套。当天财务部开出转账支票一张，预付货款 10 000 元，支票号为 141009。

10 月 20 日，储物柜配件全部到货，验收入库。当天取得采购发票一张，发票号 CG141010，价税合计 25 740 元。进行采购结算。

任务4-10 转账处理。

1. 应付冲应付

10月21日，经三方协商同意，公司将发票CG141005哈尔滨正祥公司的应付账款全部转为向北京嘉兴公司的应付账款。

2. 预付冲应付

10月22日，财务部开出转账支票一张，金额15 740元，支票号141 010，用于支付订单CG1007的剩余货款。

3. 应付冲应收

10月22日，经三方协商同意，公司将北京嘉兴公司的应付账款（采购发票号CG141009）全额用于冲销上海富康公司部分应收账款（销售发票号XS141005）。

任务4-11 票据管理。

1. 支付票据

10月23日，财务部开出一张期限为2个月的商业承兑汇票一张。金额171 990元，商业汇票号为141011，用于支付发票CG141008的全部货款。

2. 票据结算

10月27日，9月向哈尔滨正祥公司签发的商业汇票到期，支付货款。

任务4-12 核销处理。

对已经付款的应付业务执行核销。

任务4-13 应付制单。

对本期发生的所有应付款业务进行制单处理。

4.3.2 理论学习

应付账款是企业负债的一个重要组成部分，是企业在正常经营活动中，由于采购商品或接受劳务，而应向供货单位或提供劳务单位所支付的款项。应付款管理主要用于核算和管理企业同供应商之间的往来款项。及时进行应付账款确认及付款处理，是财务核算工作的重要内容。

应付系统的日常业务主要是完成企业日常的付款结算、核销处理、转账处理、票据管理和凭证处理等业务。

1. 付款结算

（1）应付单据处理

应付单据处理主要包括对采购发票和应付单的管理，包括应付单据的输入、审核。如果应付系统和采购系统集成应用，则采购发票由采购系统输入，在应付系统对发票进行审核、核销和制单等操作。此时，在本系统需要输入的单据仅限于应付单。

应付单用于记录采购业务之外所发生的各种其他应付业务，如核算购入固定资产所欠供应商的款项。

如果没有启用采购系统，则采购发票在应付系统中输入。

（2）付款结算方法

当收到供应商提供的货物和发票，财务部门核对发票和入库情况无误之后，按合同或订单约定的付款日期、付款方式和付款条件向供应商支付货款。付款结算后输入付款单据，并与应付给该供应商的应付货款进行核销。

付款单据输入，是指把支付给供应商的款项及供应商退回的款项，输入到应付系统，包括付款单与收款单（即红字付款单）的输入。

① 付款单处理

应付系统的付款单用来记录企业所支付的款项。当企业支付每一笔款项时，应知道该款项是结算供应商货款，是提前支付给供应商的预付款，还是支付供应商的其他费用。系统用款项类型来区别不同的用途。

款项类型为“应付款”，说明该款项是结算供应商货款；款项类型为“预付款”，说明该笔款项为预付给供应商的货款；款项类型为“其他费用”，说明该笔款项是支付给供应商的其他费用。因此，在输入付款单时，需要指定其款项用途。对于同一张付款单，如果包含不同用途的款项，则应在表体明细记录中分行显示，明细记录的金额合计为表头付款的总金额。

对于不同用途的款项，系统提供的后续业务处理不同。对于冲销应付款，以及形成预付款的款项，需要进行付款结算，即将付款单与其对应的采购发票或应付单进行核销勾对，进行冲销企业债务的操作。对于其他费用用途的款项不需要进行核销。

② 收款单处理

应付系统的收款单用来记录发生采购退货时，收到供应商退回企业的款项。同样，需要指明红字付款单是应付款项退回、预付款退回，还是其他费用退回。应付、预付用途的红字付款单同与应付、预付用途的付款单、红字应付单、红字发票进行核销。

收款单输入并保存之后需要对其进行审核，确认其合法和正确。审核完成后，可选择立即制单，也可选择在制单处理中统一进行制单。审核后的收款单可同应付款单据进行核销处理。

③ 支票登记簿登记

在付款的时候，如果涉及用支票支付的情况，为了严格对支票的控制和管理，可以登记支票登记簿。支票登记簿的功能在总账中已经介绍过。在应付系统中，如果在应付系统选项中选中“登记支票”复选框，且在总账中选中“支票控制”复选框，则当付款单上的结算方式有票据管理标志时，系统自动将该票据号登记支票登记簿。

如果在应付系统选项中不选中“登记支票”复选框，但在总账中选中“支票控制”复选框（见图 4.47），则当付款单上的结算方式有票据管理标志时，可选择是否将该票据号登记支票簿。如果需要登记，可单击“登记”按钮。

2. 核销处理

（1）核销的原理

采购业务的核销就是指确定付款单同采购发票、应付单之间的对应关系的操作，如图 4.48 所示。核销的作用是处理付款核销应付款，建立付款同应付款的核销记录。核销时需要指明每一次付款付的是哪几笔采购业务的款项。明确核销关系后，可以对应付款项进行精确的账龄分析，监督应付款及时核销，加强往来款项的管理。

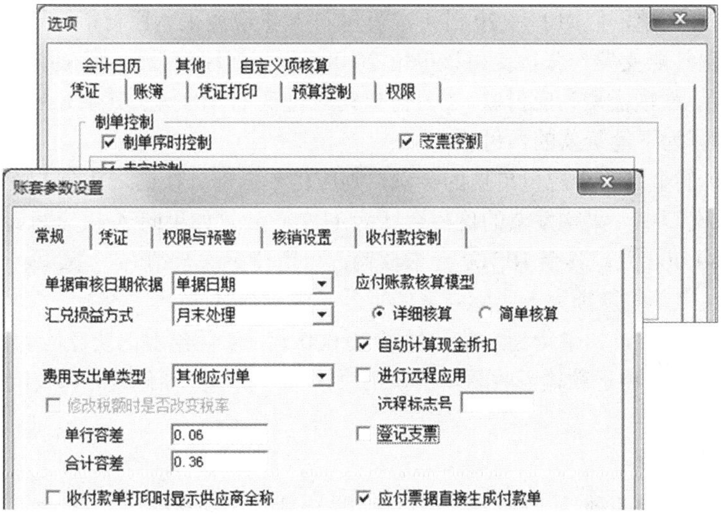

图 4.47 总账及应付系统参数设置

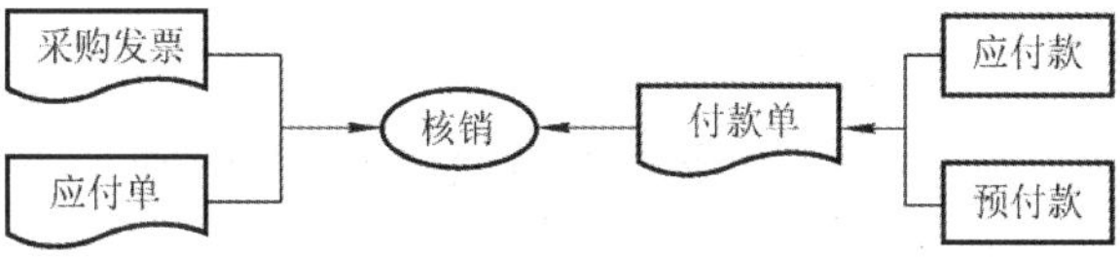

图 4.48 核销示意

如果在系统选项中选择核销方式“按单据”，则被核销单据列表按单据显示记录。单据的核销具体可分为以下几种情况。

① 付款单的数额等于原有单据的核销数额，付款单同原有单据完全核销

假如 1 月 20 日，本公司向 A 供应商采购原材料，价税合计 11 700 元，同时签订购销合同。1 月 25 日，收到材料及发票。2 月 25 日，开出转账支票一张，支付该单位 11 700 元。当日，在应付系统中输入付款单，金额为 11 700 元，款项类型为应付款，2 月份核销应付款 11 700 元。这时，采购发票同付款单完全核销。

② 在核销时使用前期的预付款

如果先预付了供应商一部分货款，在业务完成后又付清了剩余的款项，并且要求这两笔款项同时结算，则在核销时需要使用预付款。

软件处理的时候，支付第 1 笔款项时，先输入一张付款单，款项类型为预付款，形成预付款；支付第 2 笔款项后，输入一张付款单，款项类型为应付款。核销时，将上述两张付款单据同应付业务单据（采购发票）进行核销，即可核销预付款。

在上面的案例中，如果 1 月 20 日，向 A 供应商预付 1 700 元货款。1 月 25 日，收到材料及发票。2 月 25 日，开出转账支票一张，支付该单位剩余货款 10 000 元。处理时，应该于 1 月 20 日，输入付款单一张，金额为 1 700 元，款项类型为预付款。1 月 25 日，输入采购发票。2 月 25 日，输入付款单一张，金额为 10 000 元，款项类型为应付账款。核销时，需要将两张付款单同采购发票进行核销，核销应付款时，使用了前期的预付款。

③ 如果付款单的金额大于原有应付单据的金额，则部分付款金额核销以前的单据，其余部分可待下次再核销

在上面的案例中，假如 1 月 20 日，本公司向 A 供应商采购原材料，价税合计 11 700 元。2 月 25 日，开出转账支票一张，支付该单位 20 000 元。2 月 25 日，应在系统中输入付款单，金额为 20 000 元，款项类型为应付款。2 月份核销应付款 11 700 元，其余 8 300 元待下次再核销，该笔金额可理解为下笔货款的预付款。

④ 付款单的金额小于应付单据的金额，则应付单据部分核销，其余未核销部分待下次核销

在上面的案例中，采购发票的价税合计为 11 700 元，如果向 A 供应商支付货款 1 000 元，则应付款核销 1 000 元，其余 10 700 元未核销，可留待下次核销。

⑤ 预付往来单位款项大于实际结算的货款，收到退款

在上面的案例中，如果货到之前预付了 20 000 元，实际结算的货款应为 11 700 元，对方退还了 8 300 元，则应将退款输入收款单。核销时，将付款单（预付款）和收款单同采购发票（应付款）进行核销。

（2）核销的方法

核销的方法分为两种：一种是手工核销，另一种是自动核销。

① 手工核销，是指通过人工确定系统内付款同应付款的对应关系，选择进行核销。通过本功能可以根据查询条件选择需要核销的单据，然后手工核销。这增强了往来款项核销的灵活性。

② 自动核销，是指由系统自动确定系统内付款同应付款的对应关系，选择进行核销。通过本功能可以根据查询条件选择需要核销的单据，然后系统自动核销。这提高了往来款项核销的效率。

（3）选择付款

正常付款需要先输入付款单，在付款单上选择付款对象和付款金额及类型，然后再将发票和付款单进行核销。如果财务部在某个时间对多个供应商的多笔款项集中进行支付，则可以利用“选择付款”功能。选择付款可完成进行一次支付多个供应商、多笔款项的业务处理。利用选择付款功能可以简化日常付款操作，同时便于掌握和控制资金的流出。

选择付款时可以输入付款的金额、结算方式、票据号、科目和部门等信息，输入后生成付款单。完成选择付款后，系统视同已经完成付款同应付的核销，不需要再进行核销处理了。

选择付款还能处理现金折扣业务。如果系统选项中设置了“显示现金折扣”，则在付款列表中显示“可享受折扣”和“折扣”两列。可享受折扣的金额根据采购发票上的付款方式和实际付款日期，由系统自动计算给出，可参照“可享受折扣”的金额输入实际享受到的折扣金额。利用选择付款处理现金折扣业务，制单时必须选择制单类型为“核销制单”或“收付款单制单”及“核销制单”合并制单。

3. 转账处理

在实际工作中往来单位之间有可能互为供应单位，往来款项业务十分复杂，双方单位之间经常出现既有应收账款又有预收账款，既有应收账款又有应付账款的情况。因此，在实际工作中可以根据不同情况将预付账款冲抵应付账款，将应付账款冲抵应付账款，将应付账款冲抵应收账款等。转账处理功能就是完成往来业务相互冲抵操作的功能。

应付系统的转账处理包括如下几种。

① 预付冲应付。该功能可将预付供应商款项和所欠供应商的货款进行转账核销处理。预付冲应付一般用于预付款业务。

② 应付冲应付。这是指将某一供应商的应付账款转入另一供应商账中。通过本功能将应付

款业务在供应商之间进行转入、转出，实现应付业务的调整，解决应付款业务在不同供应商间入错户或合并户问题。应付冲应付也可以用来解决供应商之间的债务转移，将对 A 供应商的应付欠款，转为对 B 供应商的欠款，未来付款只需要对 B 供应商还款即可。

③ 应付冲应收。这是用对某供应商的应付账款，冲抵对某客户的应收账款。通过应付冲应收功能将应付款业务在客户和供应商之间进行转账，实现应付业务的调整，进行应收债权同应付债务的冲抵。应付冲应收应注意，应付款的转账金额合计应该等于应收款的转账金额合计。如果应收款的转账金额大于应付款的转账金额，可将多余的金额生成一条供应商的预付款分录；如果应付款的转账金额大于应收款的转账金额，可将多余的金额生成一条客户的预收款分录。

④ 红票对冲。这通常是指将同一供应商的红字发票和其蓝字发票进行冲销。红票对冲类似于核销的作用，在发生退货及收到红字发票业务的时候，红票对冲操作可以准确地反映对某供应商的应付款情况，进行精确的账龄分析，监督应付款及时核销，加强往来款项的管理。

4. 票据管理

票据管理功能可以对银行承兑汇票和商业承兑汇票进行管理。票据管理的主要操作包括增加、计息、结算和转出。

（1）票据增加

当支付给供应商承兑汇票时，可将该汇票输入应付系统的票据管理中。如果系统选中“应付票据直接生成付款单”复选框，则在系统保存当前票据的同时生成一张付款单；如果该复选框未被选中，则需要单击“付款”按钮才能生成付款单。输入后可以在“付款单据录入”中进行查询，该付款单审核以后，可同应付单据进行核销勾对。

（2）票据计息

如果该票据是带息票据，单击工具栏上的“计息”按钮，选择所需的计息金额、开始计息日期和截止计息日期，就可以对当前的票据进行计息处理，系统会自动根据票面利率和计息日期算出利息。在我国银行实务中，商业承兑汇票和银行承兑汇票一般都是不带息的。

计息规则是：利息＝票据计息金额×年利率/360×（计息截止日期－开始计息日期）。

（3）票据结算

票据到期以后可以到银行办理结算。结算时，供应商企业的会计人员持票据到银行，银行审核票据无误后为其办理划款入账。银行划款完毕，本企业的出纳人员收到划款通知，在应付系统进行结算操作——单击票据窗口中的“结算”按钮，就可对当前的票据进行结算处理。结算后制单生成核销应收票据的凭证（借：应付票据；贷：银行存款）。

结算时需要输入结算日期、结算金额、利息、费用和结算科目。

其中，结算日期为进行结算的日期；结算金额为本次结算的金额；如果是带息票据，还需要输入利息；费用是结算时发生的费用，如果没有则为空；结算科目一般为“银行存款”。

（4）票据转出

如果票据到期后，因为种种原因仍未付款，则应将票据转出，不作票据管理，应转入为应付账款来管理。转出时需要输入转出金额、转出日期、利息、费用、应付单类型和应付款科目。

转出金额为转出的票据的金额，如果转出金额小于票据余额，系统自动将其差额作为利息；如果转出金额大于票据余额，系统自动将其差额作为费用。应付单类型为票据转为应付款的类型。应付款科目为票据要转入的科目，如应付账款、预付账款等。

票据一旦转出，就不能再对其进行结算、计息等其他处理。

5. 取消操作

如果转账、核销、坏账等处理后发现操作失误，可利用取消操作将其恢复到操作前的状态，以便进行修改。取消操作的类型包括核销、坏账处理、汇兑损益、票据处理、应付冲应付、应付冲应收、预付冲应付、红票对冲等。如果这些处理已经制单，应先删除其对应的凭证，再进行取消操作。

6. 凭证处理

凭证处理是根据相关的采购与应付业务单据生成记账凭证，并将凭证传递至总账记账的过程。凭证处理也叫制单，系统对不同的单据类型或不同的业务处理提供实时制单的功能。此外，系统还提供了统一制单的平台，可以在此快速、成批地生成凭证，并可依据规则进行合并制单等处理。

这里的凭证处理主要针对应付业务的制单，包括应付、付款和转账等业务。采购入库业务的制单工作主要在存货系统中完成。应付系统的制单主要分为以下几种类型。

（1）采购发票制单

对采购发票制单时，系统首先判断控制科目依据，根据参数设置中的“控制科目依据”取“控制科目设置”中对应的科目。然后判断“采购科目依据”，根据参数设置中的“采购科目依据”取“产品科目设置”中对应的科目。如果“控制科目”和“产品科目”均没有设置，则取“基本科目设置”中设置的应付科目和采购科目。如果全部没有设置，则手工输入。这里的控制科目是指应付系统控制的科目，包括应付科目和预付科目，在设置会计科目的时候设置。销售科目是指采购和应交增值税的入账科目。

采购发票制单生成凭证如下。

借：在途物资（产品科目或采购科目）

　　应交税费——应交增值税——进项税额（税金科目）

　　贷：应付账款——A 供应商（控制科目或应付科目）

如果采购发票现结制单，生成凭证如下。

借：在途物资（产品科目或采购科目）

　　应交税费——应交增值税——进项税额（税金科目）

　　贷：银行存款等（结算科目）

如果是部分现结，制单如下。

借：在途物资（产品科目或采购科目）

　　应交税费——应交增值税——进项税额（税金科目）

　　贷：银行存款等（结算科目）

　　　　应付账款——A 供应商（控制科目或应付科目）

（2）应付单制单

对应付单制单时，贷方取应付单表头科目，借方取应付单表体科目。如果应付单上表体没有科目，则需要手工输入科目；如果表头没有科目，则取控制科目设置中的应付科目。

应付单制单生成凭证如下。

借：对应科目

　　贷：应付科目

（3）付款单制单

付款单的制单需要根据表体款项的类型来确定入账科目。单据表体款项类型为应付款时，借方科目取应付科目；款项类型为预付款时，借方科目取预付科目；款项类型为其他费用时，借方科目取费用科目。贷方科目为结算科目，根据结算方式取结算科目，金额取表头金额。

付款单制单生成凭证如下。

借：应付科目（款项类型：应付款）

　　预付科目（款项类型：预付款）

　　费用科目（款项类型：其他费用）

　　贷：结算科目（表头金额）

（4）收款单制单

应付系统中的收款单制单，单据表体款项类型为应付款时，借方科目取应付科目，金额为红字；款项类型为预付款时，借方科目取预付科目，金额为红字；款项类型为其他费用时，借方科目取费用科目，金额为红字。贷方科目取结算科目，金额取表头金额，金额为红字。

收款单制单生成凭证如下。

借：应付科目（红字）（款项类型：应付款）

　　预付科目（红字）（款项类型：预付款）

　　费用科目（红字）（款项类型：其他费用）

　　贷：结算科目（红字）（表头金额）

（5）核销制单

只有核销双方的入账科目不相同才需要进行核销制单，核销的科目一样时是不需要核销制单的。也就是说，如果付款单的款项类型是应付款，核销的是采购发票的应付款，则可以不制单。但如果应付参数中选中“核销生成凭证”复选框（见图 4.49），则即使入账科目不一致也不会制单。

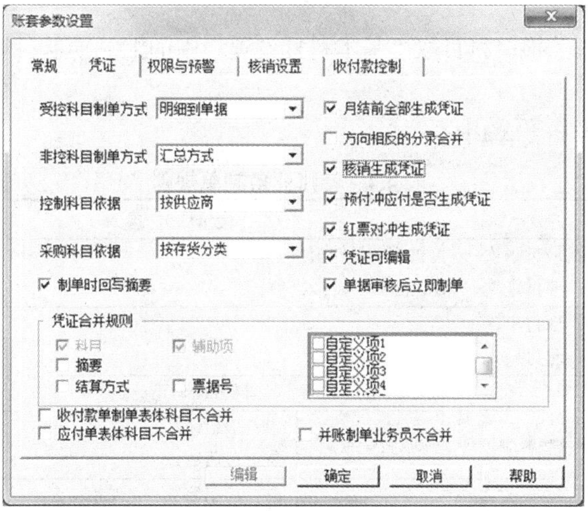

图 4.49　应付系统参数

如果应付单入账科目为“应付账款——A 公司”（待核销金额＝130），核销处理后，结算单入账时对应受控科目为“应付账款——A 公司”（核销金额＝130），那么因为核销双方的科目都是“应付账款——A 公司”，此时核销不制单。

如果应付单入账科目为“应付账款——A 公司”（待核销金额=130），核销处理后，结算单入账时对应受控科目为“应付账款——A 公司”（核销金额=30）、“应付账款——B 公司”（核销金额=80）、“预付账款”（核销金额=20），则这两张单据核销时生成的凭证应该如下。

借：应付账款——A 公司　　100

　　贷：预付账款　　20

　　　　应付账款——B 公司　　80

核销制单时要注意，必须在所核销双方的单据全部制完单后才允许进行。

（6）应付票据制单

应付票据制单主要包括支付票据制单、票据计息制单、票据结算制单和票据转出制单。具体的制单规则如表 4.3 所示。

表 4.3　票据处理业务规则

票据业务	会计分录		制单规则
支付票据	借	应付账款	应付科目/控制科目
	贷	应付票据	商业承兑科目/银行承兑科目
票据计息	借	财务费用	票据利息科目
	贷	应付票据	商业承兑科目/银行承兑科目
票据结算	借	应付票据	商业承兑科目/银行承兑科目
	借	财务费用	票据利息科目/票据费用科目
	贷	银行存款等	结算方式科目
票据转出	借	应付票据	商业承兑科目/银行承兑科目
	借	财务费用	票据利息科目/票据费用科目
	贷	应付账款	应付科目/控制科目

（7）汇兑损益制单

汇兑损益制单，汇兑损益科目取“基本科目设置”中的汇兑损益科目。

（8）转账制单

转账业务制单规则如表 4.4 所示。

表 4.4　转账业务制单规则

业务类型	会计分录	
应付冲应付	借：应付账款——A 供应商（转出户） 贷：应付账款——B 供应商　（转入户）	
预付冲应付	借：应付账款 贷：预付账款	
红票对冲	同方向一正一负	
应付冲应收	应付转账金额等于应收转账金额	借：应付账款 贷：应收账款
	应收转账金额大于应付转账金额	借：应付账款——A 供应商 　　预付账款——A 供应商 贷：应收账款——B 客户
	应付转账金额大于应收转账金额	借：应付账款——A 供应商 贷：应收账款——B 客户 　　预收账款——B 客户

4.3.3 工作过程

任务4-8 应付单据处理。

1）10月19日，以账套主管的身份登录系统，选择“财务会计”|“应付款管理”|“应付单据处理”|“应付单据审核”命令，打开“应付单过滤条件”对话框。选中“包含已现结发票”复选框，如图4.50所示。

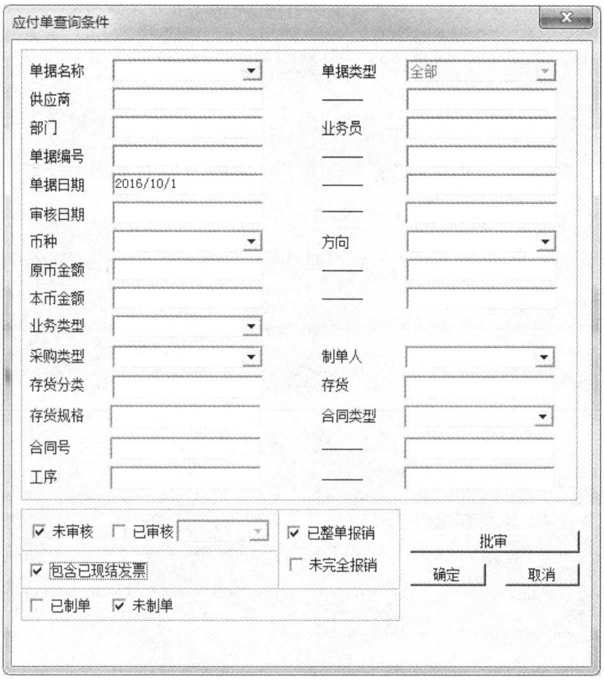

图4.50 应付审核过滤

2）单击“确定”按钮，进入待审核单据列表。选中应收单据，单击“审核”按钮，逐一完成对应收单据的审核。

任务4-9 付款单据处理。

1．付款结算

1）以出纳的身份选择“财务会计”|“应付款管理”|“付款单据处理”|“付款单据录入”命令，打开“付款单”窗口。

2）单击“增加”按钮，填制付款单。款项类型选择“应付款”，单击“保存”按钮后付款单如图4.51所示。

3）以账套主管的身份选择“财务会计”|“应付款管理”|“付款单据处理”|“付款单据审核”命令，打开“付款单过滤条件”对话框。单击“确定”按钮，打开“收付款单列表”窗口，对付款单进行审核。

图 4.51　付款结算的付款单

4）以总账会计的身份选择“财务会计”|“应付款管理”|“制单处理”命令，在对话框中选中“收付款单制单”复选框，单击“确定”按钮后，打开“制单”窗口。双击付款单 0000000002 所在行的“选择”栏，然后单击“制单”按钮，打开“填制凭证”窗口。输入“应付账款”辅助项票号信息和发生日期，再输入现金流量“04购买商品、接受商务支付的现金”，然后单击“保存”按钮。凭证如图 4.52所示。

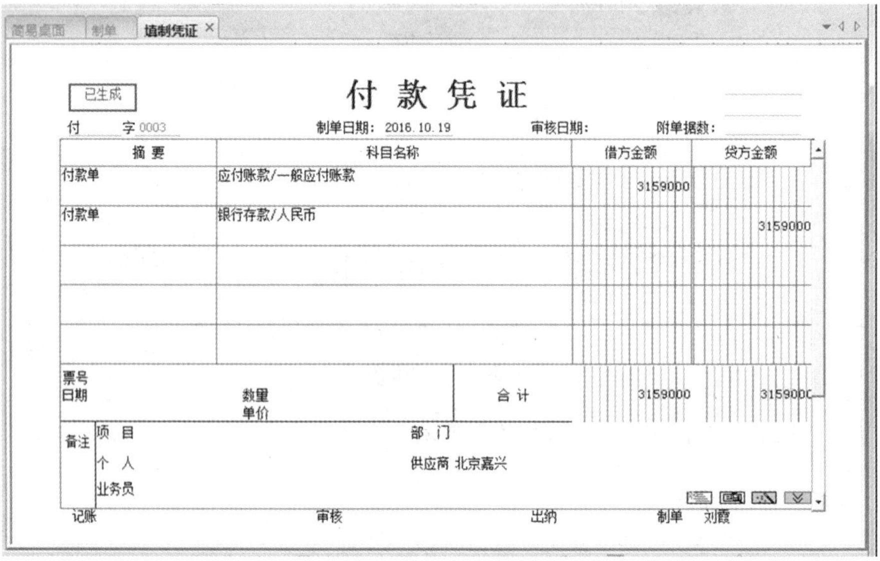

图 4.52　付款单制单结果

注意：案例为了说明业务和制单结果的关系，采用了业务发生即时制单的方法。但也可以由财务统一到制单平台进行批量制单。

2. 预付货款

1）10月 19日，填制并审核采购订单。

2）以出纳的身份选择“财务会计”|“应付款管理”|“付款单据处理”|“付款单据录入”命令，填制付款单，选择款项类型为“预付款”。付款单如图 4.53所示。

图 4.53　预付货款的付款单

3）以账套主管的身份选择“财务会计”|“应付款管理”|“付款单据处理”|“付款单据审核”命令，审核付款单。

4）以总账会计的身份选择“财务会计”|“应付款管理”|“制单处理”命令，进行付款单制单。输入现金流量后，凭证如图 4.54 所示。

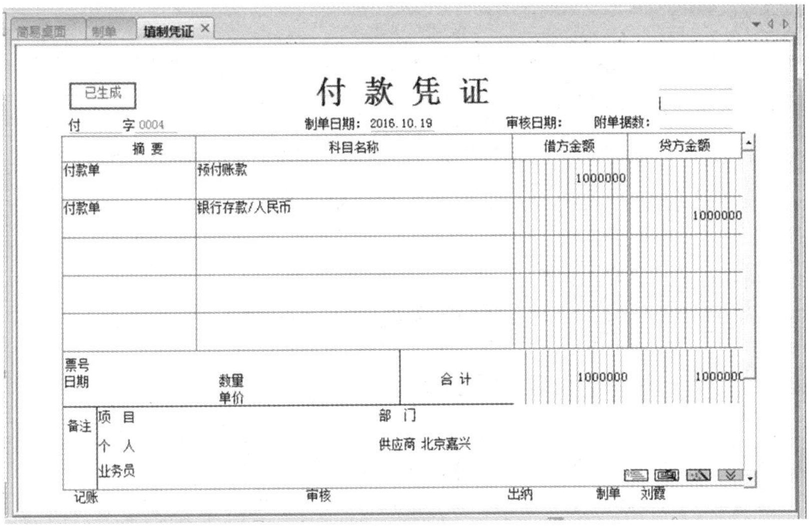

图 4.54　预付款制单结果

5）10月20日，生成并审核到货单、采购入库单和采购专用发票，进行采购结算。

6）以账套主管的身份进行应付单据审核，以总账会计的身份选择“财务会计”|“应付款管理”|“制单处理”命令，进行发票制单。凭证如图 4.55 所示。

解析：

- 采购业务在收到发票之前支付货款，可视为预付款。
- 该笔业务的入库业务的制单处理在存货系统中完成，详细步骤参见任务 5-16 制单处理的相关内容。

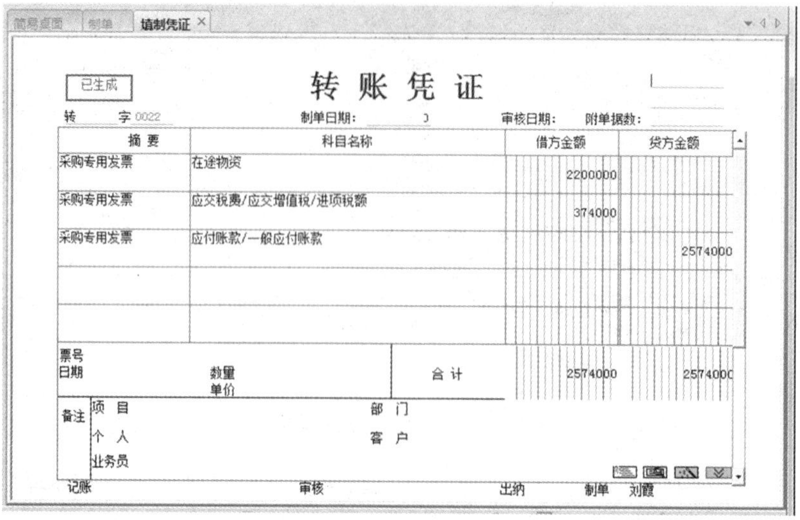

图 4.55 发票制单结果

任务 4-10 转账处理。

1. 应付冲应付

1）以总账会计的身份选择“财务会计”|“应付款管理”|“转账”|“应付冲应付”命令，打开“应付冲应付”窗口。

2）选择转出户为“02－哈尔滨正祥有限公司”，转入户为“01－北京嘉兴家具有限责任公司”。单击“查询”按钮，系统过滤出应付记录。输入发票 CG141005 对应的并账金额，如图 4.56 所示。

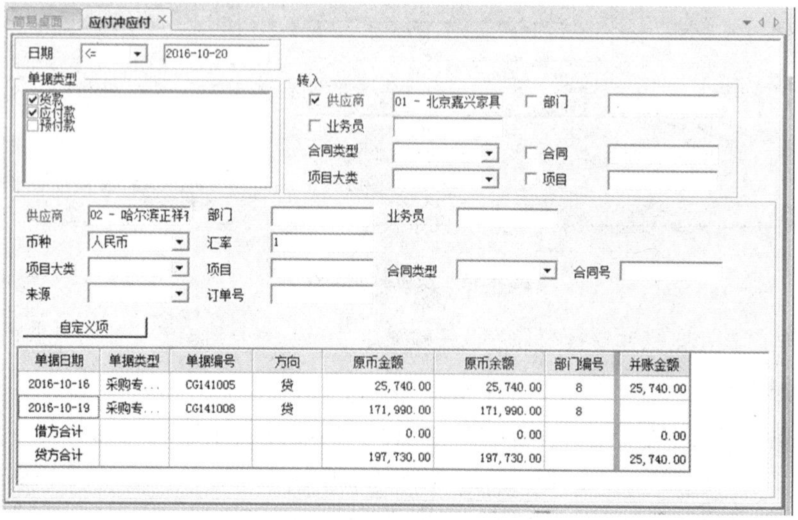

图 4.56 应付冲应付

3）单击“确定”按钮，弹出“是否立即制单”提示框。单击“是”按钮，凭证如图 4.57 所示。

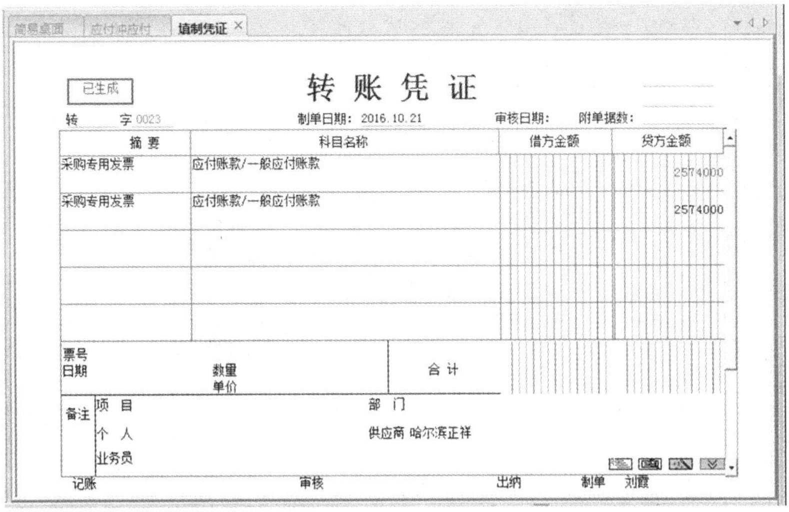

图 4.57 应付冲应付制单结果

注意：制单默认的结果出现红字，一般不需要修改，在查询账簿的时候能更便利地查询科目的变动情况。如果需要更改方向，可以在生成凭证的窗口按空格键，将贷方红字发生额调整为借方蓝字发生额。

2. 预付冲应付

1）以出纳的身份选择“财务会计”|“应付款管理”|“付款单据处理”|“付款单据录入”命令，填制付款单，款项类型为“预付款”，如图 4.58所示。

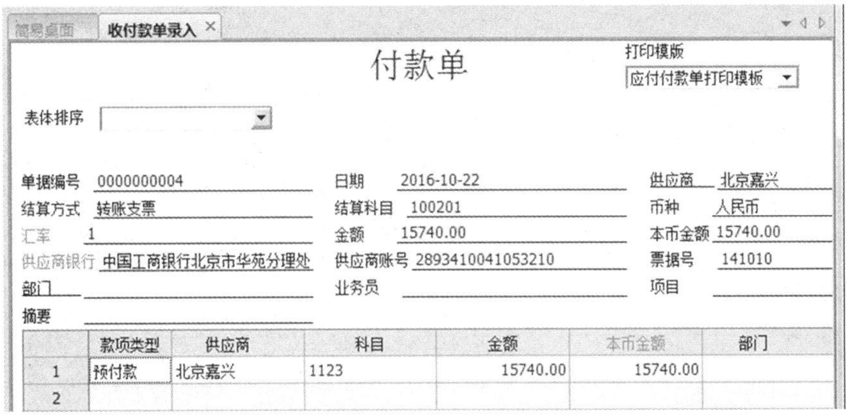

图 4.58 预付冲应付的付款单

2）以主管的身份审核付款单，并以总账会计的身份进行付款单制单。

3）以总账会计的身份选择“财务会计”|“应付款管理”|“转账”|“预付冲应付”命令，打开“预付冲应付”窗口。在“预付款”选项卡中选择供应商“01－北京嘉兴家具有限责任公司”，然后单击“过滤”按钮，系统过滤出 3 条付款单记录。在款项类型为“预付款”的付款单“转账金额”栏内输入金额，如图 4.59所示。

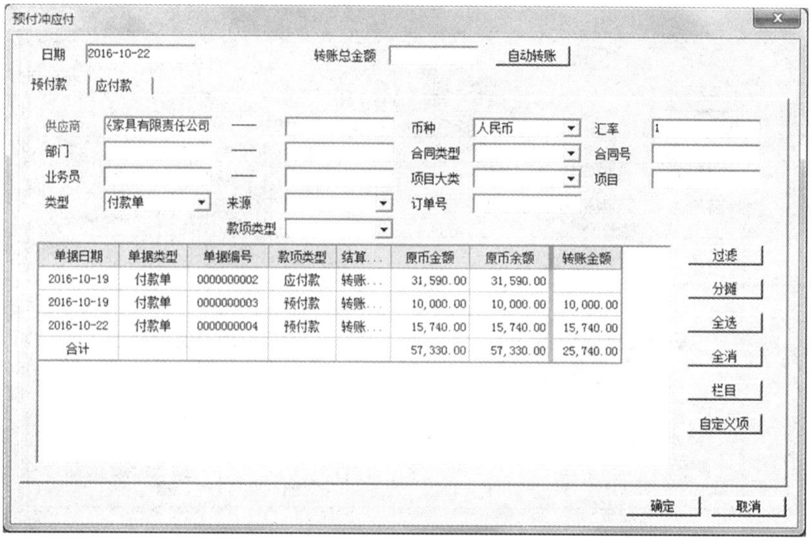

图 4.59　预付款过滤

4）进入“应付款”选项卡，单击“过滤”按钮，系统过滤出若干条应付记录。在预付款业务对应的“转账金额”栏输入金额，如图 4.60 所示。

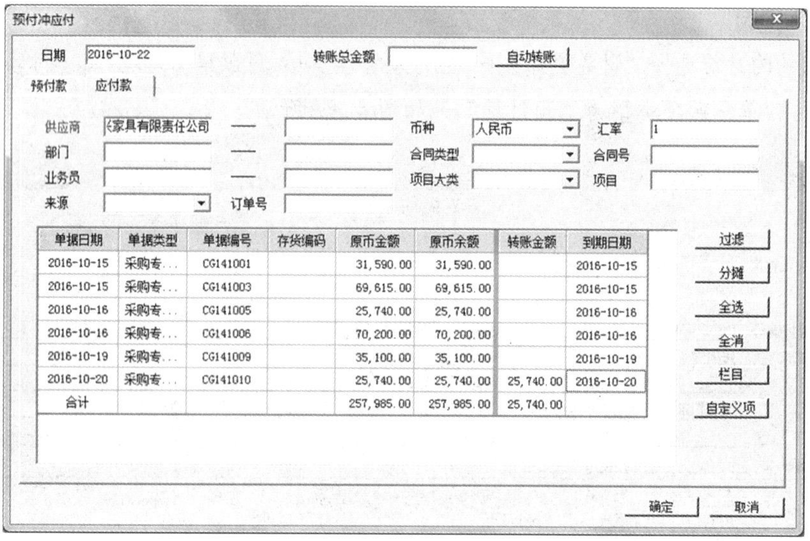

图 4.60　应付款过滤

5）单击“确定”按钮，弹出“是否立即制单”提示框。单击“是”按钮，凭证如图 4.61 所示。

解析：

- 如果要批量制单，可以在“是否立即制单”提示框中单击“否”按钮，退出转账功能。选择“财务会计”|“应付款管理”|“制单处理”命令，再选中“转账制单”复选框。
- 该笔业务也可以先将预付款同应付款进行核销，再在“制单处理”中选择“核销制单”。制单的结果同转账制单结果一样。

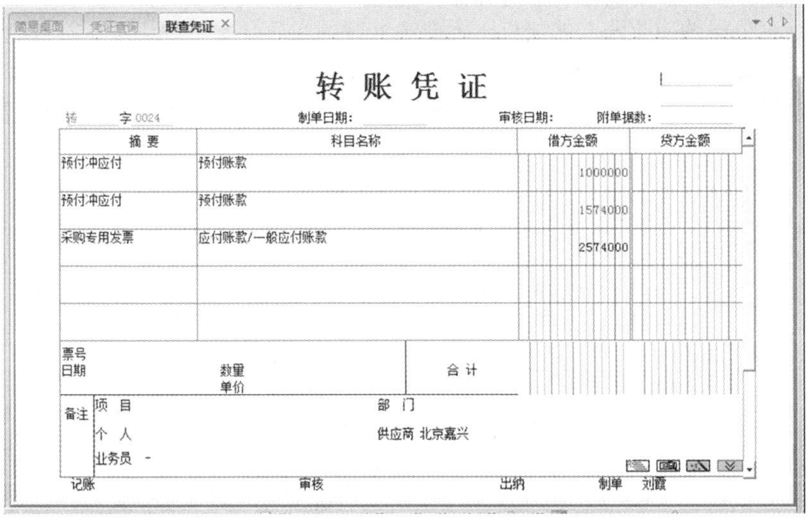

图 4.61 预付冲应付制单结果

3．应付冲应收

1）以总账会计的身份选择“财务会计”|“应付款管理”|“转账”|“应付冲应收”命令，打开“应付冲应收”窗口。在“应付”选项卡中，选择供应商“01－北京嘉兴家具有限责任”；在“应收”选项卡中，选择供应商“02－上海市富康有限公司”。然后单击“确定”按钮，系统过滤出若干条应付记录，如图 4.62所示。

简易桌面 应付冲应收

转账总金额

单据日期	单据类型	单据编号	原币余额	合同号	合同名称	项目编码	项目	转账金额
2016-10-15	采购专...	CG141001	31,590.00					
2016-10-15	采购专...	CG141003	69,615.00					
2016-10-16	采购专...	CG141005	25,740.00					
2016-10-16	采购专...	CG141006	70,200.00					
2016-10-19	采购专...	CG141009	35,100.00					35,100.00
合计			232,245.00					35,100.00

单据日期	单据类型	单据编号	原币余额	合同号	合同名称	项目编码	项目	转账金额
2016-10-07	销售专...	XS141005	44,460.00					35,100.00
合计			44,460.00					35,100.00

图 4.62 应收过滤器

2）在采购专用发票（发票号 CG141009）和销售专用发票（发票号 XS141005）的“转账金额”栏分别输入金额 35100，参见图 4.62。

3）单击“保存”按钮，弹出“是否立即制单”提示框。单击“是”按钮，凭证如图 4.63所示。

解析：

本案例应付冲应收的背景是本企业欠北京嘉兴公司的应付账款（采购发票号 CG141009），同时拥有上海富康公司的应收账款的债权。本业务处理的实质是本企业将对上海富康公司的应收债权转移给北京嘉兴公司，用于抵偿对北京嘉兴公司的欠款，处理的结果是北京嘉兴公司不再对本企业收款，转而向上海富康公司收款，而本企业欠北京嘉兴公司的货款予以注销。

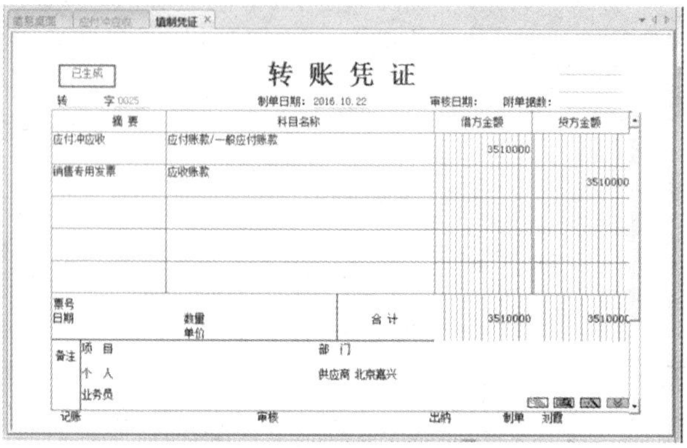

图 4.63　应付冲应收制单结果

任务 4-11　票据管理。

1. 支付票据

1）以总账会计的身份选择“财务会计”|“应付款管理”|“票据管理”命令，打开“过滤条件选择”对话框。单击“过滤”按钮，打开“票据管理”窗口，如图 4.64 所示。

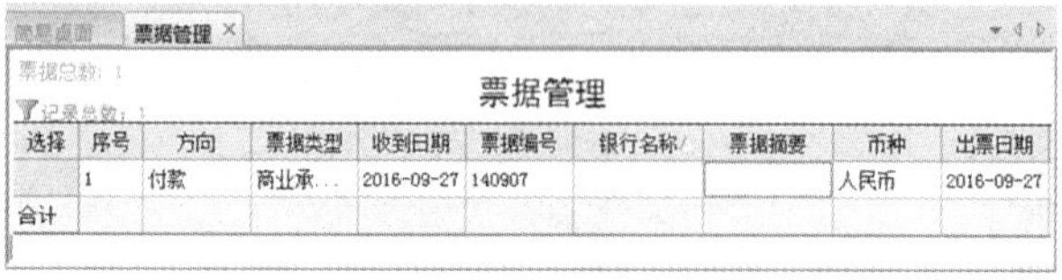

图 4.64　支付票据的票据管理

2）单击“增加”按钮，打开“应付票据”窗口，填制汇票如图 4.65 所示。

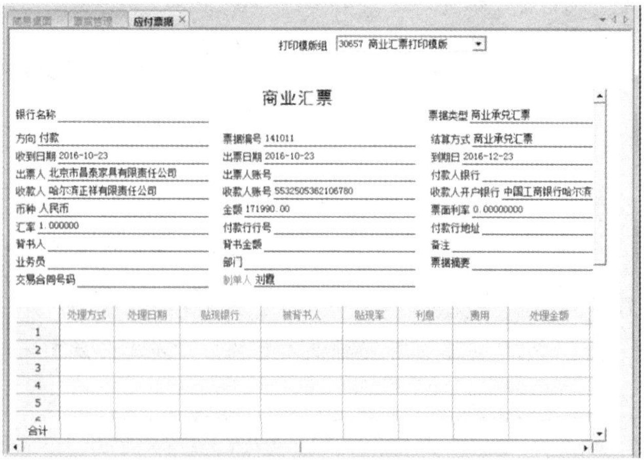

图 4.65　商业汇票

3）单击“保存”按钮，完成汇票填制。

4）以账套主管的身份选择“财务会计”|“应付款管理”|“付款单据处理”|“付款单据审核”命令，审核付款单。以总账会计的身份选择“财务会计”|“应付款管理”|“制单处理”命令，进行付款单制单，补充凭证贷方科目。凭证如图4.66所示。

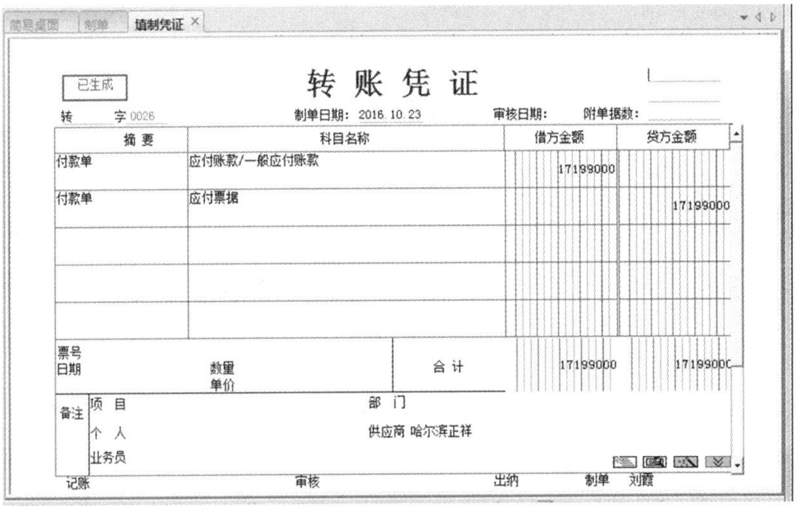

图4.66　应付票据制单结果

注意： 由于在应付系统选中了“应付票据直接生成付款单”复选框，所以票据增加并保存后系统会自动生成一张付款单。可对其按正常填制的付款单一样进行审核、制单及核销处理。

2. 票据结算

1）以总账会计的身份选择“财务会计”|“应付款管理”|“票据管理”命令，打开“过滤条件选择”对话框。单击“过滤”按钮，打开“票据管理”窗口。

2）单击收到日期为2016-09-27的“选择”栏，出现Y标志，如图4.67所示。

简易桌面　票据管理

票据总数：2

票据管理

记录总数：2

选择	序号	方向	票据类型	收到日期	票据编号	银行名称	票据摘要	币种	出票日期	结算方式
Y	1	付款	商业承...	2016-09-27	140907			人民币	2016-09-27	
	2	付款	商业承...	2016-10-23	141011			人民币	2016-10-23	商业承...
合计										

图4.67　票据结算的票据管理

3）单击“结算”按钮，打开“票据结算”对话框。输入结算科目100201，如图4.68所示。

4）单击“确定”按钮，弹出“是否立即制单”提示框。单击“是”按钮，补充凭证借方科目。凭证如图4.69所示。

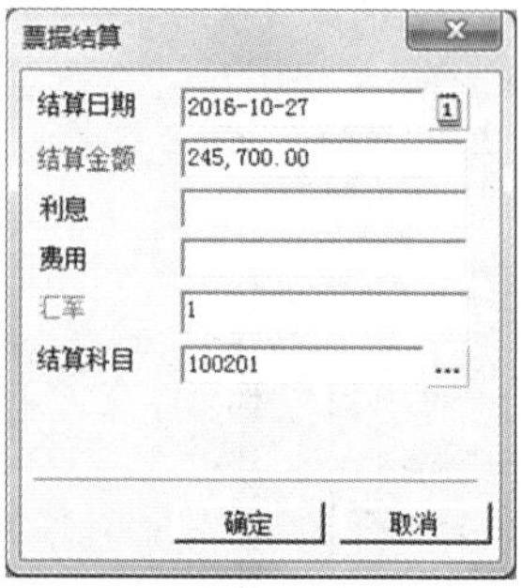

图 4.68　票据结算

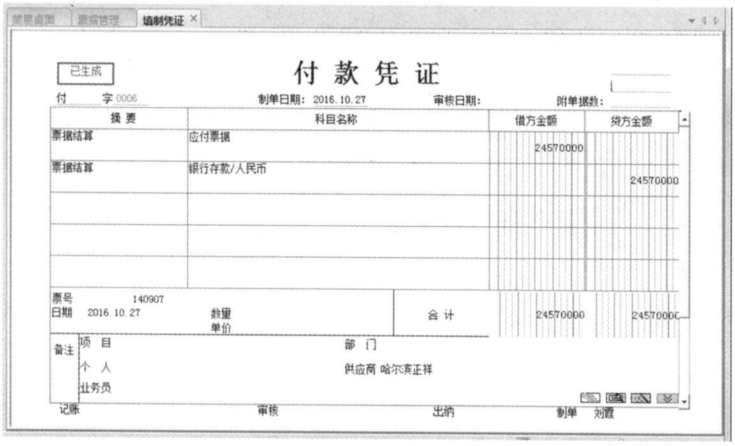

图 4.69　票据结算制单结果

任务 4-12　核销处理。

1）以会计的身份登录，选择“财务会计”|“应付款管理”|“核销处理”|“手工核销”命令，打开“核销条件”对话框。

2）选择供应商为“01-北京嘉兴家具有限责任公司”，输入计算日期 2016-10-31，如图 4.70所示。单击“确定”按钮，打开“单据核销”窗口。

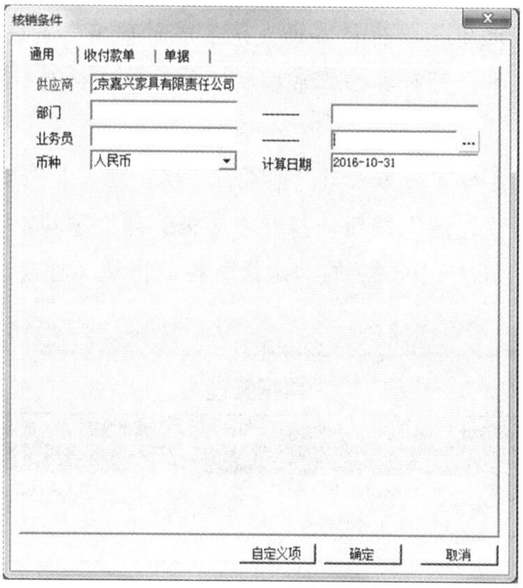

图 4.70　核销条件

3）在“单据核销”窗口中分别显示当前的应付款记录（采购发票）和付款记录（付款单）。单击“分摊”按钮，系统自动将收款单的收款金额 31 590.00分摊到 CG141001号发票的“本次结算”栏，或者直接在发票的“本次结算”栏中输入结算金额 31590.00，如图 4.71所示。

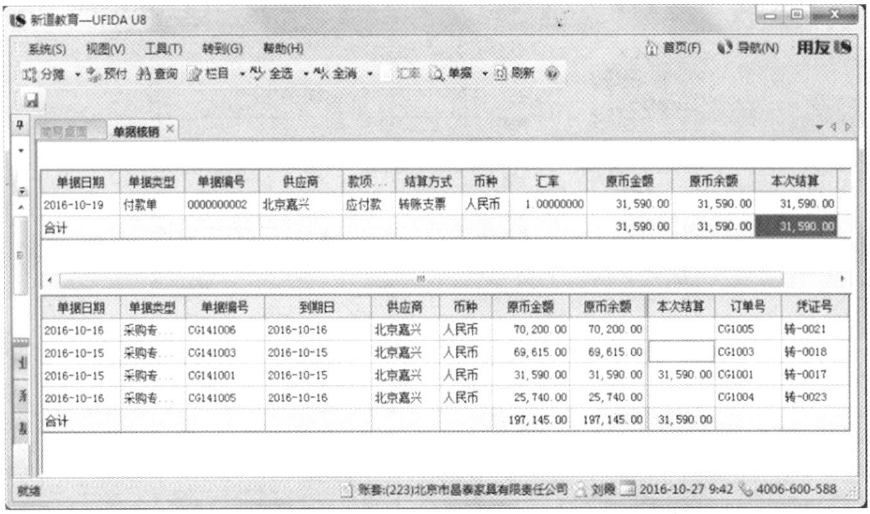

图 4.71 手工核销窗口

4）单击“保存”按钮，保存当前核销结果。保存后，已核销的收款单和发票从窗口中消失。

5）选择“财务会计”|“应付款管理”|“单据查询”|“应付款核销明细表”命令，输入供应商“01-北京嘉兴家具有限责任公司”，单击“过滤”按钮后打开北京嘉兴的“应付核销明细表”窗口。

6）已核销的付款记录出现在“结算本币金额”栏，如图4.72所示。采用同样的步骤，对其他应付款和付款记录进行核销。

图 4.72 应付核销明细表

解析：现付、应付转账处理操作视同已作核销，发票现结和转账处理后无须再作核销处理。

任务 4-13 应付制单。

以应付冲应付为例说明应付制单的操作过程。假如该业务不立即制单，也可以采用批量制单的方法生成凭证。

1）选择“财务会计”|“应付款管理”|“制单处理”命令，在“制单查询”对话框中选中“应付冲应付制单”复选框，如图4.73所示。

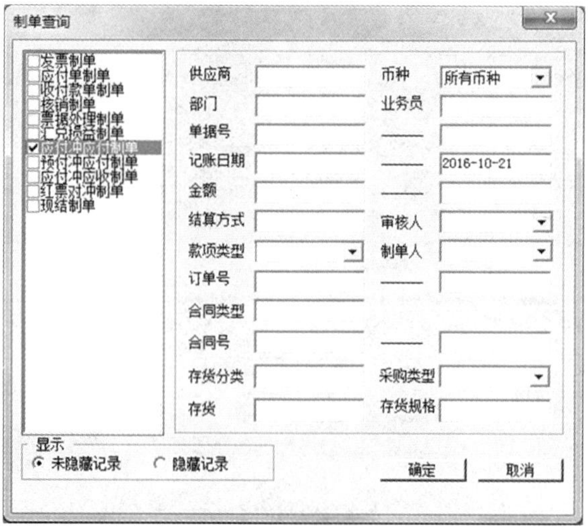

图 4.73 应付制单查询

2）单击“确定”按钮，打开“制单”窗口。双击“选择标志”栏，如图 4.74所示。

图 4.74 并账制单选择

3）单击“制单”按钮，凭证如图 4.75 所示。

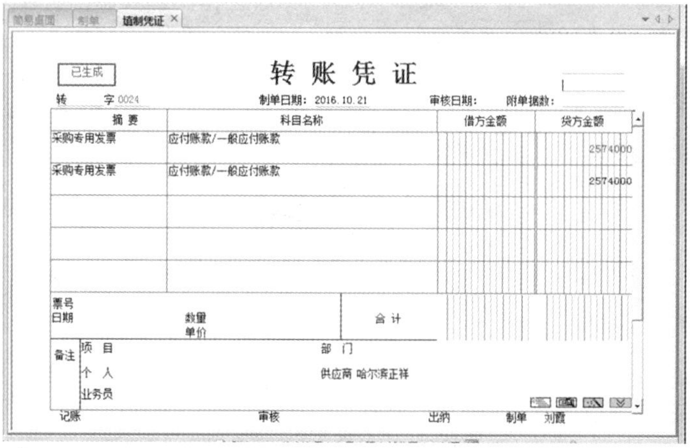

图 4.75 应付冲应付制单结果

解析：本案例为了说明财务和业务的关联关系，更多采用了业务发生完之后即时制单。

项目4.4 采购与应付期末处理

4.4.1 工作任务

本期企业采购与应付期末业务如下。

任务4-14 采购结账。

检查日常业务处理完毕，对采购系统进行结账。

任务4-15 应付结账。

检查日常业务处理完毕，对应付系统进行结账。

4.4.2 理论学习

1. 采购系统结账

月末结账是逐月将每月的单据数据封存，并将当月的采购数据记入有关账表中。

月末结账要注意以下几个问题。

① 结账前用户应检查本会计月工作是否已全部完成，只有在当前会计月所有工作全部完成的前提下，才能进行月末结账，否则会遗漏某些业务。

② 月末结账之前一定要进行数据备份，否则数据一旦发生错误，将造成无法挽回的后果。

③ 没有期初记账，将不允许月末结账。

④ 不允许跳月结账，只能从未结账的第1个月逐月结账；不允许跳月取消月末结账，只能从最后一个月逐月取消。

⑤ 上月未结账，本月单据可以正常操作，不影响日常业务的处理，但本月不能结账。

⑥ 月末结账后，已结账月份的采购系统入库单、采购发票不可修改、删除。

采购系统月末结账后，才能进行库存系统、存货系统、应付系统的月末结账。

采购结账后如果发现错误，可以取消结账。如果采购系统要取消月末结账，必须先通知库存系统、存货系统、应付系统的操作人员，要求他们的系统取消月末结账。如果其中任何一个系统不取消月末结账，就不能取消采购系统的月末结账。

2. 应付系统结账

如果当月应付款业务已全部处理完毕，需要执行月末结账功能。只有月末结账后，才可以开始下月工作，同时该月将不能再进行任何处理。

应付系统同采购系统集成使用，应在采购系统结账后，再对应付系统进行结账处理。如果本月的结算单还有未审核的，那么也不能结账。在系统选项中选中“月结前全部生成凭证”复选框（见图4.76）后，则月结时如果检查出当月还有未制单的记录时，不能进行月结处理。如果在系统选项中设置月结时不用检查是否全部制单，则无论当月有无未制单的记录，均可进行月结。

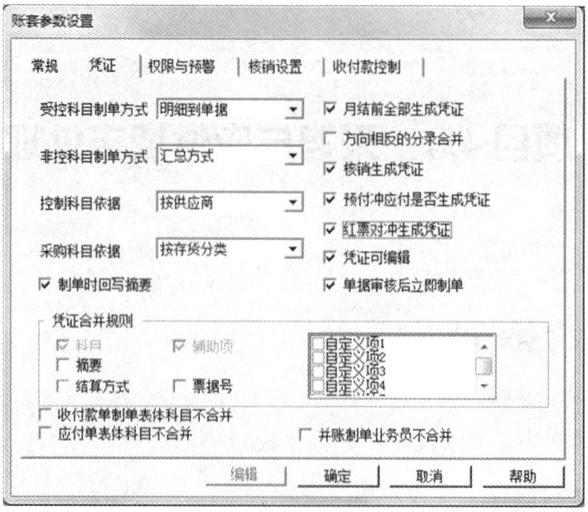

图 4.76　应付系统参数

如果是本年度最后一个期间结账，需要将本年度进行的所有核销、转账等处理全部制单。如果这个月的前一个月没有结账，则本月不能结账。

如果出现结账错误，可以取消结账，恢复结账前状态。

4.4.3　工作过程

任务 4-14　采购结账。

1）以采购主管的身份选择“供应链”|“采购管理”|“月末结账”命令，打开“结账”对话框。单击 10 月份所在行，如图 4.77 所示。

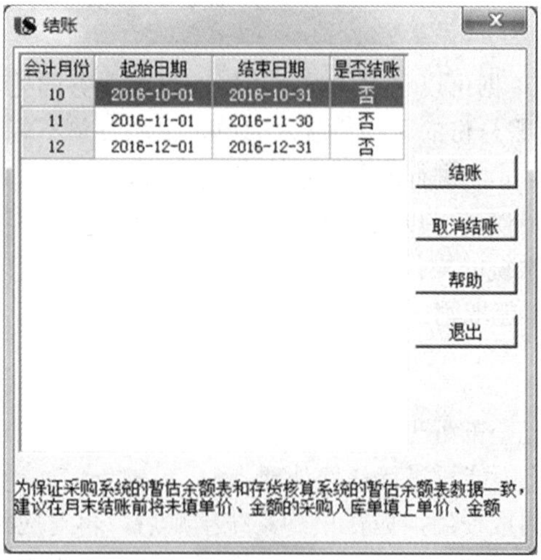

图 4.77　采购结账

2）单击“结账”按钮，10 月份所在行“是否结账”栏显示为“是”，表示已经结账。

注意：

- 结账以后不能再发生新的采购业务，所以结账之前应对本月的最终账套进行备份。
- 本案例仅演示结账的操作，实际结账需要等全书的案例全部处理完毕才能开始。

任务 4–15　应付结账。

1）以总账会计的身份选择“财务会计”|“应付款管理”|“期末处理”|“月末结账”命令，打开“月末处理”对话框。双击“十月”的“结账标志”栏，显示 Y 标志表示选中，如图 4.78所示。

2）单击“下一步”按钮，显示月末单据处理情况，如图 4.79所示。如果处理情况均为“是”，即可执行结账。单击“完成”按钮，结账完毕。

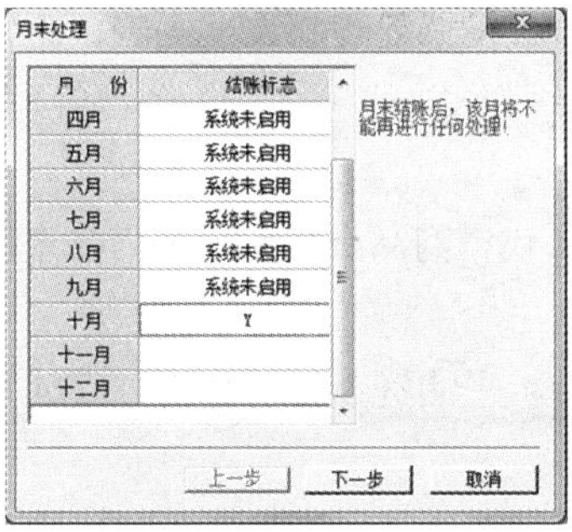

图 4.78　应付结账

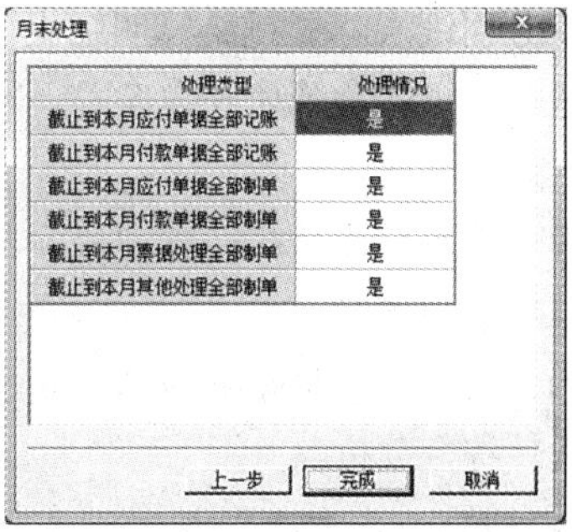

图 4.79　应付结账单据提示

注意：

- 结账以后不能再发生新的应付款业务，所以结账之前应对本月的最终账套进行备份。
- 本案例仅演示结账的操作，实际结账需要等全书的案例全部处理完毕才能开始。

项目 4.5　采购与应付业务查询

4.5.1　工作任务

任务 4–16　采购账表查询与分析。

1. 查询本期采购明细表
2. 查询本期在途货物余额表
3. 查询本期采购成本分析

任务 4–17　应付账表查询与分析。

1. 查询本期对账单
2. 对应付账款进行账龄分析
3. 查询本期应付账款的科目明细账

4.5.2 理论学习

1. 采购账表查询及分析

采购系统提供了强大的查询和分析功能——通过对明细表、统计表、余额表及采购分析表的对比分析，实现了对采购管理的事中控制、事后分析功能。综合利用采购系统提供的各种账表及查询功能，可以全面提升企业的采购管理水平。

（1）采购明细表

采购明细表是将采购业务中的采购发票、采购入库单及采购结算单据，由用户任选查询条件，逐笔显示出来。采购明细表主要有到货明细表、采购明细表、入库明细表、结算明细表、未完成业务明细表、受托结算明细表、费用明细表、增值税发票处理状态明细表、采购综合统计表和采购计划综合统计表等。

（2）采购账簿

采购账簿主要包括在途货物余额表、暂估入库余额表、代销商品台账和代销商品余额表等。

（3）采购分析

采购分析主要包括采购成本分析、采购类型结构分析、采购资金比重分析、采购费用分析和采购货龄综合分析。

2. 应付系统查询与分析

应付系统查询与分析包括如下内容。

（1）业务账表查询

业务账表查询包括业务总账表、业务余额表、业务明细账和对账单的查询。

① 业务总账表。该表能查看供应商、供应商分类、地区分类、部门、业务员、供应商总公司、主管业务员、主管部门、存货、存货分类在一定月份期间所发生的应付、付款及余额情况。

② 业务余额表。该表能查看供应商、供应商分类、供应商总公司、地区分类、部门、主管部门、业务员、主管业务员、存货、存货分类在一定期间所发生的应付、付款及余额情况。

③ 业务明细账。该功能可以查看供应商、供应商分类、供应商总公司、地区分类、部门、主管部门、业务员、主管业务员、存货分类、存货在一定期间内发生的应付及付款的明细情况。

④ 对账单。该功能可以查询一定期间内各供应商、供应商分类、供应商总公司、部门、主管部门、业务员、主管业务员的对账单。

⑤ 与总账对账。与总账对账提供应付系统生成的业务账与总账系统中的科目账核对的功能，检查两个系统中的往来账是否相等。如果不相等，则查看造成不等的原因。

（2）统计分析

通过统计分析，可以按用户定义的账龄区间，进行一定期间内应付款账龄分析、付款账龄分析和往来账龄分析，了解各个应付款周转天数、周转率，了解各个账龄区间内应付款、付款及往来情况，以便及时发现问题，加强对往来款项动态的监督管理。

① 应付账龄分析。分析一定时期内各个账龄区间的应付款情况。

② 付款账款分析。分析一定时期内各个账龄区间的付款情况。

③ 付款预测。可以在此预测将来的某一段日期范围内，供应商、部门或业务员等对象的付

款情况，而且提供了比较全面的预测对象、显示格式。

④ 欠款分析。可以在此分析截止到某一日期，供应商、部门或业务员的欠款金额，以及欠款组成的情况。

（3）科目账表查询

可以查询科目明细账、科目余额表，显示所有系统中的受控科目信息。

① 科目余额表。科目余额表用于查询应付受控科目各个供应商的期初余额、本期借方发生额合计、本期贷方发生额合计、期末余额。它包括科目余额表、供应商余额表、三栏式余额表、业务员余额表、供应商分类余额表、部门余额表、项目余额表、地区分类余额表 8 种查询方式。

② 科目明细账。科目明细账用于查询供应商往来科目下各个往来供应商的往来明细账。

4.5.3 工作过程

任务 4-16 采购账表查询与分析。

1．采购明细表

1）以采购主管的身份选择“采购管理”|“报表”|“统计表”|“采购明细表”命令，打开“过滤”对话框。选择日期为 2016-10-01 到 2016-10-31。

2）单击“过滤”按钮，打开“采购明细表”窗口，如图 4.80 所示。

采购明细表

日期：2016-1… 至 2016-10-31 供应商： 到
业务员： 到 部门： 到

发票日期	发票号	供应商简称	部门名称	存货名称	主计量	数量	本币单价	本币金额	本币税额	本币价税合计	进项税	币种	原币无税金额	原币税额	原币价税合计	原币单价	原币累计付款
2016-10-15	CG141001	北京嘉兴	采购部	封边条	盘	100.00	270.00	27,000.00	4,590.00	31,590.00		人民币	27,000.00	4,590.00	31,590.00	270.00	31,590.00
2016-10-15	CG141002	北京嘉兴		成型板	张	50.00	300.00	15,000.00		15,000.00		人民币	15,000.00		15,000.00	300.00	15,000.00
2016-10-15	CG141003	北京嘉兴	采购部	储物柜…	套	100.00	220.00	22,000.00	3,740.00	25,740.00		人民币	22,000.00	3,740.00	25,740.00	220.00	
2016-10-15	CG141003	北京嘉兴	采购部	衣橱配件	套	150.00	250.00	37,500.00	6,375.00	43,875.00		人民币	37,500.00	6,375.00	43,875.00	250.00	
2016-10-15	CG141004	北京南通	采购部	运费	次	1.00	2,000.00	2,000.00	220.00	2,220.00		人民币	2,000.00	220.00	2,220.00	2,000.00	
2016-10-16	CG141005	哈尔滨…	采购部	储物柜…	套	100.00	220.00	22,000.00	3,740.00	25,740.00		人民币	22,000.00	3,740.00	25,740.00	220.00	
2016-10-16	CG141006	北京嘉兴	采购部	成型板	张	200.00	300.00	60,000.00	10,200.00	70,200.00	510.00	人民币	60,000.00	10,200.00	70,200.00	300.00	
2016-10-18	CG141007	北京嘉兴	采购部	封边条	盘	-5.00	270.00	-1,350.00	-229.50	-1,579.50		人民币	-1,350.00	-229.50	-1,579.50	270.00	
2016-10-19	CG141008	哈尔滨…	采购部	成型板	张	490.00	300.00	147,000…	24,990.00	171,990.00		人民币	147,000.00	24,990.00	171,990.00	300.00	171,990.00
2016-10-19	CG141009	北京嘉兴		成型板	张	100.00	300.00	30,000.00	5,100.00	35,100.00		人民币	30,000.00	5,100.00	35,100.00	300.00	35,100.00
2016-10-20	CG141010	北京嘉兴	采购部	储物柜…	套	100.00	220.00	22,000.00	3,740.00	25,740.00		人民币	22,000.00	3,740.00	25,740.00	220.00	25,740.00
总计						1,386.00		383,150…	82,465.50	445,615.50	510.00		383,150.00	82,465.50	445,615.50		279,420.00

就绪 账套:(223)北京市昌泰家具有限责任公司 林波 2016-10-31 9:59 4006-600-588

图 4.80 采购明细表

2．在途货物余额表

1）以采购主管的身份选择“采购管理”|“报表”|“采购账簿”|“在途货物余额表”命令，打开“过滤”对话框。选择日期为 2016-10-01 到 2016-10-31。

2）单击“过滤”按钮，打开“在途货物余额表”窗口，如图 4.81 所示。

3．采购成本分析

1）以采购主管的身份选择“采购管理”|“报表”|“采购分析”|“采购成本分析”命令，打开“过滤”对话框。选择日期为 2016-10-01 到 2016-10-31。

2）单击“过滤”按钮，打开“采购成本分析”窗口，如图 4.82 所示。

在途货物余额表

日期：2016-1… 至 2016-1… 供应商： 至 存货： 至

存货编码	存货名称	供应商名	主计量	部门编	上期结余		本期采购		本期结算					本期结余	
					数量	金额	数量	金额	分配费用	非合理损	数量	金额	损耗数	数量	金额
101	成型板	北京嘉兴	张				150.00	45,000.00			150.00	45,000.00			
101	成型板	北京嘉兴	张	8	200.00	60,000.00	200.00	60,000.00		3,000.00	190.00	57,000.00	10.00	200.00	60,000.00
102	封边条	北京嘉兴	盘	8			95.00	25,650.00			95.00	25,650.00			
103	储物柜…	北京嘉兴	套	8			200.00	44,000.00	800.00		200.00	44,800.00			
104	衣橱配件	北京嘉兴	套	8			150.00	37,500.00	1,200.00		150.00	38,700.00			
101	成型板	哈尔滨…	张	8			490.00	147,000…			490.00	147,000…			
103	储物柜…	哈尔滨…	套	8			100.00	22,000.00			96.00	22,000.00	4.00		
总计					200.00	60,000.00	1,385.00	381,150…	2,000.00	3,000.00	1,371.00	380,150…	14.00	200.00	60,000.00

账套:(223)北京市昌泰家具有限责任公司 林波 2016-10-31 9:59 4006-600-588

图 4.81 在途货物余额表

采购成本分析

日… 2016-10-01 到 2016-10-31 供应… 到

存货… 到

发票日期	存货名称	规格型号	主计量	数量	买价	分配费用	总价	增减（参考成本）	增减
2016-10…	成型板		张	50.00	15,000.00		15,000.00	15,000.00	15,000.00
2016-10…	储物柜…		套	100.00	22,000.00	800.00	22,800.00	22,800.00	22,800.00
2016-10…	衣橱配件		套	150.00	37,500.00	1,200.00	38,700.00	38,700.00	38,700.00
2016-10…	封边条		盘	100.00	27,000.00		27,000.00	27,000.00	27,000.00
2016-10…	储物柜…		套	100.00	22,000.00		22,000.00	22,000.00	22,000.00
2016-10…	成型板		张	200.00	60,000.00		60,000.00	60,000.00	60,000.00
2016-10…	封边条		盘	-5.00	-1,350.00		-1,350.00	-1,350.00	-1,350.00

数据

图 4.82 采购成本分析

注意： 本案例只演示部分采购账表的查询操作，实际的查询需求要看业务和管理的需要。

任务 4-17 应付账表查询与分析。

1. 对账单

1）以总账会计的身份选择“财务会计”|“应付款管理”|“账表管理”|“业务账表”|“对账单”命令，打开“对账单”条件过滤对话框。选择明细对象为“供应商”，月份为“10月”到“10月”。

2）单击“过滤”按钮，打开“应付对账单”窗口，如图 4.83所示。

2. 账龄分析

1）以总账会计的身份选择“财务会计”|“应付款管理”|“账表管理”|“统计分析”|“应付账龄分析”命令，打开“应付账龄分析”条件过滤对话框。选择明细对象为“供应商”，截止日期为“2016年 10月 31日”。

2）单击“过滤”按钮，打开“应付账龄分析”窗口，如图 4.84所示。

3. 科目明细账

1）以总账会计的身份选择“财务会计”|“应付款管理”|“账表管理”|“科目账查询”|“科目明细账”命令，打开“供应商往来科目明细账”条件查询对话框。选择科目为“220201 一般应付账款”，日期为 2016.10－2016.10，如图 4.85所示。

应付对账单

币种：　全部
期间：　10 － 10

年	月	日	凭证号	供应商 编码	供应商 名称	摘要	订单号	单据类型	单据号	币种	本期应付 本币	本期付款 本币	余额 本币	到期日
				01	北京嘉兴家具有限...	期初余额							70,200.00	
2016	10	11	转-0011	01	北京嘉兴家具有限...	应收冲应付		应收冲应付	YCFAP00...	人民币		70,200.00		2016-09-18
2016	10	15	转-0017	01	北京嘉兴家具有限...	采购专...	CG1001	采购专...	CG141001	人民币	31,590.00		31,590.00	2016-10-15
2016	10	15	转-0018	01	北京嘉兴家具有限...	采购专...	CG1003	采购专...	CG141003	人民币	69,615.00		101,205.00	2016-10-15
2016	10	16	转-0021	01	北京嘉兴家具有限...	采购专...	CG1005	采购专...	CG141006	人民币	70,200.00		171,405.00	2016-10-16
2016	10	18	转-0027	01	北京嘉兴家具有限...	采购专...	CG1001	采购专...	CG141007	人民币	-1,579.50		169,825.50	2016-10-18
2016	10	19	付-0003	01	北京嘉兴家具有限...	付款单		付款单	0000000002	人民币		31,590.00	138,235.50	2016-10-19
2016	10	19	转-0029	01	北京嘉兴家具有限...	采购专...		采购专...	CG141009	人民币	35,100.00		173,335.50	2016-10-19
2016	10	19	付-0004	01	北京嘉兴家具有限...			付款单	0000000003	人民币		10,000.00	163,335.50	2016-10-19
2016	10	20	转-0022	01	北京嘉兴家具有限...	采购专...	CG1007	采购专...	CG141010	人民币	25,740.00		189,075.50	2016-10-20
2016	10	20	转-0023	01	北京嘉兴家具有限...	采购专...	CG1004	并账	BZAP000...	人民币	25,740.00		214,815.50	2016-10-16
2016	10	22	付-0005	01	北京嘉兴家具有限...			付款单	0000000004	人民币		15,740.00	199,075.50	2016-10-22
2016	10	22	转-0025	01	北京嘉兴家具有限...	应付冲应收		应付冲应收	FCYAR00...	人民币		35,100.00	163,975.50	2016-10-19
				(01)小计:							256,405.50	162,630.00	163,975.50	
2016	10	16	转-0020	02	哈尔滨正祥有限责...	采购专...	CG1004	采购专...	CG141005	人民币	25,740.00		25,740.00	2016-10-16
2016	10	19	转-0028	02	哈尔滨正祥有限责...	采购专...	CG1006	采购专...	CG141008	人民币	171,990.00		197,730.00	2016-10-19
2016	10	20	转-0023	02	哈尔滨正祥有限责...	采购专...	CG1004	并账	BZAP000...	人民币	-25,740.00		171,990.00	2016-10-16
2016	10	23	转-0026	02	哈尔滨正祥有限责...	付款单		付款单	0000000005	人民币		171,990.00		2016-10-23
				(02)小计:							171,990.00	171,990.00		
2016	10	15	转-0019	03	北京市南通汽车有...	采购专...		采购专...	CG141004	人民币	2,220.00		2,220.00	2016-10-15
				(03)小计:							2,220.00		2,220.00	
合...											430,615.50	334,620.00	166,195.50	

图 4.83　应付对账单

应付账龄分析

供应商　全部　　　金额式　币...　全部　截止日期：　2016-10-26

供应商 编号	供应商 名称	本币余额	账期内 本币金额	账期内 %	1-30 本币金额	1-30 %	31-60 本币金额	31-60 %	61-90 本币金额	61-90 %	91-120 本币金额	91-120 %	121以上 本币金额	121以上 %	信用额度	信用余额
01	北京嘉兴家具有	195,565.50			195,565.50	100.00										-195,565.50
02	哈尔滨正祥有限	171,990.00			171,990.00	100.00										-171,990.00
03	北京市南通汽	2,220.00			2,220.00	100.00										-2,220.00
数量					3											
金额		369,775.50			369,775.50	100.00										

账套:(223)北京市昌泰家具有限责任公司　刘霞　2016-10-26 9:28　4006-600-588

图 4.84　应付账龄分析

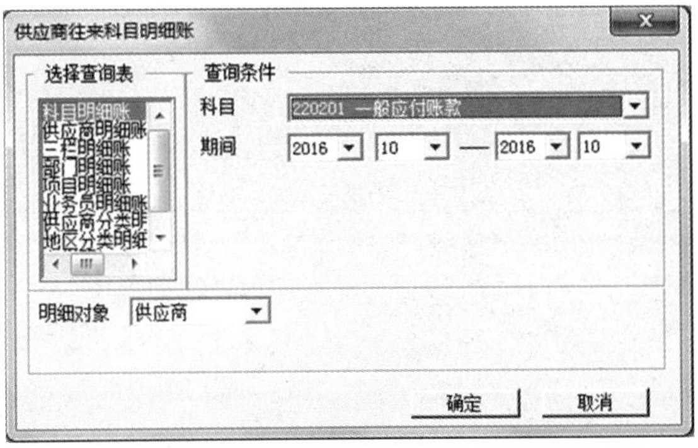

图 4.85　供应商往来科目明细账查询

2）单击“确定”按钮，打开“科目明细账”窗口，如图 4.86 所示。

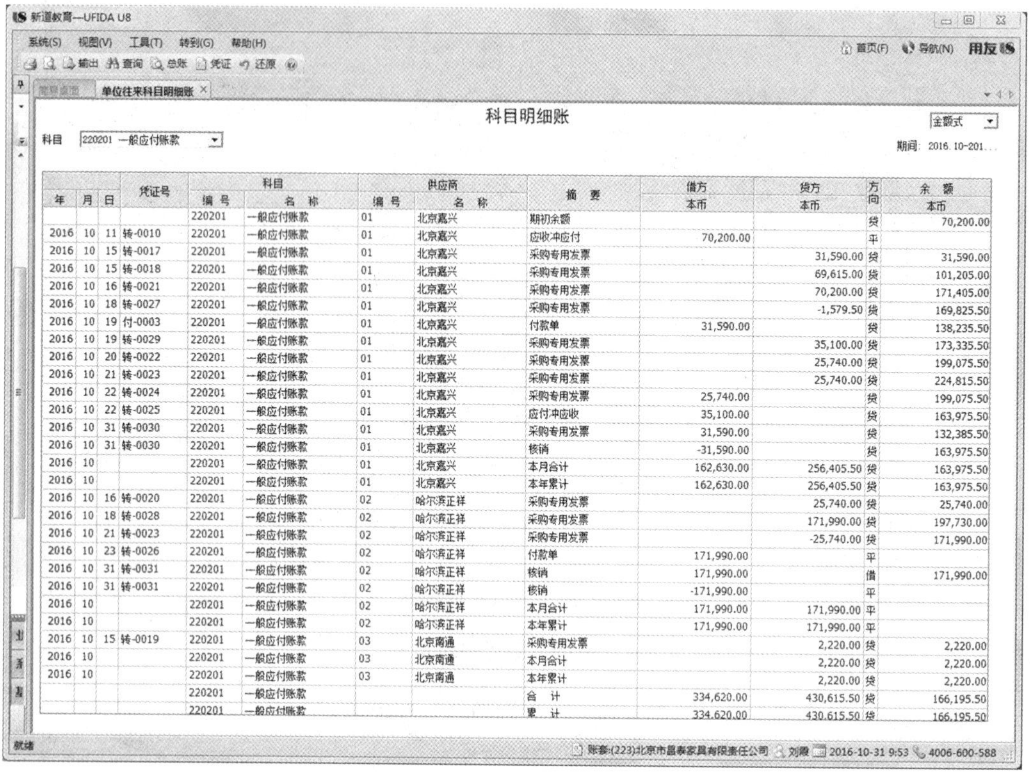

年	月	日	凭证号	科目 编号	科目 名称	供应商 编号	供应商 名称	摘要	借方 本币	贷方 本币	方向	余额 本币
				220201	一般应付账款	01	北京嘉兴	期初余额			贷	70,200.00
2016	10	11	转-0010	220201	一般应付账款	01	北京嘉兴	应收冲应付	70,200.00		平	
2016	10	15	转-0017	220201	一般应付账款	01	北京嘉兴	采购专用发票		31,590.00	贷	31,590.00
2016	10	15	转-0018	220201	一般应付账款	01	北京嘉兴	采购专用发票		69,615.00	贷	101,205.00
2016	10	16	转-0021	220201	一般应付账款	01	北京嘉兴	采购专用发票		70,200.00	贷	171,405.00
2016	10	18	转-0027	220201	一般应付账款	01	北京嘉兴	采购专用发票		-1,579.50	贷	169,825.50
2016	10	19	付-0003	220201	一般应付账款	01	北京嘉兴	付款单	31,590.00		贷	138,235.50
2016	10	19	转-0029	220201	一般应付账款	01	北京嘉兴	采购专用发票		35,100.00	贷	173,335.50
2016	10	20	转-0022	220201	一般应付账款	01	北京嘉兴	采购专用发票		25,740.00	贷	199,075.50
2016	10	21	转-0023	220201	一般应付账款	01	北京嘉兴	采购专用发票		25,740.00	贷	224,815.50
2016	10	22	转-0024	220201	一般应付账款	01	北京嘉兴	采购专用发票	25,740.00		贷	199,075.50
2016	10	22	转-0025	220201	一般应付账款	01	北京嘉兴	应付冲应收	35,100.00		贷	163,975.50
2016	10	31	转-0030	220201	一般应付账款	01	北京嘉兴	采购专用发票	31,590.00		贷	132,385.50
2016	10	31	转-0030	220201	一般应付账款	01	北京嘉兴	核销	-31,590.00		贷	163,975.50
2016	10			220201	一般应付账款	01	北京嘉兴	本月合计	162,630.00	256,405.50	贷	163,975.50
2016	10			220201	一般应付账款	01	北京嘉兴	本年累计	162,630.00	256,405.50	贷	163,975.50
2016	10	16	转-0020	220201	一般应付账款	02	哈尔滨正祥	采购专用发票		25,740.00	贷	25,740.00
2016	10	18	转-0028	220201	一般应付账款	02	哈尔滨正祥	采购专用发票		171,990.00	贷	197,730.00
2016	10	21	转-0023	220201	一般应付账款	02	哈尔滨正祥	采购专用发票		-25,740.00	贷	171,990.00
2016	10	23	转-0026	220201	一般应付账款	02	哈尔滨正祥	付款单	171,990.00		平	
2016	10	31	转-0031	220201	一般应付账款	02	哈尔滨正祥	核销	171,990.00		借	171,990.00
2016	10	31	转-0031	220201	一般应付账款	02	哈尔滨正祥	核销	-171,990.00		平	
2016	10			220201	一般应付账款	02	哈尔滨正祥	本月合计	171,990.00	171,990.00	平	
2016	10			220201	一般应付账款	02	哈尔滨正祥	本年累计	171,990.00	171,990.00	平	
2016	10	15	转-0019	220201	一般应付账款	03	北京南通	采购专用发票		2,220.00	贷	2,220.00
2016	10			220201	一般应付账款	03	北京南通	本月合计		2,220.00	贷	2,220.00
2016	10			220201	一般应付账款	03	北京南通	本年累计		2,220.00	贷	2,220.00
				220201	一般应付账款			合　计	334,620.00	430,615.50	贷	166,195.50
				220201	一般应付账款			累　计	334,620.00	430,615.50	贷	166,195.50

图 4.86　科目明细账

注意：本案例只演示部分应付账表的查询操作，实际的查询需求要看业务和管理的需要。

单元 5

库存与存货管理

学习目标

1. 职业知识
- 了解库存与存货系统的重要性和作用。
- 了解库存与存货系统的框架和主要工作内容。
- 理解库存与存货系统的基本工作原理。

2. 职业能力
- 能够完成库存日常业务处理。
- 能够完成存货日常业务处理。
- 能够进行库存与存货期末处理。
- 能够进行库存与存货账表查询及分析。

3. 职业素养
- 团队配合、分工协作。
- 细心、严谨。

项目 5.1　库存与存货管理总体介绍

5.1.1　系统介绍及概念

1. 库存与存货系统概述

库存管理与存货核算的主要对象是企业的存货。存货是指企业在生产经营过程中为销售或耗用而储存的各种资产，包括商品、产成品、半成品、在产品，以及各种材料、燃料、包装物、低值易耗品等。存货是企业的一项重要的流动资产，其价值在企业流动资产中占有很大的比重，适量的存货是保证企业生产经营顺利进行的必要条件。对企业存货的核算与管理主要是在库存和存货两个系统中来完成的。其中，库存系统主要是对存货的物流进行管理；存货系统主要是对存货的资金状况进行核算。

（1）库存系统概况

库存系统主要提供对企业库存业务全流程的管理，为企业管理者提供一个在新的市场竞争环境下，使资源合理应用，提高经济效益的库存管理方案，满足当前企业利用计算机进行库存管理的需求。企业可以根据本单位实际情况构建自己的库存管理平台。

库存系统的主要功能是有效管理库存商品，对存货进行入库及出库管理，并有效地进行库存控制，实时地进行库存账表查询及统计分析，能够满足采购入库、销售出库、产成品入库、材料出库、其他出入库等业务的需要，并且提供了仓库货位管理、批次管理、保质期管理、不合格产品管理、现存量管理、条形码管理等业务的全面功能应用。库存系统适合于各种类型的工商业企业，如制造、医药、食品、批发、零售、批零兼营等企业。

（2）存货系统概况

在企业实务中，存货成本直接影响利润水平，尤其在市场经济条件下，存货品种日益更新，存货价格变化较快，企业领导层更为关心存货的资金占用及周转情况，因而使得存货会计人员的核算工作量越来越大。随着计算机技术的不断发展，利用计算机技术来加强对存货的核算和管理，不仅能减轻财务人员繁重的手工劳动，提高核算的精度，而且能提高存货核算的及时性、可靠性和准确性。

存货的核算是企业会计核算的一项重要内容。进行存货核算，可以正确计算存货购入成本，促使企业努力降低存货成本；反映和监督存货的收发、领退和保管情况；反映和监督存货资金的占用情况，促进企业提高资金的使用效果。

2. 库存与存货系统主要流程及与其他系统的数据联系

库存、存货同销售、采购系统有直接或间接的联系。库存同存货系统的主要流程及同其他系统的数据联系如图 5.1 所示。

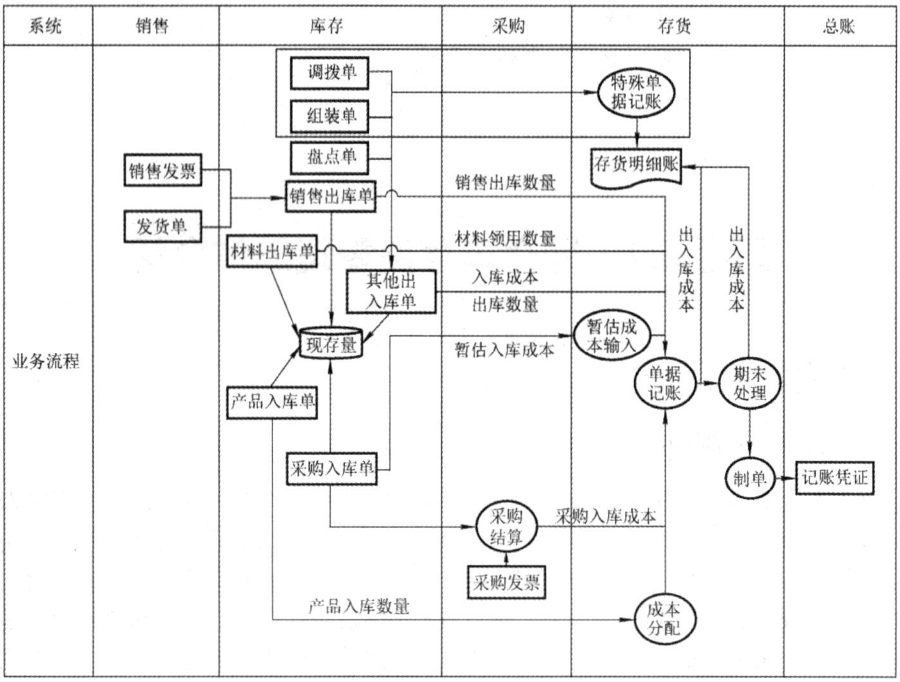

图 5.1　库存同存货系统的主要流程及同其他系统的数据联系

注意：

- 调拨单和盘点单可以直接走特殊单据记账，也可以根据其生成的其他出入库单走正常单据记账。
- 存货系统进行单据记账时，入库必须有入库成本，出库成本根据存货计价方法自动计算出来。
- 产品入库单的单位成本可以由成本分配以后得出，也可以根据手工计算结果直接输入。
- 如果采购入库单未与采购发票结算就进行单据记账，记账的入库成本为暂估成本。
- 全月一次平均法下的存货必须经过月末处理以后才能正确计算出库成本。

（1）库存管理流程

库存系统同采购、销售、存货等系统有紧密的联系。其主要流程如下。

1）期初设置。期初设置包括库存系统参数的定义、库存分类体系及基础档案的建立、库存期初余额的输入。期初需要输入库存的期初数据，包括期初存货的数量、金额，存货的仓库、货位，存货的入库时间，存货的批号等信息。

存货的期初数据可以直接输入，也可以从存货系统取数。库存的数据在库存及存货系统中必须保持一致。

2）日常处理。日常处理主要包括采购、销售、生产、领料、调拨、盘点、组装拆卸、形态转换、货位调整等入库和出库处理。每种出入库都对应一定的出入库单据，这些单据有些是在库存系统内部填写的，如盘点单、调拨单等，而有些是其他系统传递过来的，如采购入库单、生产入库单等。

库存系统接收采购系统提供的采购入库单进行审核确认。销售系统根据发货单或发票生成的销售出库单进行审核确认。其他所有出入库单均由库存系统填制，存货系统只能填写出入库单的单价、金额，其他项目不能修改，并可对出入库单进行记账操作。

3）期末处理。期末处理包括期末对账和期末结账。

4）查询与分析。

（2）存货核算流程

存货系统的主要流程如下。

1）初始设置。初始设置包括核算业务范围设置、科目设置、期初余额输入等。企业可以根据自己的需要建立系统应用环境，将存货核算系统变成适合本单位实际需要的专用系统。

2）单据记账。通过单据记账将输入的出入库单据登记存货明细账、差异明细账/差价明细账、受托代销商品明细账、受托代销商品差价账。

3）存货出入库成本的核算。存货系统可以对普通采购业务、暂估入库业务、普通销售业务、分期收款发出商品业务、委托代销发出商品业务、假退料业务、直运销售业务、其他业务等各种出入库业务进行成本核算。

存货系统提供了按仓库、部门、存货 3 种成本核算方法，并提供了先进先出、后进先出、移动平均、全月平均、个别计价、计划价（或售价）6 种计价方法。在实际应用时，可以根据实际需要选择不同的核算方法和计价方法。

如果出入库单据输入发生错误，一般还需要修改出入库单据，但遇到只需要调整金额而不需要调整数量的情况时，可以通过系统提供的入库调整单和出库调整单进行出入库成本的调整。

4）暂估入库业务处理。暂估入库是指外购入库的存货发票未到，在无法确定其准确入库成本时，财务人员暂时按估计价格入账，待发票到达后，再红字予以冲回或调整其入库成本的业务。系统提供了月初回冲、单到回冲、单到补差 3 种常用暂估处理方式。系统将根据选择的暂估处理方式自动进行暂估入库业务的处理。

5）财务核算。财务核算包括生成凭证和与总账系统对账。存货系统能够根据选择的单据生成凭证，能够与总账系统核对存货科目和差异科目，进行金额和数量的核对。

6）期末处理。期末处理包括期末处理和期末结账。

7）查询与分析。存货系统提供按仓库、存货或收发类别等多种口径统计，具有强大丰富的综合统计查询功能，可灵活输出各类报表——可按照指定存货和指定仓库输出存货明细账、总账、差异明细账等。存货系统针对企业存货的收发存业务进行核算，掌握存货的耗用情况，及时准确地把各类存货成本归集到各成本项目和成本对象上，为企业的成本核算提供基础数据；可动态地反映存货资金的增减变动情况，提供存货资金周转和占用的分析，在保证生产经营的前提下，降低库存量，减少资金积压，加速资金周转。

5.1.2 工作岗位及任务流程

库存与存货系统主要提供对企业库存及存货业务全流程的管理。其中，库存系统反映的主要是存货的物流信息，因此一般由企业物流管理部门负责；存货系统反映的主要是存货的资金信息，因此一般由企业的存货会计负责。库存与存货业务的主要工作任务及处理流程如图 5.2 所示。

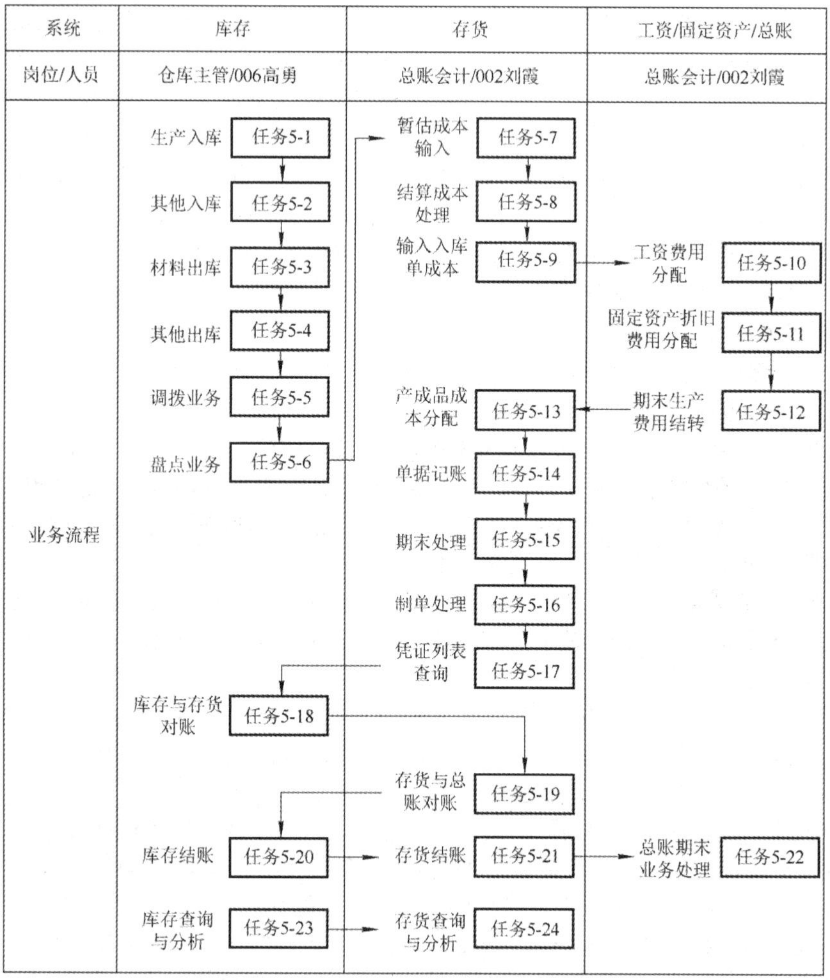

图 5.2　库存与存货业务工作任务与处理流程

项目 5.2 入库业务处理

5.2.1 工作任务

本期企业发生的入库业务如下。

任务 5-1 生产入库。

10月31日，成品库收到车间送达的当月生产完工入库的 A型储物柜 216个，B型衣橱 144个。

任务 5-2 其他入库。

10月31日，销售部收到北京嘉兴公司捐赠的成型板 10张。

5.2.2 理论学习

入库业务是指仓库收到采购或生产的货物，仓库保管员验收货物的数量、质量、规格型号等，确认验收无误后入库，并登记库存明细账。入库业务主要包括采购入库、生产入库和其他入库。

1. 采购入库

采购货物入库时，根据实际入库数量填制入库单。采购入库单是根据采购到货签收的实收数量填制的单据。对于工业企业，采购入库单一般指采购原材料验收入库时所填制的入库单据；对于商业企业，采购入库单一般指商品进货入库时所填制的入库单据。取得供货单位的发票后，输入采购发票，再将采购入库单同采购发票进行采购结算，确认采购入库成本。

采购入库单由仓储部门根据入库情况增加或输入，可以手工增加，也可以参照采购订单、到货单（到货退回单）等单据生成。根据“修改现存量时点”参数设置，采购入库单保存或审核后更新现存量。

采购入库单输入的时候可以只输入数量，同采购发票进行采购结算之后再确认采购成本。

2. 生产入库

产成品入库单是工业企业入库单据的主要部分。只有工业企业才有产成品入库单，商业企业没有此单据。产成品入库单一般是指产成品验收入库时所填制的入库单据。

产成品一般在入库时无法确定产品的总成本和单位成本，所以在填制产成品入库单时，一般只有数量，没有单价和金额。如果同存货系统集成使用，产品的金额需要经过成本计算得出——在得知当月完工产品总成本的基础上可以使用“产成品成本分配”功能自动计算并分配产品成本。产成品入库流程如图 5.3 所示。

产成品入库单可以手工增加，也可以参照生产订单生成。根据“修改现存量时点”参数设置，产成品入库单保存或审核后更新现存量。

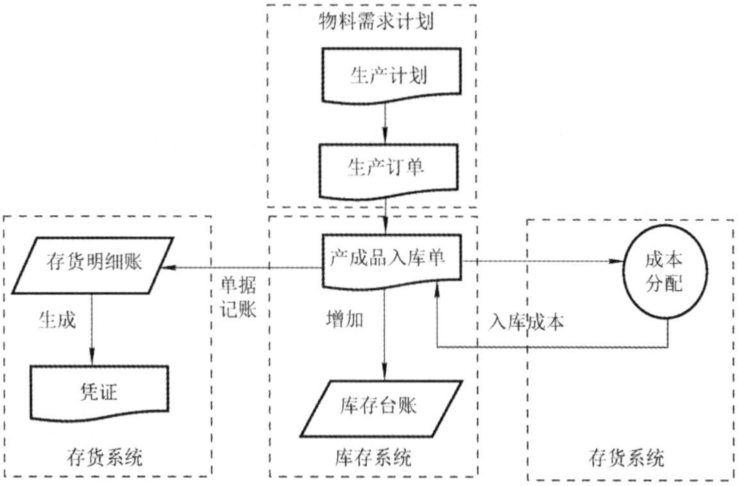

图 5.3　产成品入库流程

3. 其他入库

其他入库单是指除采购入库、生产入库之外的其他入库业务，如调拨入库、盘点入库、组装拆卸入库、形态转换入库等业务形成的入库单。其他入库单一般由系统根据其他业务单据自动生成，也可手工填制。其他入库的流程如图 5.4 所示。

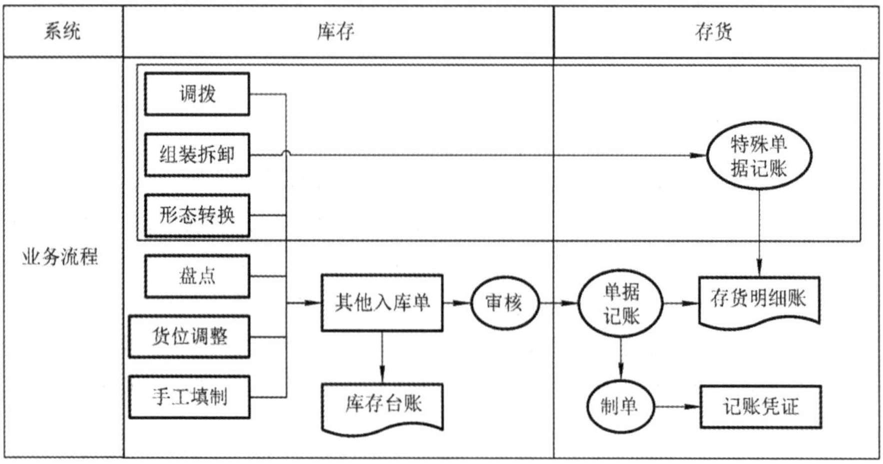

图 5.4　其他入库流程

① 调拨单用于仓库之间存货的转库业务或部门之间的存货调拨业务。在同一张调拨单上，如果转出部门与转入部门不同，表示是部门之间的调拨业务；如果转出部门和转入部门相同，但转出仓库与转入仓库不同，表示是仓库之间的转库业务。

② 组装是指将多个散件组装成一个配套件的过程。组装单相当于两张单据，一张是散件出库单，一张是配套件入库单。配套件同散件之间是一对多的关系；配套件同散件之间的关系，在产品结构中设置。在组装之前应先进行产品结构定义，否则无法进行组装。

③ 盘点是指为了保证企业库存资产的安全和完整，做到账实相符，必须对存货进行定期或

不定期的清查，查明存货盘盈、盘亏、损毁的数量以及造成的原因，并据以编制存货盘点报告表，按规定程序，报有关部门审批的过程。

④ 形态转换是指由于自然条件或其他因素的影响，某些存货会由一种形态转换成另一种形态，如煤块由于风吹、雨淋，天长日久变成了煤渣，活鱼由于缺氧变成了死鱼等。形态转换会引起存货规格和成本的变化，因此库管员须根据存货的实际状况填制形态转换单或规格调整单，报请主管部门批准后进行调账处理。

调拨、组装、盘点和形态转换在填制完相关单据以后会自动生成其他入库单。

5.2.3　工作过程

任务 5-1　生产入库。

1）以仓库主管的身份选择“库存管理”|“入库业务”|“产成品入库单”命令，打开“产成品入库单”窗口。

2）单击“增加”按钮，输入 A 型储物柜入库单，入库类别选择“A产成品入库”，然后单击“保存”按钮，如图 5.5所示。

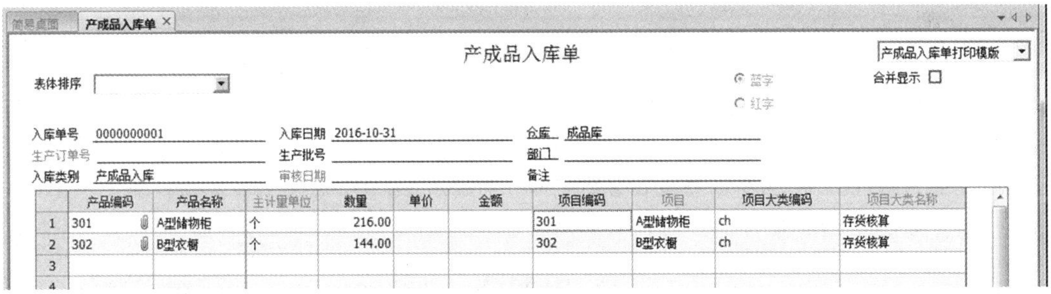
简易桌面　产成品入库单

产成品入库单

产成品入库单打印模版

表体排序

蓝字　红字　合并显示

入库单号 0000000001　入库日期 2016-10-31　仓库 成品库

生产订单号　生产批号　部门

入库类别 产成品入库　审核日期　备注

	产品编码	产品名称	主计量单位	数量	单价	金额	项目编码	项目	项目大类编码	项目大类名称
1	301	A型储物柜	个	216.00			301	A型储物柜	ch	存货核算
2	302	B型衣橱	个	144.00			302	B型衣橱	ch	存货核算
3										
4										

图 5.5　产成品入库单

3）依据上述方法，输入 B 型衣橱入库单，入库类别选择“B产成品入库”。

4）以账套主管的身份审核产成品入库单。

解析：

- 采购入库业务在采购系统中已经处理完毕，此处不再重复介绍。
- 产品入库单根据车间完工送达仓库的存货和数量输入，输入时只有物流信息，一般没有单价信息。产品的单位成本必须将本期的生产费用归集和分配完毕以后，经过成本计算才能得出。

任务 5-2　其他入库。

1）以仓库主管的身份选择“库存管理”|“入库业务”|“其他入库单”命令，打开“其他入库单”窗口。

2）单击“增加”按钮，输入入库单信息。单击“保存”按钮，如图 5.6所示。

注意： 接受捐赠的存货由仓储部门根据入库情况手工输入，输入时一般只有数量，没有单价，入库的单位成本在收到相关凭证后确认。

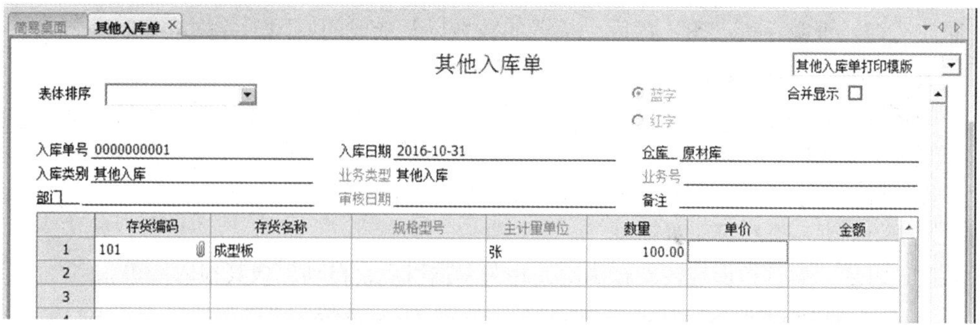

图 5.6　其他入库单

项目 5.3　出库业务处理

5.3.1　工作任务

本期企业发生的出库业务如下。

任务 5-3　材料出库。

10月 27日，生产领用原材料，领用成型板 800张（A型储物柜和 B型衣橱分别领用 400张），领用封边条 100盘（A型储物柜和 B型衣橱分别领用 50盘），领用 A型储物柜配件 800套，领用 B型衣橱配件 700套。

任务 5-4　其他出库。

10月 31日，公司决定向希望小学捐赠 10个 A型储物柜，当天将商品领用出库。

5.3.2　理论学习

出库业务是指仓库发出原材料或销售出库的货物，仓库保管员根据货物的数量、质量、规格型号等，确认无误后办理入库，并登记库存明细账。出库业务主要包括销售出库、材料出库和其他出库。

1. 销售出库

对于工业企业，销售出库单一般是指产品销售出库时所填制的出库单据。对于商业企业，销售出库单一般是指商品销售（包括受托代销商品）出库时填制的出库单。销售出库单是销售出库业务的主要凭据，销售出库业务处理时一般由库存系统根据销售系统的销售发票或发货单生成销售出库单，进行存货出库数量核算，在存货系统中进行存货出库成本核算。销售出库单的详细流程参见项目 3.2。

2. 材料出库

材料出库单是领用材料时所填制的出库单据。当生产部门从仓库中领用材料用于生产时需要填制材料出库单。只有工业企业才有材料出库单，商业企业没有此单据。

材料出库单可以手工填制，或者根据生产订单配比出库，或者根据限额领料单生成，或者参照采购入库单生成。当根据生产订单配比出库时，领用的原材料和投产的产品需求根据产品结构科学配比，可以有效避免由于多领材料而产生的车间物料积压。

在填写材料出库单时可以只确定出库数量，然后在库存系统中审核，再经过存货核算系统的单据记账或期末处理，最后根据材料的计价方法自动计算材料出库成本。

材料出库流程如图 5.7 所示。

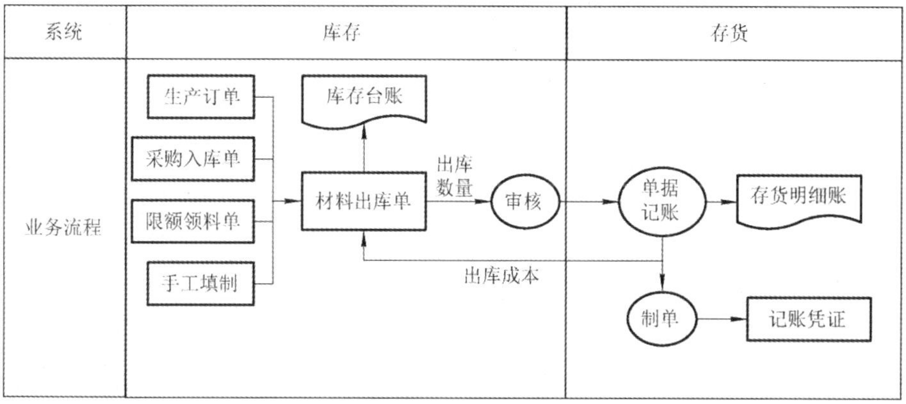

图 5.7　材料出库流程

3. 其他出库

其他出库是指除销售出库、材料出库之外的其他出库业务，如调拨出库、盘亏出库、组装拆卸出库、形态转换出库等。其他出库单可以由调拨、盘点、组装拆卸等业务自动生成，也可以手工填制，这里介绍手工填制的方法。其他出库流程如图 5.8 所示。

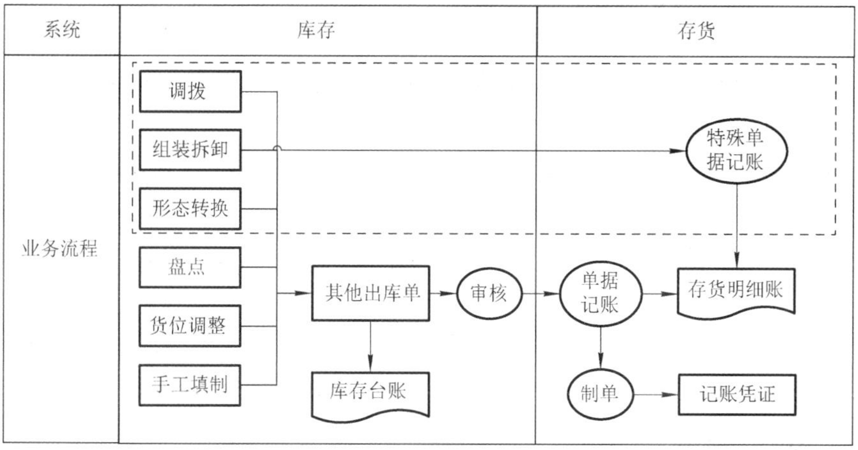

图 5.8　其他出库流程

调拨、组装、形态转换和盘点业务在前面的入库业务中已经介绍过了，这里不再重复。调拨、组装、形态转换和盘点在填制完相关单据以后会自动生成其他出库单。

5.3.3 工作过程

任务 5-3 材料出库。

1）以仓库主管的身份选择“库存管理”|“出库业务”|“材料出库单”命令，打开“材料出库单”窗口。

2）单击“增加”按钮，按照材料用途填制1张材料出库单，如图5.9所示。

	材料编码	材料名称	主计量单位	数量	单价	金额	项目	项目编码	项目大类编码	项目大类名称
1	101	成型板	张	400.00			A型储物柜	301	ch	存货核算
2	101	成型板	张	400.00			B型衣橱	302	ch	存货核算
3	102	封边条	盘	50.00			A型储物柜	301	ch	存货核算
4	102	封边条	盘	50.00			B型衣橱	302	ch	存货核算
5	103	储物柜配件	套	800.00			A型储物柜	301	ch	存货核算
6	104	衣橱配件	套	700.00			B型衣橱	302	ch	存货核算
7										

图 5.9 材料出库单

3）以账套主管的身份登录，审核材料出库单。

注意：

- 销售出库业务在销售系统中已经处理和介绍过，此处不再重复介绍。
- 单据体中原材料后的项目是指该原材料应该归属的产品成本项目。
- 材料出库单中的材料品种和数量根据车间的生产计划输入，输入时一般没有单价信息。

任务 5-4 其他出库。

1）以仓库主管的身份选择“库存管理”|“出库业务”|“其他出库单”命令，打开“其他出库单”窗口。

2）单击“增加”按钮，填制出库单。单击“保存”按钮，出库单如图5.10所示。

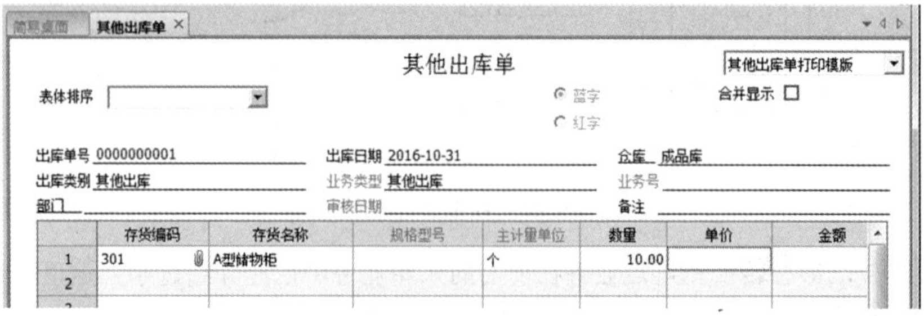

	存货编码	存货名称	规格型号	主计量单位	数量	单价	金额
1	301	A型储物柜		个	10.00		
2							

图 5.10 其他出库单

3）以账套主管的身份审核其他出库单。

注意： 对外捐赠的存货由仓储部门根据实际出库情况手工输入，输入时一般只有数量，没有单价，出库的单位成本根据存货的计价方式在单据记账后确认。

项目 5.4　其他业务处理

5.4.1　工作任务

本期企业发生的其他出入库业务如下。

任务 5-5　调拨业务。

10月31日，将周转材料库中的100盒螺丝钉调拨到原料库。

任务 5-6　盘点业务。

10月31日，对原料库的存货进行盘点，盘点后发现成型板多出5张，封边条少了2盘。成型板盘盈单价假设为300元/盘。

5.4.2　理论学习

其他库存业务是指除了采购、销售、生产、领料以外的其他所有库存业务，这里主要包括盘点、调拨、组装、拆卸、形态转换、货位调整、失效期维护等。

1. 调拨业务

调拨单用于仓库之间存货的转库业务或部门之间的存货调拨业务。在同一张调拨单上，如果转出部门与转入部门不同，表示是部门之间的调拨业务；如果转出部门与转入部门相同，但转出仓库与转入仓库不同，表示是仓库之间的转库业务。调拨业务的流程如图5.11所示。

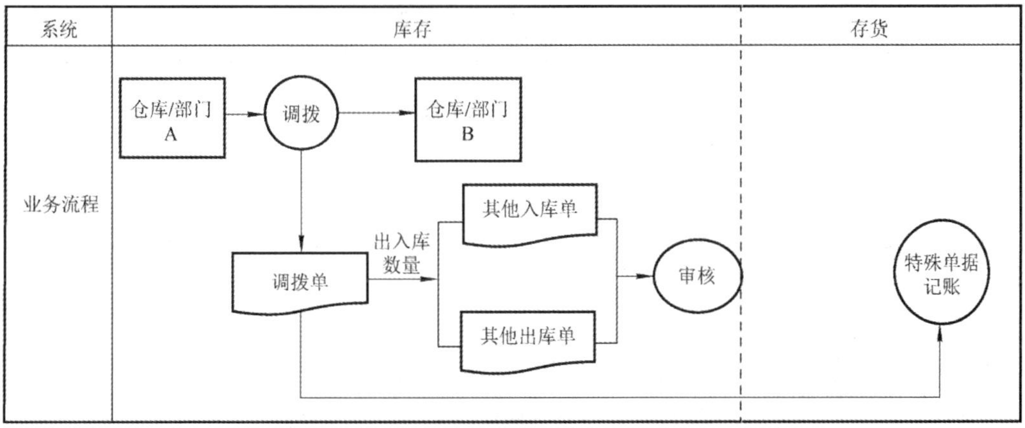

图 5.11　调拨业务流程

调拨单可以手工增加，也可以参照生产订单填制。调拨单审核后生成其他出库单、其他入库单。

2. 盘点业务

企业的存货品种多、收发频繁，在日常存货收发、保管过程中，由于计量错误、检验疏忽、管理不善、自然损耗、核算错误及偷窃、贪污等原因，有时会发生存货的盘盈、盘亏和毁损现象，从而造成存货账实不相符。为了保护企业流动资产的安全和完整，做到账实相符，企业必须对存货进行定期或不定期的清查，确定企业各种存货的实际库存量，并与账面记录相核对，查明存货盘盈、盘亏和毁损的数量及造成的原因，并据以编制存货盘点报告表，按规定程序报有关部门审批。

存货盘盈、盘亏和毁损，在查明原因、分清责任、按规定程序报经有关部门批准后，应进行相应的账务处理，调整存货明细账的实存数，使存货的账面记录同库存实物核对相符。

存货盘点报告表是证明企业存货盘盈、盘亏和毁损，据以调整存货实存数的书面凭证，经企业领导批准后，即可作为原始凭证入账。但是，存货的盘盈、盘亏和毁损必须在按规定程序报经有关部门批准后才能进行处理。未批准前，只能先到账，即根据存货盘点报告表所列盈亏数，先结转“待处理财产损溢”；批准后，根据盈亏的不同原因和不同处理结果，作进一步的账务处理。

系统提供两种盘点方法——按仓库盘点、按批次盘点，可对各仓库或批次中的全部或部分存货进行盘点，盘盈、盘亏的结果可自动生成出入库单。盘点业务的流程如图 5.12 所示。

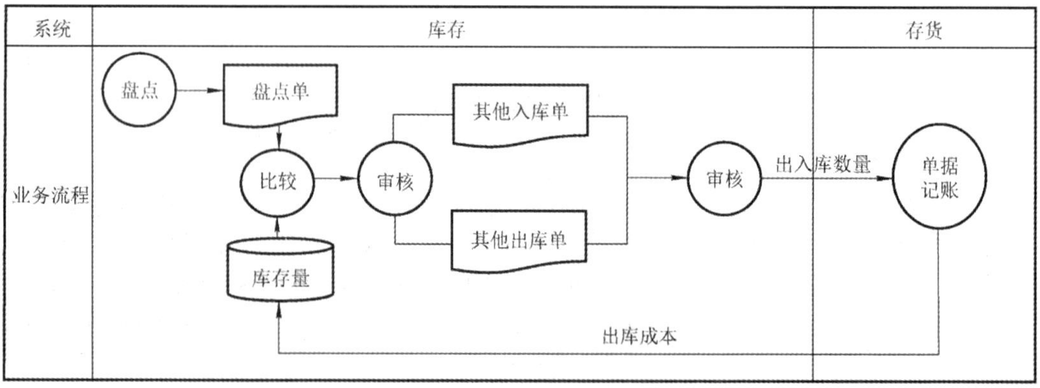

图 5.12　盘点业务流程

盘点的具体流程如下。

1）选择盘点方式，增加一张新的盘点表。

2）在系统的盘点单中单击“盘库”按钮，系统将符合条件的存货按货位带入到盘点单。

3）打印空盘点表。

4）进行实物盘点，并将盘点的结果记录在纸质盘点表的盘点数和原因栏目中。

5）实物盘点完成后，根据纸质的盘点表，将盘点结果输入计算机的盘点表中。

6）打印盘点表，并将打印出的盘点报告按规定程序报经有关部门批准。

7）对经有关部门批准后的盘点表进行审核处理。

盘点单审核时，根据盘点表生成其他出入库单，出入库单的业务号均为盘点单号。所有盘盈的存货生成一张其他入库单，业务类型为盘盈入库；所有盘亏的存货生成一张其他出库单，业务类型为盘亏出库。盘点单弃审时，同时删除生成的其他出入库单。但如果生成的其他出入库单已经审核，则相对应的盘点单不可弃审。

对某些需要定期盘点的存货，还可以按照“存货”或“仓库＋存货”设置存货的盘点周期，对到盘点周期的存货，系统可以提前进行预警。

5.4.3　工作过程

任务5-5　调拨业务。

1）以仓库主管的身份选择“库存管理”|“调拨业务”|“调拨单”命令，打开“调拨单”窗口。

2）单击“增加”按钮，输入“转出仓库”“转入仓库”和“存货”信息。单击“保存”按钮，如图5.13所示。

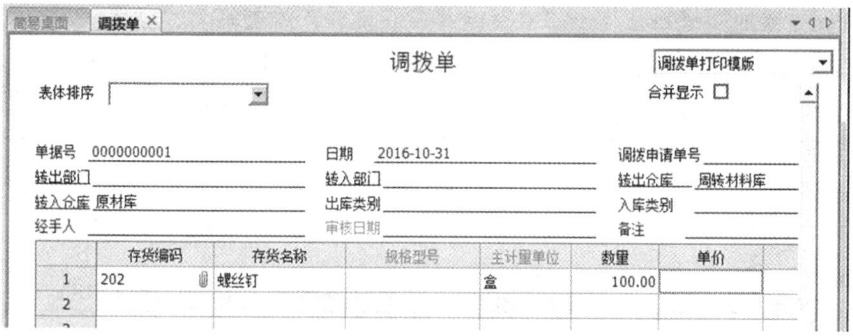

图5.13　调拨单

3）以账套主管的身份审核调拨单。

4）调拨单审核后，系统自动生成其他入库单和其他出库单，如图5.14和图5.15所示。

5）以账套主管的身份审核其他出入库单。

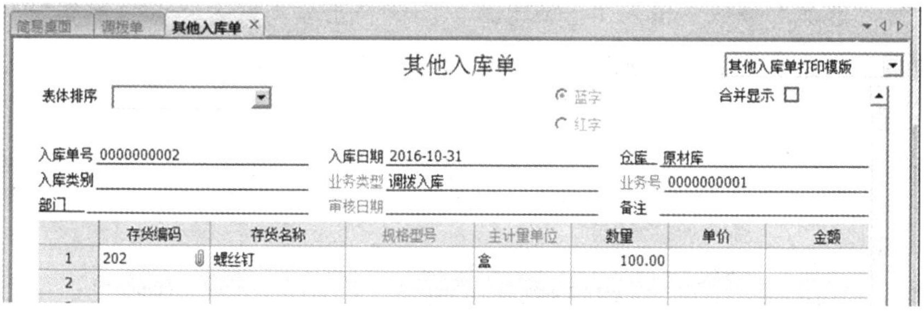

图5.14　调拨业务的其他入库单

解析：

该笔业务将原材料从周转材料库调拨转入原料库，输入调拨单并审核之后，系统自动生成其他出库单和其他入库单。后继操作时，可以对调拨单进行特殊单据记账，也可以对其他出入库单进行正常单据记账。

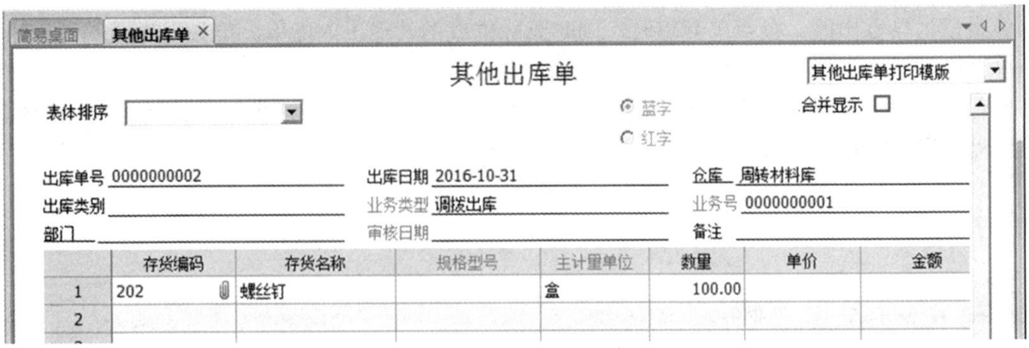
简易桌面 其他出库单

其他出库单

其他出库单打印模版

表体排序

蓝字 红字 合并显示

出库单号 0000000002　出库日期 2016-10-31　仓库 周转材料库

出库类别　业务类型 调拨出库　业务号 0000000001

部门　审核日期　备注

	存货编码	存货名称	规格型号	主计量单位	数量	单价	金额
1	202	螺丝钉		盒	100.00		
2							

图 5.15　调拨业务的其他出库单

任务 5-6　盘点业务。

1）以仓库主管的身份选择“库存管理”|“盘点业务”命令，打开“盘点单”窗口。

2）单击“增加”按钮，输入“盘点仓库”，选择入库类别为“盘盈入库”，选择存货“101 成型板”，系统自动生成账面数量。输入盘点数量 5445，系统自动计算盈亏数量。输入单价，单击“保存”按钮，盘点单如图 5.16 所示。

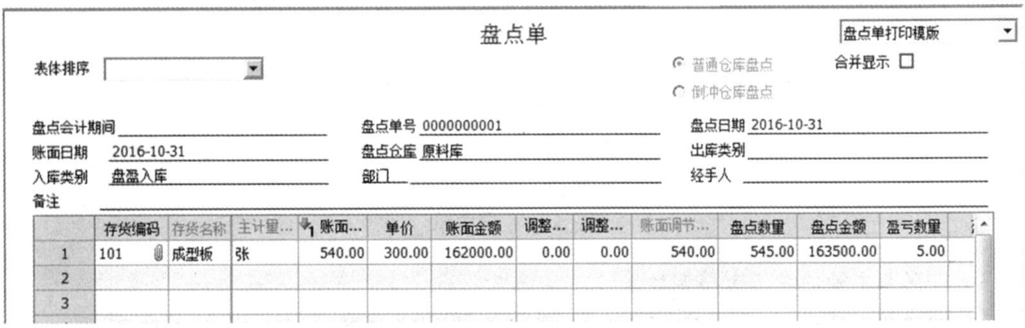
盘点单

盘点单打印模版

表体排序

普通仓库盘点 倒冲仓库盘点 合并显示

盘点会计期间　盘点单号 0000000001　盘点日期 2016-10-31

账面日期 2016-10-31　盘点仓库 原料库　出库类别

入库类别 盘盈入库　部门　经手人

备注

	存货编码	存货名称	主计量...	账面...	单价	账面金额	调整...	调整...	账面调节...	盘点数量	盘点金额	盈亏数量
1	101	成型板	张	540.00	300.00	162000.00	0.00	0.00	540.00	545.00	163500.00	5.00
2												
3												

图 5.16　盘点单一

3）单击“增加”按钮，输入“盘点仓库”，选择出库类别为“盘亏出库”，选择存货“102 封边条”，系统自动生成账面数量。输入盘点数量 3，系统自动计算盈亏数量。单击“保存”按钮，盘点单如图 5.17 所示。

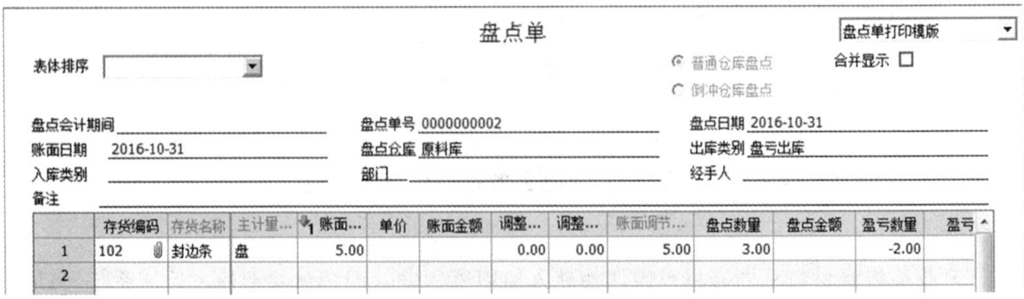
盘点单

盘点单打印模版

表体排序

普通仓库盘点 倒冲仓库盘点 合并显示

盘点会计期间　盘点单号 0000000002　盘点日期 2016-10-31

账面日期 2016-10-31　盘点仓库 原料库　出库类别 盘亏出库

入库类别　部门　经手人

备注

	存货编码	存货名称	主计量...	账面...	单价	账面金额	调整...	调整...	账面调节...	盘点数量	盘点金额	盈亏数量	盈亏
1	102	封边条	盘	5.00			0.00	0.00	5.00	3.00		-2.00	
2													

图 5.17　盘点单二

注意： 本案例为了说明问题将盘盈和盘亏分开处理。也可以在盘点单上选择盘点仓库后，单击“盘库”按钮，系统自动带出本仓库所有存货的账面数，输入实际盘点数量后审核，系统根据盈亏数量分别生成其他出入库单。

项目 5.5 入库成本核算

5.5.1 工作任务

本期企业发生的其他出入库业务如下。

任务 5-7 暂估成本输入。

10月28日，与哈尔滨正祥公司签订采购合同（订单号 CG1008），购入成型板 200张，单价 300元/张。当天收到货物，验收入库。未收到增值税专用发票。

10月31日，本月28日从哈尔滨正祥公司采购的成型板发票账单仍未收到。确定该批货物的暂估成本为 310元/张，进行暂估记账处理。

任务 5-8 结算成本处理。

对本月 19日收到的上月 27日购买北京嘉兴公司成型板的专用发票进行结算成本处理。

任务 5-9 输入入库单成本。

收到捐赠方北京嘉兴公司开来的增值税专用发票一张。发票上记载对方捐赠的成型板不含税单价为 300元/张，进项税可抵扣。

任务 5-10 工资费用分配。

工资基本数据与 9月份相同，考勤均为全勤。本月销售部奖金 2 000元，其他部门奖金 1 500元。

任务 5-11 固定资产折旧费用分配。

汽车的本期工作量是 2 500千米；本期没有其他固定资产业务。对固定资产计提折旧。

任务 5-12 期末生产费用结转。

直接材料、直接人工、制造费用按照当月产品完工数量进行分配。本月 A型储物柜完工 216个，B型衣橱完工 144个。完工产品及在产品汇总如表 5.1所示。

表 5.1 完工产品及在产品汇总

产品名称	期初在产品	本期投产数量	月末在产品	本月完工
A 型储物柜	20	200	4	216
B 型衣橱	10	200	66	144

本期生产费用结转业务如下。

① 结转制造费用。结转制造费用至基本生产成本。制造费用按照本月完工产品数量分配。制造费用的结转设置如表 5.2 所示。

表 5.2 制造费用结转设置

序 号	转账说明	凭证类别	科目编码	方向	金额表达式
0003	结转制造费用	转账凭证	5001010301（生产成本——基本生产成本——制造费用——A 型储物柜）	借	制造费用本月借方发生额*0.6
			5001010302（生产成本——基本生产成本——制造费用——B 型衣橱）	借	制造费用本月借方发生额*0.4
			5101	贷	项目＝工资及福利费，制造费用本项目期末余额
			5101	贷	项目＝办公费，制造费用本项目期末余额
			5101	贷	项目＝折旧费，制造费用本项目期末余额
			5101	贷	项目＝其他，制造费用本项目期末余额

② 辅助生产成本结转。结转辅助生产成本至基本生产成本。辅助生产成本按照完工产品数量分配。辅助生产成本的结转设置如表 5.3 所示。

表 5.3 辅助生产成本结转设置

序号	转账说明	凭证类别	科 目 编 码	方向	结转系数
0005	结转辅助生产成本	转账凭证	50102（辅助生产成本）	转出	1
			5001010301（生产成本——基本生产成本——制造费用——A 型储物柜）	转入	0.6
			5001010302（生产成本——基本生产成本——制造费用——B 型衣橱）		0.4

③ 人工总额结转。结转“生产成本——基本生产成本——人工总额”至“生产成本——基本生产成本——A 型储物柜”和“生产成本——基本生产成本——B 型衣橱”。人工总额按照完工产品数量分配。人工总额的结转设置如表 5.4 所示。

表 5.4 人工总额结转设置

序号	转账说明	凭证类别	科 目 编 码	方向	结转系数
0006	结转人工总额	转账凭证	50010104（生产成本——基本生产成本——人工总额）	转出	1
			5001010201（生产成本——基本生产成本——直接人工——A 型储物柜）	转入	0.6
			5001010202（生产成本——基本生产成本——直接人工——B 型衣橱）		0.4

任务 5-13 产成品成本分配。

假设本期生产投入的原材料均一次投入，截至月底各生产车间在产品的完工程度均为 50%，经过对本期生产费用的归集和计算，本期的产品成本计算结果如图 5.18 和图 5.19 所示。

完工产品与月末在产品成本分配表

元

A 型储物柜		产量	直接材料	直接人工	制造费用	合　计
月初生产费用			36 625.00	1 769.55	1 951.30	
本月生产费用			311 756.00	35 793.00	37 627.50	
月初在产品与本月费用合计			348 381.00	37 562.55	39 578.80	
产品产量	期初在产品	20				
	本期投产	200				
	本期完工	216	216.00	216.00	216.00	
	期末在产品（约当）	4	4.00	2.00	2.00	
	总约当产品		220.00	218.00	218.00	
分配率（单位成本）			1 583.55	172.31	181.55	1 937.41
完工产品成本			342 046.80	37 218.96	39 214.80	418 480.56
月末在产品成本			6 334.20	343.59	364.00	7 041.79

图 5.18　A 型储物柜成本计算单

完工产品与月末在产品成本分配表

元

B 型储物柜		产量	直接材料	直接人工	制造费用	合　计
月初生产费用			22 926.20	915.55	1 009.10	
本月生产费用			310 520.00	23 862.00	25 085.00	
月初在产品与本月费用合计			333 446.20	24 777.55	26 094.10	
产品产量	期初在产品	10				
	本期投产	200				
	本期完工	144	144.00	144.00	144.00	
	期末在产品（约当）	66	66.00	33.00	33.00	
	总约当产品		210.00	177.00	177.00	
分配率（单位成本）			1 587.84	139.99	147.42	1 875.25
完工产品成本			228 648.96	20 158.56	21 228.48	270 036.00
月末在产品成本			104 797.24	4 618.99	4 865.62	114 281.85

图 5.19　B 型衣橱成本计算单

要求对本期完工产品的生产成本进行分配。

5.5.2　理论学习

在存货核算系统中进行单据记账之前，根据计价的原理，必须先确认入库成本；出库成本经过单据记账以后由系统自动计算出来，入库单据如果没有成本信息将无法执行单据记账。

1. 采购入库成本

如果是采购入库，则需要等采购发票到了以后，执行完采购结算，才能明确采购入库成本。如果截至月底发票未到，则必须执行暂估，利用“暂估成本录入”功能输入暂估成本，并登记存货明细账。采购入库成本确认流程如图 5.20 所示。

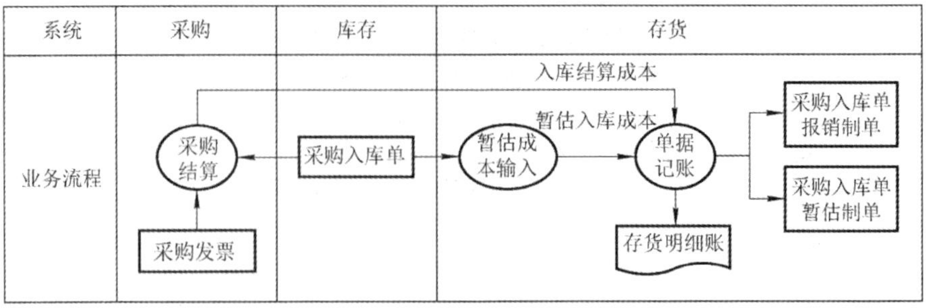

图 5.20　采购入库成本确认流程

所谓存货暂估是月度终了，外购入库的货物发票未到，在无法确定实际的采购成本时，财务人员期末暂时按估计价格入账，后续再按照选择的暂估处理方式进行回冲或补差处理。如果月底已入库的存货发票尚未到，同时入库单上默认带出采购订单的单价，则可以按订单的单价作为暂估价入账；如果入库单上没有单价，可以根据财务的统一估价，在“暂估成本录入”功能中对所有未到票的采购入库单统一执行暂估成本输入。

如果是采购结算以后执行单据记账，在采购入库制单的时候应该选择采购入库单（报销制单）；如果是暂估以后执行单据记账，在采购入库制单的时候应该选择采购入库单（暂估制单），其贷方反映为“应付账款——暂估应付款”。

2. 结算成本处理

采购入库单截至月底发票未到，可在月底进行暂估入账，并执行单据记账。下月发票到达以后，按照选择的暂估处理方式进行回冲或补差处理，结算成本处理后存货系统才会认定这笔业务已经报销。存货系统的结算成本处理本质上同采购系统的采购结算的作用是一样的：将采购发票的价格写入采购入库单的单价，把发票价格确认为采购入库的成本。在采购入库单作单据记账之前，把采购发票价格写入采购入库单的操作是通过采购结算来完成的；在采购入库单作单据记账之后，如果该笔采购入库单未经采购结算，系统会认定该笔入库属于暂估入库。对于这种暂估入库并且经过单据记账的采购入库单，在发票到达并执行完采购结算以后，采购系统不会将发票价格写入采购入库单价格，因为此时采购入库单已经经过存货系统的确认并进行单据记账，采购系统无权改写存货系统确认的入库成本。因此，还必须由存货系统经过结算成本处理，才能将采购发票的价格写入采购入库单。

在“结算成本处理”窗口，输入暂估处理查询条件，可选择显示未全部结算完的单据。选择需进行暂估入库成本处理的记录，单击“暂估”按钮进行成本处理。如果有采购运费发生，则在“结算成本处理”窗口可以将采购运费分摊给先进先出、后进先出计价法下的入库单。选择运费分摊时可选择是按数量分摊还是按金额分摊。

结算成本处理以后，采购入库单的入库成本自动变更为采购发票的采购价格，同时根据在存货选项中设置的暂估方式（月初回冲、单到回冲、单到补差）进行回冲或调整处理。结算成本处理流程如图 5.21 所示。

不管选择何种暂估方式，本月暂估记账以后，都是通过采购入库单暂估制单生成记账凭证（借：原材料；贷：应付账款——暂估应付款）。但是不同的暂估方式，次月的业务处理会有所不同。

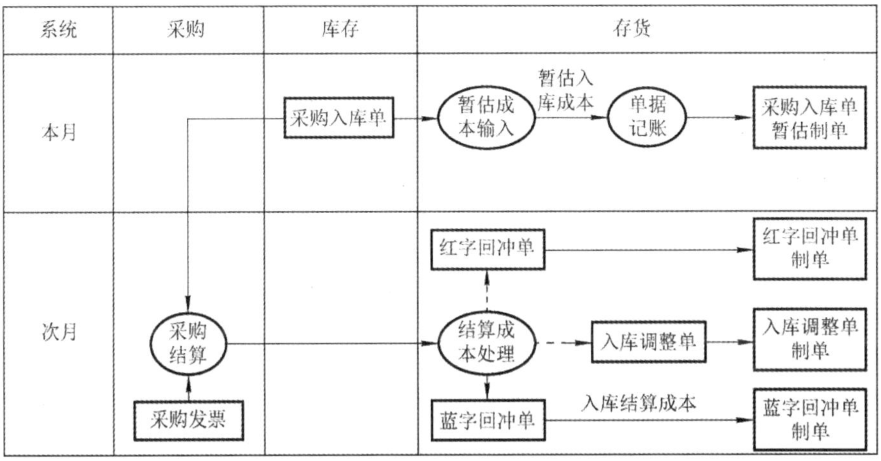

图 5.21 结算成本处理流程

（1）月初回冲

如果存货暂估方式选择月初回冲，则次月月初系统会自动生成红字回冲单，生成凭证，将上月的暂估制单生成的记账凭证完全冲销。红字回冲单的金额为原入库单据的暂估金额，方向同原暂估金额相反。如果是建账月份，则在期初采购记账以后，生成红字回冲单。

如果次月采购发票到达，将本期采购发票同上期的采购入库单作跨期采购结算。

结算之后再到存货系统进行结算成本处理，系统自动生成蓝字回冲单。根据蓝字回冲单生成凭证，借记原材料，贷记在途物资。蓝字回冲单的金额为发票结算单价。

如果截至月底，发票还未到达，则在期末处理后，根据蓝字回冲单（暂估）进行制单，生成凭证（借：原材料等；贷：应付账款——暂估应付款）。

红蓝回冲单生成后自动记入存货明细账。

（2）单到回冲

如果存货暂估方式选择单到回冲，次月的月初不作任何处理。

次月采购发票到达，将本期采购发票同上期的采购入库单作跨期采购结算。

结算之后再到存货系统进行结算成本处理，系统同时生成红字回冲单和蓝字回冲单，并记入存货明细账。

如果截至月底，发票还未到达，本期不作任何处理。

（3）单到补差

如果存货暂估方式选择单到补差，次月的月初不作任何处理。

次月采购发票到达，将本期采购发票同上期的采购入库单作跨期采购结算。

结算之后再到存货系统中进行结算成本处理，如果报销金额同暂估金额的差额为0，则不生成调整单；如果差额不为0，系统自动生成调整单。一张采购入库单生成一张调整单，生成的调整单中的金额不能修改，只能确认或取消。确认记账后，记入存货明细账。根据调整单生成记账凭证，借记存货（红字或者蓝字），贷记应付暂估款（或者是在途物资）。这里要注意的是，因为单到补差没有回冲的操作，如果暂估方式选择单到补差，建议存货的暂估科目选择“在途物资”，而不是“应付暂估款”，这样采购入库的存货对方科目就能同应付系统的发票制单衔接了。

如果截至月底，发票还未到达，本期不作任何处理。

此外，还需要注意的是，如果在存货选项中选择“红蓝回冲单不参与成本计算”，则暂估处理生成红蓝回冲单时，都不将红蓝回冲单计入先进先出或后进先出的计价辅助数据库中，也不参与成本计算，即红蓝回冲单不会对结存成本及以后的出库成本造成影响。这种方法只针对先进先出、后进先出两种计价方式。

3. 产成品成本分配

产品完工以后，由车间将完工产品移交给仓储部门，仓储部门根据实际入库数量填写产成品入库单，财务再根据完工产品的数量进行产品成本的归集、计算和分配。产成品成本分配表用于对已入库未记存货明细账的产成品进行成本分配，可对产成品入库单进行批量分配成本。如果存货系统同成本系统集成，可从成本系统取得成本，经过分配以后将单位成本填入入库单；如果未同成本系统集成，可在手工计算出完工产品成本后，手工输入本期完工产品成本。产品成本计算及分配流程如图 5.22 所示。

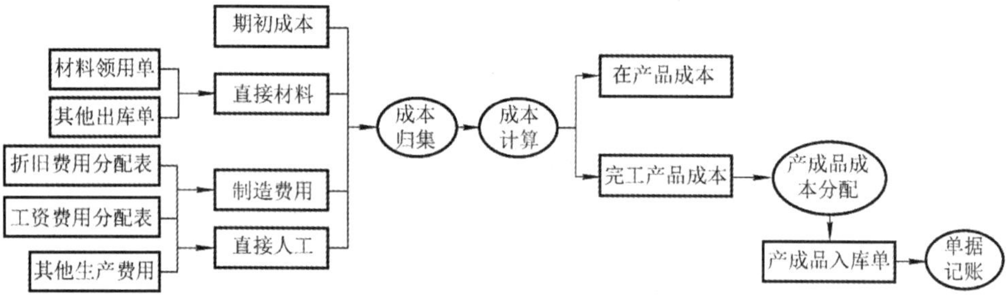

图 5.22　产品成本计算及分配流程

在产成品成本分配之前需要将材料出库成本、固定资产折旧费用、工资费用和其他生产费用归集完整，并根据完工产品数量及在产品完工程度进行完工产品成本和在产品成本的分配及计算。

4. 其他入库成本

如果是其他入库的存货，需要根据发票、收据等相关凭证确认入库成本。例如，企业接受捐赠的存货入库成本按以下原则确认入库成本。

① 捐赠方提供了有关凭据（如发票、报关单、有关协议）的，按凭据上标明的金额加上应支付的相关税费，作为实际成本。

② 捐赠方没有提供有关凭据的，按同类或类似存货的市场价格估计的金额，加上应支付的相关税费，作为实际成本。同类或类似存货不存在活跃市场的，按所接受捐赠的存货的预计未来现金流量现值，作为实际成本。

盘盈的存货，一般按照同类或类似存货的市场价格，作为实际入库成本。投资者投入的存货，按照投资各方确认的价值，作为实际入库成本。

确认入库成本以后，直接在其他入库单上输入单价即可。

5.5.3　工作过程

任务 5-7　暂估成本输入。

1）10 月 28 日，以采购管理员和仓库管理员的身份分别填制并审核采购订单、到货单和采购入库单。

2）10月31日，以总账会计的身份选择“存货核算”|“业务核算”|“暂估成本录入”命令，打开“查询条件选择”对话框。选择供应商为“02-哈尔滨正祥有限责任公司”，“包括已有暂估金额的单据”选择为“是”，如图5.23所示。

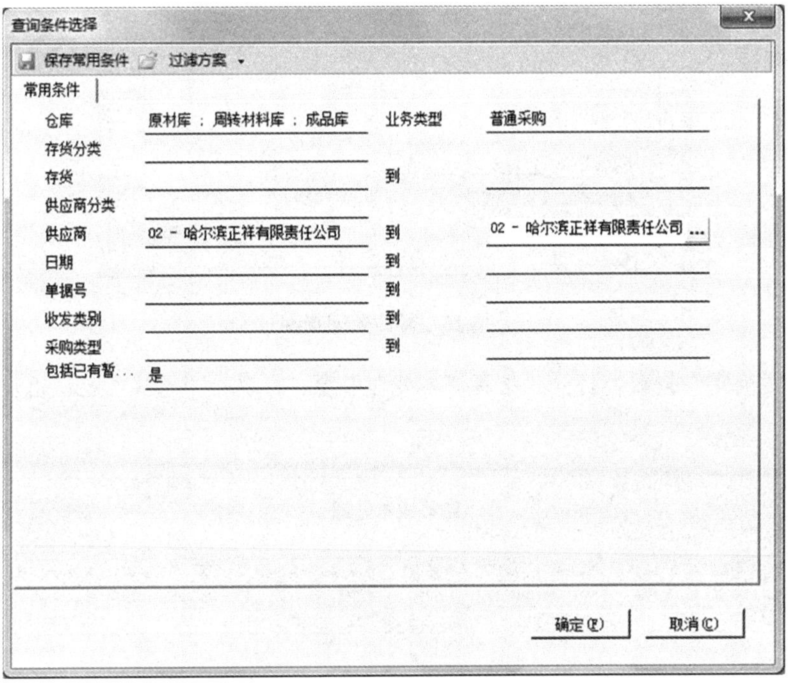

图5.23　采购入库单成本成批输入

3）单击“确定”按钮，打开“暂估成本录入”窗口。将单价300修改为310，如图5.24所示。

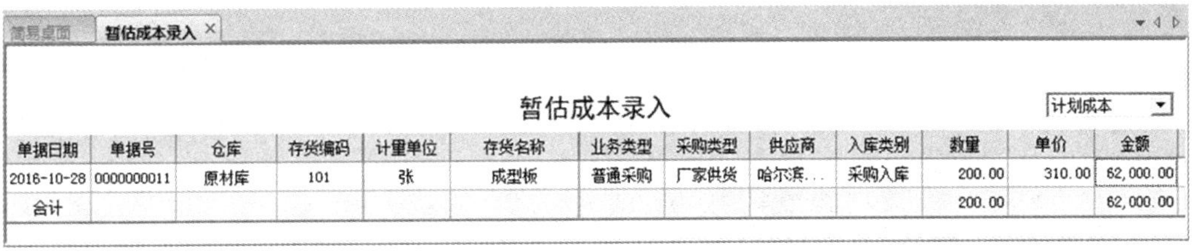

单据日期	单据号	仓库	存货编码	计量单位	存货名称	业务类型	采购类型	供应商	入库类别	数量	单价	金额
2016-10-28	0000000011	原材库	101	张	成型板	普通采购	厂家供货	哈尔滨...	采购入库	200.00	310.00	62,000.00
合计										200.00		62,000.00

图5.24　暂估成本输入

4）单击“保存”按钮，弹出“保存成功”信息框。

5）选择“正常单据记账”命令，对暂估业务采购入库单进行正常单据记账。

任务5-8　结算成本处理

1）以总账会计的身份选择“存货核算”|“业务核算”|“结算成本处理”命令，打开“暂估处理查询”对话框。选中“原料库”复选框，如图5.25所示。

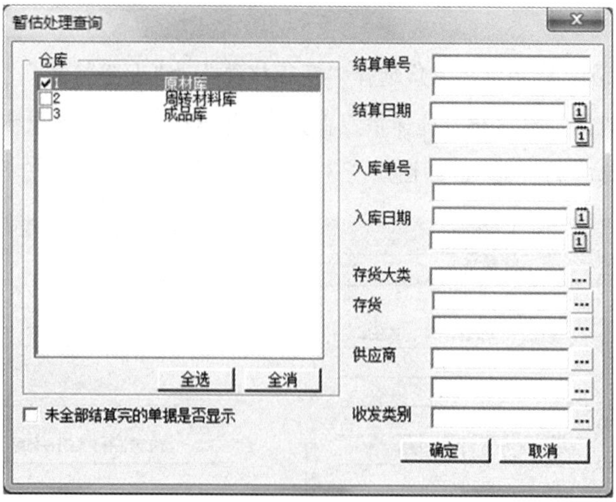

图 5.25　暂估处理查询

2）单击“确定”按钮，打开“结算成本处理”窗口。双击“选择”栏，出现 Y 标志，如图 5.26所示。

选择	结算单号	仓库编码	仓库名称	入库单号	入库日期	存货编码	存货名称	计量单位	数量	暂估单价	暂估金额	结算数量	结算单价
Y	0000000000000008	1	原材库	0000000001	2016-09-27	101	成型板	张	100.00	300.00	30,000.00	100.00	300.00
合计									100.00		30,000.00	100.00	

图 5.26　结算成本处理

3）单击“暂估”按钮，弹出“暂估处理完成”信息框。单击“确定”按钮，完成结算成本处理。

解析：

从结算成本处理单上可以看出，9 月 27 日暂估入库的采购入库单在本期结算的单价和当时暂估的单价均为 300 元/张。

任务 5-9　输入入库单成本。

1）以仓库主管的身份选择“库存管理”|“入库业务”|“其他入库单”命令，打开“其他入库单”窗口。

2）找到其他入库单 0000000001，单击“修改”按钮，输入单价。单击“保存”按钮，如图 5.27 所示。

3）以账套主管的身份审核其他入库单。

解析：

该笔业务是接收捐赠存货，在会计处理上应视同采购，在收到存货后填写其他入库单，入库单上只反映数量。收到发票以后，根据发票上记载的不含税金额确认存货入库成本，根据发票上的增值税确认进项税额，根据含税金额确认营业外收入。

简易桌面 | 其他入库单

其他入库单

其他入库单打印模版

表体排序 　　◉ 蓝字 ○ 红字 　　合并显示 □

入库单号 0000000001 　入库日期 2016-10-31 　仓库 原材库

入库类别 其他入库 　业务类型 其他入库 　业务号

部门 　审核日期 　备注

	存货编码	存货名称	规格型号	主计量单位	数量	单价	金额
1	101	成型板		张	10.00	300.00	3000.00
2							

图 5.27　其他入库单

任务5-10　工资费用分配。

1）以总账会计的身份根据考勤和奖金等工资变动数据，输入工资变动表，如图 5.28所示。

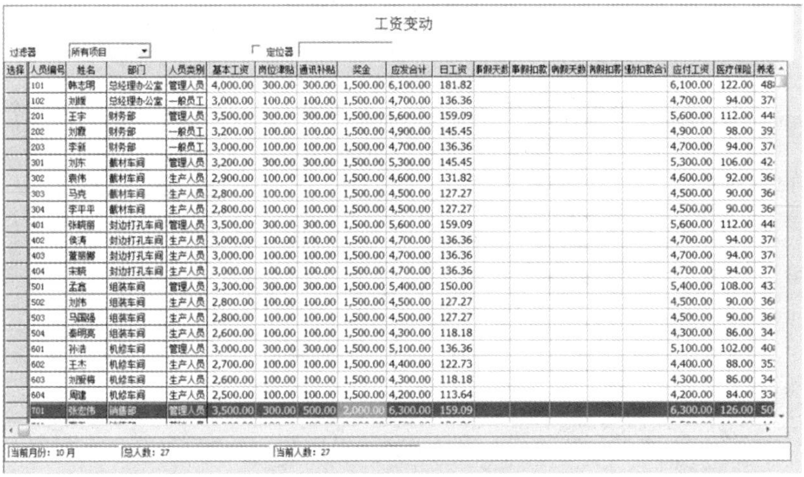
工资变动

过滤器 所有项目 　　定位器

选择	人员编号	姓名	部门	人员类别	基本工资	岗位津贴	通讯补贴	奖金	应发合计	日工资	事假天数	事假扣款	病假天数	病假扣款	考勤扣款合计	应付工资	医疗保险	养老
	101	韩志明	总经理办公室	管理人员	4,000.00	300.00	300.00	1,500.00	6,100.00	181.82						6,100.00	122.00	48
	102	刘媛	总经理办公室	一般员工	3,000.00	100.00	100.00	1,500.00	4,700.00	136.36						4,700.00	94.00	37
	201	王宇	财务部	管理人员	3,500.00	300.00	300.00	1,500.00	5,600.00	159.09						5,600.00	112.00	44
	202	刘霞	财务部	一般员工	3,200.00	100.00	100.00	1,500.00	4,900.00	145.45						4,900.00	98.00	39
	203	李新	财务部	一般员工	3,000.00	100.00	100.00	1,500.00	4,700.00	136.36						4,700.00	94.00	37
	301	刘东	截材车间	管理人员	3,200.00	300.00	300.00	1,500.00	5,300.00	145.45						5,300.00	106.00	42
	302	袁伟	截材车间	生产人员	2,900.00	100.00	100.00	1,500.00	4,600.00	131.82						4,600.00	92.00	36
	303	马克	截材车间	生产人员	2,800.00	100.00	100.00	1,500.00	4,500.00	127.27						4,500.00	90.00	36
	304	李平平	截材车间	生产人员	2,800.00	100.00	100.00	1,500.00	4,500.00	127.27						4,500.00	90.00	36
	401	张婧丽	封边打孔车间	管理人员	3,500.00	300.00	300.00	1,500.00	5,600.00	159.09						5,600.00	112.00	44
	402	侯涛	封边打孔车间	生产人员	3,000.00	100.00	100.00	1,500.00	4,700.00	136.36						4,700.00	94.00	37
	403	董丽娜	封边打孔车间	生产人员	3,000.00	100.00	100.00	1,500.00	4,700.00	136.36						4,700.00	94.00	37
	404	宋晓	封边打孔车间	生产人员	3,000.00	100.00	100.00	1,500.00	4,700.00	136.36						4,700.00	94.00	37
	501	孟鑫	组装车间	管理人员	3,300.00	300.00	300.00	1,500.00	5,400.00	150.00						5,400.00	108.00	43
	502	刘伟	组装车间	生产人员	2,800.00	100.00	100.00	1,500.00	4,500.00	127.27						4,500.00	90.00	36
	503	马国强	组装车间	生产人员	2,800.00	100.00	100.00	1,500.00	4,500.00	127.27						4,500.00	90.00	36
	504	秦明亮	组装车间	生产人员	2,600.00	100.00	100.00	1,500.00	4,300.00	118.18						4,300.00	86.00	34
	601	孙洁	机修车间	管理人员	3,000.00	300.00	300.00	1,500.00	5,100.00	136.36						5,100.00	102.00	40
	602	王杰	机修车间	生产人员	2,700.00	100.00	100.00	1,500.00	4,400.00	122.73						4,400.00	88.00	35
	603	刘丽梅	机修车间	生产人员	2,600.00	100.00	100.00	1,500.00	4,300.00	118.18						4,300.00	86.00	34
	604	周建	机修车间	生产人员	2,500.00	100.00	100.00	1,500.00	4,200.00	113.64						4,200.00	84.00	33
	701	张宏伟	销售部	管理人员	3,500.00	300.00	500.00	2,000.00	6,300.00	159.09						6,300.00	126.00	50

当前月份：10月 　总人数：27 　当前人数：27

图 5.28　10 月工资变动表

2）在总账系统中制单，生成代扣个人所得税凭证，如图 5.29所示。

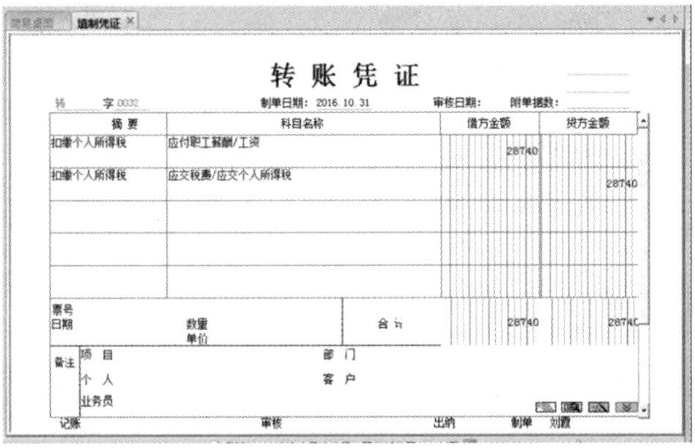
简易桌面 | 填制凭证

转 账 凭 证

转 字 0032 　制单日期：2016.10.31 　审核日期： 　附单据数：

摘要	科目名称	借方金额	贷方金额
扣缴个人所得税	应付职工薪酬/工资	28740	
扣缴个人所得税	应交税费/应交个人所得税		28740
票号 日期	数量 单价 合计	28740	28740

备注 　项目 　部门

个人 　客户

业务员

记账 　审核 　出纳 　制单 刘霞

图 5.29　生成代扣个人所得税凭证

解析：

代扣个人所得税的金额从工资变动表中的“代扣税”栏的汇总数取得。

3）通过工资费用分摊功能（见图 5.30），生成分摊企业负担的工资费用、工会经费、养老保险、医疗保险、住房公积金、职工教育经费等，如图 5.31 至图 5.36 所示。

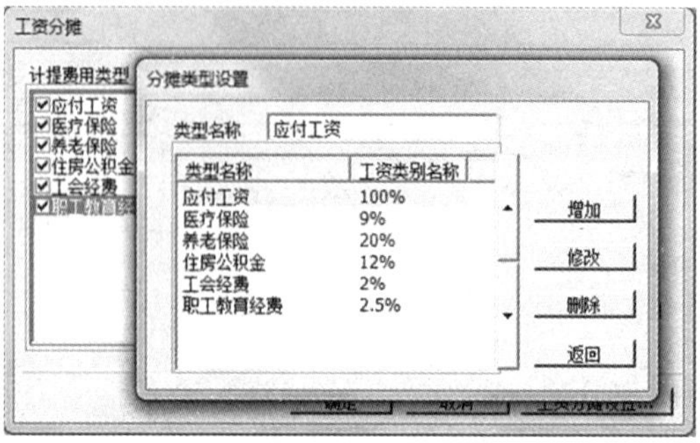

图 5.30　工资分摊设置

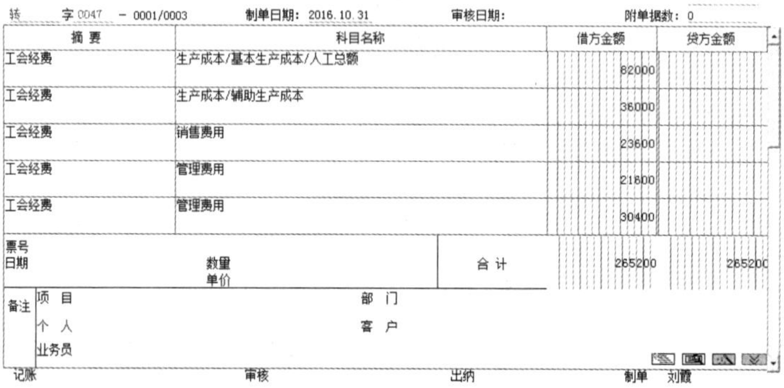

转 账 凭 证

转　字 0047 － 0001/0003　制单日期：2016.10.31　审核日期：　附单据数：0

摘 要	科目名称	借方金额	贷方金额
工会经费	生产成本/基本生产成本/人工总额	82000	
工会经费	生产成本/辅助生产成本	36000	
工会经费	销售费用	23600	
工会经费	管理费用	21800	
工会经费	管理费用	30400	
票号 日期　数量 单价	合 计	265200	265200

备注　项 目　部 门　个 人　客 户　业务员

记账　审核　出纳　制单 刘霞

图 5.31　工会经费分摊

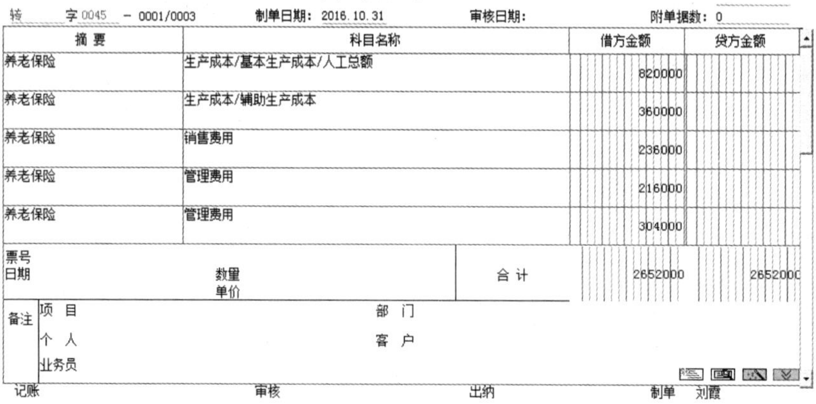

转 账 凭 证

转　字 0045 － 0001/0003　制单日期：2016.10.31　审核日期：　附单据数：0

摘 要	科目名称	借方金额	贷方金额
养老保险	生产成本/基本生产成本/人工总额	820000	
养老保险	生产成本/辅助生产成本	360000	
养老保险	销售费用	236000	
养老保险	管理费用	216000	
养老保险	管理费用	304000	
票号 日期　数量 单价	合 计	2652000	2652000

备注　项 目　部 门　个 人　客 户　业务员

记账　审核　出纳　制单 刘霞

图 5.32　企业负担的养老保险

转 账 凭 证

转 字 0044 - 0001/0003　制单日期：2016.10.31　审核日期：　附单据数：0

摘要	科目名称	借方金额	贷方金额
医疗保险	生产成本/基本生产成本/人工总额	369000	
医疗保险	生产成本/辅助生产成本	162000	
医疗保险	销售费用	106200	
医疗保险	管理费用	97200	
医疗保险	管理费用	136800	
票号 日期	数量 单价	合计 1193400	1193400

备注　项 目　工资及福利费　部 门

个 人　客 户

业务员

记账　审核　出纳　制单　刘霞

图 5.33　企业负担的医疗保险

转 账 凭 证

转 字 0046 - 0001/0003　制单日期：2016.10.31　审核日期：　附单据数：0

摘要	科目名称	借方金额	贷方金额
住房公积金	生产成本/基本生产成本/人工总额	492000	
住房公积金	生产成本/辅助生产成本	216000	
住房公积金	销售费用	141600	
住房公积金	管理费用	129600	
住房公积金	管理费用	182400	
票号 日期	数量 单价	合计 1591200	1591200

备注　项 目　部 门

个 人　客 户

业务员

记账　审核　出纳　制单　刘霞

图 5.34　企业负担的住房公积金

转 账 凭 证

转 字 0049 - 0001/0003　制单日期：2016.10.31　审核日期：　附单据数：0

摘要	科目名称	借方金额	贷方金额
应付工资	生产成本/基本生产成本/人工总额	4100000	
应付工资	生产成本/辅助生产成本	1800000	
应付工资	销售费用	1180000	
应付工资	管理费用	1080000	
应付工资	管理费用	1520000	
票号 日期	数量 单价	合计 13260000	13260000

备注　项 目　工资及福利费　部 门　财务部

个 人　客 户

业务员

记账　审核　出纳　制单　刘霞

图 5.35　企业负担的工资费用

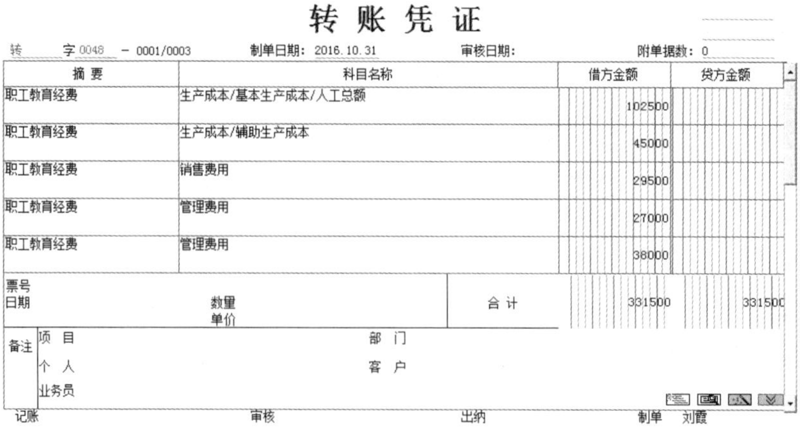

转 账 凭 证

转 字 0048 - 0001/0003 制单日期：2016.10.31 审核日期： 附单据数：0

摘要	科目名称	借方金额	贷方金额
职工教育经费	生产成本/基本生产成本/人工总额	102500	
职工教育经费	生产成本/辅助生产成本	45000	
职工教育经费	销售费用	29500	
职工教育经费	管理费用	27000	
职工教育经费	管理费用	38000	
票号 日期	数量 单价 合计	331500	331500

备注 项 目 部 门
个 人 客 户
业务员

记账 审核 出纳 制单 刘霞

图 5.36 企业负担的职工教育经费

4）在总账系统中制单，生成单位代扣代交个人负担的社保及公积金，如图 5.37 所示。

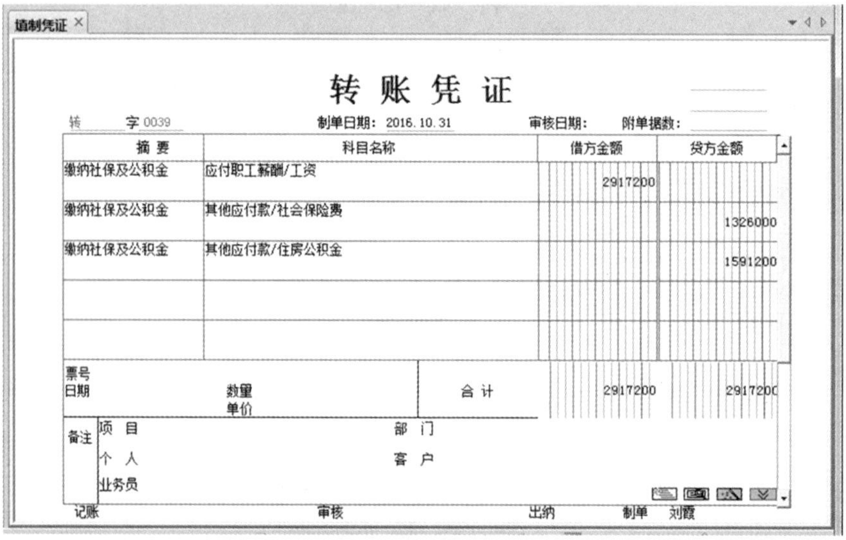

填制凭证

转 账 凭 证

转 字 0039 制单日期：2016.10.31 审核日期： 附单据数：

摘要	科目名称	借方金额	贷方金额
缴纳社保及公积金	应付职工薪酬/工资	2917200	
缴纳社保及公积金	其他应付款/社会保险费		1326000
缴纳社保及公积金	其他应付款/住房公积金		1591200
票号 日期	数量 单价 合计	2917200	2917200

备注 项 目 部 门
个 人 客 户
业务员

记账 审核 出纳 制单 刘霞

图 5.37 单位代扣代交个人负担的社保及公积金

解析：

单位代扣代交个人负担的社保及公积金需要到工资变动表去查询住房公积金和交纳社保的汇总数。

5）10月31日，交纳社保及公积金，支付方式为同城特约委托收款。交纳住房公积金票号为 141012（见图 5.38），交纳社会保险费票号为 141013（见图 5.39），现金流量均为“05，支付给职工以及为职工支付的现金”。

解析：

- 本案例假设本期发生的社保和公积金包含企业负担的和企业代扣代交个人负担的部分均于本期全部交纳。
- 交纳社保、公积金的银行存款科目发生额需要输入结算票号和现金流量表项目。

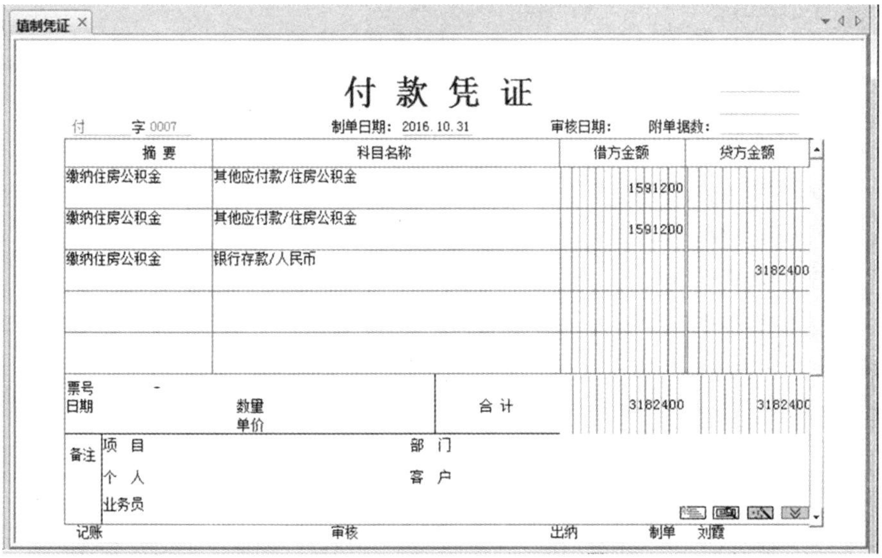

填制凭证

付 款 凭 证

付 字 0007　　制单日期：2016.10.31　　审核日期：　　附单据数：

摘要	科目名称	借方金额	贷方金额
缴纳住房公积金	其他应付款/住房公积金	1591200	
缴纳住房公积金	其他应付款/住房公积金	1591200	
缴纳住房公积金	银行存款/人民币		3182400
票号 - 日期　数量 单价	合计	3182400	3182400

备注　项目　部门　个人　客户　业务员

记账　审核　出纳　制单 刘霞

图 5.38　交纳住房公积金

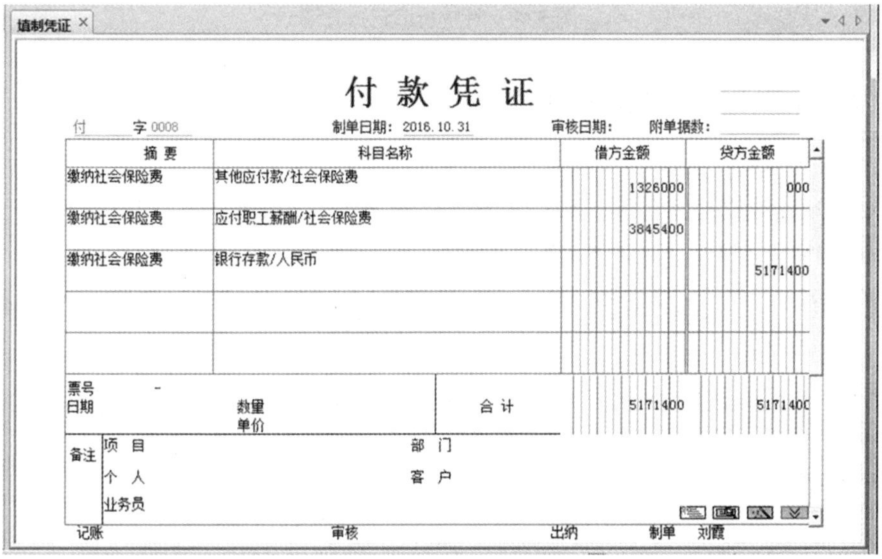

填制凭证

付 款 凭 证

付 字 0008　　制单日期：2016.10.31　　审核日期：　　附单据数：

摘要	科目名称	借方金额	贷方金额
缴纳社会保险费	其他应付款/社会保险费	1326000	000
缴纳社会保险费	应付职工薪酬/社会保险费	3845400	
缴纳社会保险费	银行存款/人民币		5171400
票号 - 日期　数量 单价	合计	5171400	5171400

备注　项目　部门　个人　客户　业务员

记账　审核　出纳　制单 刘霞

图 5.39　交纳社会保险费

任务 5-11　固定资产折旧费用分配。

1）以总账会计的身份选择“财务会计”|“固定资产”|“处理”|“工作量输入”命令，输入本月汽车的工作量为 2 500 千米。

2）选择“财务会计”|“固定资产”|“处理”|“计提本月折旧”命令，计提本月折旧，生成计提折旧的记账凭证如图 5.40 所示。

解析：

由于本期没有其他固定资产业务，只需要在期末输入汽车的工作量，并计提折旧即可。

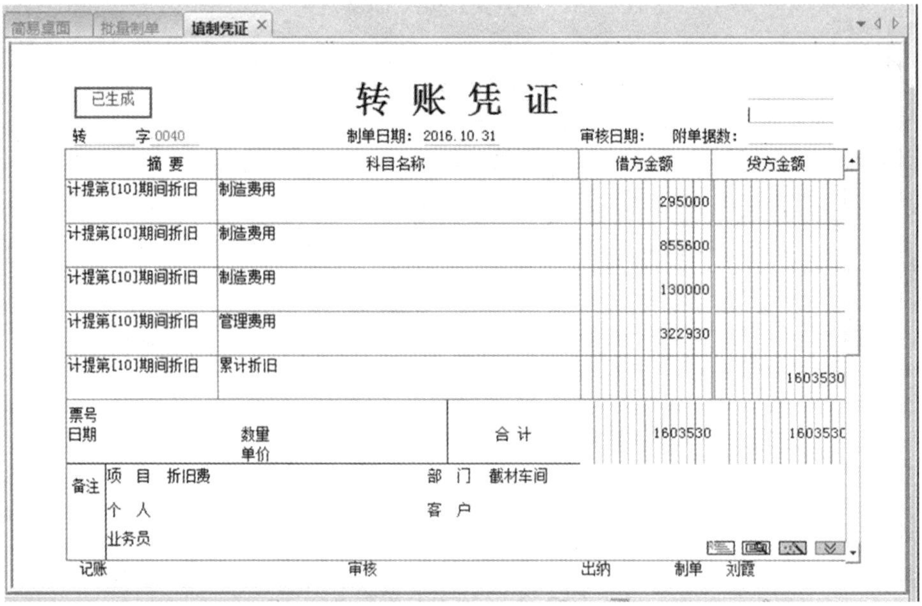

图 5.40　计提折旧记账凭证

任务 5－12　期末生产费用结转。

1. 制造费用结转

1）以总账会计的身份选择“财务会计”|“总账”|“期末”|“转账定义”|“自定义转账”命令，完成自定义转账设置，如图 5.41 所示。

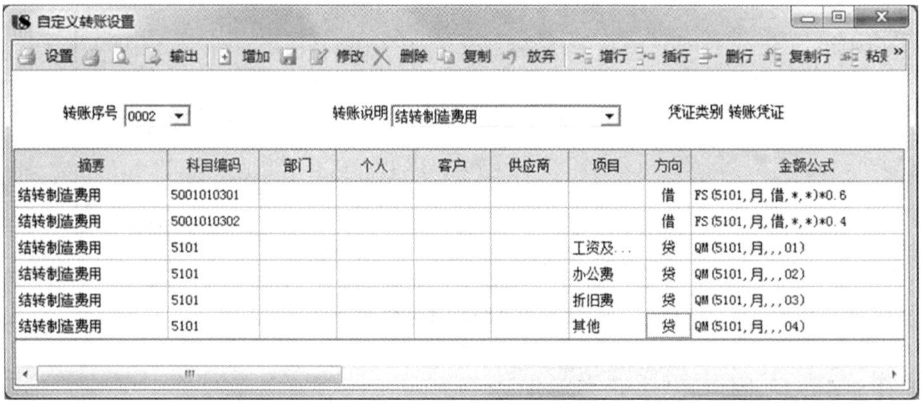

图 5.41　自定义转账设置

2）选择“财务会计”|“总账”|“期末”|“转账生成”命令，选择自定义转账的“结转制造费用”。生成结转制造费用的记账凭证如图 5.42 所示。

3）以账套主管的身份对凭证进行审核记账操作。

注意： 制造费用结转完毕以后，“制造费用”科目本期应无余额。

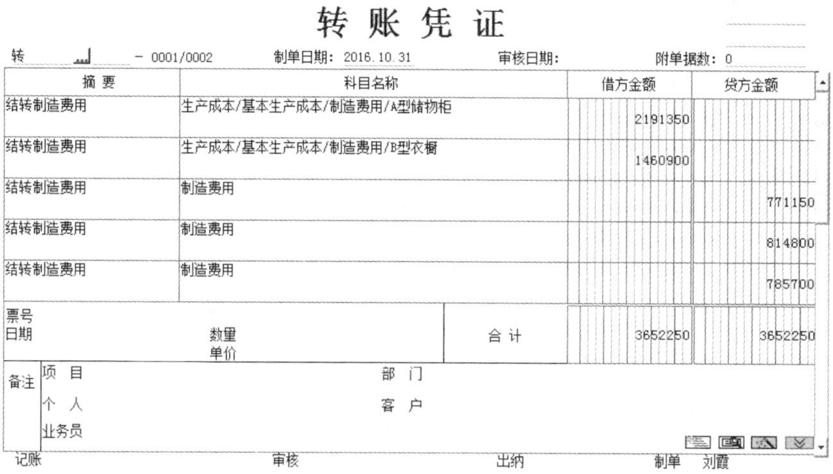

转 账 凭 证

转　　- 0001/0002　　制单日期：2016.10.31　　审核日期：　　附单据数：0

摘要	科目名称	借方金额	贷方金额
结转制造费用	生产成本/基本生产成本/制造费用/A型储物柜	2191350	
结转制造费用	生产成本/基本生产成本/制造费用/B型衣橱	1460900	
结转制造费用	制造费用		771150
结转制造费用	制造费用		814800
结转制造费用	制造费用		785700
票号 日期	数量 单价 合计	3652250	3652250

备注　项　目　　部　门
　　　个　人　　客　户
　　　业务员

记账　　审核　　出纳　　制单　刘霞

图 5.42　结转制造费用凭证

2. 辅助生产成本结转

1）以总账会计的身份选择“财务会计”|“总账”|“期末”|“转账定义”|“对应结转”命令，完成辅助生产成本对应结转设置，如图 5.43所示。

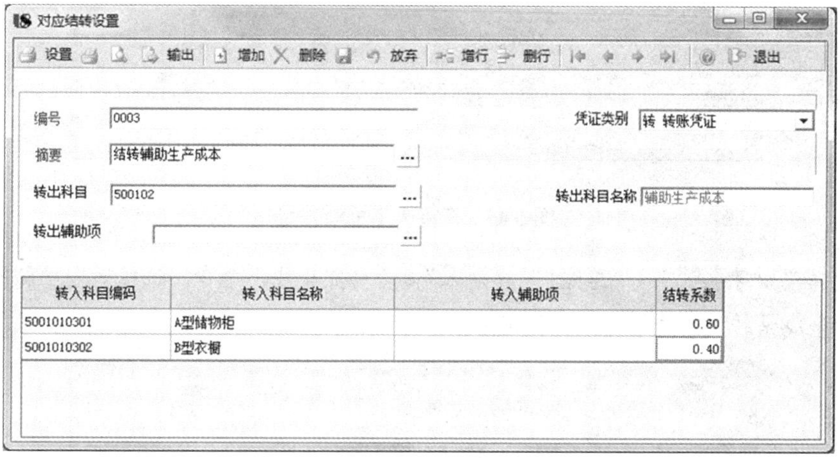

图 5.43　辅助生产成本对应设置

2）选择“财务会计”|“总账”|“期末”|“转账生成”命令，选择对应结转的“结转辅助生产成本”。生成结转辅助生产成本的记账凭证如图 5.44所示。

3）由主管对凭证进行审核记账操作。

注意：辅助生产成本结转完毕以后，“生产成本——辅助生产成本”科目本期应无余额。

3. 人工总额结转

1）以总账会计的身份选择“财务会计”|“总账”|“期末”|“转账定义”|“对应结转”命令，完成直接人工总额对应结转设置，如图 5.45所示。

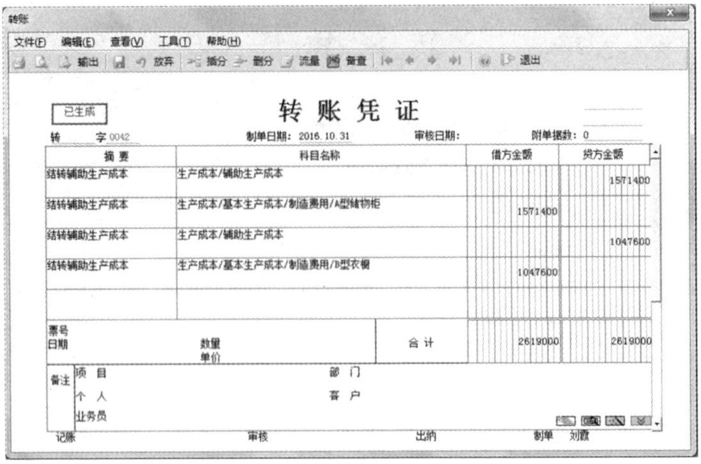

图 5.44 结转辅助生产成本凭证

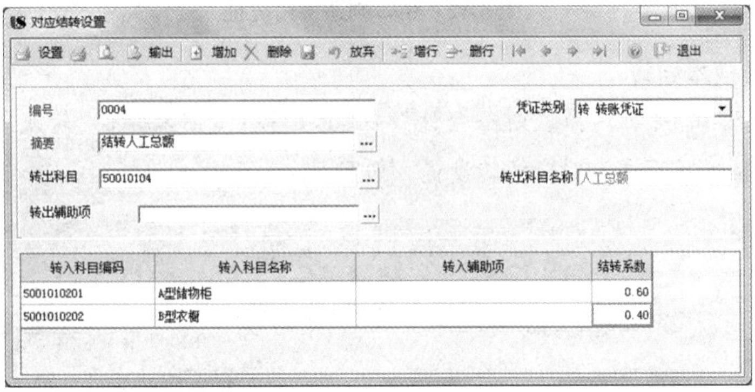

图 5.45 直接人工总额结转

2）选择“财务会计”|“总账”|“期末”|“转账生成”命令，选择对应结转的“结转人工总额”。生成结转人工总额的记账凭证如图 5.46 所示。

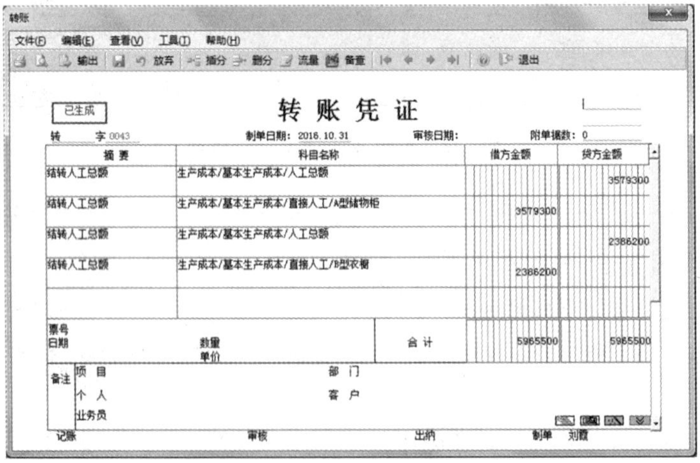

图 5.46 结转人工总额凭证

3）以主管的身份对凭证进行审核记账操作。

解析：

- 经过工资费用分摊处理后，生产车间的生产工人的工资全部记入“生产成本——基本生产成本——人工总额”科目中。该笔业务是继续将计入基本生产成本的人工总额按照完工产品数量分配到每个产品的基本生产成本中。
- 直接人工总额结转完毕以后，“生产成本——基本生产成本——人工总额”科目本期应无余额。
- 制造费用、辅助生产成本、直接人工总额分配结转完毕以后，再查询本期直接材料的发生额，即可将本期发生的成本计算项目中的料、工、费等生产费用的发生额归集完毕，为下一步产成品成本分配奠定基础。

任务 5-13　产成品成本分配。

1）以总账会计的身份选择“存货核算”|“业务核算”|“产成品成本分配”命令，打开“产成品成本分配表”窗口。单击“查询”按钮，打开“产成品成本分配表查询”对话框。单击“成品库”复选框，如图 5.47 所示。

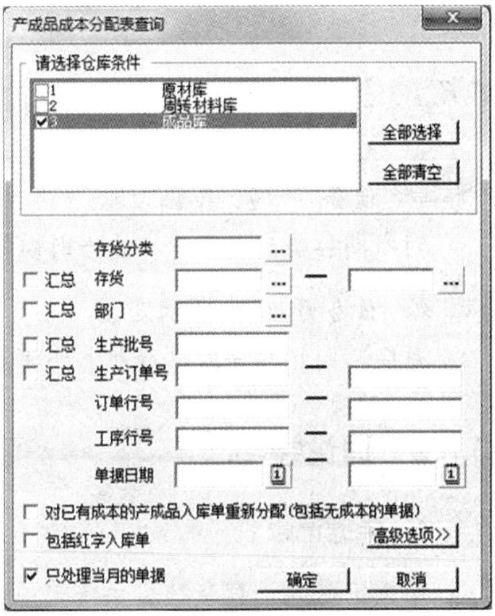

图 5.47　产成品成本分配表查询

2）单击“确定”按钮，返回“产成品成本分配表”窗口，系统自动调出产成品数量信息。按照产成品成本分配表输入产品金额信息，如图 5.48所示。

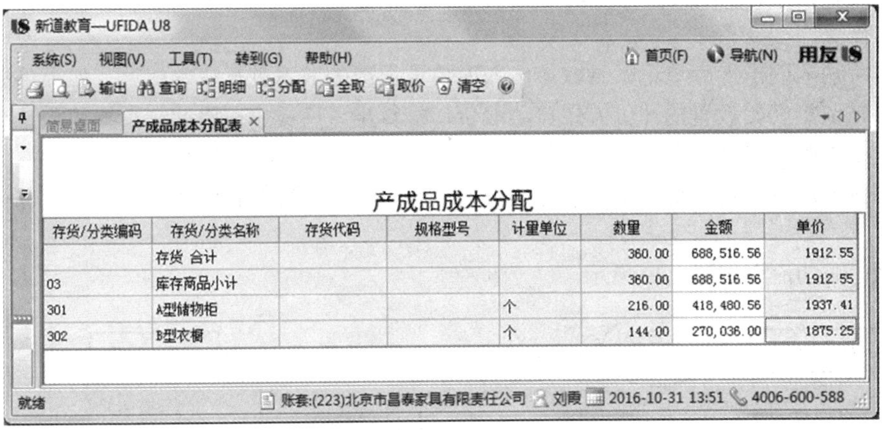

图 5.48　产成品成本分配

3）单击“分配”按钮，弹出“分配操作顺利完成！”信息框。单击“确定”按钮，完成产成品成本分配。

解析：

从产成品计算单可以查询到 A 型储物柜的完工产品成本合计数为 418 480.56 元，B 型衣橱的完工产品成本合计数为 270 036.00 元。分别将计算出来的完工产品成本输入到产成品分配表中，系统会自动根据成本计算单上的数量进行成本分摊，并将单位成本带入产成品入库单。产成品入库单带有单价以后，即可执行单据记账操作。

项目 5.6 单据记账

5.6.1 工作任务

任务 5-14 单据记账。

对本期各类出入库单在适当时候执行单据记账。

任务 5-15 期末处理。

月底，对相关仓库进行期末处理。

5.6.2 理论学习

1. 单据记账

单据记账对于存货核算系统来说意义重大，是系统计算、记录、确认出入库单据成本的关键操作：一方面，通过单据记账系统将输入的出入库单据登记存货明细账、差异明细账（或差价明细账）、受托代销商品明细账、受托代销商品差价账；另一方面，单据记账同存货的计价关系密切，先进先出、后进先出、移动平均、个别计价这 4 种计价方式的存货在单据记账时进行出库成本核算。

前面所输入的出入库单记账时取该出入库单上记载的成本进行成本核算。如果单据上无成本资料，则依据初始设置的计价方式自动取价，核算出入库成本。因此，单据记账是存货系统进行存货成本核算的重要步骤。存货记账后，就可以更新存货收发存的数量和金额了。

这里应该注意的是，全月平均、计划价（或售价法）计价的存货在期末处理时进行出库成本核算。

单据记账的流程如图 5.49 所示。

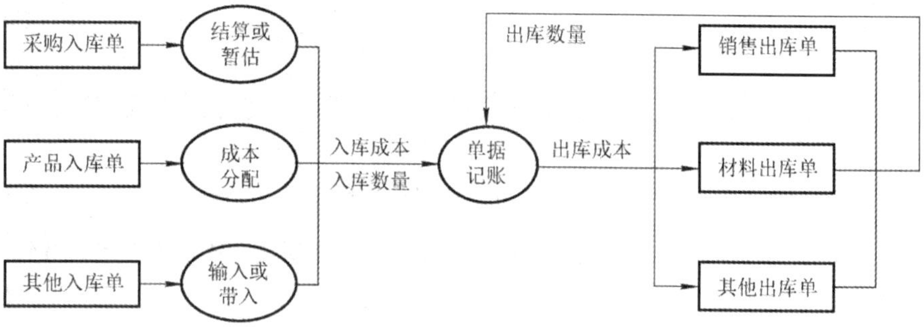

图 5.49 单据记账流程

单据记账包括正常单据记账、特殊单据记账和发出商品记账。特殊单据记账主要是针对组装单、调拨单、形态转换单进行成本计算；发出商品记账主要针对分期收款和委托代销业务；其他业务一般通过正常单据记账功能来执行记账。

（1）正常单据记账

正常单据记账用于将所输入的单据登记存货明细账、差异明细账（或差价明细账）、受托代销商品明细账、受托代销商品差价账。

正常单据记账的一般规则如下。

① 蓝字入库单据记账时取单据上的成本，如果单据上无成本则取系统“入库单成本选择”中的选项成本记账；计划价（或售价法）核算的存货取其计划价、售价记账。

② 蓝字出库单记账时取出库单上的成本，如果单据上无成本则依据计价方式进行计算，核算出库成本；全月平均、计划价（或售价法）计价的存货在期末处理处进行出库成本核算。

③ 红字入库单记账时取单据上的成本，如果单据上无成本则取系统“入库单成本选择”中的选项成本记账；计划价（或售价法）核算的存货取其计划价、售价记账；个别计价法核算的红字入库单在单据记账时指定入库批次。

④ 红字出库单记账时取单据上的成本，如果单据上无成本则计价方式为先进先出、后进先出的存货取系统“红字出库单成本选择”中的选项成本记账；如果计价方式为移动平均、个别计价、全月平均、计划价（或售价法）核算的存货；则依据其计价方式进行成本计算；全月平均和计划价（或售价法）计价的存货在期末处理时进行存货成本计算。

⑤ 如果在系统选项中选择对于调拨入库单、组装入库单取不到对应出库成本时，取存货选项“入库单成本”设置的成本选项，否则手工输入。

⑥ 个别计价的红字采购入库单必须全部未结算或全部结算才允许记账。

（2）特殊单据记账

组装单、调拨单和形态转换单可按特殊单据记账，也可按正常单据记账。全月平均、计划价（或售价）核算的存货按特殊单据记账时，生成的其他出入库单按存货上月的平均单价或差异率计算成本；按正常单据记账时，生成的其他出入库单按存货当月的平均单价或差异率计算成本。

（3）发出商品记账

发出商品记账适用于分期收款和委托代销业务。分期收款和委托代销业务单据上的业务类型必须选择“分期收款”或“委托代销”。发出商品记账对象分别是分期收款（或委托代销）商品发货单和分期收款（或委托代销）商品发票，根据分期收款（或委托代销）商品发货单生成的销售出库单不能参与记账。

分期收款（或委托）代销商品发货单记账时，发货单上成本核算的方法即根据发货单中各存货或仓库、部门的计价方式，计算发货单的成本，计划价（售价）或全月平均计价方式的实际成本在期末处理时计算。发货单记账后将减少库存商品，增加分期收款发出商品。发货单制单时，借方取分期收款发出商品对应的科目，贷方取存货对应的科目。

分期收款（或委托代销）商品发票记账时，取发票对应的发货单的出库成本单价计算发票的销售成本。如果发货单是计划价或全月平均计价时，发票可记账，但必须在发货单期末处理后有实际单价时，才能回写发票金额。发票记账时，如果发票对应的发货单未记账，则发票不能记账。发票记账后将减少分期收款（或委托代销）商品，并结转销售成本。发票制单时，借方取收发类别对应的科目，贷方取分期收款发出商品对应的科目。

对于委托代销业务，系统提供了两种处理方式：一种是视同普通销售，另一种是按发出商品核算。如果在存货核算的系统选项中选择“按普通销售核算”，则在正常单据记账中进行成本核算；如果选择“按发出商品核算”，则在此进行发出商品记账，进行成本核算。

执行单据记账时要注意以下几个问题。

① 如果调拨单、组装单、形态转换单等单据在执行“特殊单据记账”功能时已记账，则由其生成的其他出入库单不允许再记账了。

② 在全月平均法下，出库单的记账不受限制，只是在记账完毕后无法反映存货的出库成本，必须经过期末处理以后才能得到存货的出库成本。

③ 在计划价（或售价）法下，如果出库单存货没有填写单价，则记账时按照计划（或售价）单价计算出库成本。如果填写了出库单价，记账以后，出库单仍按照计划（或售价）单价填写出库成本，另外按照实际出库金额与计划（或售价）金额的差额生成差异（或差）价。单据记账完毕后，必须经过期末处理，才能将差异（或差）价分配到存货的出库成本上。

④ 当按实际价核算的入库单没有成本，同时在系统选项“入库单成本选择”参数中选择了“参照手工输入”时，系统将不允许执行“单据记账”，并显示底纹为蓝色，如图 5.50 所示。

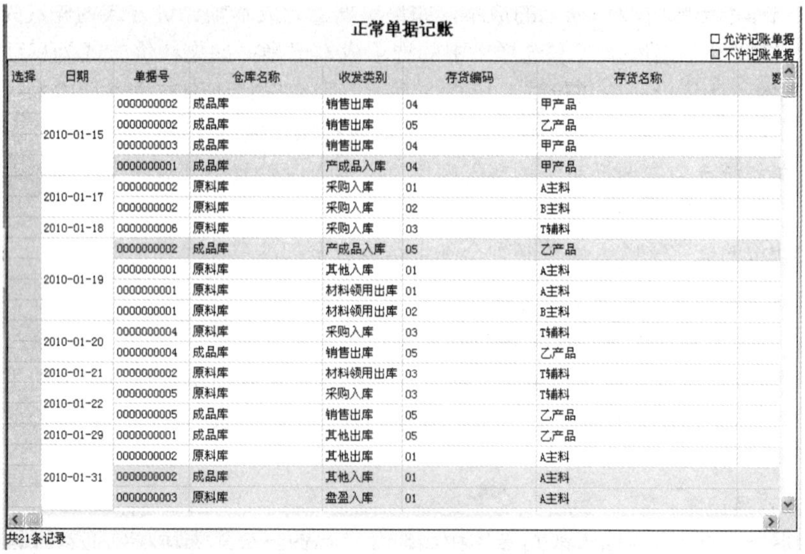
正常单据记账

□ 允许记账单据
□ 不许记账单据

选择	日期	单据号	仓库名称	收发类别	存货编码	存货名称	数
	2010-01-15	0000000002	成品库	销售出库	04	甲产品	
		0000000002	成品库	销售出库	05	乙产品	
		0000000003	成品库	销售出库	04	甲产品	
		0000000001	成品库	产成品入库	04	甲产品	
	2010-01-17	0000000002	原料库	采购入库	01	A主料	
		0000000002	原料库	采购入库	02	B主料	
	2010-01-18	0000000006	原料库	采购入库	03	T辅料	
	2010-01-19	0000000002	成品库	产成品入库	05	乙产品	
		0000000001	原料库	其他入库	01	A主料	
		0000000001	原料库	材料领用出库	01	A主料	
		0000000001	原料库	材料领用出库	02	B主料	
	2010-01-20	0000000004	原料库	采购入库	03	T辅料	
		0000000004	成品库	销售出库	05	乙产品	
	2010-01-21	0000000002	原料库	材料领用出库	03	T辅料	
	2010-01-22	0000000005	原料库	采购入库	03	T辅料	
		0000000005	成品库	销售出库	05	乙产品	
	2010-01-29	0000000001	成品库	其他出库	05	乙产品	
	2010-01-31	0000000002	原料库	其他出库	01	A主料	
		0000000002	成品库	其他入库	01	A主料	
		0000000003	原料库	盘盈入库	01	A主料	

共21条记录

图 5.50 无法记账标志

单据记账后可以恢复记账，恢复记账用于将已登记存货明细账的单据恢复到未记账状态。

执行恢复记账时应该注意如下方面。

① 当有出入库调整单、计划价（或售价）调整记录时，恢复记账后出入库调整单、计划价（或售价）调整记录将被删除。如果需要调整，必须重新输入。

② 当与采购系统集成使用，有暂估回冲处理时，恢复后单据成为暂估状态，应重新进行暂估回冲处理。

③ 对于本月已生成凭证的单据，不能恢复记账，并且其之前的单据也不能恢复记账。如果想恢复记账，应先删除所生成的凭证。

④ 当有计划价（或售价）调整记录时，所调整的存货如果在两个以上以计划价（或售价）核算的仓库（或部门）中，应把这些仓库（或部门）全部选择，才可进行恢复。

2. 期末处理

当日常业务全部完成后，应计算按全月平均方式核算的存货的全月平均单价及其本会计月出库成本，计算按计划价（或售价）方式核算的存货的差异率（或差价率）及其本会计月的分摊差异（或差）价，并对已完成日常业务的仓库（部门）作期末处理标志。如果使用采购和销售系统，应在采购和销售系统结账以后才能进行存货的期末处理。

当所选仓库（部门）为计划价（或售价）方式核算时，系统自动计算此仓库（部门）中各存货的差异率（或差价率）及本期分摊的差异（或差）价，并形成差异（或差）价结转单。该单据不可修改。在期末处理之前，可随时在“差异率（或差价率计算”功能中计算并查询差异率（或差价率）。

当所选仓库（部门）为全月平均方式核算时，系统自动计算此仓库（部门）中各存货的全月平均单价，并计算本期的出库成本（不包括已填成本的出库），回填出库单成本，生成期末成本处理表。在期末处理之前，可随时在“平均单价计算”功能中计算并查询本期全月平均单价。

当所选仓库（部门）为上述两种核算方式以外的其他计价方式时，系统将自动标识此仓库（部门）的期末处理标志。

期末成本计算每月只能执行一次，因此要特别小心，一定要仔细检查本期业务是否已经全部处理完。如果是在结账日之前执行期末处理，则处理完之后当月的出入库单将不能在本会计期间输入。

如果出库成本不符合要求，可取消期末处理，然后对出库成本进行调整后再进行处理。但是在总账结账后将不可恢复。

5.6.3 工作过程

任务 5-14 单据记账。

1. 正常单据记账

1）系统日期改为 2016-10-03，以总账会计的身份选择“供应链”|“存货核算”|“业务核算”|“正常单据记账”命令，打开“过滤条件选择”对话框。单击“过滤”按钮，打开“未记账单据一览表”窗口。

2）双击日期为 2016-10-03 的“选择”栏，出现 Y 标志，如图 5.51 所示。

3）单击“记账”按钮，弹出“记账成功”信息框。

4）参照上述方法，按照业务日期依次登录系统进行记账。

【解析】

- 单据记账及存货计价的日期为记账日当日，因此，为了保证单据及时入账和存货计价的正确，需要严格按业务发生日期登录系统并执行单据记账（包括特殊单据记账和发出商品记账）。
- 执行完日期为 2016-10-04 正常单据记账后，作发出商品记账。2016-10-31 螺丝钉调拨业务不作正常单据记账，作特殊商品记账。2016-10-31 产成品入库单输入后暂不记账，等所有成本归集计算完毕，进行产成品成本分配，产成品入库单上带有单价后再对其执行单据记账。

正常单据记账列表

记录总数：28

选择	日期	单据号	存货编码	存货名称	单据类型	仓库名称	收发类别
Y	2016-10-03	XS141001	301	A型储物柜	专用发票	成品库	销售出库
Y	2016-10-03	XS141002	302	B型衣橱	专用发票	成品库	销售出库
Y	2016-10-03	XS141003	301	A型储物柜	专用发票	成品库	销售出库
	2016-10-04	XS141004	301	A型储物柜	专用发票	成品库	销售出库
	2016-10-09	XS141006	301	A型储物柜	专用发票	成品库	销售出库
	2016-10-09	XS141007	302	B型衣橱	专用发票	成品库	销售出库
	2016-10-15	0000000002	102	封边条	采购入库单	原材库	采购入库
	2016-10-15	0000000003	101	成型板	采购入库单	原材库	采购入库
	2016-10-15	0000000004	103	储物柜配件	采购入库单	原材库	采购入库
	2016-10-15	0000000004	104	衣橱配件	采购入库单	原材库	采购入库
	2016-10-16	0000000005	103	储物柜配件	采购入库单	原材库	采购入库
	2016-10-18	0000000006	101	成型板	采购入库单	原材库	采购入库
	2016-10-18	0000000007	102	封边条	采购入库单	原材库	采购入库
	2016-10-18	0000000008	101	成型板	采购入库单	原材库	采购入库
	2016-10-19	0000000009	101	成型板	采购入库单	原材库	采购入库
	2016-10-20	0000000010	103	储物柜配件	采购入库单	原材库	采购入库
	2016-10-27	0000000001	101	成型板	材料出库单	原材库	材料领用出库
	2016-10-27	0000000001	101	成型板	材料出库单	原材库	材料领用出库
	2016-10-27	0000000001	102	封边条	材料出库单	原材库	材料领用出库
	2016-10-27	0000000001	102	封边条	材料出库单	原材库	材料领用出库
	2016-10-27	0000000001	103	储物柜配件	材料出库单	原材库	材料领用出库
	2016-10-27	0000000001	104	衣橱配件	材料出库单	原材库	材料领用出库
	2016-10-31	0000000001	301	A型储物柜	产成品入库单	成品库	产成品入库
	2016-10-31	0000000001	302	B型衣橱	产成品入库单	成品库	产成品入库

图 5.51　正常单据记账列表

2. 发出商品记账

1）系统日期改为 2016-10-05，以总账会计的身份选择“存货核算”|“业务核算”|“发出商品记账”命令，打开“过滤条件选择”对话框。单击“过滤”按钮，打开“未记账单据一览表”窗口。

2）双击日期为 2016-10-05 的“选择”栏，出现 Y 标志，如图 5.52 所示。

发出商品记账

记录总数：4

选择	日期	单据号	仓库名称	收发类别	存货编码	存货名称	单据类型
Y	2016-10-05	0000000001	成品库	委托代销出库	301	A型储物柜	委托代销发货单
	2016-10-07	0000000007	成品库	分期收款销售	301	A型储物柜	发货单
	2016-10-07	00000001	成品库	委托代销出库	301	A型储物柜	专用发票
	2016-10-07	XS141005	成品库	分期收款销售	301	A型储物柜	专用发票
小计							

图 5.52　发出商品记账

3）单击“记账”按钮，弹出“记账成功”信息框。

4）将登录日期修改为 2016-10-07，对 10 月 7 日业务进行记账。

3. 特殊单据记账

1）以总账会计的身份选择“存货核算”|“业务核算”|“特殊单据记账”命令，打开“特殊单据记账条件”对话框。单据类型选择“调拨单”，如图5.53所示。

2）单击“确定”按钮，打开“未记账凭证一览表”窗口。双击“选择”栏，出现Y标志，如图5.54所示。

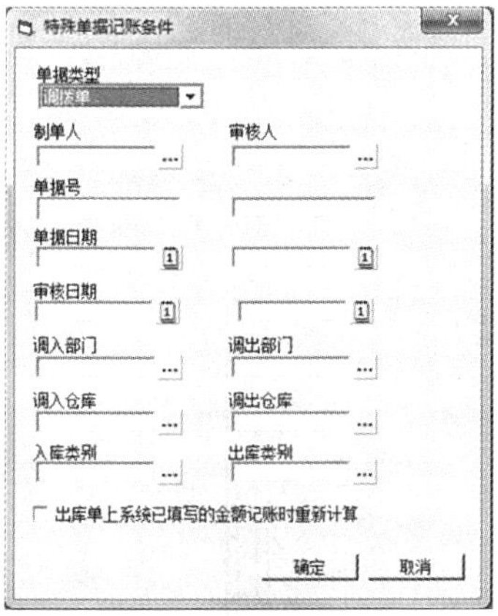

图 5.53　特殊单据记账条件

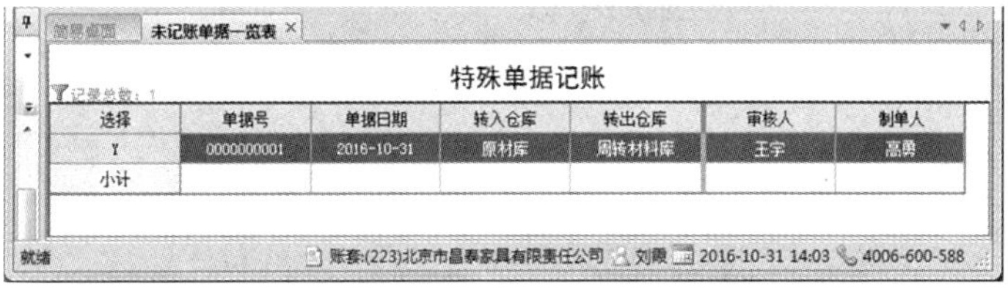

图 5.54　特殊单据记账列表

3）单击“记账”按钮，弹出“记账成功”信息框。

任务 5-15　期末处理。

1）以总账会计的身份选择“存货核算”|“业务核算”|“期末处理”命令，打开“期末处理”对话框，如图5.55所示。

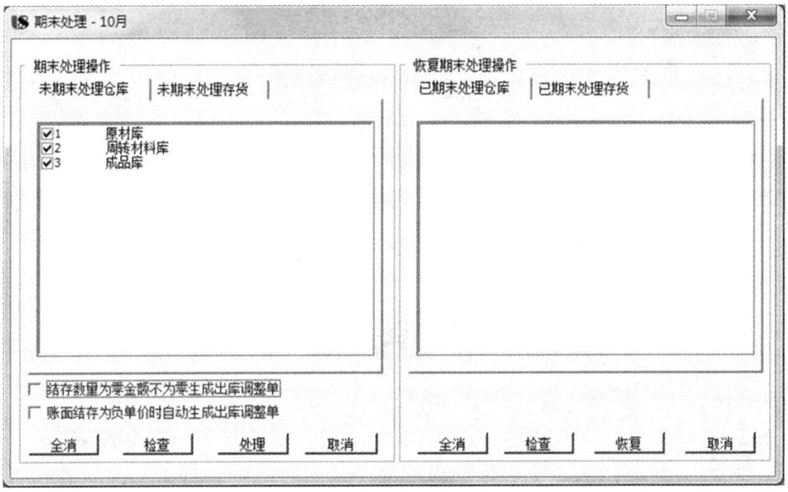

图 5.55　期末处理仓库选择

2）单击左侧的“确定”按钮，系统进行期末处理，打开“月平均单价计算表”窗口，如图5.56所示。

部门…	仓库编码	仓库名称	存货编码	存货名称	存货单位	期初数量	期初金额	入库数量	入库金额	有金…	有…	平均单价	原单价
	3	成品库	301	A型储物柜	个	240.00	487,267.20	216.00	418,480.56	0.00	0.00	1,986.29	1,986.29
	3	成品库	302	B型衣橱	个	140.00	412,476.40	144.00	270,036.00	0.00	0.00	2,403.21	2,403.21
小计													

图 5.56　月平均单价计算表

3）单击“确定”按钮，弹出“期末处理完毕!”信息框。单击“确定”按钮，系统自动将仓库移至“已期末处理仓库”列表框，如图 5.57 所示。

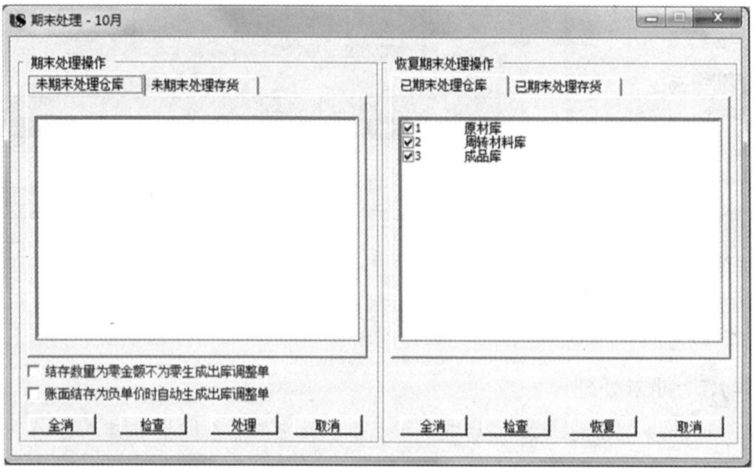

图 5.57　期末处理完毕

4）关闭窗口，完成期末处理操作。

解析：

期末处理从处理时间来看应该属于期末业务，但为了正确计算全月平均法的存货的出库成本，在购销存日常业务处理完毕的前提下，我们特意将期末处理放在单据记账之后来处理。

项目 5.7　凭 证 处 理

5.7.1　工作任务

任务 5-16　制单处理。

对本期采购入库、材料出库、产品入库、销售出库、其他入库、其他出库、委托代销、分期收款等业务进行制单。

任务5-17　凭证列表查询。

查询本期生成的所有记账凭证。

5.7.2　理论学习

凭证处理用于对本期已记账单据生成凭证。系统在完成单据记账并进行出入库核算后，就可以生成记账凭证了。凭证生成以后可以进行修改、查询等操作。存货系统生成的记账凭证会自动传递到总账系统，实现财务同供应链的一体化操作。

存货系统的单据制单主要是采购入库单、销售出库单、其他出入库单、出入库调整单、价格调整单、差异结转单、红字回冲单、蓝字回冲单等单据的制单。制单时，系统根据初始化时设置的存货科目和存货对方科目自动生成相应的记账凭证。凭证生成后可以修改，保存后自动传递给总账。凭证处理的一般流程如下。

1. 采购入库制单

（1）采购入库报销制单

采购入库制单是根据审核并完成单据记账处理后的采购入库单生成记账凭证的工作。企业采购进来的存货完成入库后，应该根据采购入库结算的入库成本结转采购存货的入库成本。采购入库制单时，系统根据初始设置，借方取预置的存货科目，贷方取预置的对方科目中收发类别对应的科目。如果采购入库时收到发票且已经执行采购结算，制单时应选择采购入库单（报销记账）。存货科目记载的金额是根据采购入库单和采购发票执行采购结算后确定的采购成本，贷方取存货对方科目设置中采购入库收发类别对应的会计科目，一般是在途物资或者是材料采购。

采购入库制单会生成如下凭证。

借：原材料、库存商品等（存货科目）

　　贷：在途物资等（存货对方科目，收发类别：采购入库）

（2）采购入库单暂估制单

如果采购入库时没有收到发票，没有执行采购结算就按暂估价执行了单据记账，则应选择采购入库单（暂估记账），取暂估输入的成本。采购入库单暂估制单结果如下。

借：原材料、库存商品等（存货科目）

　　贷：应付暂估款（存货对方科目——暂估科目，收发类别：采购入库）

（3）红蓝回冲制单

如果采购入库暂估采用“月初回冲”“单到回冲”方式，月初或结算成本处理时系统自动生成红字回冲单。红字回冲单制单后将上期暂估制单的凭证冲销。

借：原材料、库存商品等（红字——存货科目）

　　贷：应付暂估款（红字——存货对方科目——暂估科目，收发类别：采购入库）

结算成本处理时，系统还会根据报销金额生成采购报销入库的蓝字回冲单，制单如下。

借：原材料、库存商品等（存货科目）

　　贷：在途物资等（存货对方科目，收发类别：采购入库）

（4）蓝字回冲单（暂估）制单

如果暂估方式为月初回冲，同时，截至月底发票还未到达，则在期末处理后，根据蓝字回冲单（暂估）进行制单，生成凭证。

借：原材料、库存商品等（存货科目）

　　贷：应付暂估款（存货对方科目——暂估科目，收发类别：采购入库）

（5）调整单制单

如果暂估方式为“单到补差”，发票到后，报销金额同暂估金额不一致，则会自动生成调整入库单或调整出库单，并据以生成凭证。

借：原材料、库存商品等（蓝字调增，红字调减——存货科目）

　　贷：应付暂估款、在途物资等（蓝字调增，红字调减——存货对方科目暂估科目）

2. 材料出库制单

材料出库单制单是根据审核并完成单据记账处理后的材料出库单生成记账凭证的工作。企业应该根据选择的成本核算的方法，定期根据材料出库单结转材料出库的成本。材料出库制单时，系统根据初始设置，贷方取预置的存货科目，借方取预置的对方科目中收发类别为“材料领用出库”对应的科目。材料出库制单会生成如下所示的凭证。

借：生产成本等（存货对方科目，收发类别：材料领用出库）

　　贷：原材料等（存货科目）

在先进先出、后进先出、移动平均、个别计价的仓库，材料的金额是根据材料出库单经过单据记账后系统自动计算出的。在全月平均、计划价（或售价）法计价下，材料的金额是在期末处理之后由系统计算出来的。

3. 产品入库制单

产品入库单制单是根据审核并完成单据记账处理后的产品入库单生成记账凭证的工作。产品成本可以通过产品成本分配计入产成品入库单。产品入库单制单时，系统根据初始设置，借方取预置的存货科目，贷方取预置的对方科目中收发类别为“产品入库”对应的科目。产成品入库单制单会生成如下所示的凭证。

借：库存商品等（存货科目）

　　贷：生产成本等（存货对方科目，收发类别：产品入库）

库存商品的金额是根据产品入库单记载或产品分配后的金额，经过单据记账或期末处理操作后由系统计算出来的。

4. 销售出库制单

销售出库制单是根据审核并完成单据记账处理后的销售出库单（销售发票）生成记账凭证的工作。企业应该根据选择的成本核算的方法，定期根据销售出库单（销售发票）结转销售出库的销售成本。销售出库制单时，系统根据初始设置，贷方取预置的存货科目，借方取预置的对方科目中收发类别对应的科目。销售出库制单会生成如下所示的凭证。

借：主营业务成本等（存货对方科目，收发类别：销售出库）

　　贷：库存商品等（存货科目）

如果库存商品科目带有存货项目核算，制单时，应将不同项目分成不同记录分别反映。

在先进先出、后进先出、移动平均、个别计价的仓库，库存商品的金额是根据销售出库单（销售发票）经过单据记账后系统自动计算出的。在全月平均、计划价（或售价）法计价下，库存商品的金额是在期末处理之后由系统计算出来的。

5. 其他入库制单

其他入库制单是根据审核并完成单据记账处理后的其他入库单生成记账凭证的工作。其他入库制单包括调拨入库、盘盈入库、组装、拆卸、形态转换等业务的制单处理。

其他入库制单时，系统根据初始设置，借方取预置的存货科目，贷方取预置的对方科目。其他入库制单会生成如下所示的凭证。

借：库存商品等（存货科目）

　　贷：待处理资产损溢等（存货对方科目）

如果是企业内部调拨入库，且双方对应的会计科目一致，因为不涉及业务经济实质的变化，可以不制单。

6. 其他出库制单

其他出库制单是根据审核并完成单据记账处理后的其他出库单生成记账凭证的工作。其他出库制单包括调拨出库、盘亏出库、组装、拆卸、形态转换等业务的制单处理。

其他出库制单时，系统根据初始设置，贷方取预置的存货科目，借方取预置的对方科目。其他入库制单会生成如下所示的凭证。

借：待处理资产损溢等（存货对方科目）

　　贷：库存商品等（存货科目）

7. 委托代销制单

委托代销业务在存货系统中的制单主要涉及委托代销发货单和委托代销发票的制单。如果委托代销按发出商品核算，在发出委托代销商品时，根据订单生成委托代销发货单，对发货单进行发出商品记账，生成以下凭证。

借：发出商品、委托代销商品等（存货科目——委托代销商品科目）

　　贷：库存商品等（存货科目）

受托方销售商品，向委托方开具销售清单，委托方向受托方开具销售发票时，根据委托代销结算单开具销售发票。在存货系统中对委托代销销售发票进行发出商品记账，生成以下凭证。

借：主营业务成本等（存货对方科目，收发类别：委托代销出库）

　　贷：发出商品、委托代销商品等（存货科目——委托代销商品科目）

确认应收和收入的凭证在应收系统中生成。

8. 分期收款制单

分期收款业务在发出商品时，根据订单生成分期收款发货单，在存货系统中对发货单进行发出商品记账，生成以下凭证。

借：发出商品等（存货科目——分期收款发出商品科目）

　　贷：库存商品等（存货科目）

分期开出第 1 张发票时，由发货单生成销售发票。在存货核算系统中对发票进行发出商品记账，生成以下凭证。

借：主营业务成本等（存货对方科目，收发类别：分期收款出库）

　　贷：发出商品、委托代销商品等（存货科目——分期收款发出商品科目）

确认应收和收入的凭证在应收系统中生成。

9. 凭证列表查询

凭证生成后可以利用凭证查询列表查询已生成的凭证。凭证列表的功能主要有打印、预览、输出、过滤、删除等。双击某行的凭证查询列表可以将该张凭证显示出来。在总账系统审核前，可以在此对凭证进行修改、删除等操作，也可以对生成的凭证进行打印输出。

5.7.3 工作过程

任务 5-16 制单处理。

1．采购入库单报销制单

1）以总账会计的身份选择“存货核算”|“财务核算”|“生成凭证”命令，打开“生成凭证”窗口。

2）单击“选择”按钮，打开“查询条件”对话框。单击“全消”按钮，仅选中“采购入库单（报销记账）”复选框，如图 5.58 所示。

3）单击“确定”按钮，打开“选择单据”窗口。单击除“采购入库单，6”的其余“选择”栏，出现 Y 标志，如图 5.59 所示。

4）单击“确定”按钮，打开“生成凭证”窗口。选择凭证类别为转账凭证，如图 5.60 所示。

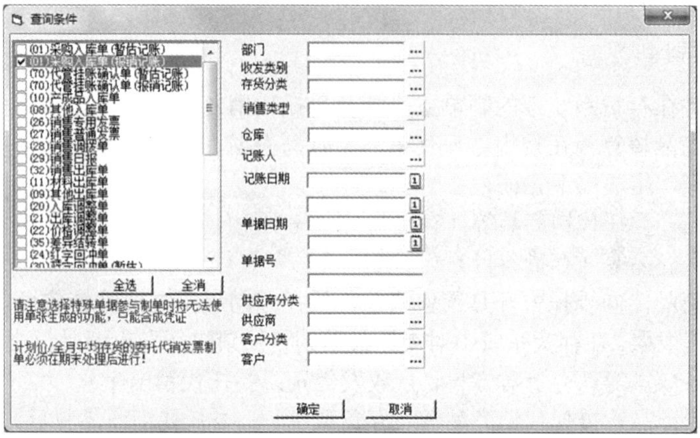

图 5.58 制单条件查询

选择	记账日期	单据日期	单据类型	单据号	仓库	收发类别	记账人	部门	部门编码
1	2016-10-31	2016-10-15	采购入库单	0000000002	原材库	采购入库	刘霞	采购部	8
1	2016-10-31	2016-10-15	采购入库单	0000000003	原材库	采购入库	刘霞	采购部	8
1	2016-10-31	2016-10-15	采购入库单	0000000004	原材库	采购入库	刘霞	采购部	8
1	2016-10-31	2016-10-16	采购入库单	0000000005	原材库	采购入库	刘霞	采购部	8
	2016-10-31	2016-10-18	采购入库单	0000000006	原材库	采购入库	刘霞	采购部	8
1	2016-10-31	2016-10-18	采购入库单	0000000007	原材库	采购入库	刘霞	采购部	8
1	2016-10-31	2016-10-18	采购入库单	0000000008	原材库	采购入库	刘霞	采购部	8
1	2016-10-31	2016-10-19	采购入库单	0000000009	原材库	采购入库	刘霞	采购部	8
1	2016-10-31	2016-10-20	采购入库单	0000000010	原材库	采购入库	刘霞	采购部	8

图 5.59 采购入库单单据

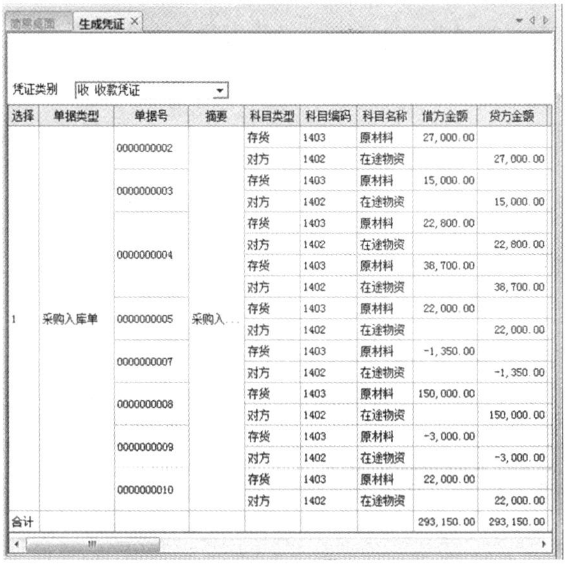

简易桌面 生成凭证

凭证类别 收 收款凭证

选择	单据类型	单据号	摘要	科目类型	科目编码	科目名称	借方金额	贷方金额
1	采购入库单	0000000002	采购入...	存货	1403	原材料	27,000.00	
				对方	1402	在途物资		27,000.00
		0000000003		存货	1403	原材料	15,000.00	
				对方	1402	在途物资		15,000.00
		0000000004		存货	1403	原材料	22,800.00	
				对方	1402	在途物资		22,800.00
				存货	1403	原材料	38,700.00	
				对方	1402	在途物资		38,700.00
		0000000005		存货	1403	原材料	22,000.00	
				对方	1402	在途物资		22,000.00
		0000000007		存货	1403	原材料	-1,350.00	
				对方	1402	在途物资		-1,350.00
		0000000008		存货	1403	原材料	150,000.00	
				对方	1402	在途物资		150,000.00
		0000000009		存货	1403	原材料	-3,000.00	
				对方	1402	在途物资		-3,000.00
		0000000010		存货	1403	原材料	22,000.00	
				对方	1402	在途物资		22,000.00
合计							293,150.00	293,150.00

图 5.60 采购入库单制单列表

5）单击“生成”按钮，打开“填制凭证”窗口。选择“制单”|“成批保存凭证”命令，成批保存凭证。单击“退出”按钮，完成入库单报销制单。凭证如图5.61所示。

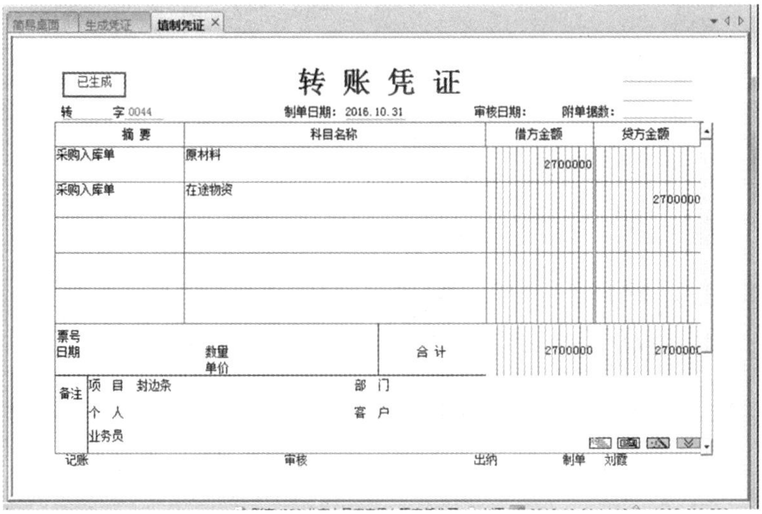

图 5.61 采购入库单凭证

2. 非合理损耗生成凭证

1）选择“存货核算”|“财务核算”|“生成凭证”命令，单击“选择”按钮，在“查询条件”对话框中仅选中“采购入库单（报销记账）”复选框。单击“确定”按钮，打开“选择单据”窗口。

2）选中“已结算采购入库单自动选择全部结算单上单据”复选框，单击“选择”栏，出现Y标志，如图5.62所示。

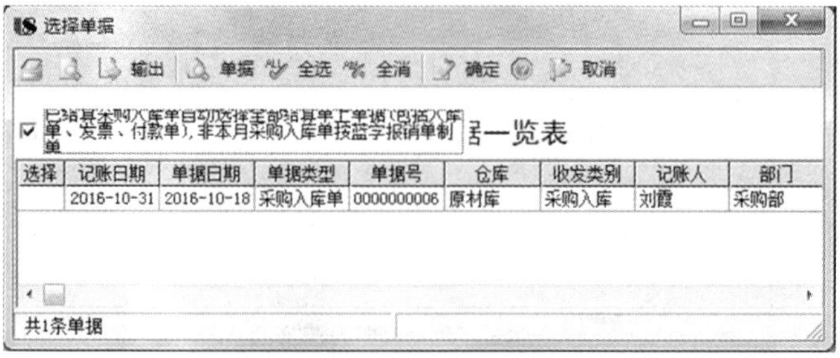

图 5.62　非合理损耗单据

3）单击“确定”按钮，打开“生成凭证”窗口。补充损耗科目“190101 待处理流动资产损溢”，如图 5.63所示。

4）单击“生成”按钮，打开“填制凭证”窗口。单击“保存”按钮，凭证如图 5.64所示。

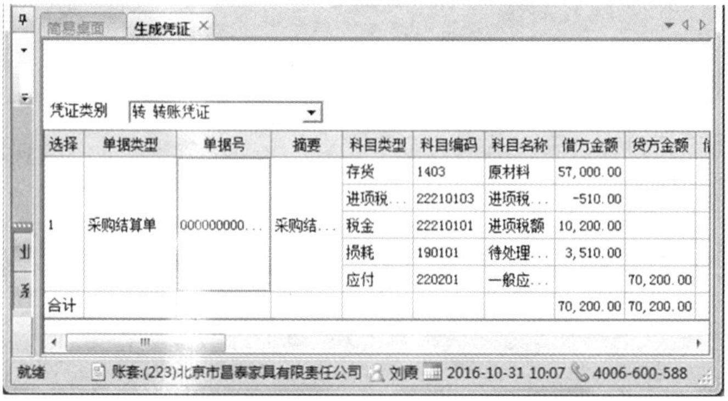

图 5.63　凭证生成列表

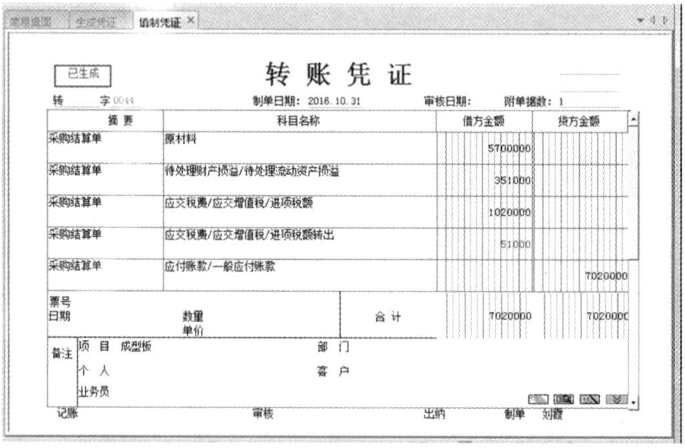

图 5.64　非合理损耗凭证

解析：

选中“已结算采购入库单自动选择全部结算单上单据”复选框意味着结算单上的入库单和发票合并制单，因此应付系统无须再对与之有关的采购发票进行制单。

3．采购入库单暂估制单

1）以总账会计的身份选择“存货核算”|“财务核算”|“生成凭证”命令，打开“生成凭证”窗口。

2）单击“选择”按钮，打开“查询条件”对话框。单击“全消”按钮，仅选中“采购入库单（暂估记账）”复选框，如图5.65所示。

3）单击“确定”按钮，打开“选择单据”窗口。单击“选择”栏，出现Y标志，如图5.66所示。

4）单击“确定”按钮，打开“生成凭证”窗口。输入“应付暂估”科目名称“220202暂估应付账款”，如图5.67所示。

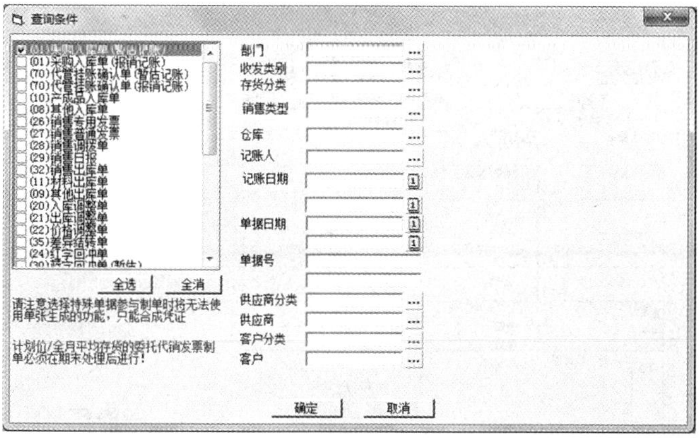

图 5.65　制单条件查询

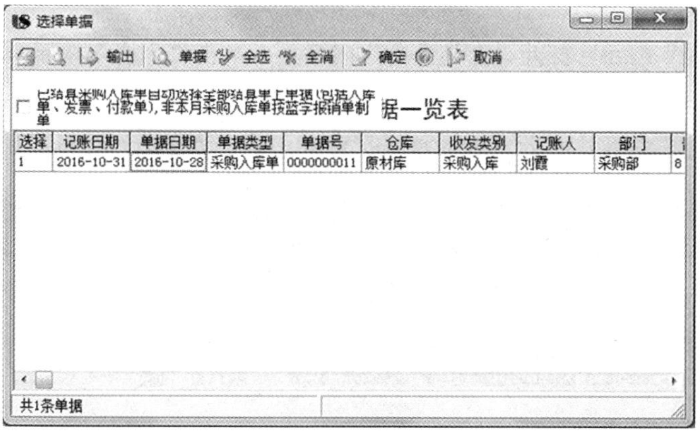

图 5.66　单据选择列表

5）单击“生成”按钮，修改凭证类别为“转”，再单击“保存”按钮。凭证如图5.68所示。

4．红、蓝字回冲单制单

1）以总账会计的身份选择“存货核算”|“财务核算”|“生成凭证”命令，打开“生成凭证”窗口。

图 5.67　凭证生成列表

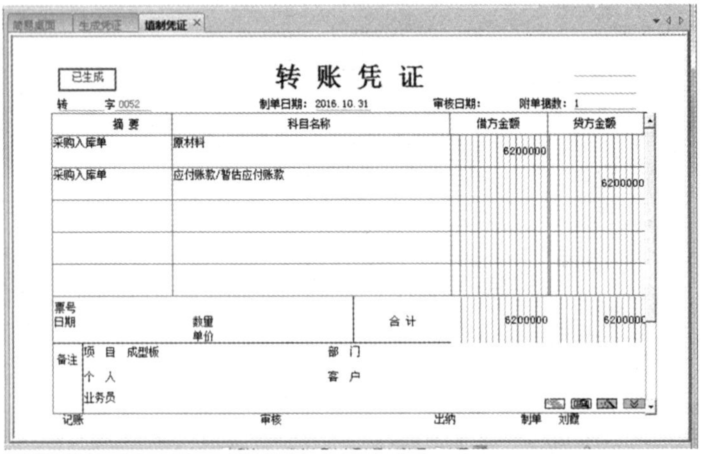

图 5.68　暂估制单结果

2）单击“选择”按钮，打开“查询条件”对话框。单击“全消”按钮，仅选中“红字回冲单”和“蓝字回冲单（报销）”复选框。

3）单击“确定”按钮，打开“选择单据”窗口。单击“全选”按钮，如图 5.69 所示。

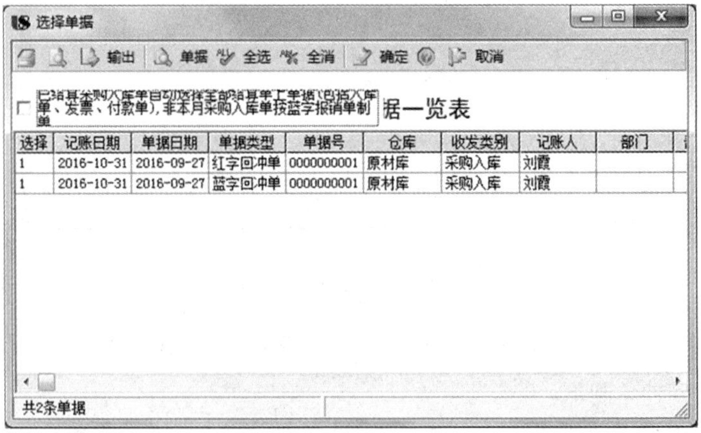

图 5.69　红蓝回冲单一览表

4）单击“确定”按钮，打开“生成凭证”窗口。补充贷方科目，如图5.70所示。

图 5.70　凭证生成列表

5）单击“生成”按钮，批量保存凭证，如图5.71和图5.72所示。

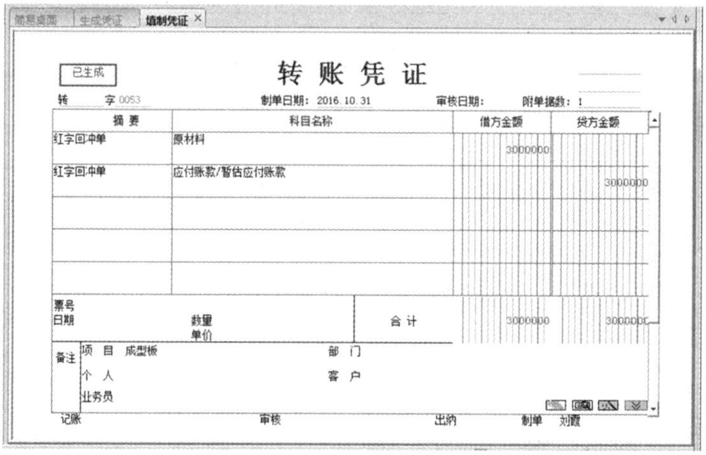

图 5.71　红字回冲单制单结果

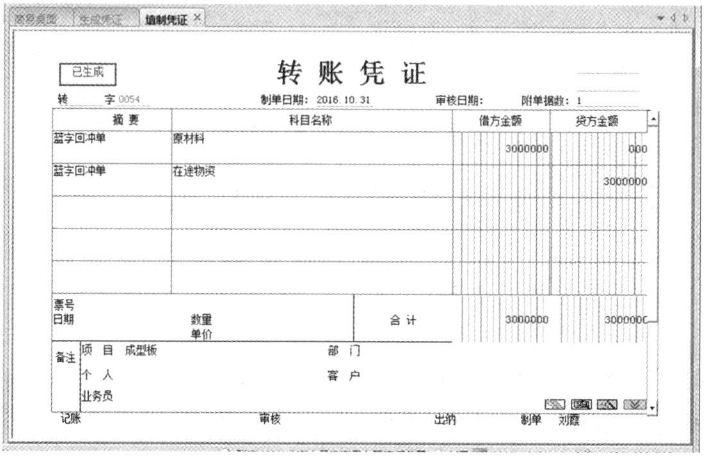

图 5.72　蓝字回冲单制单结果

5．材料出库制单

1）以总账会计的身份选择“存货核算”|“财务核算”|“生成凭证”命令，打开“生成凭证”窗口。

2）单击“选择”按钮，打开“查询条件”对话框。单击“全消”按钮，选中“材料出库单”复选框。

3）单击“确定”按钮，打开“选择单据”窗口。单击“全选”按钮，如图 5.73所示。

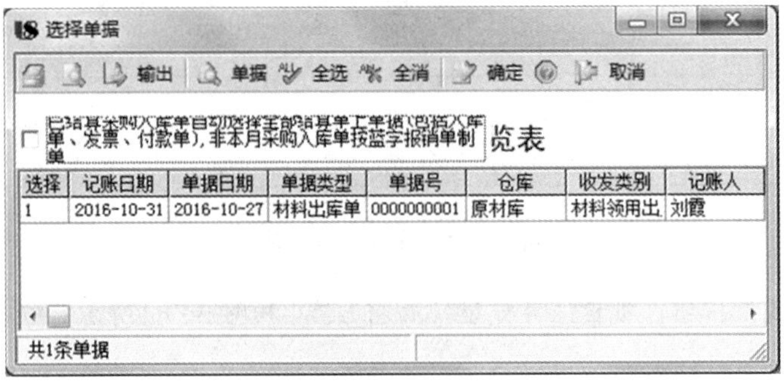

选择	记账日期	单据日期	单据类型	单据号	仓库	收发类别	记账人
1	2016-10-31	2016-10-27	材料出库单	0000000001	原材库	材料领用出	刘霞

图 5.73　材料出库单据一览表

4）单击“确定”按钮，打开“生成凭证”窗口，如图 5.74所示。

选择	单据类型	单据号	摘要	科目类型	科目编码	科目名称	借方金额	贷方金额
1	材料出库单	0000000001	材料出...	对方	500101...	A型储物柜	120, 904.00	
				存货	1403	原材料		120, 904.00
				对方	500101...	B型衣橱	120, 900.00	
				存货	1403	原材料		120, 900.00
				对方	500101...	A型储物柜	13, 500.00	
				存货	1403	原材料		13, 500.00
				对方	500101...	B型衣橱	13, 500.00	
				存货	1403	原材料		13, 500.00
				对方	500101...	A型储物柜	177, 352.00	
				存货	1403	原材料		177, 352.00
				对方	500101...	B型衣橱	176, 120.00	
				存货	1403	原材料		176, 120.00
合计							622, 276.00	622, 276.00

图 5.74　材料出库制单列表

5）单击“生成”按钮，打开“填制凭证”窗口。合成一张单据，如图 5.75所示。

6．调拨制单

1）以总账会计的身份选择“存货核算”|“财务核算”|“生成凭证”命令，打开“生成凭证”窗口。

2）单击“选择”按钮，打开“查询条件”对话框。单击“全消”按钮，仅选中“调拨单”复选框。单击“确定”按钮，打开“选择单据”窗口。单击“全选”按钮，如图 5.76所示。

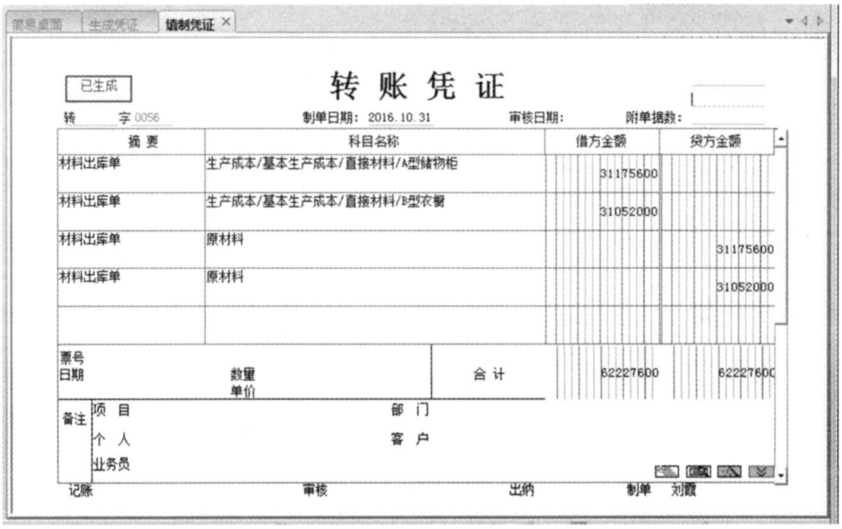

图 5.75　材料出库凭证

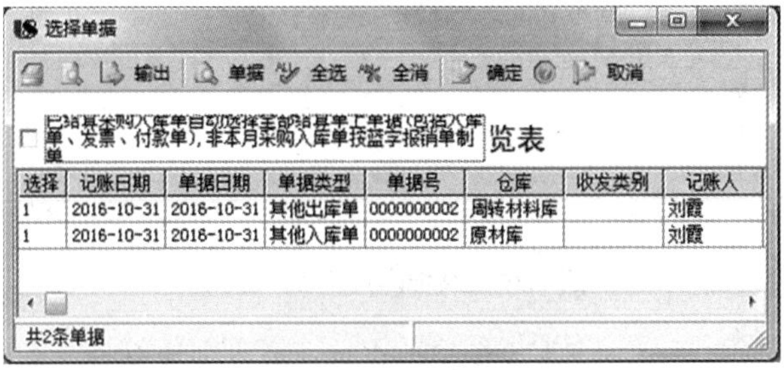

图 5.76　调拨单据一览表

3）单击“确定”按钮，打开“生成凭证”窗口，如图 5.77所示。

图 5.77　调拨制单列表

4）单击“合成”按钮，凭证如图 5.78所示。

7. 其他入库制单

1）以总账会计的身份选择“存货核算”|“财务核算”|“生成凭证”命令，打开“生成凭证”窗口。

2）单击“选择”按钮，打开“查询条件”对话框，单击“全消”按钮，仅选中“其他入库单”复选框。单击“确定”按钮，打开“选择单据”窗口。单击“选择”栏，如图 5.79所示。

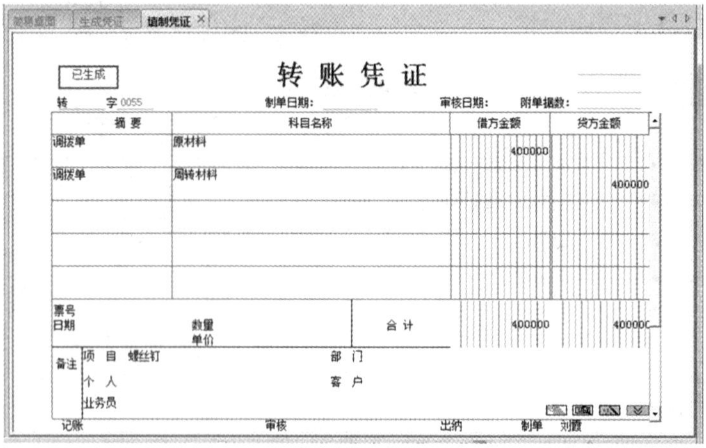

图 5.78 调拨制单结果

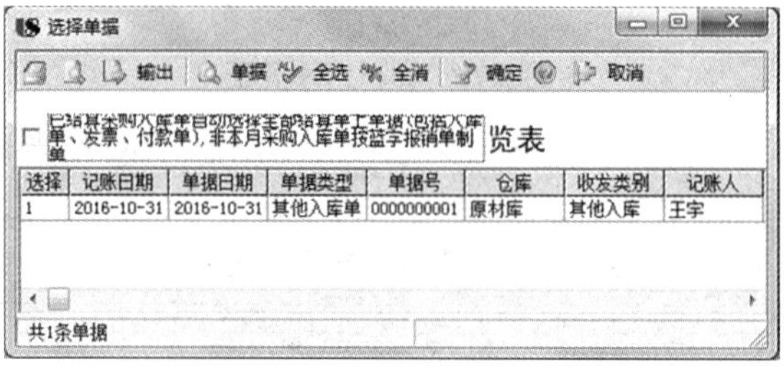

图 5.79 其他入库单据一览表

3）单击“确定”按钮，打开“生成凭证”窗口。补充贷方科目，如图 5.80 所示。

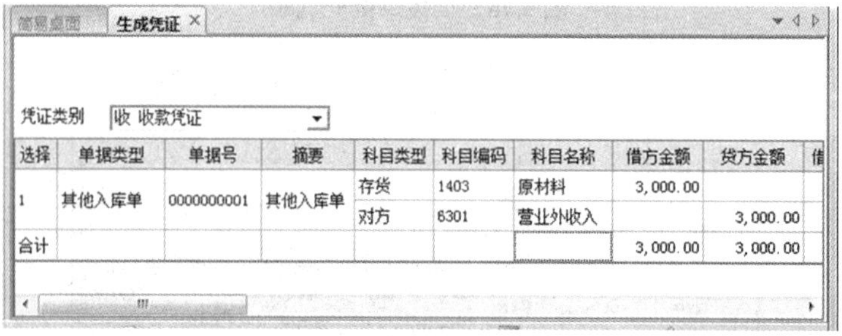

图 5.80 其他入库制单列表

4）单击“生成”按钮，打开“填制凭证”窗口。选中“营业外收入”科目，单击“插分”按钮，增加一条分录。输入科目“22210101 进项税额”，输入金额，修改“6401 营业外收入”金额。单击“保存”按钮，凭证如图 5.81 所示。

注意：接收捐赠并且收到对方开具的增值税专用发票，在确认营业外收入的同时，还必须确认增值税进项税额。

8. 产品入库制单

1）以总账会计的身份选择“存货核算”|“业务核算”|“正常单据记账”命令，打开“未记

账单据一览表”窗口。根据产成品成本分配操作，系统自动计算出产成品单价，如图 5.82所示。

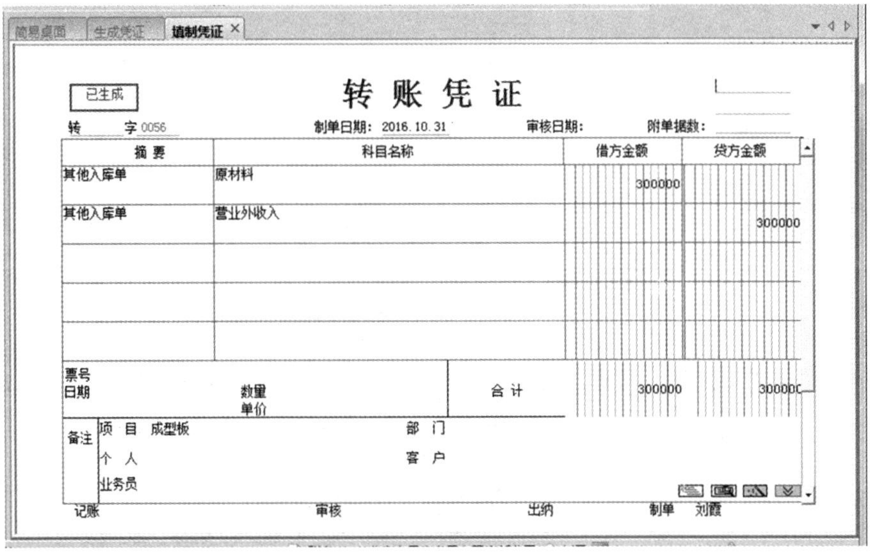

图 5.81　其他入库制单结果

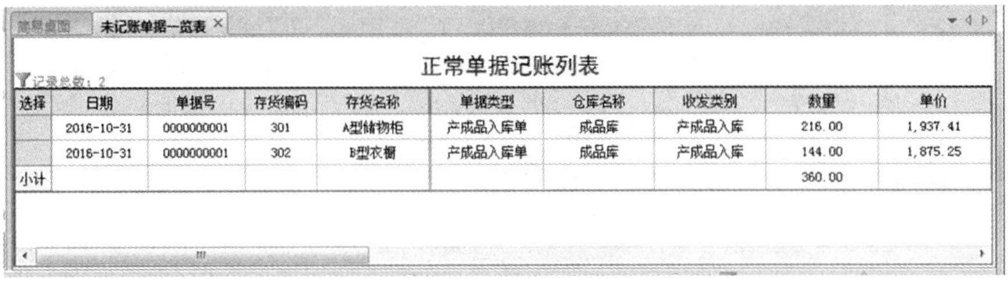
简易桌面　未记账单据一览表

正常单据记账列表

记录总数：2

选择	日期	单据号	存货编码	存货名称	单据类型	仓库名称	收发类别	数量	单价
	2016-10-31	0000000001	301	A型储物柜	产成品入库单	成品库	产成品入库	216.00	1,937.41
	2016-10-31	0000000001	302	B型衣橱	产成品入库单	成品库	产成品入库	144.00	1,875.25
小计								360.00	

图 5.82　正常单据记账列表

2）单击“全选”按钮，再单击“记账”按钮，打开“记账成功”提示框。

3）选择“存货核算”|“财务核算”|“生成凭证”命令，打开“生成凭证”窗口。单击“选择”按钮，打开“查询条件”对话框。查询条件仅选择“产成品入库单”，然后单击“确定”按钮，打开“未记账单据一览表”窗口。单击“全选”按钮，如图 5.83所示。

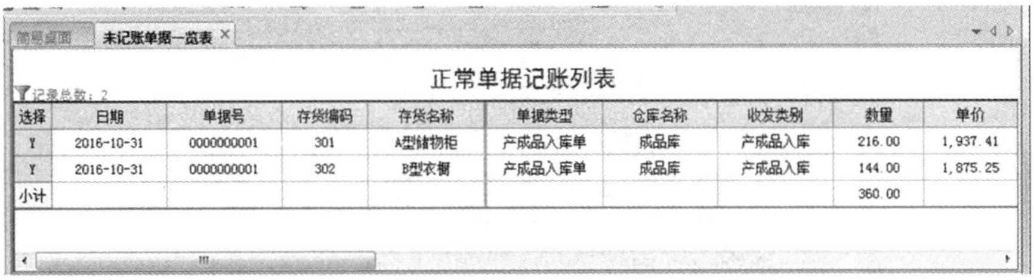
简易桌面　未记账单据一览表

正常单据记账列表

记录总数：2

选择	日期	单据号	存货编码	存货名称	单据类型	仓库名称	收发类别	数量	单价
Y	2016-10-31	0000000001	301	A型储物柜	产成品入库单	成品库	产成品入库	216.00	1,937.41
Y	2016-10-31	0000000001	302	B型衣橱	产成品入库单	成品库	产成品入库	144.00	1,875.25
小计								360.00	

图 5.83　产品入库单据一览表

4）单击“确定”按钮，打开“生成凭证”窗口，如图 5.84所示。

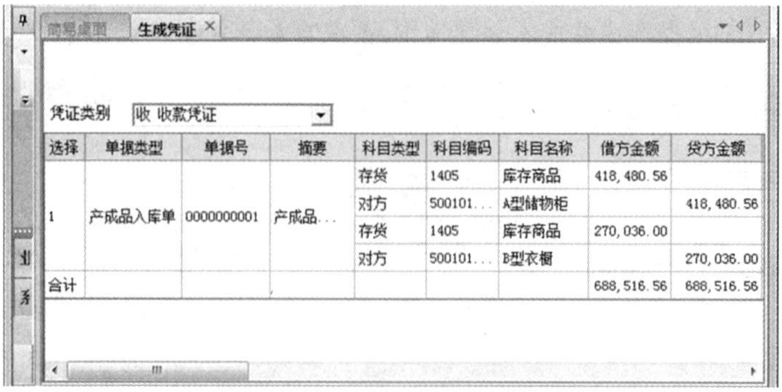

图 5.84　产品入库制单列表

5）单击“生成”按钮，打开“填制凭证”窗口。对凭证进行插分修改，如图 5.85 所示。

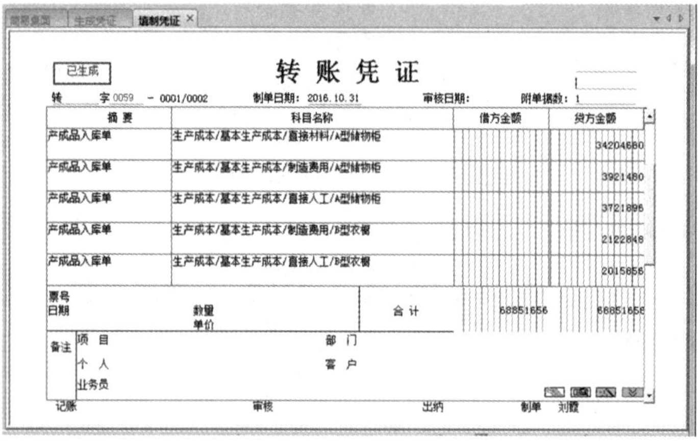

图 5.85　产品入库生成凭证

9. 销售出库制单

1）选择“存货核算”|“财务核算”|“生成凭证”命令，打开“生成凭证”窗口。单击“选择”按钮，打开“查询条件”对话框。查询条件仅选择“销售专用发票”，然后单击“确定”按钮，打开“选择单据”窗口。单击“全选”按钮，如图 5.86 所示。

图 5.86　销售专用发票单据一览表

2）单击“确定”按钮，打开“生成凭证”窗口。修改发票 XS141002 对应的贷方科目为“1406，发出商品”，如图 5.87 所示。

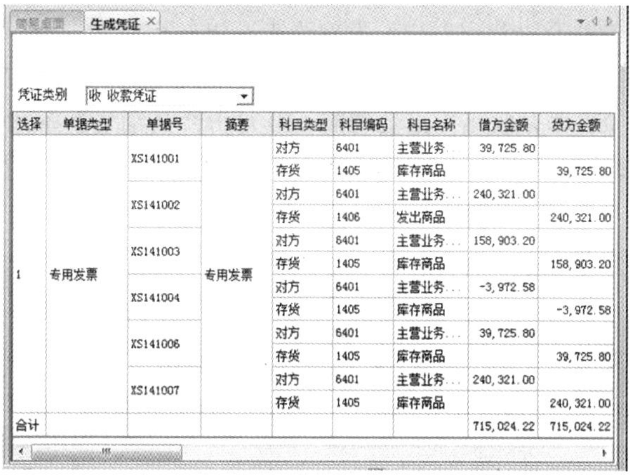
简易桌面 生成凭证

凭证类别 收 收款凭证

选择	单据类型	单据号	摘要	科目类型	科目编码	科目名称	借方金额	贷方金额
1	专用发票	XS141001	专用发票	对方	6401	主营业务...	39,725.80	
				存货	1405	库存商品		39,725.80
		XS141002		对方	6401	主营业务...	240,321.00	
				存货	1406	发出商品		240,321.00
		XS141003		对方	6401	主营业务...	158,903.20	
				存货	1405	库存商品		158,903.20
		XS141004		对方	6401	主营业务...	-3,972.58	
				存货	1405	库存商品		-3,972.58
		XS141006		对方	6401	主营业务...	39,725.80	
				存货	1405	库存商品		39,725.80
		XS141007		对方	6401	主营业务...	240,321.00	
				存货	1405	库存商品		240,321.00
合计							715,024.22	715,024.22

图 5.87　销售出库制单列表

3）单击“生成”按钮，打开“填制凭证”窗口。根据 9 月份业务数据修改发出商品金额，对凭证进行批量保存。凭证如图 5.88 至图 5.93 所示。

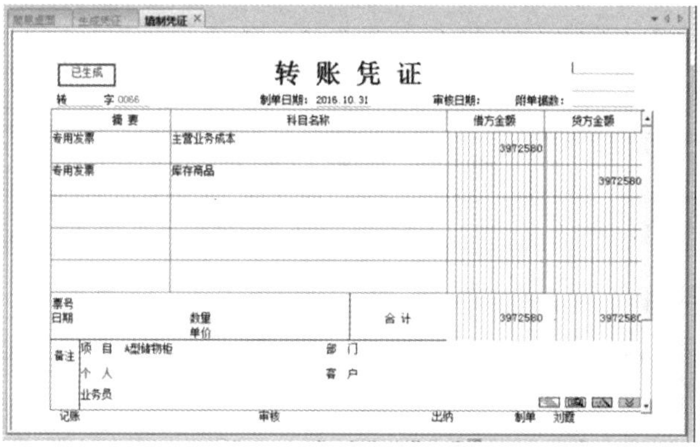

图 5.88　销售成本结转一

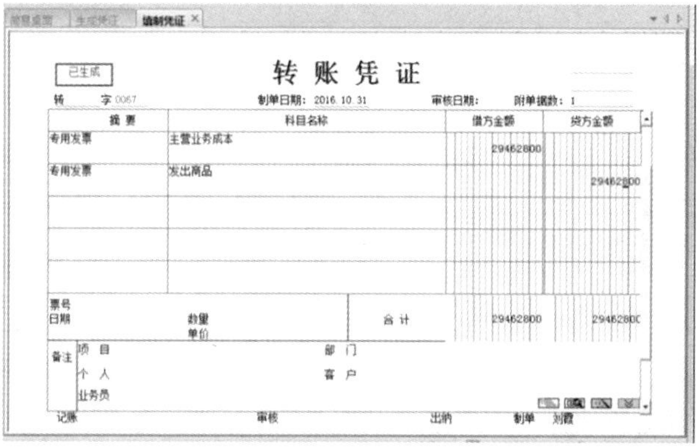

图 5.89　销售成本结转二

解析：

该笔业务之所以将库存商品修改为发出商品，是延续了 9 月份的业务处理。“9 月 27 日，销售产品 B 型衣橱 100 个给上海市富康有限责任公司。无税单价为 4 500 元/个，增值税税率为 17%，价税合计为 526 500 元。货已发出，发票尚未开出，货款均未收到。”因为该笔业务在 9 月份没有开票，因而无法确认收入，根据配比性原则，也不能结转销售成本。因此，在 9 月份是按“借：发出商品，贷：库存商品”来处理的。10 月份开具销售发票，对发票进行单据记账，并结转销售成本，因为货物已经发出，所以必须要将库存商品修改为发出商品，以保证两个月业务的衔接。

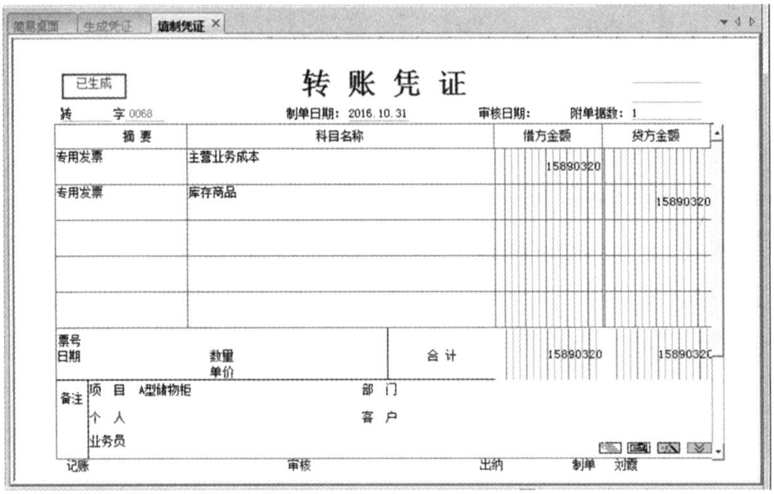

图 5.90　销售成本结转三

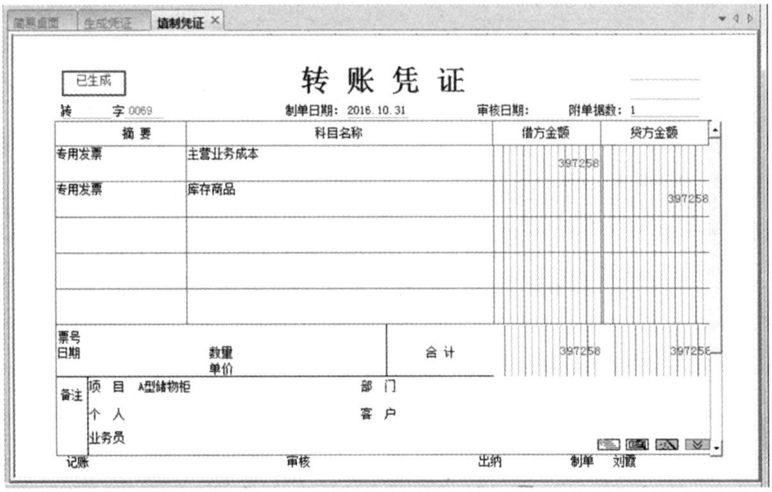

图 5.91　销售成本结转四

解析：

该笔业务属于销售退货业务，前期根据退货单填写了红字销售专用发票，所以这里应该对销售成本进行冲减。

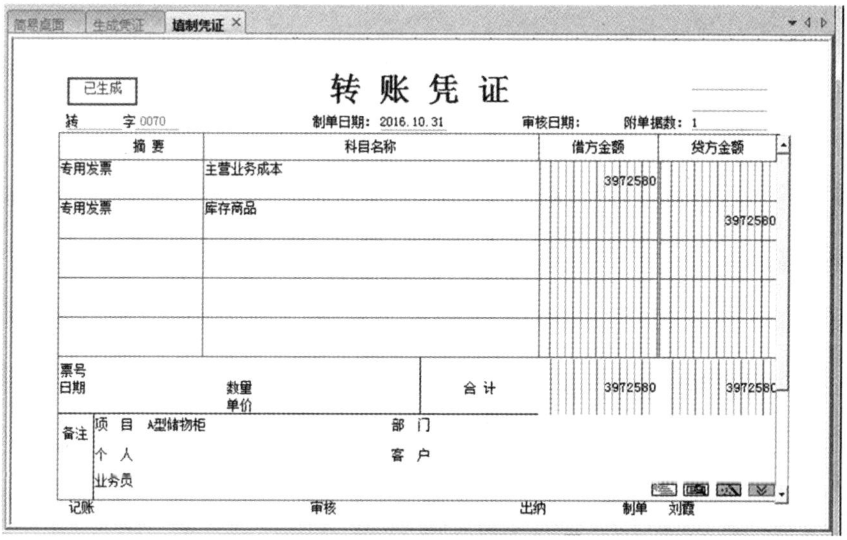

图 5.92　销售成本结转五

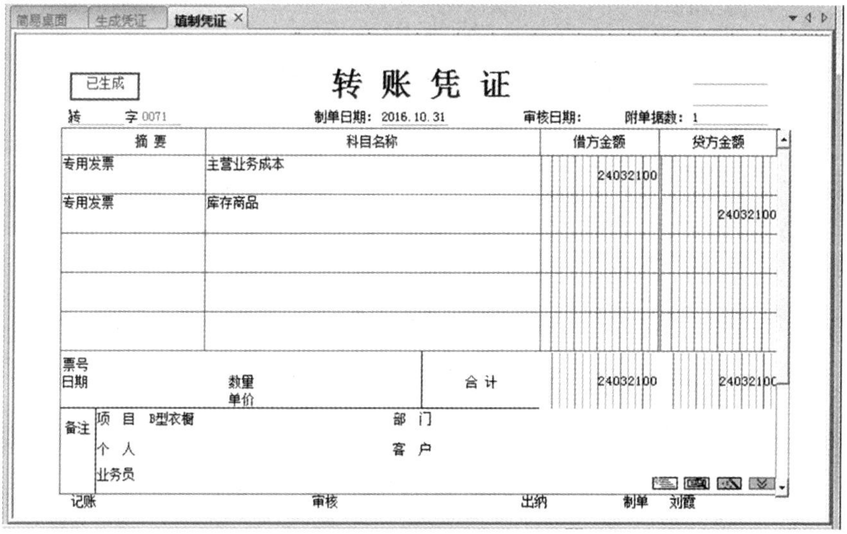

图 5.93　销售成本结转六

10. 发出商品制单

1）选择“存货核算”|“财务核算”|“生成凭证”命令，打开“生成凭证”窗口。单击“选择”按钮，打开“查询条件”对话框，查询条件选择“分期收款发出商品发货单”“委托代销发出商品发货单”“分期收款发出商品专用发票”“委托代销发出商品专用发票”。单击“确定”按钮，打开“选择单据”窗口。单击“全选”按钮，如图 5.94 所示。

2）单击“确定”按钮，打开“生成凭证”窗口，如图 5.95 所示。

3）单击“生成”按钮，对“6401 主营业务成本”项目信息进行补充。成批保存凭证，凭证如图 5.96 至图 5.99 所示。

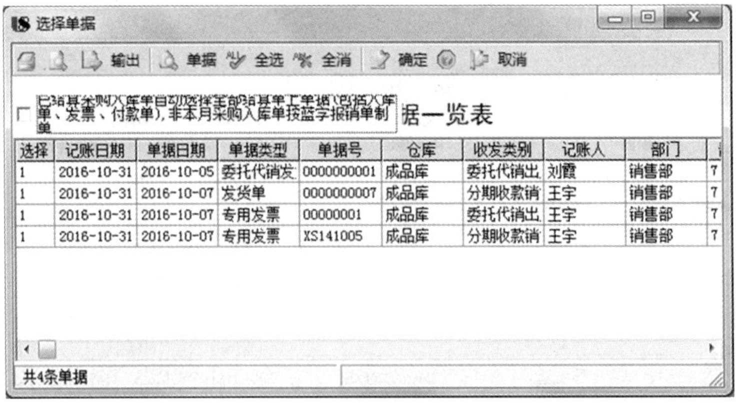

图 5.94　发出商品单据一览表

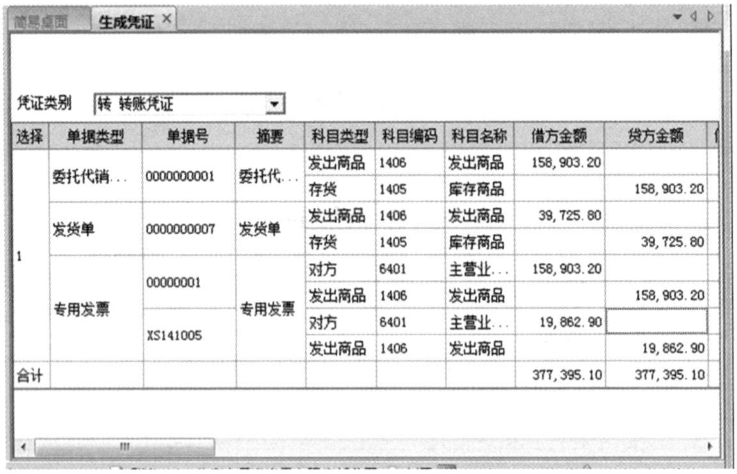

图 5.95　发出商品制单列表

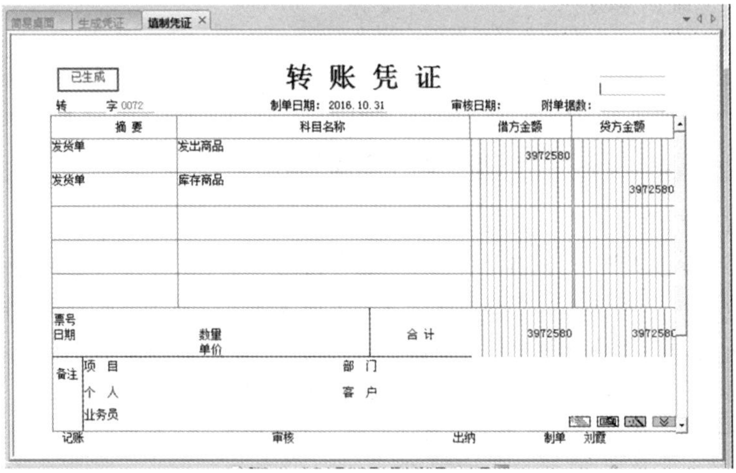

图 5.96　发出商品制单结果一

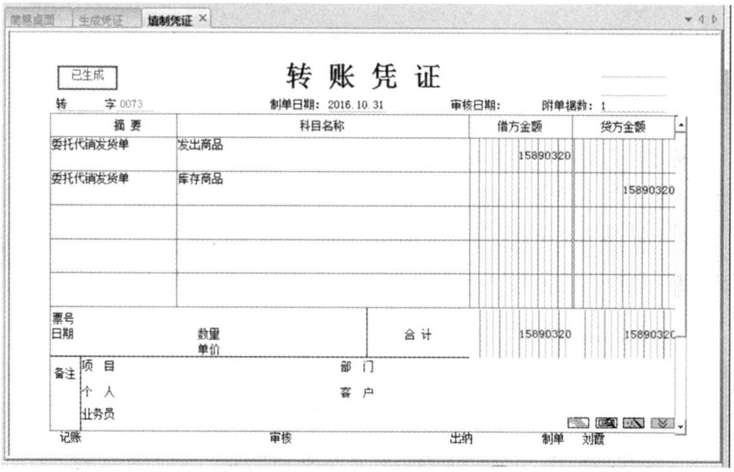

图 5.97 发出商品制单结果二

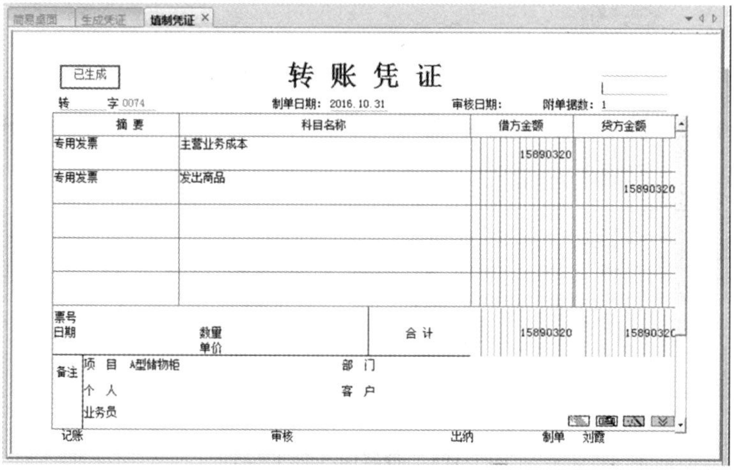

图 5.98 发出商品制单结果三

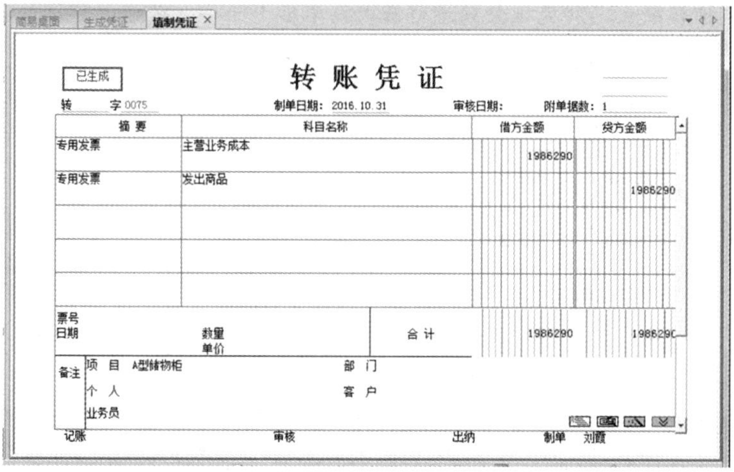

图 5.99 发出商品制单结果四

解析：

发出商品制单包含了委托代销业务制单和分期收款业务制单，制单的单据分别是发货单和发票。

11. 其他出库制单

1）选择“存货核算”|“财务核算”|“生成凭证”命令，打开“生成凭证”窗口。单击“选择”按钮，打开“查询条件”对话框。查询条件选择“其他出库单”，然后单击“确定”按钮，打开“选择单据”窗口。单击“全选”按钮，如图 5.100所示。

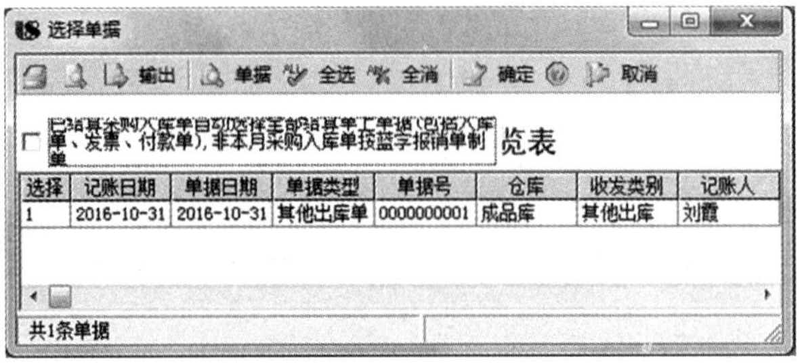

图 5.100　其他出库单据一览表

2）单击“确定”按钮，打开“生成凭证”窗口。补充借方科目，如图 5.101所示。

图 5.101　其他出库制单列表

3）单击“生成”按钮，打开“填制凭证”窗口。对凭证进行插分，补充贷方科目“22210102 销项税额”，对凭证金额进行修改。单击“保存”按钮，凭证如图 5.102所示。

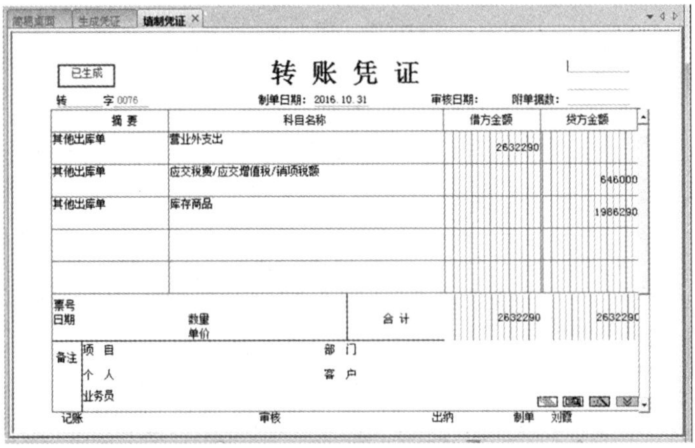

图 5.102　其他出库制单结果

注意： 该笔业务对外捐赠存货并且向对方开具了增值税专用发票，所以在确认营业外支出的同时，还必须确认增值税销项税额。

任务 5-17 凭证列表查询。

1）选择“存货核算”|“财务核算”|“凭证列表”命令，在查询条件中选择“10月”。单击“确定”按钮，打开“凭证列表”窗口，如图 5.103所示。

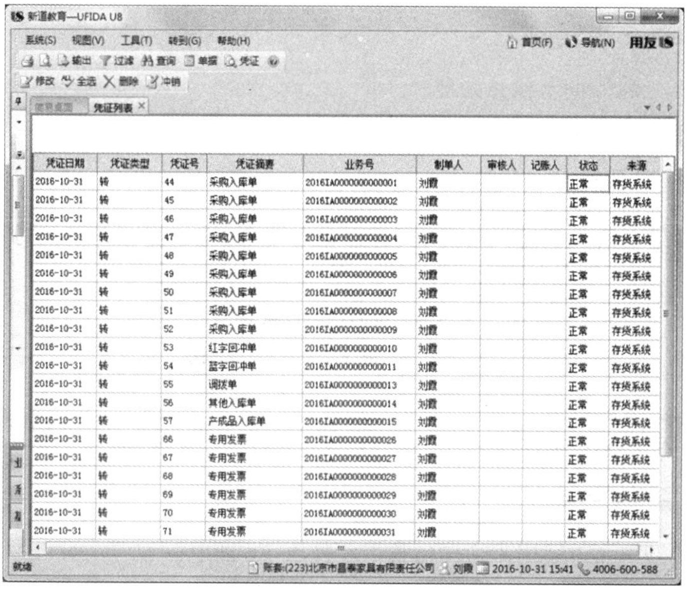

凭证日期	凭证类型	凭证号	凭证摘要	业务号	制单人	审核人	记账人	状态	来源
2016-10-31	转	44	采购入库单	2016IA000000000001	刘霞			正常	存货系统
2016-10-31	转	45	采购入库单	2016IA000000000002	刘霞			正常	存货系统
2016-10-31	转	46	采购入库单	2016IA000000000003	刘霞			正常	存货系统
2016-10-31	转	47	采购入库单	2016IA000000000004	刘霞			正常	存货系统
2016-10-31	转	48	采购入库单	2016IA000000000005	刘霞			正常	存货系统
2016-10-31	转	49	采购入库单	2016IA000000000006	刘霞			正常	存货系统
2016-10-31	转	50	采购入库单	2016IA000000000007	刘霞			正常	存货系统
2016-10-31	转	51	采购入库单	2016IA000000000008	刘霞			正常	存货系统
2016-10-31	转	52	采购入库单	2016IA000000000009	刘霞			正常	存货系统
2016-10-31	转	53	红字回冲单	2016IA000000000010	刘霞			正常	存货系统
2016-10-31	转	54	蓝字回冲单	2016IA000000000011	刘霞			正常	存货系统
2016-10-31	转	55	调拨单	2016IA000000000013	刘霞			正常	存货系统
2016-10-31	转	56	其他入库单	2016IA000000000014	刘霞			正常	存货系统
2016-10-31	转	57	产成品入库单	2016IA000000000015	刘霞			正常	存货系统
2016-10-31	转	66	专用发票	2016IA000000000026	刘霞			正常	存货系统
2016-10-31	转	67	专用发票	2016IA000000000027	刘霞			正常	存货系统
2016-10-31	转	68	专用发票	2016IA000000000028	刘霞			正常	存货系统
2016-10-31	转	69	专用发票	2016IA000000000029	刘霞			正常	存货系统
2016-10-31	转	70	专用发票	2016IA000000000030	刘霞			正常	存货系统
2016-10-31	转	71	专用发票	2016IA000000000031	刘霞			正常	存货系统

图 5.103　凭证列表查询

2）在凭证列表中单击“单据”按钮，可以查看生成该凭证的原始单据；单击“凭证”按钮，可以查看该凭证的详细情况。单击“修改”按钮，可以修改该凭证；单击“删除”按钮，可以删除该凭证。单击“冲销”按钮，可以生成该凭证的红字冲销凭证。

注意：

- 存货凭证生成以后须传递给总账系统进行审核和记账，如果发现制单错误，必须由原制单人登录存货系统在此进行修改、删除或冲销处理。
- 凭证生成以后，与之有关的原始单据不能修改或删除。如果要修改删除相关原始单据，必须先将凭证删除再进行修改。

项目 5.8　库存与存货期末处理

5.8.1　工作任务

任务 5-18 库存与存货对账。

将本期库存系统各仓库各存货的收发存数量同存货系统进行对账。

任务 5-19 存货与总账对账。

将本期存货的存货科目、发出商品科目的发生额与总账系统进行对账。

任务 5-20 库存结账。

对库存系统进行月末结账。

任务 5-21 存货结账。

对存货系统进行月末结账。

任务 5-22 总账期末业务处理。

对总账未处理完的业务进行处理。

1. 计提短期借款利息

已知本期期初借入的短期借款的借款年利率为 6%，设置计提短期借款利息的转账分录，如表 5.5 所示。

表 5.5 短期借款转账设置

序号	转账说明	凭证类别	科 目 编 码	方向	金额表达式
0001	计提短期借款利息	转账凭证	6603（财务费用）	借	短期借款本月期初余额*6%/12
			2231（应付利息）	贷	取对方科目计算结果

2. 增值税进项税额结转

结转“进项税额”至“转出未交增值税”，如表 5.6 所示。

表 5.6 结转进项税额

序号	转账说明	凭证类别	科 目 编 码	方向	结 转 系 数
0007	结转进项税额	转账凭证	22210101 进项税额	转出	1
			22210106 转出未交增值税	转入	1

3. 增值税销项税额结转

结转“销项税额”至“转出未交增值税”，如表 5.7 所示。

表 5.7 结转销项税额

序号	转账说明	凭证类别	科 目 编 码	方向	结 转 系 数
0008	结转进项税额	转账凭证	22210102 销项税额	转出	1
			22210106 转出未交增值税	转入	1

4. 增值税进项税额转出结转

结转“进项税额转出”至“转出未交增值税”，如表 5.8 所示。

表 5.8 结转销项税额

序号	转账说明	凭证类别	科 目 编 码	方向	结 转 系 数
0008	结转进项税额转出	转账凭证	22210103 进项税额转出	转出	1
			22210106 转出未交增值税	转入	1

5. 转出未交增值税

结转“转出未交增值税”至“未交增值税”，如表 5.9 所示。

表 5.9 结转未交增值税

序号	转账说明	凭证类别	科目编码	方向	结转系数
0009	转出未交增值税	转账凭证	22210106 转出未交增值税	转出	1
			222102 未交增值税	转入	1

6. 汇兑损益结转

设置汇兑损益结转科目为“6603 财务费用”。假设本期期末调整汇率为 6.16，现金流量项目为“23，汇率变动对现金的影响”。

7. 期间损益结转

设置本年利润科目为 4103。

5.8.2 理论学习

1. 对账

（1）库存与存货对账

库存模块主要反映和控制企业存货的物流，存货模块主要反映和控制存货的资金流。这两个模块反映的对象都是企业的存货，但侧重点有所不同，彼此存在复杂而紧密的数据联系。在手工环境下，这种数据联系是通过手工传递单据来保持的；在信息化环境下，数据是通过单据流转来自动传递的。但不管怎么核算，最后核算的物流信息同资金流信息必须保持一致。因此，在月末或平时，需要进行库存与存货系统的对账，验证业务处理结果在两个模块之间是否能保持一致。

库存与存货对账就是某月份各仓库各存货的收发存数量进行核对。如果核对正确，系统将提示对账工作全部完成，并退出对账功能；如果核对不上，系统则将对不上的数据显示在对账报告中。不计入成本的仓库（指仓库档案中计入成本属性为否）不作库存与存货的对账。需要注意的是，只有在库存和存货系统对账月份都已结账，而且存货系统在对账月份没有压单的情况下，数据才有可能核对上。

（2）存货与总账对账

存货模块是典型的财务业务一体化模块，核算的信息既包含了数量等物流信息，也包含了资金等财务信息。财务信息最终会传递到总账系统，并形成报表信息。存货与总账对账是用于存货系统与总账系统核对存货科目和差异科目在各会计月份借方、贷方发生金额、数量及期末结存的金额、数量信息。

系统可以进行数量核对、金额核对、数量金额全部核对。对于核对结果是否两账相符，系统采用不同显示颜色加以区分：白色显示记录表示对账结果相平，蓝色显示记录表示对账结果不平。

2. 结账

（1）库存系统结账

在手工会计处理中，都有结账的过程，在计算机会计处理中也应有这一过程，以符合会计制度的要求。月末结账是将每月的出入库单据逐月封存，并将当月的出入库数据记入有关账表中。结账只能每月进行一次，结账后本月不能再填制单据。

如果库存同采购、销售系统集成使用，只有在采购、销售系统结账后，库存系统才能进行结账。如果库存同存货系统集成使用，只有在存货系统当月未结账或取消结账后，库存系统才能取消结账。

(2) 存货系统结账

存货系统通过月末结账工作，对本月账簿做结账标志。结账只能每月进行一次，结账后本月不能再填制单据。如果同采购系统集成使用，同时本期存在未到票的采购暂估业务，并且暂估处理方式选择“月初回冲”，则结账后同时生成下月红字回冲单，下月初应对该红字回冲单进行制单。如果上期暂估的采购入库截至本月月底还未到票，在期末处理后会生成蓝字回冲单（暂估）。要注意在结账之前，应对其进行制单。存货系统结账以后才能对总账进行结账。

5.8.3 工作过程

任务 5-18 库存与存货对账。

1）以总账会计的身份选择“库存管理”｜“对账”｜“库存与存货对账”命令，打开“库存存货对账”对话框，如图 5.104 所示。

2）输入月份为 10，单击“确定”按钮，打开“对账报告”窗口，如图 5.105 所示。

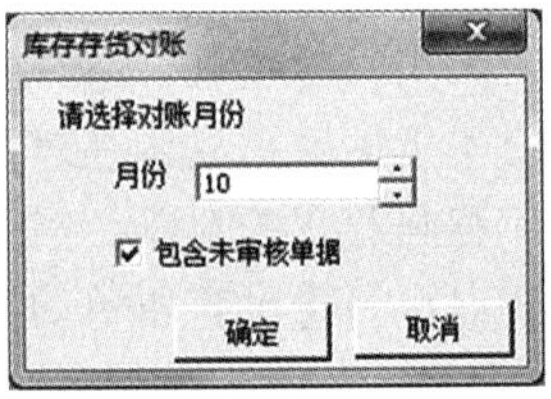

图 5.104 库存存货对账查询

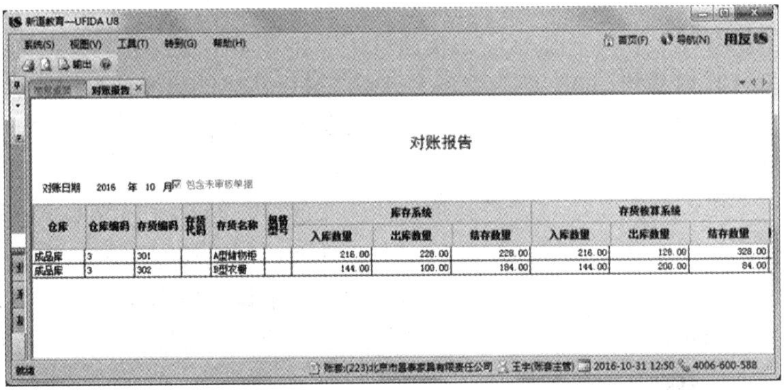

图 5.105 库存与存货对账

任务 5-19 存货与总账对账。

以总账会计的身份选择“存货核算”｜“财务核算”｜“与总账对账”命令，打开“与总账对账”窗口，如图 5.106 所示。

任务 5-20 库存结账。

1）以总账会计的身份选择“库存管理”｜“月末结账”命令，打开“结账处理”对话框，如图 5.107 所示。

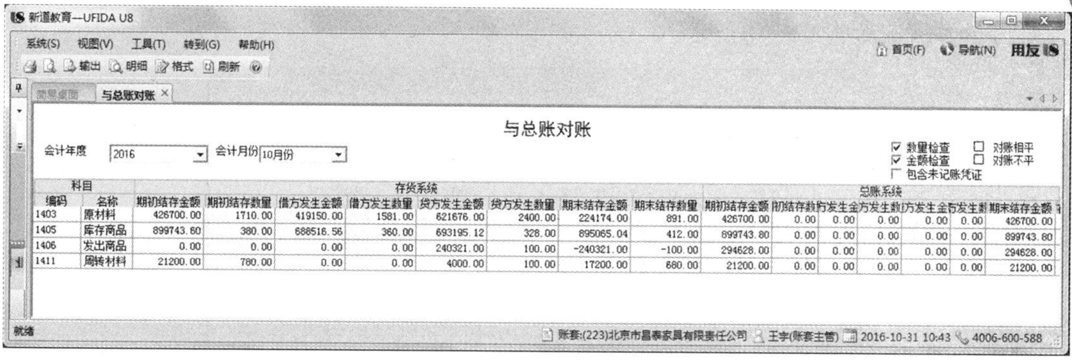

图 5.106 存货与总账对账

2）单击“结账”按钮，完成库存结账。

任务 5-21 存货结账。

1）以总账会计的身份选择“库存管理”|“业务核算”|“月末结账”命令，打开“月末结账”对话框，如图 5.108 所示。

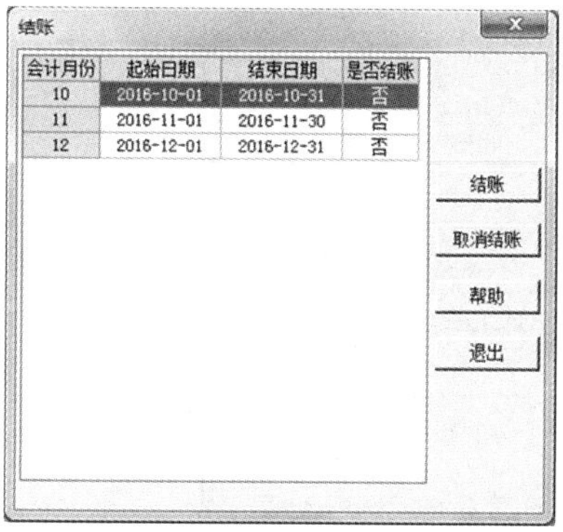

图 5.107 库存月末结账

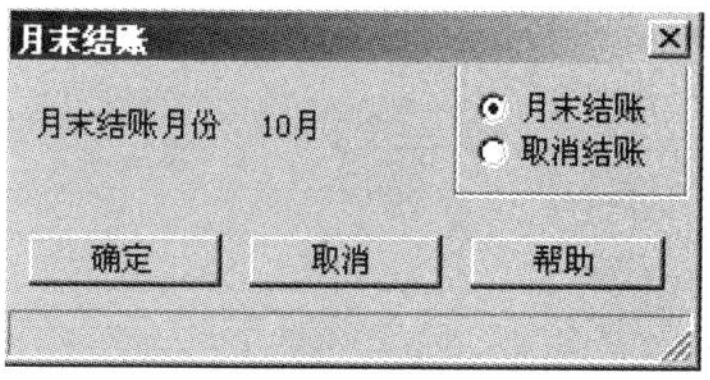

图 5.108 存货月末结账

2）选择“月末结账”单选按钮，单击“确定”按钮，完成存货结账。

任务 5-22 总账期末业务处理。

1. 计提短期借款利息

1）以总账会计的身份设置计提短期借款利息的自定义转账分录，如图 5.109 所示。

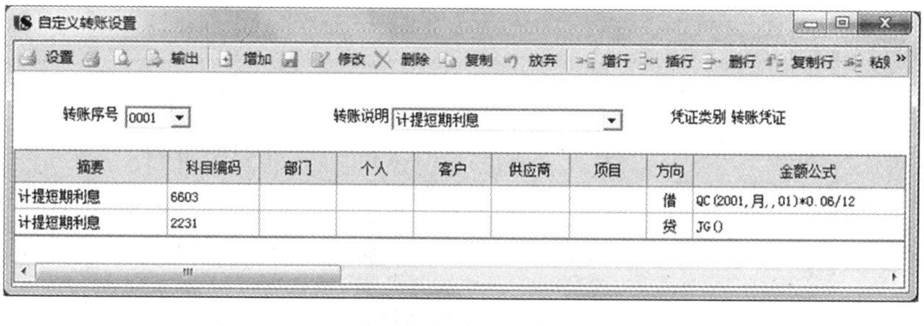

图 5.109 计提短期借款利息设置

2）生成凭证如图 5.110 所示。

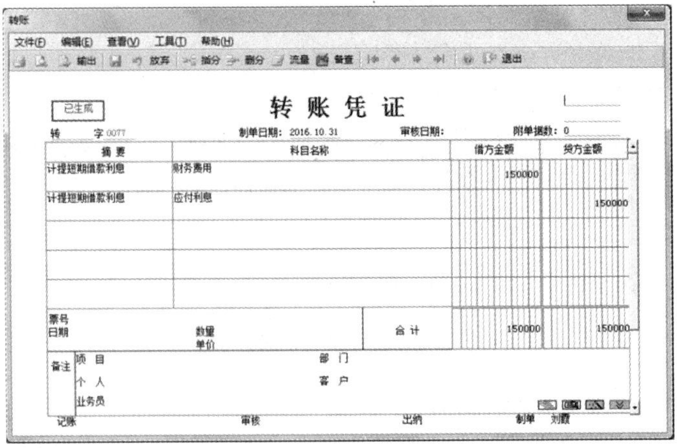

图 5.110　计提短期借款凭证

2．增值税进项税额结转

1）以总账会计的身份设置增值税进项税额结转的对应转账分录，如图 5.111 所示。

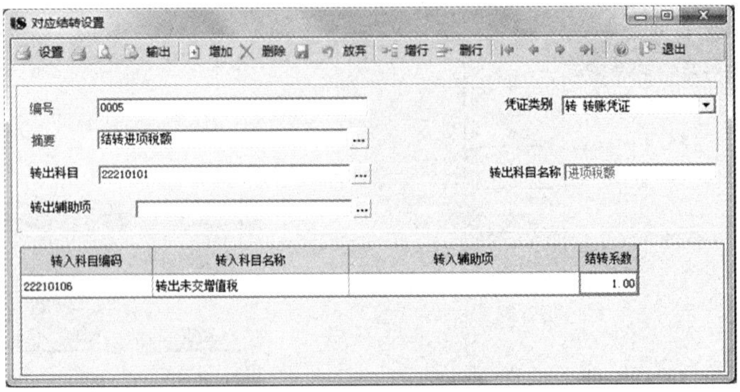

图 5.111　结转进项税额设置

2）生成进项税额结转凭证如图 5.112 所示。

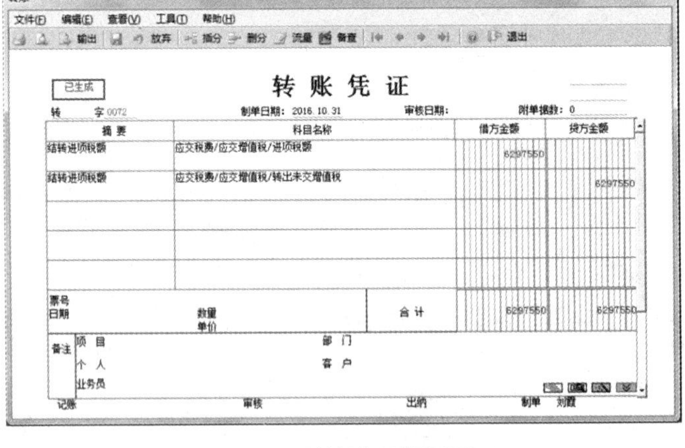

图 5.112　结转进项税额凭证

3. 增值税销项税额结转

1）以总账会计的身份设置增值税销项税额结转的对应转账分录，如图5.113所示。

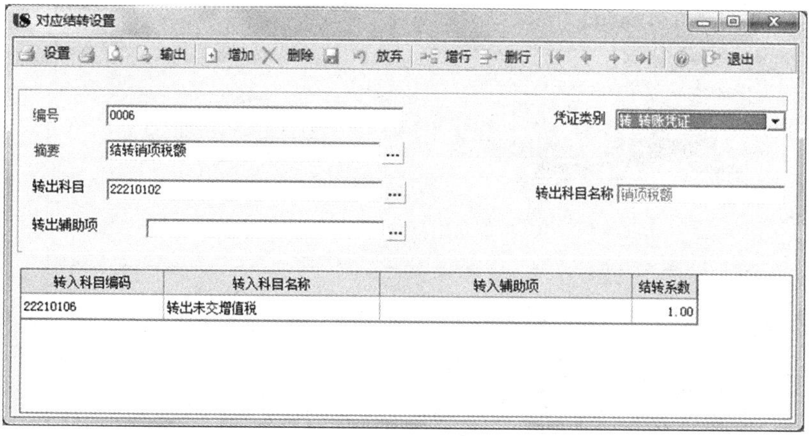

图 5.113　结转销项税额设置

2）生成销项税额结转凭证，如图5.114所示。

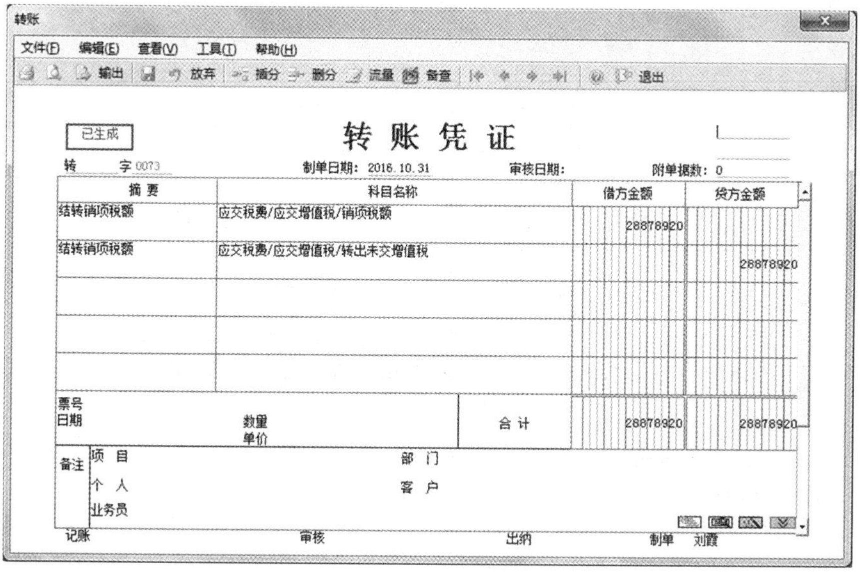

图 5.114　结转销项税额凭证

4. 增值税进项税额转出结转

1）以总账会计的身份设置增值税进项税额转出的对应转账分录，如图5.115所示。

2）生成进项税额转出凭证，如图5.116所示。

5. 转出未交增值税

1）以总账会计的身份设置转出未交增值税的对应转账分录，如图5.117所示。

2）生成转出未交增值税凭证，如图5.118所示。

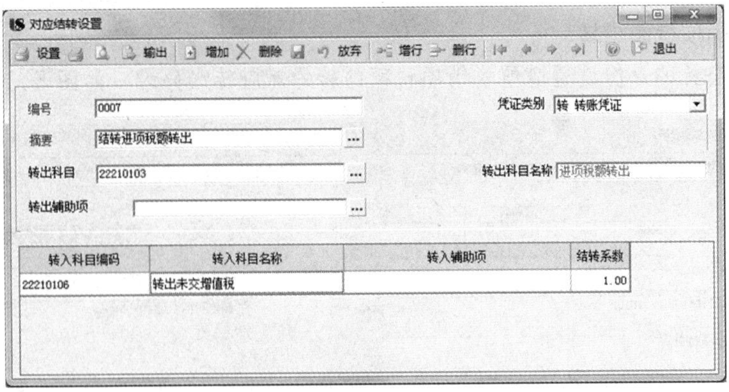

图 5.115 进项税额转出设置

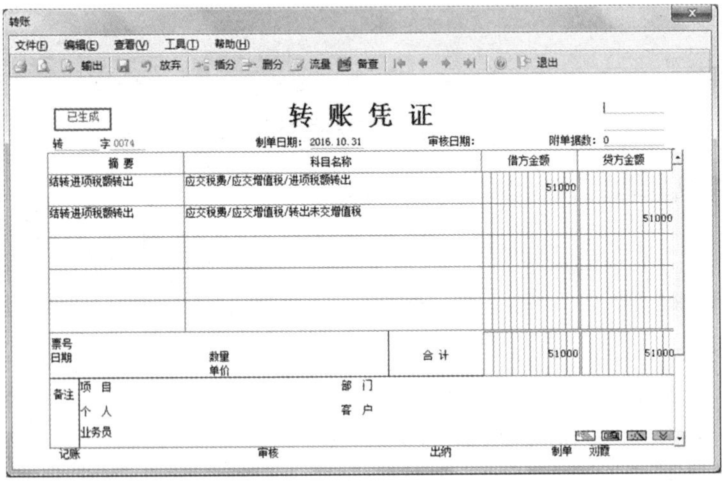

图 5.116 进项税额转出凭证

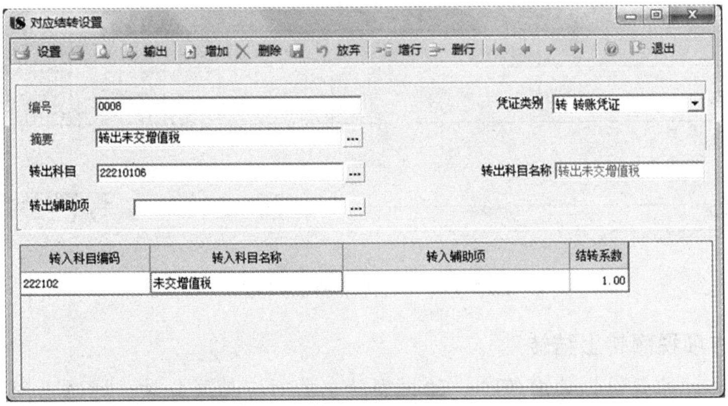

图 5.117 转出未交增值税设置

6. 汇兑损益结转

1）由总账会计完成汇兑损益结转设置，如图 5.119 所示。

2）在“外币设置”窗口输入月末美元记账汇率 6.16，如图 5.120 所示。

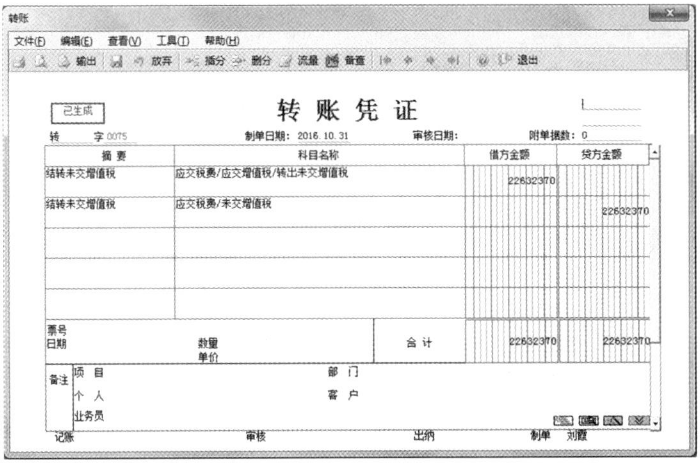

图 5.118　转出未交增值税凭证

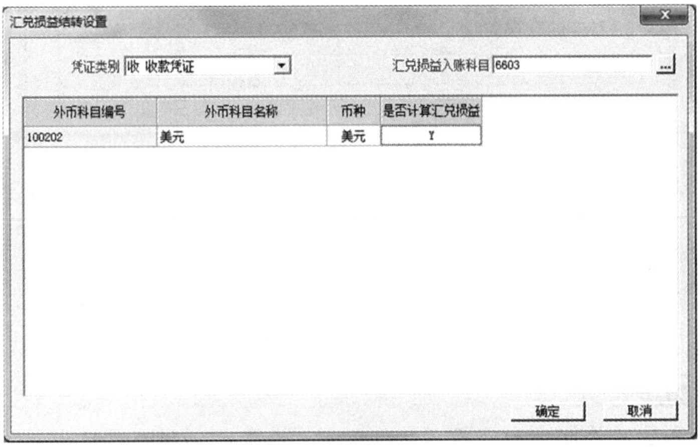

图 5.119　汇兑损益结转设置

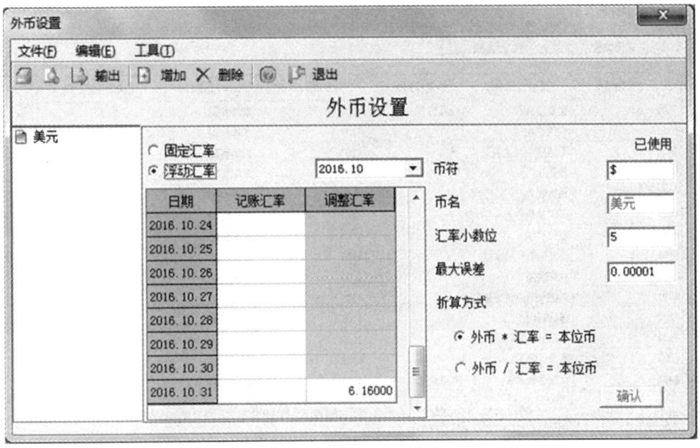

图 5.120　期末汇率设置

3）执行汇兑损益结转，生成凭证，如图 5.121、图 5.122所示。

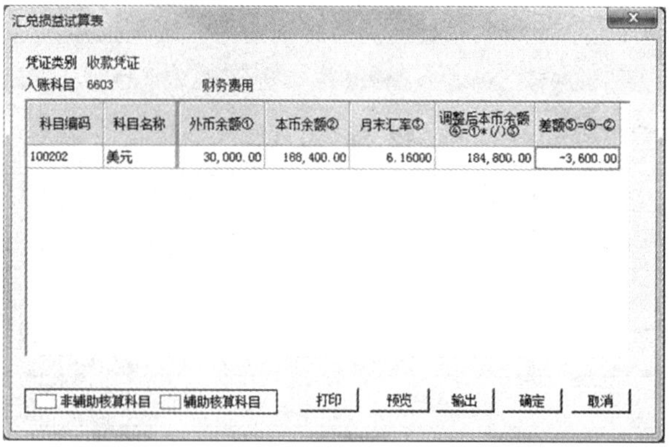

图 5.121 汇兑损益试算表

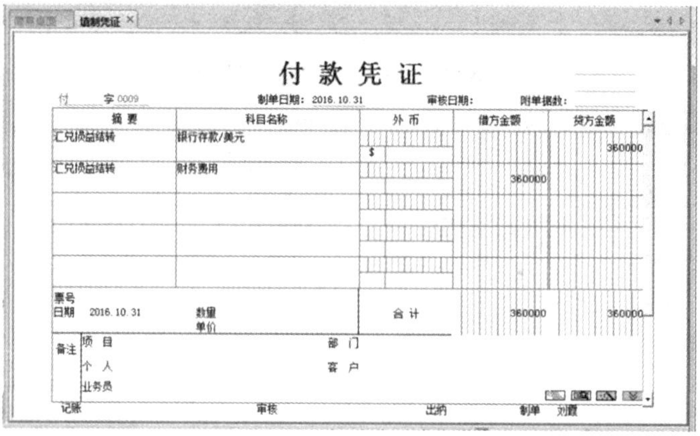

图 5.122 汇兑损益结转凭证

7. 期间损益结转

1）以总账会计的身份完成期间损益结转设置，设置本年利润科目为 4103，如图 5.123 所示。

图 5.123 期间损益结转设置

2）进行期间损益结转，生成凭证，如图5.124所示。

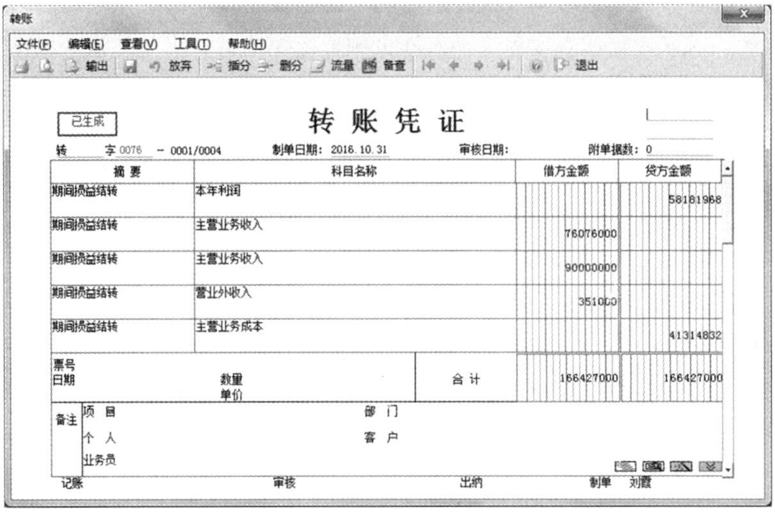

图5.124　期间损益结转凭证

3）对固定资产、薪资、总账等系统进行月末结账。

项目5.9　库存与存货查询与分析

5.9.1　工作任务

任务5-23　库存查询与分析。

1. 查询本期的出入库流水账
2. 查询本期原料库的库存台账
3. 查询本期收发存汇总表

任务5-24　存货查询与分析。

查询、核算原料库的存货明细账。

5.9.2　理论学习

1. 库存查询与分析

日常核算的结果必须通过查询才能得出存货管理的有效信息。存货的查询和分析是存货管理的重要内容，管理人员需要通过查询和分析功能及时了解每笔存货的收发存情况及存货的相关业务指标，为加强存货管理、提高存货周转率、降低库存资金占用、提高企业的经济效益提供依据。这里以典型的库存账簿为例，说明库存查询的操作和意义。

（1）出入库流水账

出入库流水账可查询任意时间段或任意情况下的存货出入库情况。输出的内容包括仓库、存货、入库数量、入库件数、入库单价、入库金额、出库数量、出库件数、出库单价、出库金额、收发类别、部门、业务员等所有单据上的项目。

（2）库存台账

本功能用于查询各仓库各存货各月份的收发存明细情况。库存台账是按存货（或存货＋自由项）设置账页的，即一个存货一个账页。账页中输出的内容包括日期、单据号、摘要（摘要包括仓库、收发类别、业务类型、部门、业务员、制单人、审核人等信息）、换算率、入库件数、入库数量、出库件数、出库数量、结存件数、结存数量等。

（3）收发存汇总表

收发存汇总表反映各仓库各存货各种收发类别的收入、发出及结存情况。收发存汇总表是按仓库进行分页查询的，一页显示一个仓库的收发存汇总表，所有仓库的收发存汇总表通过汇总功能查询。收发存汇总表输出的内容包括仓库、存货、自由项、期初结存数量（件数）、各种入库类别的入库数量（件数）、各种出库类别的出库数量（件数）、期末结存数量（件数）。

2. 存货查询与分析

在账表查询功能中可以查询明细账、总账、出入库流水账、入库汇总表、出库汇总表、差异分摊表、收发存汇总表、暂估材料（或商品余额）表等账表。

① 明细账用于查询本会计年度各月份已记账的各存货的明细账。

② 总账用于输出存货的总分类账，本账簿以借贷余的形式反映各存货的各月份的收发余金额。

③ 出入库流水账用于查询当年任意日期范围内存货的出入库情况，提供一个简捷方便的对账、查账的出入库流水——可分已记账、未记账、全部单据的流水账。

④ 入库汇总表用于对某期间的入库存货进行统计汇总。

⑤ 出库汇总表用于对某期间的出库存货进行统计汇总。

⑥ 收发存汇总表用于对某期间已记账存货的收发存数量金额进行统计汇总。该表的横向反映的是存货的收发类别。

⑦ 暂估材料（或商品余额）表统计存货明细账中暂估入库的存货的数量和入库成本明细，分析不同期间的暂估单据入库及报销情况。

5.9.3 工作过程

任务 5-23 库存查询与分析。

1. 出入库流水账

1）以仓库主管的身份选择“库存管理”|“报表”|“库存账”|“出入库流水账”命令，打开“过滤”对话框。选择日期为 2016－10－01 到 2016－10－31。

2）单击“过滤”按钮，打开“出入库流水账”窗口，如图 5.125所示。

出入库流水账

日期	单据类型	单据号	仓库	收发类别	部门	供货单位	客户	制单人	审核人	审核日期	记账人	存货编码	存货名称	主计量单位	入库数量	入库单价	入库金额
2016-10-03	销售出库单	0000000002	成品库	销售出库	销售部		北京市…	高勇	王宇	2016-10-03		301	A型储物柜	个			
2016-10-03	销售出库单	0000000004	成品库	销售出库	销售部		上海市…	高勇	王宇	2016-10-03		301	A型储物柜	个			
2016-10-04	销售出库单	0000000005	成品库	销售出库	销售部		上海市…	高勇	王宇	2016-10-04		301	A型储物柜	个			
2016-10-05	销售出库单	0000000006	成品库	委托代…	销售部		北京市…	高勇	王宇	2016-10-05		301	A型储物柜	个			
2016-10-07	销售出库单	0000000007	成品库	分期收…	销售部		上海市…	高勇	王宇	2016-10-07		301	A型储物柜	个			
2016-10-08	销售出库单	0000000008	成品库	销售出库	销售部		北京市…	高勇	王宇	2016-10-08		301	A型储物柜	个			
2016-10-09	销售出库单	0000000010	成品库	销售出库	销售部		北京市…	高勇	王宇	2016-10-09		302	B型衣橱	个			
2016-10-15	采购入库单	0000000002	原材库	采购入库	采购部	北京嘉…		高勇	王宇	2016-10-15	刘霞	102	封边条	盘	100.00	270.00	27,000.00
2016-10-15	采购入库单	0000000003	原材库	采购入库	采购部	北京嘉…		高勇	王宇	2016-10-15	刘霞	101	成型板	张	50.00	300.00	15,000.00
2016-10-15	采购入库单	0000000004	原材库	采购入库	采购部	北京嘉…		高勇	王宇	2016-10-15	刘霞	103	储物柜配件	套	100.00	228.00	22,800.00
2016-10-15	采购入库单	0000000004	原材库	采购入库	采购部	北京嘉…		高勇	王宇	2016-10-15	刘霞	104	衣橱配件	套	150.00	258.00	38,700.00
2016-10-16	采购入库单	0000000005	原材库	采购入库	采购部	哈尔滨…		高勇	王宇	2016-10-16	刘霞	103	储物柜配件	套	96.00	229.17	22,000.00
2016-10-18	采购入库单	0000000006	原材库	采购入库	采购部	北京嘉…		高勇	王宇	2016-10-18	刘霞	101	成型板	张	190.00	300.00	57,000.00
2016-10-18	采购入库单	0000000007	原材库	采购入库	采购部	北京嘉…		高勇	王宇	2016-10-18	刘霞	102	封边条	盘	-5.00	270.00	-1,350.00
2016-10-18	采购入库单	0000000008	原材库	采购入库	采购部	哈尔滨…		高勇	王宇	2016-10-18	刘霞	101	成型板	张	500.00	300.00	150,000…
2016-10-19	采购入库单	0000000009	原材库	采购入库	采购部	哈尔滨…		高勇	王宇	2016-10-19	刘霞	101	成型板	张	-10.00	300.00	-3,000.00
2016-10-20	采购入库单	0000000010	原材库	采购入库	采购部	北京嘉…		高勇	王宇	2016-10-20	刘霞	103	储物柜配件	套	100.00	220.00	22,000.00
2016-10-27	材料出库单	0000000001	原材库	材料领…				高勇	王宇	2016-10-31	刘霞	101	成型板	张			
2016-10-27	材料出库单	0000000001	原材库	材料领…				高勇	王宇	2016-10-31	刘霞	101	成型板	张			
2016-10-27	材料出库单	0000000001	原材库	材料领…				高勇	王宇	2016-10-31	刘霞	102	封边条	盘			
2016-10-27	材料出库单	0000000001	原材库	材料领…				高勇	王宇	2016-10-31	刘霞	102	封边条	盘			
2016-10-27	材料出库单	0000000001	原材库	材料领…				高勇	王宇	2016-10-31	刘霞	103	储物柜配件	套			
2016-10-27	材料出库单	0000000001	原材库	材料领…				高勇	王宇	2016-10-31	刘霞	104	衣橱配件	套			
2016-10-28	采购入库单	0000000011	原材库	采购入库	采购部	哈尔滨…		高勇	王宇	2016-10-28	刘霞	101	成型板	张	200.00	310.00	62,000.00
2016-10-31	其他入库单	0000000001	原材库	其他入库				高勇	王宇	2016-10-31	刘霞	101	成型板	张	10.00	300.00	3,000.00

就绪　账套:(223)北京市昌泰家具有限责任公司　高勇　2016-10-31 11:27　4006-600-588

图 5.125　出入库流水账

2．库存台账

1）以仓库主管的身份选择“库存管理”|“报表”|“库存账”|“库存台账”命令，打开“输入查询条件”对话框。采用默认查询条件。

2）单击“确定”按钮，打开“库存台账”窗口，如图 5.126 所示。

库存台账

存货分类 原材料　编码 101　名称 成型板　代码
规格　单位 张　库存单位　安全库存
最高库存　最低库存　代管供应商

单据日期	审核日期	单据号	摘要 仓库	摘要 单据类型	收入数量	发出数量	结存数量
			期初结存				400.00
2016-10-15	2016-10-15	0000000003	原材库	采购入库单	50.00		450.00
2016-10-18	2016-10-18	0000000006	原材库	采购入库单	190.00		640.00
2016-10-18	2016-10-18	0000000008	原材库	采购入库单	500.00		1,140.00
2016-10-19	2016-10-19	0000000009	原材库	采购入库单	-10.00		1,130.00
2016-10-27	2016-10-31	0000000001	原材库	材料出库单		400.00	730.00
2016-10-27	2016-10-31	0000000001	原材库	材料出库单		400.00	330.00
2016-10-28	2016-10-28	0000000011	原材库	采购入库单	200.00		530.00
2016-10-31	2016-10-31	0000000001	原材库	其他入库单	10.00		540.00
			本月合计		940.00	800.00	540.00
			本年累计		940.00	800.00	540.00
			合计		940.00	800.00	540.00

当前页：1 总页数：7

就绪　账套:(223)北京市昌泰家具有限责任公司　高勇　2016-10-31 11:10　4006-600-588

图 5.126　库存台账

3. 收发存汇总表

1）以仓库主管的身份选择“库存管理”|“报表”|“统计表”|“收发存汇总表”命令，打开“过滤”对话框。选择日期为 2016－10－01 到 2016－10－31。

2）单击“确定”按钮，打开“收发存汇总表”窗口，如图 5.127 所示。

收发存汇总表

仓库名称	存货编码	存货名称	规格型号	主计量单位	存货大类编码	存货分类名称	期初结存数量	总计_入库数量	总计_入库金额	总计_出库数量	总计_出库金额	期末结存数量	期末结存金额
原材库	101	成型板		张	01	原材料	400.00	940.00		800.00		540.00	
原材库	102	封边条		盘	01	原材料	10.00	95.00		100.00		5.00	
原材库	103	储物柜配件		套	01	原材料	700.00	296.00		800.00		196.00	
原材库	104	衣橱配件		套	01	原材料	600.00	150.00		700.00		50.00	
原材库	202	螺丝钉		盒	02	周转材料		100.00				100.00	
周转材料库	201	包装箱		个	02	周转材料	500.00					500.00	
周转材料库	202	螺丝钉		盒	02	周转材料	280.00			100.00		180.00	
成品库	301	A型储物柜		个	03	库存商品	240.00	216.00		228.00		228.00	
成品库	302	B型衣橱		个	03	库存商品	140.00	144.00		100.00		184.00	
合　计							2,870.00	1,941.00		2,828.00		1,983.00	

图 5.127　收发存汇总表

任务 5-24　存货查询与分析。

1）以总账会计的身份选择“存货核算”|“账表”|“明细账”命令，打开“明细账查询”对话框，如图 5.128 所示。

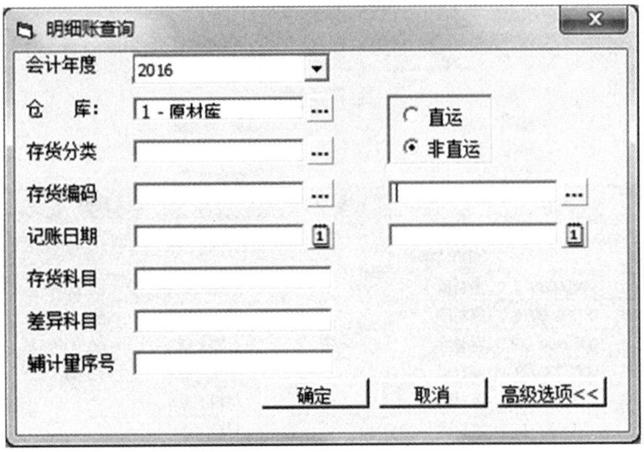

图 5.128　明细账查询

2）选择仓库为“1-原材库”，其余默认，然后单击“确定”按钮，打开“明细账”窗口，如图 5.129 所示。

3）选中明细账某行记录，单击“单据”按钮，可查询该记录的原始单据；单击“凭证”按钮，可查看该记录的记账凭证。

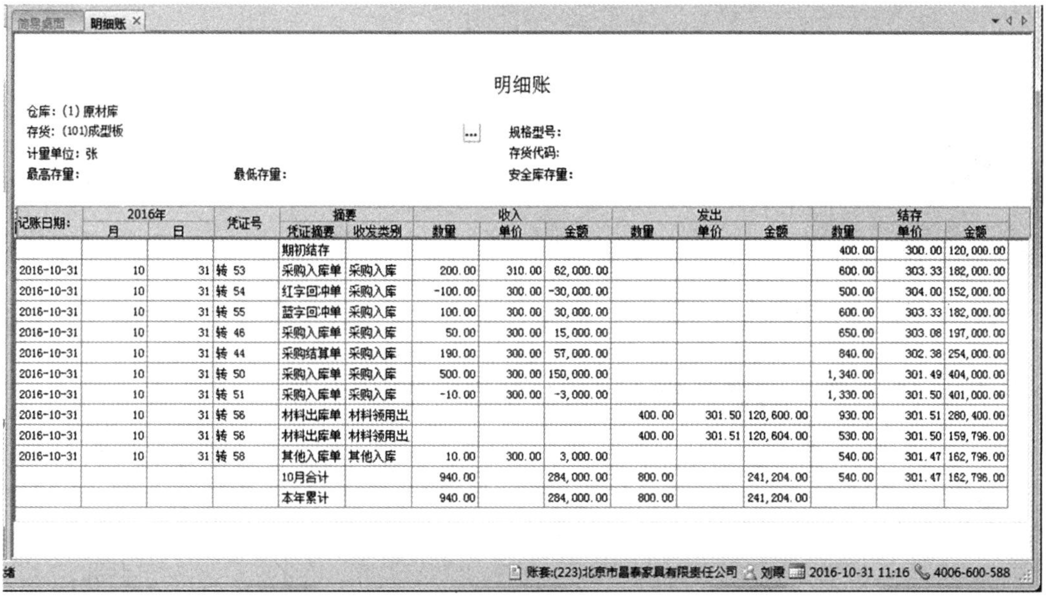

记账日期:	2016年		凭证号	摘要		收入			发出			结存		
	月	日		凭证摘要	收发类别	数量	单价	金额	数量	单价	金额	数量	单价	金额
				期初结存								400.00	300.00	120,000.00
2016-10-31	10	31	转 53	采购入库单	采购入库	200.00	310.00	62,000.00				600.00	303.33	182,000.00
2016-10-31	10	31	转 54	红字回冲单	采购入库	-100.00	300.00	-30,000.00				500.00	304.00	152,000.00
2016-10-31	10	31	转 55	蓝字回冲单	采购入库	100.00	300.00	30,000.00				600.00	303.33	182,000.00
2016-10-31	10	31	转 46	采购入库单	采购入库	50.00	300.00	15,000.00				650.00	303.08	197,000.00
2016-10-31	10	31	转 44	采购结算单	采购入库	190.00	300.00	57,000.00				840.00	302.38	254,000.00
2016-10-31	10	31	转 50	采购入库单	采购入库	500.00	300.00	150,000.00				1,340.00	301.49	404,000.00
2016-10-31	10	31	转 51	采购入库单	采购入库	-10.00	300.00	-3,000.00				1,330.00	301.50	401,000.00
2016-10-31	10	31	转 56	材料出库单	材料领用出				400.00	301.50	120,600.00	930.00	301.51	280,400.00
2016-10-31	10	31	转 56	材料出库单	材料领用出				400.00	301.51	120,604.00	530.00	301.50	159,796.00
2016-10-31	10	31	转 58	其他入库单	其他入库	10.00	300.00	3,000.00				540.00	301.47	162,796.00
				10月合计		940.00		284,000.00	800.00		241,204.00	540.00	301.47	162,796.00
				本年累计		940.00		284,000.00	800.00		241,204.00			

图 5.129　明细账

附录

实训进度控制表

根据实际教学经验，在“会计信息化”课程的教学中，上机流程的梳理及进度控制是个令人头疼的问题。教师无法及时控制和掌握学生的上机进度，学生也对流程及作业进度深感模糊，在流程中发生的问题也不能及时记录和总结，不利于学生形成系统化的解决软件问题的思路。下表主要用于学生实训的进度控制和问题的记录和总结。在实训过程中，可以对照、配合“图 0.4 购销存模块岗位任务流程”使用。

购销存系统实训进度控制表

班级　　　　　　　　　　　　　　　　　　　　　学号姓名

任务编号	任务名称	上机时间	上机问题	问题解决
任务 1－1	系统启用			
任务 1－2	调整操作员及权限			
任务 1－3	财务档案整理			
任务 1－4	设置计量单位			
任务 1－5	设置存货分类			
任务 1－6	设置存货档案			
任务 1－7	设置仓库档案			
任务 1－8	设置收发类别			
任务 1－9	设置采购类型			
任务 1－10	设置销售类型			
任务 1－11	设置费用项目			
任务 1－12	设置非合理损耗类型			
任务 2－1	设置采购参数			
任务 2－2	设置应付参数			
任务 2－3	应付初始设置			
任务 2－4	设置销售参数			
任务 2－5	设置应收参数			
任务 2－6	应收初始设置			
任务 2－7	设置库存参数			
任务 2－8	设置存货参数			
任务 2－9	设置存货科目			
任务 2－10	设置单据编号及格式			
任务 2－11	输入应付期初余额			

（续表）

任务编号	任务名称	上机时间	上机问题	问题解决
任务 2－12	输入期初采购发票			
任务 2－13	输入期初采购入库单			
任务 2－14	采购期初记账			
任务 2－15	输入应收期初余额			
任务 2－16	输入期初发货单			
任务 2－17	输入库存期初余额			
任务 2－18	库存期初记账及对账			
任务 3－1	销售订单			
任务 3－2	销售发货			
任务 3－3	销售出库			
任务 3－4	销售发票			
任务 3－5	销售退货			
任务 3－6	委托代销			
任务 3－7	分期收款			
任务 3－8	应收单处理			
任务 3－9	收款结算			
任务 3－10	转账处理			
任务 3－11	票据管理			
任务 3－12	坏账处理			
任务 3－13	核销处理			
任务 3－14	应收制单			
任务 3－15	销售结账			
任务 3－16	应收结账			
任务 3－17	销售账表查询与分析			
任务 3－18	应收账表查询与分析			
任务 4－1	采购订单			
任务 4－2	采购到货			
任务 4－3	采购入库			
任务 4－4	采购发票			
任务 4－5	采购结算			
任务 4－6	采购退货			
任务 4－7	暂估到票			
任务 4－8	应付单据处理			
任务 4－9	付款单据处理			
任务 4－10	转账处理			
任务 4－11	票据管理			
任务 4－12	核销处理			
任务 4－13	应付制单			
任务 4－14	采购结账			
任务 4－15	应付结账			
任务 4－16	采购账表查询与分析			
任务 4－17	应付账表查询与分析			

（续表）

任务编号	任务名称	上机时间	上机问题	问题解决
任务 5－1	生产入库			
任务 5－2	其他入库			
任务 5－3	材料出库			
任务 5－4	其他出库			
任务 5－5	调拨业务			
任务 5－6	盘点业务			
任务 5－7	暂估成本输入			
任务 5－8	结算成本处理			
任务 5－9	输入入库单成本			
任务 5－10	工资费用分配			
任务 5－11	固定资产折旧费用分配			
任务 5－12	期末生产费用结转			
任务 5－13	产成品成本分配			
任务 5－14	单据记账			
任务 5－15	期末处理			
任务 5－16	制单处理			
任务 5－17	凭证列表查询			
任务 5－18	库存与存货对账			
任务 5－19	存货与总账对账			
任务 5－20	库存结账			
任务 5－21	存货结账			
任务 5－22	总账期末业务处理			
任务 5－23	库存查询与分析			
任务 5－24	存货查询与分析			

尊敬的老师：

您好。

请您认真、完整地填写以下表格的内容（务必填写每一项），索取相关图书的教学资源。

教学资源索取表

<table>
<tr><td>书　名</td><td colspan="3"></td><td>作者名</td><td></td></tr>
<tr><td>姓　名</td><td></td><td>所在学校</td><td colspan="3"></td></tr>
<tr><td>职　称</td><td></td><td>职　务</td><td></td><td>职　称</td><td></td></tr>
<tr><td rowspan="2">联系方式</td><td>电　话</td><td colspan="2"></td><td>E-mail</td><td></td></tr>
<tr><td>QQ 号</td><td colspan="2"></td><td>微信号</td><td></td></tr>
<tr><td colspan="2">地址（含邮编）</td><td colspan="4"></td></tr>
<tr><td colspan="2">贵校已购本教材的数量（本）</td><td colspan="4"></td></tr>
<tr><td colspan="2">所需教学资源</td><td colspan="4"></td></tr>
<tr><td colspan="2">系/院主任姓名</td><td colspan="4"></td></tr>
</table>

系 / 院主任：________________（签字）

（系 / 院办公室公章）

20_____年____月____日

注意：

① 本配套教学资源仅向购买了相关教材的学校老师免费提供。

② 请任课老师认真填写以上信息，并请系 / 院加盖公章，然后传真到（010）80115555 转 718438 索取配套教学资源。也可将加盖公章的文件扫描后，发送到 fservice@126.com 索取教学资源。欢迎各位老师扫码关注我们的微信号和公众号，随时与我们进行沟通和互动。

③ 个人购买的读者，请提供含有书名的购书凭证，如发票、网络交易信息，以及购书地点和本人工作单位来索取。

微信号　　　　公众号

反侵权盗版声明

举报电话：(010)88254396；(010)88258888

传　　真：(010)88254397

E－mail　：dbqq@phei.com.cn

通信地址：北京市万寿路173信箱

电子工业出版社总编办公室

邮　　编：100036